U1075633

中国地质矿产经济学会
人力资源研究专业委员会 协助

国土资源人才发展报告
（2016 年）

国土资源部人力资源开发中心
国土资源人才评价开放实验室 编著

地质出版社
·北 京·

图书在版编目（CIP）数据

国土资源人才发展报告. 2016 年 / 国土资源部人力资源开发中心，国土资源人才评价开放实验室编著. —北京：地质出版社，2016. 5

ISBN 978－7－116－09751－3

Ⅰ. ①国… Ⅱ. ①国… ②国… Ⅲ. ①国土资源－人才培养－研究报告－中国－2016 Ⅳ. ①F129. 9

中国版本图书馆 CIP 数据核字（2016）第 119015 号

责任编辑：韩 娟 马洁瑶
责任校对：张 冬
出版发行：地质出版社
社址邮编：北京海淀区学院路 31 号，100083
电 话：（010）66554528（邮购部）；（010）66554606（编辑室）
网 址：http：//www. gph. com. cn
传 真：（010）66554507
印 刷：北京地大天成印务有限公司
开 本：787mm × 1092mm 1/16
印 张：26. 25
字 数：430 千字
版 次：2016 年 5 月北京第 1 版
印 次：2016 年 5 月北京第 1 次印刷
定 价：58. 00 元
书 号：ISBN 978－7－116－09751－3

#《国土资源人才发展报告（2016 年）》
指导委员会

《国土资源人才发展报告（2016年）》

编辑委员会

前言
PREFACE

国以才立，政以才治，业以才兴。党中央、国务院历来高度重视人才工作，特别是党的十八大以来，习近平总书记站在党和国家事业全局高度，着眼于实现“两个一百年”奋斗目标和中华民族伟大复兴的中国梦，对人才工作作出了一系列重要论述，体现了党中央对各级各类人才的关心重视，彰显了当代中国广纳天下英才的博大胸怀。十八届五中全会进一步从协调推进“四个全面”战略布局、贯彻落实新发展理念的高度，指明了新形势下人才工作的努力方向，吹响了我国建设人才强国的“集结号”。2016 年 2 月，我国第一个针对人才发展体制机制改革的综合性文件——《关于深化人才发展体制机制改革的意见》（以下简称《意见》）正式印发。《意见》以战略视野谋划顶层设计、聚焦创新驱动、突出问题导向、擘画改革蓝图、布局改革路线，成为推进中国特色人才发展治理体系建设的生动实践，标志着我国人才事业发展迎来了又一个春天。国土资源人才队伍是国家行业、领域人才发展的重要组成部分，国土资源人才规划是国家 18 个经济社会发展重点领域人才规划之一。《意见》提出，“将行业、领域人才队伍建设列入相关职能部门‘三定’方案”，“实行人才工作目标责任考核”，这必将推动国土资源人才工作和人才队伍发展迈上新的平台。

国土资源部党组高度重视国土资源人才工作。2015 年 5 月，国土资源部党组书记、部长，国土资源人才工作协调小组组长姜大明专门对国土资源人才工作作出批示，指出：“近年来，国土资源人才工作围绕中心，服务大局，积极推进国土资源人才规划的组织实施，国土资源人才总量不断扩大、结构布局逐步优化、能力素质持续提升，有效支撑了国土资源各项工作。当前，我国经济发展进入新常态，实施创新驱动发展战略进入关键期，各级国土资源主管部门和地勘单位要更加重视人才工作，深入学习贯彻习近平总书记关于人才工作的重要指示精神，以‘四个全面’战略布局为统领，坚持党管人才原则，把人才作为第一资源，把科技作为第一生产力，把创新作为第一动力，推进人才和科技体制创新，为国土资源事业改革和创新发展提供坚强有力的人才保障和智力支持。”这为国土资源人才工作进一步指明了方向。

2016年是全面建成小康社会决胜阶段的开局之年，破解发展难题、增强发展动力、厚植发展优势，都需要人才提供强大支撑。2016年2月2日，中央政治局委员、中组部部长赵乐际在中央人才工作协调小组第42次会议指出，要深入学习贯彻习近平总书记系列重要讲话精神，紧紧围绕“四个全面”战略布局，牢固树立和自觉践行创新、协调、绿色、开放、共享发展理念，聚焦建设人才强国目标，加快推进人才发展体制改革和政策创新，广开进贤之路、广纳天下英才，为“十三五”开好局、起好步，为夺取全面建成小康社会决胜阶段伟大胜利提供有力的人才支撑。2016年，国土资源人才工作将紧紧抓住新的发展机遇，观大势、谋大事、懂全局、管本行，积极贯彻落实新发展理念，加快推进国土资源人才体制机制改革和政策创新，大力培养集聚国土资源高层次创新型科技人才、智库人才和紧缺人才，统筹推进国土资源各类人才队伍建设，提升国土资源人才工作宏观指导和公共服务能力，努力营造人才优先发展的良好氛围，为新常态下的国土资源事业发展提供人才保障和智力支持。

为深入学习贯彻《意见》精神，科学把握国土资源人才工作面临的新形势与新任务，总结国土资源人才工作发展成效，破解国土资源人才领域的难点、热点和重点问题，国土资源部人力资源开发中心依托国土资源人才评价开放实验室、中国地质矿产经济学会人力资源研究专业委员会，组织编写了《国土资源人才发展报告（2016年）》，以期为全国国土资源人才工作提供指导。

本书编写工作主要分工如下：由纪树建统筹策划指导；政策形势篇，由温巍、李玉胜、杜新波完成；工作进展篇，由胡利哲、温巍完成；队伍发展篇，由宋毅、胡利哲完成；专项工作篇，由胡利哲、宋毅、温巍完成；理论研究篇，由各专题组完成；附录部分，由温巍完成。孙习稳、杜新波负责总纂工作。

本书在编写、审稿过程中，得到了国土资源部人事司等国土资源人才工作协调小组各成员单位、各省（自治区、直辖市）国土资源主管部门和地勘单位、有关共建高校的大力支持，谨此表示衷心感谢。

由于时间及作者水平有限，书中难免瑕疵与疏漏，恳请读者批评指正。

编写组

2016 年 4 月 11 日

目录 CONTENTS

政策形势篇

工作进展篇

队伍发展篇

专项工作篇

理论研究篇

附 录

政策形势篇

党的十八大以来，党中央、国务院对人才工作作出了一系列重要部署，习近平总书记站在党和国家事业全局高度，着眼于实现“两个一百年”奋斗目标和中华民族伟大复兴的中国梦，对人才工作作出了一系列重要指示。十八届五中全会更是站在协调推进“四个全面”战略布局的高度，深刻阐释了人才工作的重要性，指明了新形势下人才工作的努力方向，吹响了我国建设人才强国的“集结号”。2016年2月，中共中央印发了《关于深化人才发展体制机制改革的意见》，更是标志着人才事业发展的新高度，使人才发展迎来了又一个春天。与此同时，我国经济发展进入新常态，创新、协调、绿色、开放、共享的五大发展理念为“十三五”时期我国经济社会发展谋篇布局。

国土资源部党组始终高度重视人才工作，坚持把人才资源作为推进国土资源科学发展的第一资源，对国土资源人才工作提出了一系列安排和要求。如何适应新常态要求，用发展新理念统领人才工作全局，主动适应国土资源工作重心，对人才需求进行调整，成为当前国土资源人才工作的重要任务与挑战。

本部分重点介绍了党的十八届五中全会以及习近平总书记等中央领导同志对新时期人才工作提出的新精神、新要求、新部署，评述了2015—2016年党中央、国务院和相关部门出台的重要人才政策和措施，总结了国土资源部党组2015—2016年对国土资源人才队伍建设和人才工作的有关要求，提出了“十三五”时期国土资源管理工作新形势新任务对人才工作的要求和战略重点，提出了2016年国土资源人才工作主要思路设想。

中央对“十三五”时期人才工作作出重大战略部署

一、准确把握党的十八届五中全会对新时期人才工作的战略部署和深刻内涵

2015年10月29日，党的十八届五中全会通过《中共中央关于制定国民经济和社会发展第十三个五年规划的建议》（以下简称《建议》）。《建议》对“十二五”时期我国经济社会发展取得的成就给予了充分肯定，对“十三五”时期机遇与挑战并存的现状进行了全面分析，提出了“创新、协调、绿色、开放、共享”的全新发展理念，明确了在新常态背景和如期全面建成小康社会的要求下，我国下一阶段的五大发展目标和六大原则，对我国经济社会持续健康发展具有里程碑式的重要意义。

《建议》明确提出，要“加快建设人才强国。深入实施人才优先发展战略，推进人才发展体制改革和政策创新，形成具有国际竞争力的人才制度优势”。《建议》提出，要“推动人才结构战略性调整，突出‘高精尖缺’导向，实施重大人才工程，着力发现、培养、集聚战略科学家、科技领军人才、企业家人才、高技能人才队伍。实施更开放的创新人才引进政策，更大力度引进急需紧缺人才，聚天下英才而用之。发挥政府投入引导作用，鼓励企业、高校、科研院所、社会组织、个人等有序参与人才资源开发和人才引进”。《建议》关于人才工作的论述，站在协调推进“四个全面”战略布局的高度，深刻阐释了人才工作的重要性，是我们党立足当前、放眼世界、面向未来做出的重大战略部署，指明了新形势下人才工作的努力方向，吹响了我国建设人才强国的“集结号”。这对于确保我国如期全面建成小康社会，实现第二个百年奋斗目标、实现中华民族伟大复兴的中国梦具有重大而深远的意义[1]。

《中华人民共和国国民经济和社会发展第十三个五年规划纲要》（以下简称《纲要》）提出，实施人才优先发展战略，把人才作为支撑发展的第

[1] 陈希．加快建设人才强国（学习贯彻党的十八届五中全会精神）［N］．人民日报，2015－11－11.

一资源，加快推进人才发展体制和政策创新，构建有国际竞争力的人才制度优势，提高人才质量，优化人才结构，加快建设人才强国。在建设规模宏大的人才队伍方面，《纲要》提出要推动人才结构战略性调整，突出“高精尖缺”导向，实施重大人才工程，着力发现、培养、集聚战略科学家、科技领军人才、社科人才、企业家人才和高技能人才队伍。在促进人才优化配置方面，《纲要》提出建立健全人才流动机制，提高社会横向和纵向流动性，促进人才在不同性质单位和不同地域间有序自由流动。完善工资、医疗待遇、职称评定、养老保障等激励政策，激励人才向基层一线、中西部、艰苦边远地区流动。在营造良好的人才发展环境方面，《纲要》提出要完善人才评价激励机制和服务保障体系，营造有利于人人皆可成才和青年人才脱颖而出的社会环境，完善以业绩和贡献为导向的人才评价标准，保障人才以知识、技能、管理等创新要素参与利益分配。在重大人才工程建设专栏中，突出“高、精、尖、缺”导向，旨在发现、培养、集聚战略科学家、科技领军人才、企业家人才和高技能人才队伍，包括引进1万名左右海外高层次人才回国（来华）创新创业，遴选支持1万名左右急需紧缺的国内高层次人才，每年培训百万名高层次、急需紧缺和骨干专业技术人才，在全国建成一批技能大师工作室，培养1000万名高技能人才。

人才资源是第一资源，是强国之本。人类有史以来的一切文明成果，无不归功于人的劳动创造。如期实现全面建成小康社会奋斗目标，推动经济社会持续健康发展，归根结底依靠全国人民的劳动创造。人才强国战略与科教兴国战略、可持续发展战略，是我国经济社会发展的“三大基本战略”，其中人才强国战略处于关键地位，无论是科教兴国战略还是可持续发展战略，都要以人才为基础，其重要性不言而喻。只有深入实施人才优先发展战略，加快建设人才强国，努力培养造就数以亿计的高素质劳动者、数以千万计的专门人才和一大批拔尖创新人才，我国现代化建设才能拥有强大而坚实的人才保障和广泛的智力支撑。

经过新中国成立以来60多年，特别是改革开放30多年的努力，我国已经从人才资源相对匮乏的国家发展成为人才资源大国。但是，当前我国还不是人才强国，特别是高层次创新型人才匮乏，人才创新创业能力不强，人才资源开发投入不足。要实现建设人才强国的目标，必须全面加强人才工作，加快推动我国由人力资源大国向人才强国转变❶。

2003 年，全国人才工作会议明确提出实施人才强国战略。2007 年，党的十七大将人才强国战略与科教兴国战略、可持续发展战略确立为经济社会发展的三大国家战略，并写进了党章。党的十八大以来，党中央把加快建设人才强国摆到更加突出的位置。习近平同志多次做出重要指示，提出一系列新思想、新观点、新论断，为加快建设人才强国进一步指明了方向、提供了遵循。人才强国战略的实施，极大地调动了各类人才的积极性和创造性，激发了我国经济社会各项事业发展的活力。实践充分证明，实施人才强国战略是实现国家富强、民族复兴的重大举措，是协调推进“四个全面”战略布局的重要保证。准确把握十八届五中全会对人才工作的重要论述，需要我们充分认识加快建设人才强国的重大意义❷。

（一）充分认识加快建设人才强国的重大意义

加快建设人才强国是实施创新驱动发展战略的迫切需要。实施创新驱动发展战略，是加快转变经济发展方式、提高我国综合国力和国际竞争力的必然要求和战略举措。人才是创新实践的主体和主导者，创新驱动实质是人才驱动。实施创新驱动发展战略，必须把人才开发作为战略基点，推动“人力红利”转变为“人才红利”，以“人才红利”促进管理创新、技术创新和劳动生产率提高，增强创新发展的内生动力；必须着力培养造就一大批高层次创新型科技人才，在创新实践中发现人才，在创新活动中培育人才，在创新事业中凝聚人才；必须充分发挥人才创新优势，引领关键核心技术实现重大突破，不断提升我国科技实力和自主创新能力。

加快建设人才强国是增强国际人才竞争优势的战略选择。综合国力竞争说到底是人才竞争。为了抢占未来发展的战略制高点，世界各国纷纷制定实施新的人才战略，策划出台新的政策法规和举措，加大对他国创新创业人才的吸引留置力度。例如，美国参议院通过《移民改革法案》，提出取消科技、工程等领域人才移民配额，获得博士学位、取得绿卡的外国人可以不受数额限制等一系列优惠政策；欧盟实施支持青年人才跨境培养行动计划，确保优秀人才在欧盟国家内良性循环；加拿大、韩国等国家专门

---

❶ 刘灿．五中全会吹响建设人才强国“集结号”．［2015－10－30］．http：//focus. cnhubei. com/original/201510/t3432808. shtml.

❷ 陈希．加快建设人才强国（学习贯彻党的十八届五中全会精神）［N］．人民日报，2015－11－11.

制定吸引外国专业技术人才、海外企业家的移民项目。高端人才和科技创新已成为大国角逐的决定性力量，谁能培养和吸引更多优秀人才，谁就能在未来一个时期的综合国力竞争中占据优势。面对严峻的国际人才竞争形势，我们必须以深入实施人才强国战略为统领，采取更加有力的人才举措，制定更具优势的人才政策，在国际人才竞争中赢得主动。

加快建设人才强国是集聚各方人才、巩固党的执政基础的重要举措。办好中国的事情，关键在党，关键在人，关键在人才。当前，世情、国情、党情发生深刻变化，党面临的改革开放、市场经济和外部环境考验更加复杂严峻。推进国家治理体系和治理能力现代化，迫切需要我们党提高领导水平和执政水平，抓紧培养造就一大批高素质的善于治党治国治军的领导人才和其他各方面人才。同时，面对人才规模日渐壮大、构成更趋复杂、思想状况更加多元的客观现实，需要加强政治引领和吸纳，密切党同人才的联系，增强向心力和凝聚力，把各方面优秀人才团结集聚到党和国家事业中来，汇聚成社会主义现代化建设的磅礴力量。

（二）更好落实加快建设人才强国的重点任务

（1）深入实施人才优先发展战略。国以才立，政以才治，业以才兴。人才是第一资源，人才优势是最有潜力、最可依靠的优势。确立在经济社会发展中人才优先的战略布局，是建设人才强国的基本路径。要牢固确立人才引领发展的战略地位，把人才工作放在党和国家事业发展大局中谋划，实施国家重大发展战略和产业布局要与人才发展同步推进，促使人才规模、质量和结构与我国创新发展相适应相协调。发挥人才在经济转型、产业升级中的生力军作用，下好人才“先手棋”，确保人才投入优先保证、结构优先调整、政策优先创新。着眼服务“四个全面”战略布局，以更加有力的政策措施，促进人才建设与经济建设、政治建设、文化建设、社会建设、生态文明建设和党的建设深度融合。

（2）大力培养集聚创新发展急需紧缺人才。适应转变经济发展方式、实施创新驱动发展战略需要，推动人才结构战略性调整，突出“高精尖缺”导向，更大力度培养引进经济社会发展急需紧缺人才。加快建立国家杰出创新人才工作室，大力集聚从事原创研究、交叉研究且能够引领国际科学发展趋势的战略科学家；大力集聚适应我国调整产业结构以及发展新型产业和新兴业态需要、有望推动我国关键核心技术实现重大突破的科技领军人才；大力集聚适应创新发展和走出去战略需要、具有国际化管理创新和跨文化经营能力的企业家人才；大力集聚支撑中国创造、技艺精湛的高技能人才；大力集聚战略规划、风险评估、资本运作、国际投资等领域的高层次专门人才；大力集聚通晓国际经济运行规则、熟悉“一带一路”沿线国家政策法律制度的复合型人才，让各类人才在中国大地上各得其所、大展其长。

（3）实施重大人才工程。以重大人才工程为抓手，撬动人才发展体制机制改革的杠杆，统筹推进各类人才队伍建设，是近些年人才工作取得的宝贵经验。要以更大力度推进“千人计划”“万人计划”等国家重大人才工程，健全完善工程实施监测评估机制，不断提高工程质量效益，使人才工程成为凝聚和培养“高精尖缺”人才的大平台，成为人才创新创造、建功立业的助推器。支持各地各部门实施各具特色的人才工程，构建横向和纵向有效衔接的人才工程体系。同时，创新人才工程协同推进机制，统筹落实人才支持政策和财政专项资金。积极做好国际组织所需人才的培养推送工作，加快培养推送政治过硬、专业水平高、精通国际事务的优秀人才到国际组织任职，增强我国在国际上的话语权和影响力。

（4）推进人才发展体制改革和政策创新。着眼于最大限度激发人才创新，创造创业活力，完善人才发展体制机制，扩大用人主体自主权，提高人才工作科学化水平，加快构建管理规范、开放包容、运行高效的人才发展治理体系，形成具有国际竞争力的人才制度优势。着力破除制约人才培养、评价、使用、流动、激励的思想束缚和制度藩篱，实施更加灵活务实的政策。完善待遇、税收、保险等激励政策，健全有利于人才向基层、中西部流动的政策体系。优化人力资本配置，清除人才流动障碍，提高社会横向和纵向流动性。建立完善人才创新创业利益回报机制，保障人才以知识、技术、管理、技能等创新要素参与利益分配，合理分享创新收益。鼓励各地因地制宜，大胆探索创新，促进百花齐放、百舸争流，增强人才工作生机活力。

（5）大兴识才、爱才、敬才、用才之风。良禽择木而栖，人才的成长、才干的施展需要良好的环境。坚持尊重劳动、尊重知识、尊重人才、尊重创造的方针，建立健全人才法律法规，维护人才合法权益，促进人才创新创业。大力弘扬鼓励创新、宽容失败的创新文化，让一切创新想法得到尊重，一切创新举措得到支持，一切创新成果得到保护。加强政策引导和舆论宣传，在全社会营造人才发展的良好环境。树立“大人才”观念，强化人人皆可成才的理念，推动形成大众创业万众创新、人人尽展其才的生动局面。

二、深刻理解和准确把握以习近平总书记为代表的中央领导同志对人才工作作出的一系列重要指示精神

2015 年 3 月，习近平总书记在参加十二届全国人大三次会议上海代表团审议时指出，创新是引领发展的第一动力。抓创新就是抓发展，谋创新就是谋未来。适应和引领我国经济发展新常态，关键是要依靠科技创新转换发展动力。必须破除体制机制障碍，消除科技创新中的“孤岛现象”，使创新成果更快转化为现实生产力。要择天下英才而用之，实施更加积极的创新人才引进政策，集聚一批站在行业科技前沿、具有国际视野和能力的领军人才。在庆祝“五一”国际劳动节暨表彰全国劳动模范和先进工作者大会上，他强调，要始终高度重视提高劳动者素质，培养宏大的高素质劳动者大军。要深入实施科教兴国战略、人才强国战略、创新驱动发展战略，把提高职工队伍整体素质作为一项战略任务抓紧抓好。5 月在浙江调研中，习近平总书记指出，各类企业都要把创新牢牢抓住，不断增加创新研发投入，加强创新平台建设，培养创新人才队伍，促进创新链、产业链、市场需求有机衔接，争当创新驱动发展先行军。人才是最为宝贵的资源，只要用好人才，充分发挥创新优势，我们国家的发展事业就大有希望，中华民族伟大复兴就指日可待。

2015 年 7 月 27 日，在国家科技战略座谈会上，李克强总理指出，实施创新驱动发展战略，要坚持把科技创新摆在国家发展全局的核心位置，既发挥好科技创新的引领作用和科技人员的骨干中坚作用，又最大限度地激发群众的无穷智慧和力量，形成大众创业、万众创新的新局面。李克强总理强调，要把科技与人民群众的创造力在更大范围、更深程度、更高层次上融合起来，既要“顶天”，努力突破核心关键技术，勇攀世界科技高峰；又要“立地”，通过大众创业、万众创新，将科技成果转化为现实生产力。为此，要持续释放改革这个最大红利，依托“互联网 +”等新技术、新模式构建最广泛的创新平台，用好我国人力资源这个最丰富的“本钱”。10 月 5 日，李克强总理致信国家中医药管理局，对中国著名药学家屠呦呦获得 2015 年诺贝尔生理学或医学奖表示祝贺，他希望广大科研人员认真实施创新驱动发展战略，积极推进大众创业、万众创新，瞄准科技前

沿，奋力攻克难题，为推动我国经济社会发展和加快创新型国家建设作出新的更大贡献。10月，李克强总理对首届中国“互联网+”大学生创新创业大赛作出重要批示。他指出，要把创新创业教育融入人才培养，切实增强学生的创业意识、创新精神和创造能力，厚植大众创业、万众创新土壤，为建设创新型国家提供源源不断的人才智力支撑。11月30日，李克强总理在会见中国博士后青年创新人才座谈会代表时强调，我国最大的国情是人口众多，最大的优势是可以培养全世界规模最大的人才队伍。博士后具有深厚知识基础和探索创新能力，是实施创新驱动发展战略的高层次人才群体。他希望争做创新突破的探索者、创业创新的践行者、世界创新潮流的弄潮者，要以提高博士后研究人员培养质量为核心，构建符合青年人才成长规律的管理制度。完善评估机制和创新创业激励政策，资助创业孵化和科技成果转化。着力营造有利于尊重人才、尊重创造、鼓励创新、宽容失败的氛围。广大博士后导师要奖掖后学、甘为人梯，为国家未来发展培育更多人才种子。2016年1月9日，李克强总理在国家科学技术奖励大会上讲话指出，要用好用活科技人才，释放创新潜能。加快改革科技成果产权制度、收益分配制度和转化机制，激发科技人员持久的创新动力。要加快改革科研项目管理机制，砍掉繁文缛节，让科技人员把更多精力用到研究上。要加快改革科研评价机制和人才评价机制，让更多优秀人才脱颖而出、一展身手。要扩大高校和科研院所自主权，赋予领军人才更大的科研决策权。

2015年2月，中共中央政治局常委刘云山同志代表习近平总书记和党中央，看望国家最高科技奖获得者于敏、张存浩，向他们致以诚挚问候，向科技工作者致以新春祝福。他强调，全面建成小康社会、实现中华民族伟大复兴的中国梦，必须以创新为引领、以科技为引擎。以习近平同志为总书记的党中央高度重视实施创新驱动发展战略，采取一系列重大举措推动以科技创新为核心的全面创新。要积极适应我国经济发展新常态，坚持走中国特色自主创新道路，瞄准世界科技前沿，服务国家发展战略，促进科技成果与经济发展深度融合，推动我国经济向中高端水平迈进。国家发展、民族振兴靠人才，创新驱动实质上是人才驱动。要完善人才政策，健全体制机制，加大扶持力度，加快形成一支规模宏大的创新型人才队伍。要充分发挥党的政治优势和组织优势，关心科技工作者的工作和生活，在全社会大兴识才、爱才、敬才、用才之风，把各方面人才凝聚到党和国家事业中来。

2015 年 8 月，在北戴河看望暑期休假专家并同大家座谈时，刘云山同志指出，实施创新驱动发展战略，关键是发挥好人才的作用。希望广大专家人才积极适应经济发展新常态，紧跟科技进步大势，为实现更高质量、更好效益、更可持续发展贡献力量。他希望各方面专家人才弘扬追求真理、严谨务实的优良传统，自觉践行社会主义核心价值观，在重大科技攻关、培养青年才俊和立德治学方面发挥引领作用。刘云山强调，各级党委和政府要认真落实党管人才原则，完善激励机制，创造良好环境，在创新实践中发现人才、培育人才、凝聚人才。党政负责同志要与专家人才交朋友，帮助解决实际困难，当好“后勤部长”。党委组织部门要加强对人才工作的组织协调，深入实施“千人计划”“万人计划”，使人才工程成为人才建功立业的重要平台。要多宣传优秀专家人才的科研成果，展示他们的科技人生，点赞他们的科学精神，推动形成崇尚科学、尊重创新、爱才重才的社会风气。2016 年 1 月，在看望著名科技专家时，刘云山同志指出，创新是引领发展的第一动力，人才是支撑发展的第一资源，要认真贯彻新发展理念，把创新发展作为引领经济发展新常态的根本之策，在全社会大兴识才、爱才、敬才、用才之风。各级党委和政府要坚持尊重劳动、尊重知识、尊重人才、尊重创造，加强联系服务专家工作，营造良好政策环境、工作环境、学术环境和生活环境，集聚各方面优秀专家人才，为决胜全面建成小康社会贡献力量。

2015 年 8 月 20 日，中共中央政治局委员、国务院副总理马凯在接见第四十三届世界技能大赛中国代表团成员并与他们座谈时强调，技能人才是人才队伍的重要组成部分，在经济发展和社会进步中发挥着不可或缺的重要作用。全面建成小康社会和实现中华民族伟大复兴的中国梦，为技能人才施展才华、事业发展提供了广阔舞台，技能人才可以大有所为，也应当大有作为。要加强组织领导，规划引导，深化改革，完善政策，创造良好环境。加强职业教育，加大技能培训，全面提升技能人才素质和水平。完善收入分配和激励政策，畅通发展和晋升路径，发挥技能人才在企业中的重要作用。广泛开展国际交流合作，学习借鉴国外先进经验、先进工艺、先进标准。加大宣传力度，表彰先进典型，营造劳动光荣、崇尚技能、尊重技能人才的良好社会氛围。9 月 29 日在中国政府“友谊奖”颁奖大会上，马凯强调，中国政府将实行更加积极开放有效的引才政策，开辟高效便捷、公开透明的用才通道，完善知识产权、收益分配等惠才机制，营造和谐包容的爱才环境，为外国专家施展才华、实现梦想提供更加广阔的舞台。

三、全面从严治党要求为新时期推进人才工作树立了高标准严要求的作风建设新标杆

全面从严治党，是保持马克思主义政党先进性、纯洁性的本质要求，是巩固党的执政基础、实现党的执政使命的战略举措。十八大以来，突出思想政治建设和作风建设，重视思想建党，更是成为管党治党的鲜明特征，相继开展了“四风”整治、群众路线教育实践活动和“三严三实”专题教育，进一步促使各级领导干部在思想、作风、党性上进行“补钙”“加油”，在守纪律、讲规矩、勇于担当、真抓实干、推动改革发展稳定上取得了积极成效，党员干部队伍整体素养和作风都得到了加强，精神面貌也大为改观，全面从严治党要求也为新时期推进人才工作树立了高标准严要求的新标杆。

2015 年 4 月，中共中央办公厅印发《关于在县处级以上领导干部中开展“三严三实”专题教育方案》，对 2015 年在县处级以上领导干部中开展“三严三实”专题教育做出安排。习近平总书记强调，在县处级以上领导干部中开展“三严三实”专题教育，是今年党的建设的一项重要任务，要突出问题导向，贯彻从严要求，既巩固和扩大从严治党成果，又有效解决党的建设面临的新问题。“三严三实”体现着共产党人的价值追求和政治品格，明确了领导干部的修身之本、为政之道、成事之要。2015 年 12 月，中共中央政治局召开专题民主生活会，对照检查践行“三严三实”情况，讨论研究加强党风廉政建设措施。会议对“三严三实”专题教育给予肯定，认为这次专题教育聚焦“三严三实”，突出问题导向，对县处级以上领导干部在思想、作风、党性上进行了又一次集中“补钙”和“加油”；特别是绷紧了政治纪律和政治规矩这根弦，使深化党风廉政建设有了更加明确的方向。会议要求，要一鼓作气、敬终如始地抓好专题教育靠后阶段的工作，推动领导干部践行“三严三实”常态化、长效化。

“三严三实”要求是新形势下做好组织工作的重要遵循。人才工作落实“三严三实”要求，要深入把握习近平总书记对人才工作的系列重要论

述与“三严三实”的深刻内在联系，牢牢把握好党管人才原则，坚持严字当头、实处着手，以对己之严、谋成事之实，扎实工作、务实创新，将“三严三实”要求融入人才工作和人才队伍建设之中[1]。

人才政策要坚持“三严三实”准则。政策引领人才聚集，发挥着人才导向作用，人才政策不严不实，不但影响人才选用效果，更容易形成一种不良导向。创新人才政策要准要实，要有“发现人才如获至宝”的襟怀和气度，综合把握全国人才工作大局，同时结合地区实际，深入研究人才创新要素的开放性、流动性特点，把握人才工作规律，努力使各类人才政策通下情、接地气，把人才发现出来、使用起来。

人才服务要体现“三严三实”标准。打造人才服务、创业、发展的平台，是吸引人才、充分发挥人才能力的重要方式，人才服务不严不实，不但不能集聚人才，甚至可能流失人才。提供人才服务要诚要实，要实心实意为人才服务，勇于担当起引领人才发展、推动人才进步的责任，直面解决人才发展过程中面临的空间、资金、资源等各方面困难，以“修身用权律己”的品格吸引人才，用“谋事创业做人”的实功支持人才。

人才培养要发扬“三严三实”作风。人才重在培养，人才培养不严不实，直接造成人才工作成为无源之水、无本之木，最终会影响党和国家事业的发展。人才培养要向严上要求，向实处着力，要自觉打破自家“一亩三分地”的思维定式，站在国家和区域发展的大局，积极为培育人才建机制、明体制，打基础、做铺垫，以正派坦荡的作风认定人才、资助人才，用“做老实人、说老实话、干老实事”的态度助力人才发展成长。

2016年，中央决定在全体党员中开展“学党章党规、学系列讲话，做合格党员”学习教育，这是继党的群众路线教育实践活动、“三严三实”专题教育之后，深化党内教育的又一次重要实践，也是面向全体党员从集中性教育活动向经常性教育延伸的重要举措。“两学一做”，实质是把思想建设、作风建设、纪律建设融为一体，促使党员干部增强看齐意识，经常主动向以习近平同志为总书记的党中央看齐，向党的理论和路线方针政策看齐，更加自觉地尊崇党章、履行党员义务，更加爱党、忧党、兴党、护党，更加主动地立足岗位作贡献，真正做讲政治、有信念，讲规矩、有纪

[1] 金组新．以三严三实要求推进人才工作．北京组工．［2015－05－14］http：//www.bjdj.gov.cn/news/2015514/n452212292.html.

律，讲道德、有品行，讲奉献、有作为的合格党员，为推动改革发展稳定、全面建成小康社会建功立业。

四、中央人才工作协调小组进一步部署明确近期人才工作任务

中共中央政治局委员、中央组织部部长赵乐际于2015年1月21日主持召开中央人才工作协调小组第41次会议，强调要深入学习贯彻习近平总书记关于人才工作的重要指示精神，坚持党管人才原则，适应创新驱动发展、区域发展、“走出去”等重大战略，实行更积极、更开放、更有效的政策，加快形成具有国际竞争力的人才制度优势，努力建设一支规模宏大的创新型人才队伍，为实现“两个一百年”奋斗目标、实现中华民族伟大复兴的中国梦提供有力人才支撑。赵乐际指出，经济发展进入新常态，人才事业站在新起点，要进一步明确人才工作的方向、布局和抓手。要遵循社会主义市场经济规律、人才成长规律，深化人才发展体制机制改革，完善人才使用、流动、激励和成果转化机制。要进一步健全留学人员回国服务、外国人永久居留等政策，充分发挥市场需求的导向作用和用人单位的主体作用，广泛汇聚海外英才。要分析人才形势、把握人才需求，进一步改善结构、提升质量，有效服务国家重大发展战略。要发挥党政部门、高校、科研院所、企业等各方面优势，共同做好人才工作。要重视对人才的团结引导服务，加强思想联系，在全社会大兴识才、爱才、敬才、用才之风，使人才更感光荣、更受尊重。

2015年3月4日，赵乐际在主持召开“千人计划”专家研修班学员座谈会时强调，时代呼唤人才，国家需要人才，事业渴求人才。各位专家要面向世界科技前沿、面向国家重大需求、面向国民经济主战场、面向重要的基础研究，围绕创新驱动、“一带一路”等国家重大发展战略，发挥优势、施展才能、建功立业。要遵循科研规律、运用科学方法，发扬“安专迷”精神，勇于攻克关键技术、核心技术，特别是原创性技术。要注重发现、培养、举荐人才，既做科技创新的开拓者，又做提携后学的领路人。他指出，要大力推进人才发展体制机制改革，以更积极、更开放、更有效的政策，择天下英才而用之。要扎实做好专家人才联系、服务、支持工作，让他们更加舒心、安心、放心地工作生活。

在2015年4月24日召开的“万人计划”青年拔尖人才研修班学员座

谈会上，赵乐际指出，对国内高层次人才进行重点支持的“万人计划”，与引进海外高层次人才的“千人计划”，构成高层次人才开发体系两个支柱，共同推动形成“近者悦、远者来”的良好人才环境。赵乐际强调，现在的中国，比历史上任何时期都更加渴求人才。施展才干正逢其时、创新创造正适其势。各位专家要弘扬科学精神，遵循科研规律，努力在关键领域、核心技术上创新突破，有所建树。要培养国际视野，时刻关注科技领域的前沿发展，积极参与国际合作。要把修身作为成事之基，做践行科研诚信、踏实治学、勇于创新的表率。赵乐际指出，要继续抓好各项政策的落实，坚定不移、大力推进“万人计划”。对专家人才要多关心、多联系、多支持，更好地为他们创新创业提供服务。

2016 年 2 月 2 日召开的中央人才工作协调小组第 42 次会议上，赵乐际指出，要深入学习贯彻习近平总书记系列重要讲话精神，紧紧围绕“四个全面”战略布局，牢固树立和自觉践行创新、协调、绿色、开放、共享发展理念，聚焦建设人才强国目标，加快推进人才发展体制改革和政策创新，广开进贤之路，广纳天下英才，为“十三五”开好局起好步、夺取全面建成小康社会决胜阶段伟大胜利提供有力人才支撑。赵乐际强调，破解发展难题、增强发展动力、厚植发展优势，需要充分发挥人才第一资源的作用。人才工作要主动服务党和国家工作大局，认真落实党的十八届五中全会通过的“十三五”规划建议关于人才工作的重要部署，围绕“一带一路”建设、京津冀协同发展、长江经济带建设、精准扶贫等重大战略，大力引进、培养急需紧缺人才。要优化人才资源配置，清除人才流动障碍，提高社会横向和纵向流动性，鼓励人才向基层和艰苦边远地区等最需要的地方流动。完善人才激励政策，健全市场化、社会化人才服务体系。坚持党管人才原则，调动各地各部门和用人单位积极性，精准推进各项工作落实，营造识才、爱才、敬才、用才的社会环境、政策环境、文化环境。

深化人才体制机制改革进入全面发展阶段

2015 年是全面深化改革的关键之年，也是人才工作改革创新发展的攻坚之年。我国紧紧围绕协调推进“四个全面”战略布局，深入实施人才优先发展战略，按照聚天下英才而用之的战略目标，人才发展体制机制改革不断深化，人才政策措施创新稳步推进。

一、构建中国特色新型智库体系，集聚高端人才队伍

2015 年 1 月，中共中央办公厅、国务院办公厅印发了《关于加强中国特色新型智库建设的意见》（以下简称《意见》）。《意见》是新中国成立以来第一个关于推动发展智库的纲领性文件，为中国智库勾勒出清晰的发展蓝图，也是落实党的十八届三中全会“加强中国特色新型智库建设”的具体行动[1]。这标志着建设中国特色新型智库的号角声响起，也昭示着一个发展中大国汇聚民智、科学决策的信念与胸襟，更是时代的需要[2]。

当前，国际、国内两个大局都在发生深刻转型，中国正在全力推进全面建成小康社会、全面深化改革、全面依法治国、全面从严治党，对智库出思想、出人才的需求剧增。我国发展的内外部环境正发生深刻变化，已发展到了一个需要密集回答重大问题的时期。此外，中国的崛起，使中国与世界的关系异常复杂。一方面中国崛起给世界带来机遇，另一方面又出现了所谓的“中国威胁论”“中国责任论”，要实现民族复兴的中国梦，很多问题需要妥善处理。从国内看，经济进入新常态，全面深化改革处于攻坚期，社会建设处于深层次矛盾凸显期。这些新变化孕育着机会，也带来了挑战，对决策的全局性、战略性、前瞻性提出了更高更新要求，迫切需要在提高国家软实力方面下大功夫。我国智库一方面为中国改革开放出谋划策，推动经济转型，发挥了不可替代的作用，但是另一方面也存在资源分散，研究碎片化、低水平重复等问题，高水平的智库少，不能满足新时期新形势的需要。当前我国智库体系部门在人才队伍建设上还存在搞理论研究的多，搞对策研究的少；写学术专著的多，写研究报告的少；关注策略的多，

---

[1] 周湘智．智库建设急需高端人才［N］．光明日报，2015－02－04（7）．

[2] 祝惠春．中国特色智库建设意见发布 专家解读政策亮点［N］．经济日报，2015－01－21.

关注战略的少；会写的多，会说的少；学术专家多，智库“管家”少的“五多五少”现象，领军人物和杰出人才较为缺乏。建设具有中国特色的新型智库是党和政府科学民主依法决策的重要支撑，是国家治理体系和治理能力现代化的重要内容，是国家软实力的重要组成部分，具有重大的战略意义。

党中央、国务院高度重视智库建设，党的十八大、十八届三中全会明确提出要加快智库发展。《意见》的颁布，体现了中央对智库发展的高度重视，体现了对智库工作的关怀，同时也提出了方向和期望。《意见》的政策亮点主要有以下三个方面：

（1）具有很强的国际视野。“软实力”是比出来的，需要与国际智库去比。《意见》是在研究了世界上很多发达国家的高端智库运作经验的基础上提出来的，具有宽阔的全球视野。

（2）密切联系中国国情。中国特色新型智库，既要遵循国际智库运作的一般规律，体现专业性要求，又必须和中国特定国情相结合。坚持中国共产党的领导，就是一个鲜明特征。新型智库深深植根于中国特有国情、体制机制之下，把握正确政治方向至关重要。“中国特色”在于要坚持中国道路、采用中国视角、聚焦中国发展，坚持党对智库的领导，坚持中国特色社会主义理论、制度和道路，在路线方针上与党中央保持一致。要善于运用中国视角，立足中国国情和我国在世界经济地位的变化，从维护国家根本利益出发，发出“中国声音”，提出“中国倡议”，提供“中国方案”。要致力于研究提出解决中国经济社会发展、深化改革开放、国家安全稳定方面重点难点问题的建设性意见，创造高质量思想产品。

（3）体现了全面性，《意见》对智库发展的主要方面都做了阐述，指明了改革发展方向。比如对智库发展格局，包括社科院、党校系统、科技智库、党政政策研究机构等都指出了发展方向，对不同智库定位、人事制度、科研管理制度、国际合作管理制度等都做出了全面的规定。

从体制机制层面来看，我国目前各类具有智库功能的机构数量居世界前列，从事相关研究的人数也非常可观，但高端智库人才却不多。究其原因，最根本的还是体制机制上的障碍，如科研考核评价上重理论轻应用，人员招聘上缺乏必要的自主权，科研经费管理过于刻板僵化等，构建中国特色新型智库体系，需要从体制机制方面破除障碍，加强高端智库人才队伍建设。为此，一是要优化科研考核评价，在待遇、职称、选拔任用中应把智库研究人才与理论研究人才同等对待，大力增加应用对策研究成果在职称评审、提拔使用、荣誉授予等条件标准中的权重，加大对策建议获领导批示、进入决策的奖励力度，以强有力的评价考核杠杆撬动科研人员从事应用对策研究的积极性。二是要完善以品德、能力和贡献为导向的人才评价机制，支持智库适当打破学历门槛和专业限制，自主招聘急需的应用型研究人才，鼓励智库以专题聘任等方式，吸收部分离职官员、企业高管等参与智库研究项目。从法律制度上明确研究人员在科研经费中智力报偿的比例，建立健全与岗位职责、工作业绩、实际贡献紧密联系的薪酬制度，在规范支出的同时，简化报销的审批程序，取消不合理的规定。❶

二、为实施创新驱动发展战略提供强有力的人才支撑

2015 年 3 月 13 日，中共中央、国务院发布了《关于深化体制机制改革　加快实施创新驱动发展战略的若干意见》（以下简称《意见》）。《意见》明确了改革创新驱动体制机制的总体思路和目标，部署了重点改革任务，描绘了宏伟的改革蓝图，必将对我国经济发展向创新驱动转型产生积极而深远的影响。

针对创新培养、用好和吸引人才机制，《意见》专门从构建创新型人才培养模式、建立健全科研人才双向流动机制、实行更具竞争力的人才吸引制度三个方面提出了若干改革举措：

（1）要强化对人才创新的激励。现行的科技成果权益分配机制，还不能充分体现创新者的价值和贡献。科研人员缺乏面向市场研发、转化的动力。《意见》着眼于让创新人才通过成果转化实现合理回报，实现财富和事业双丰收的目标，在下放科技成果处置权、提高科研人员成果转化收益比例、强化对企业科研人员的股权、期权、分红权激励等方面提出了一系列具体措施。

（2）要尊重人才创新的规律。创新活动具有长期性、复杂性、系统性等规律，特别是科学研究需要有长期的积累和持之以恒的探索。近年来，各方面对加快改革科研活动的评价体系、管理模式呼声很高。《意见》对科研人员普遍关心的保障选题自主权、鼓励自由探索、实施更加科学的评价、考核和薪酬制度等方面，都做出了改革部署，下一步还需要结合收入分配改革、科研院所改革等做进一步的统筹研究，细化部署相关改革举

❶ 周湘智．智库建设急需高端人才［N］．光明日报，2015－02－04.

措，总的方向是营造符合创新规律的科研环境。

（3）促进人才合理流动。只有科技人才在企业、大学和研究机构之间自由流动，才能合理、高效地实现人才创新价值。目前我国企业科技人才很难走进高校和院所，事业单位的科技人才也很少迈过门槛流向企业，这在一定程度上影响了科技与产业的结合。这次改革专门针对企事业单位科研人才“双轨制”问题，在完善科研人员在企业与事业单位之间流动时社保关系转移接续政策、试点将企业任职经历作为高等学校新聘工程类教师的必要条件、科研人员经单位允许带着科研项目和成果到企业兼职或创办企业等方面提出一系列举措。这些举措的落实都会进一步促进人才作用的发挥。

《意见》还提出了六个方面的改革目标，且都与人才发展息息相关[1]：①破除一切制约创新的思想障碍和制度藩篱。破除藩篱，首先是要树立“人才为本”的思想观念，破除束缚人才发展的制度藩篱。②激发全社会创新活力和创造潜能。激发活力和潜能的核心抓手是各类人才，特别是高端科技领军人才。③提升劳动、信息、知识、技术、管理、资本的效率和效益。提升效率和效益首要是提升科技人才的创新创业绩效。④强化“四个对接[2]”。“四个对接”是人才同经济的对接。人才经济是实现与发展“知识经济化”和“经济知识化”的双向互动过程。⑤增强科技进步对经济发展的贡献度。增强贡献度，主要体现在人才资本对经济增长的贡献率上。⑥营造大众创业、万众创新的政策环境和制度环境。其重点是营造有利于人才创新创业的政策环境和制度环境。人才工作要主动适应经济发展新常态和创新驱动发展新趋势，积极推动从“人口红利”向“人才红利”转变，激发大众创业、万众创新的活力，提高人才发展与创新驱动的融合度、与经济社会发展的匹配度。如何以“人才引擎”驱动创新发展[3]，主要有以下三个方面：

（1）以政策引领、汇聚天下英才。千秋基业，人才为先。随着人才强

---

❶ 桂昭明．创新驱动实质上是人才驱动——学习《关于深化体制机制改革加快实施创新驱动发展战略的若干意见》的体会［J］．中国人才，2015（9）：17－18.

❷ “四个对接”是指：强化科技同经济对接、创新成果同产业对接、创新项目同现实生产力对接、研发人员创新劳动同其利益收入对接。

❸ 江宇．以“人才引擎”驱动创新发展．［2015－08－07］．http：//pinglun. youth. cn/ll/201508/t20150807_ 6975512. htm.

国战略的实施，我国人才队伍建设快速发展，人才储备总量迅速增加。然而，创新型人才发展与创新驱动的融合度不高、与社会经济发展的匹配度脱节等问题，成为制约科技创新与改革的关键因素。如此，必须把人才资源开发放在科技创新的前沿，把工作重心放到加大创新驱动发展的力度上来。要将人才体制改革、科技体制改革与经济社会领域内的各项改革政策有机结合，敢于啃“硬骨头”，勇于“闯险滩”，突破思想障碍和制度藩篱，着力构建充满活力的引才、用才、留才政策体系，健全政策扶持、资金保障、培养激励等机制，以政策引领打造高端人才的“聚宝盆”。

（2）优化环境，吸引人才。引凤来栖，政策是“引凤”的根本，环境是“留凤”的保障。政府要遵循发挥积极性、提升创新力的原则，积极探索“招才引智”的途径和渠道，推动政府人才管理职能向创造良好发展环境转变。加快推进创新体系建设，打破地区保护、人才交流的弊端，强化创新资源的开放共享力度，进一步健全人才培养和激励政策，完善人才创新创业平台，优化人力资源服务方式，提高人才资源管理水平，使人才创业有机会、创新有条件、发展有空间，努力营造尊才、爱才、敬才、重才的良好氛围，筑造人尽其才、人才辈出的环境，激发全社会创业创新的积极性与主动性，为创新驱动发展提供源源不断的智力支持。

（3）增强服务优化人才“供需链”。知识就是力量，人才就是未来。从目前国内外的形势看，各国企业对人才的需求十分迫切，尤其是生产力由要素驱动转向创新驱动后，企业对人才更加“求贤若渴”。各级政府服务创新驱动发展，不仅仅是建机制、搭平台、拓渠道，引进“凤凰”来就高枕无忧，更为关键的是，要做好服务优化文章，当好人才“后勤部长”。一方面，以市场为主体，摸清“需求”，多深入基层一线、企业园区，充分掌握市场对人才的所需所盼，清楚需要什么人才、紧缺什么人才、该去哪里寻找人才，提高引才工作的针对性、有效性，做到因需引才、有的放矢。创新驱动靠人才，人才驱动靠机制，机制的核心是竞争，竞争的实现在市场❶。另一方面，要拓宽人才的“供给”，各级政府和组织部门要为企业引才搭桥牵线，既对人才储备心中有数，又想方设法挖掘人才潜力，坚持政府与市场共同发力，为人才生活保障、事业发展、个人提升等提供全

---

❶ 桂昭明．创新驱动实质上是人才驱动——学习《关于深化体制机制改革加快实施创新驱动发展战略的若干意见》的体会．中国人才，2015（9）：17－18.

方位、专业化服务，为创新发展做好服务支撑。

三、规范事业单位领导人员管理，激发人才干事创业活力

2015 年 5 月，中共中央办公厅印发了《事业单位领导人员管理暂行规定》（以下简称《管理规定》）。作为中央制定的第一个规范和加强事业单位领导人员管理的党内法规，《管理规定》根据中央关于分类推进事业单位改革、深化干部人事制度改革的新精神、新要求，对事业单位领导人员管理的基本原则和主要制度做出规定，是新时期做好事业单位领导人员管理工作的基本遵循。《管理规定》的印发实施，对于健全事业单位领导人员选拔任用机制和管理监督机制，建设一支符合好干部标准的高素质事业单位领导人员队伍，推动公益事业又好又快发展，具有十分重要的意义。《管理规定》为事业单位领导人员管理搭建了基本制度框架，为事业单位领导人员管理制度体系的形成奠定了基础，主要呈现出四大亮点。[1]

（1）体现事业单位特点和人才成长规律。全国各级各类事业单位 110 多万个，约有几百万领导人员，他们在科教文卫等公益事业的改革发展中发挥着不可替代的重要作用。但是长期以来，事业单位领导人员的选拔任用和管理沿用党政机关干部的模式，这种“参照”管理的办法，导致任职资格条件不明确、用人机制不灵活、日常管理不规范、监督约束不到位、激励保障不科学等问题不同程度地存在。此次出台的管理规定，一方面明确了干部人事制度基本原则在事业单位领导人员管理中的适用要求，如规定适用与党政干部一致的好干部标准、纪律规范、述职述廉、民主生活会、巡视、提醒、函询、诫勉等管理措施；另一方面，又根据事业单位特点及人才成长规律，在任职资格、任用方式、任期和任期目标责任制、职业发展和激励保障、退出机制等方面，进行了有特色的设计。

（2）明确政治素质和公共责任要求。事业单位公立国有的产权特性决定其具有公共性和政治性。改革开放以来，党和国家根据事业单位的功能特性，针对计划经济体制下国有企业、事业单位过度集中管理的弊端，实行了以分类为基础、以落实单位管理自主权为导向的事业单位改革，有效激发了事业单位活力，极大促进了科教文卫等公共事业的发展。但不容忽

[1] 华春雨. 四大亮点透视首个事业单位领导人员管理规定. [2015－06－04]. http: //news. xinhuanet. com/politics/2015－06/04/c_ 1115514806. htm.

视的是，一些事业单位领导人员一方面宣称自己不是官员，另一方面又实际掌握一定的行政管理权和公共资源，个别人员为谋取个人私利和小集体利益，不惜以权谋私、任人唯亲，进行利益交换和利益输送，引起社会公众的强烈不满。

中国人事科学研究院李建忠研究员认为，公立国有属性和公共性要求事业单位的领导人员和工作人员承担服务公共利益的特别义务要求，这是国家对事业单位领导人员和其他工作人员的管理进行专门立法规范的内在法理基础，是依法治国、依法行政的必然要求。针对存在的问题，管理规定明确将政治素质好、忠实履行公共服务的政治责任和社会责任等作为考察事业单位领导人员的首要条件，并从选拔任用、任期管理、考核评价、激励保障、监督约束、职业发展和退出机制等方面进行全方位的制度保障。

（3）更新事业单位领导人员任职资格突出要求，为改革选任机制夯实基础。事业单位知识密集，人才集中，是创新创造创业的重要阵地。要保证事业单位提供更多、更好的公共服务产品，必须明确人员的任职资格，从而改革选任机制，调动人员特别是领导人员的积极性、创造性。面对新形势的需要，管理规定在事业单位领导人员的任职资格条件上，除要求具有良好的政治素质以外，还提出了三个“突出”：突出强调组织领导能力、公共服务意识和改革创新精神；突出相关的专业素质或从业经历，熟悉有关政策法规和行业发展情况，业界声誉好；突出事业心和责任感强，热爱公益事业，求真务实，团结协作，遵纪守法，廉洁从业，群众威信高。管理规定还明确了事业单位领导人员的多元选拔任用方式，针对近年来存在的一些问题和现象，在任期管理和考核评价方面着力改革创新。

（4）为事业单位人事管理制度体系形成奠定基础。事业单位涉及经济社会发展多个行业领域，机构众多，情况复杂，实行分类分级管理是必由之路。管理规定在制度设计上立足于宏观性、指导性，对事业单位领导人员管理的基本原则、基本制度、基本环节等进行了统一规范，同时，又明确提出了分类分级管理的原则，为建立分类分级的管理制度体系留下空间和接口。作为事业单位领导人员管理的纲领性、指导性规范，管理规定成为事业单位领导人员管理制度体系的“梁柱”，是我国事业单位和公共部门人事管理制度体系的重要组成部分。

四、为推进大众创业万众创新集聚各方面优秀人才

2015 年 6 月，国务院下发《国务院关于大力推进大众创业万众创新若干政策措施的意见》（国发〔2015〕32 号）。大众创业、万众创新是 2015 年国务院《政府工作报告》的一项重大部署，是党中央、国务院在经济新常态下推动经济增长的关键举措之一，也是广泛动员和激励群众参与改革、推动改革、形成全面深化改革局面的强大动力。推进大众创业、万众创新，对于推动经济结构调整、打造发展新引擎，走创新驱动发展道路有重要的意义。如何实现大众创业、万众创新，如何发挥大众创业、万众创新对经济发展的推动作用，人才是关键，人才是重要支撑。

习近平总书记强调人才是创新的根基，是创新的核心要素，创新驱动实质上是人才驱动。要体现人才的重要作用，最关键的是用好人才。这一论断，深刻阐明了人才与创新之间的关系，进一步明确了人才在我国推进大众创业、万众创新战略实施中的重要地位和关键作用，也进一步奠定了人才优先发展在经济发展新常态下的核心作用。创新驱动实质上是人才驱动，主要是因为人才是创新驱动的核心要素和主导力量。在生产力发展的诸多要素中，劳动力是第一要素；在创新驱动的诸多要素中，人才特别是创新人才是核心要素。

首先，人才是创新意向的主导者。凡科学发明与创造，最开始都源于创新意向，即一个新的想法、新的观点、新的尝试、新的发现，都来自于人的探索欲望和创新思维。离开人才的创造性思维，一切创新都是无源之水、无本之木。实施创新驱动最终需要激发起人才对未知世界探索欲望和创新激情，充分发挥人才的想象力和创造智慧。

其次，人才是创新资源的整合者。人类社会的创新，不仅仅是对未知世界的探索，有许多创新是来自于对创新资源的整合。优秀企业家在这方面表现得尤其突出。著名经济学家约瑟夫·熊彼特认为，企业家是创新、生产要素重新组合以及经济发展的主要组织者与推动者。

其三，人才是创新活动的组织者。科技创新活动不仅是个复杂的社会过程，也是个复杂的社会系统工程，涉及多种创新要素的整合。不仅需要各类人才直接参与，而且更需要优秀人才对创新活动进行组织管理。管理人才担负着整个创新活动的领导任务，是赋予创新活动以生命力的最关键要素，他们的素质及工作质量，往往直接决定着创新活动的成败。

其四，人才是创新成果的推广者。创新成果推广应用是科技创新转化为现实生产力的重要环节。在现代创新成果推广应用中，不仅技术市场、生产力促进中心发挥了重要作用，科学家、企业家和风险投资家的主导作用也越来越突出。因此，推进大众创业、万众创新战略实施，必须充分发挥人才在创新发展中的主导和引领作用。

人才是大众创业、万众创新的先锋队。人才是经济发展的决定因素和智力支撑，顾名思义，人才是掌握专业知识、具备专业技能，站位高、思路广的各类高端人员，是领军，是带动力量。因此在大众创业、万众创新的新形势下，更离不开人才的支持。他们有先进的知识储备、开阔的发展思路、明确的经营方向，不论在创业还是创新中都将担负起引导作用。在他们的带动下，将有更多的人加入到创业创新的队伍中，人才是大众创业万众创新的先锋队。

人才是大众创业、万众创新的主力军。无论是自己创业，还是企业进行创新，都离不开各类高端人才的加入。科研人员是企业进行核心研发、转型创新发展、提高核心竞争力的重要支撑，起着不可或缺的作用。成功创业者、知名企业家、专家学者可以是大学生、青年创业者的创业导师，为青年人提供创业辅导。不论在创业还是创新工作中，人才都是重要组成部分，是主力军。

人才是大众创业、万众创新的推动力。大众创业、万众创新最终目的是促进经济稳定发展，经济的发展离不开人才的力量。各类中高端人才的加入，有力推动了企业转型发展、创新发展，使大众创业、万众创新不再只是一个口号，而是落到了实处，人才推动大众创业、万众创新不断深入进行，大众创业、万众创新推动经济社会稳步前行。

创新创业离不开社会环境的滋养。长期以来，创新冒险的意识不强，社会上对创新的鼓励不足，对创新失败奚落嘲笑，缺乏宽容的气氛，是影响创新的文化因素。要积极营造大众创业创新的浓厚氛围，在全社会大力弘扬尊重劳动、尊重知识、尊重人才、尊重创造的理念，倡导敢为人先、敢冒风险、宽容失败的新风尚，使一切有利于社会进步的创业创新愿望得到鼓励、行动得到支持、成果得到尊重，形成创业创新光荣的鲜明导向。把科技成果转化作为重要指标之一，引入到职称晋升体系中，以此来鼓励科技人才。

大众创业、万众创新，首先要解决的是育人问题。大众创业，教育先行；万众创新，文化先行。没有创新的人才，不可能有创业的成功，没有创新的教育，不可能有创新的人才。大量青年如果缺少专业能力与基本素质，盲目创业，可能会出现“全民炼钢，尽是废铁”的悲剧。办好创新教育需要改革我们的教育体系，包括理念、课程、师资、实践，等，真正让大学生、中职生具备基本的做事素质。这就必须摒弃填鸭式教育、应试教育，营造健康文明的创新文化，要将创业教育纳入高校教育，切实推动“专业与产业对接、教学过程与生产过程对接、人才培养标准与企业用人标准对接、专业课程内容与职业要求对接”，这是培养创新型人才的有效途径。

必须打通科技成果转化渠道，鼓励各式各样的创新，直接用于创业，合作参与创业，转让促进创业。促进科技成果转化，关键在于激励人才主动创造新成果和愿意转化新技术，这需要加快科技成果使用处置和收益管理改革，扩大股权和分红激励政策实施范围，完善科技成果转化、职务发明法律制度，使创新人才分享成果收益，从而促进科技人员愿意创新、愿意创业、愿意转化。这正如李克强总理指出的，“着力打通科技成果转化通道，扩大中关村国家自主创新示范区试点政策实施范围，推进科技资源开放共享，科技人员创新活力不断释放”。

要深化体制机制改革，完善提升有利于人才集聚、创新创业的政策环境。大众创业、万众创新需要政府部门出实招推动。要研究制定各项扶持优惠政策，加快形成政府激励创业、社会支持创业、劳动者勇于创业的新机制，形成一套全链条的优惠政策和服务体系。

五、推进领导干部能上能下，深化干部人事制度改革

在全面从严治党、从严管理干部的大背景下，中共中央办公厅于2015年7月出台《关于推进领导干部能上能下的若干规定（试行）》（以下简称《规定》），首次对干部“能上能下”做出专项规定，规范了工作程序，建立了工作责任制，是做好新时期干部工作的重要遵循。《规定》是对已有干部管理制度规定体系，包括干部选拔任用、干部教育培训、干部个人有关事项报告、干部问责、干部兼职、干部档案管理、“裸官”治理等制度规定的补充和完善，剑指领导干部只能上不能下的弊端，标志着干部制度改革步入深水区，必将成为从严治党、从严管理干部的转折点，对于贯彻落实党的十八大和十八届三中、四中全会精神，贯彻落实习近平总书记系

列重要讲话精神，促使干部自觉践行“三严三实”要求，完善从严管理干部队伍制度体系，着力解决为官不正、为官不为、为官乱为等问题，推动形成能者上、庸者下、劣者汰的用人导向和从政环境，建设高素质干部队伍，具有十分重要的意义。

“能上能下，能进能出”，是干部制度改革的一个关键环节。改革开放以来，中央废除了事实上存在的领导干部职务终身制，建立完善了领导干部退休、任期、问责等制度，推进了干部能上能下。但总体上看，干部“能下”还存在制度短板，各方面的阻力还比较大。长期以来，由于缺乏制度性的安排，导致领导干部一旦任职达到某一行政级别，无论是否称职，除非出现严重违法违纪行为，行政级别一般不会下降。这就在干部人事管理上形成“职务提升容易，降低难；待遇提高容易，下降难”的局面。此次出台的《规定》，是中央第一次以党内法规形式，专门就领导干部能上能下做出制度性规定，明确“下”的标准，规范“下”的方式，疏通“下”的渠道，在构建科学的干部人事体系方面又多了一个制度抓手。这一方面强化了对在任干部的约束和激励，另一方面也将增强干部队伍的流动性，有利于促进能者上、庸者下、劣者汰，形成完善的工作机制和良好的用人导向。

《规定》坚持高标准严要求，贯彻落实中央关于全面从严治党、从严管理干部的要求，把“从严”体现在制度安排的各个方面、各个环节之中。在指导原则上，强调坚持德才兼备、以德为先，对不符合好干部标准的，坚决进行调整。在制度规定上，强调严格执行干部退休制度、任期制度、问责制度，严肃调整不适宜担任现职干部等，并对相关制度规定进行完善，进一步严格程序、规范方式、细化措施。在制度执行上，强调严明纪律，建立工作责任制，强化监督检查，从而将从严要求制度化、规范化、程序化❶。《规定》最大的亮点是明确了对不适宜担任现职干部的“下”，对干部的管理长期难以解决干部“下”的问题，难点是让什么人“下”。《规定》以问题为导向，重点明确了对不适宜担任现职干部的“下”，即对不适宜担任现职的情形、调整的程序、方式及调整后的使用、复出，做了全面具体的规定。

---

❶ 落实全面从严治党要求的重要举措——中组部负责人就印发《推进领导干部能上能下若干规定（试行）》答记者问［N］. 人民日报，2015－07－29.

《规定》的重点是疏通了干部“下”的六种渠道。当前干部队伍建设中存在的突出问题是领导干部不能下、下不来、不愿意下，“下”的渠道不畅。要解决这个问题，前提是疏通“下”的渠道。《规定》综合干部制度中已有的关于“下”的渠道，结合当前干部“下”的现实阻滞，梳理了六个通道：到龄免职（退休）、任期届满离职、问责处理、调整不适宜担任现职干部、健康原因调整和违纪违法免职。

总体来看，《规定》的出台实质上是把“下”作为有力杠杆，撬动领导干部干事创业的责任感、紧迫感，促使各级干部真正把心思放在谋事、干事、成事上。同时，让一部分不作为、不称职的领导干部“下”，也能推进一大批德才兼备、实绩突出的干部“上”，为他们干事创业腾出空间、搭建平台[1]。落实“能上能下”新规，真正做到“能上能下”，要从转变观念入手，要从制度改革着力，要用科学的评价标准、方法提供可靠保证。长远来看，还应持续推进干部人事制度改革，进一步通过激励、奖惩、问责和民主监督等一整套完善的制度安排，切实增强干部队伍活力，提升干部队伍质量，最终形成弊绝风清、优胜劣汰、积极进取、高效廉洁的政治生态。

六、新版国家职业分类大典颁布，土地类职业实现零突破

2015 年 7 月 29 日，由人社部、国家质检总局和国家统计局牵头成立的国家职业分类大典修订工作委员会召开全体会议。会议审议、表决通过并颁布了新修订的 2015 版《中华人民共和国职业分类大典》（以下简称《职业分类大典》）。

新修订的《职业分类大典》适应了我国经济社会发展和人力资源管理的新需要，在分类上更加科学规范，在结构上更加清晰严谨，在内容上更加准确完整，全面客观地反映了现阶段我国社会的职业构成、内涵、特点和发展规律，标志着我国职业分类管理工作进入了一个新的发展阶段。

随着社会发展与时代进步，人类在长期的生产活动中产生了劳动分工。职业是劳动分工的产物，也成为劳动者在社会活动中获取生活来源、实现自身价值的依托。对职业进行分类管理，是现代市场经济条件下实现社会化管理的必然选择。尤其是在当前我国经济发展进入新常态、完善国家治理体系的大背景下，职业分类对于适应和反映经济结构特别是产业结

---

[1] 姚志文．从严从实推进干部能上能下［N］．中国组织人事报，2015－07－31.

构变化，适应和反映社会结构特别是人口、就业结构变化，适应和反映人力资源开发与管理特别是人力资源配置需求等方面，都具有重要意义❶。

《职业分类大典》是我国对职业进行科学分类的权威性文献。我国曾于 1999 年颁布了第一部《中华人民共和国职业分类大典》。进入 21 世纪以来，随着经济社会发展、科技进步和产业结构调整升级，我国的社会职业构成和内涵发生了很大变化：一是一些传统职业开始衰落甚至消失；二是一些新的职业不断涌现并迅速发展；三是还有一些职业为适应形势开始调整和转化。2005 年后连续 3 年，对 1999 版《中华人民共和国职业分类大典》进行了增补，但仍无法准确客观地反映当前职业领域的变化。针对这一情况，2010 年年底，人社部会同国家质检总局、国家统计局牵头成立了国家职业分类大典修订工作委员会，启动修订工作。国土资源部是此次修订工作的主要承担单位之一，全国共有 70 多个行业部门共同参与，历时五年，七易其稿，形成新版《职业分类大典》。修订后的职业分类体系为 8 个大类、75 个中类、434 个小类、1481 个职业，并列出 2670 个工种，标注了 127 个绿色职业。

新版《职业分类大典》在修订过程中，主要遵循了四个基本原则：一是客观性原则。从我国经济社会发展现状出发，充分考虑各行业、各部门工作性质、技术特点的异同，全面、客观、如实、准确反映当前社会职业发展实际状况。二是继承性原则。沿用 1999 版所确定的大类、中类、小类和细类（职业）划分原则以及各类别的划分依据，使《职业分类大典》体系框架基本稳定，适应职业具有较长生命周期的特点。三是科学性原则。运用科学的职业分类理论和方法，参照国际标准，借鉴国际职业分类先进经验，充分考虑我国社会转型期社会分工的特点，将 1999 版单纯以“工作性质同一性”调整为以“工作性质相似性”为主，以“技能水平相似性”为辅进行分类。四是开放性原则。坚持与时俱进，遵循职业发展规律，适应经济社会发展实际和未来发展趋势，实时对社会职业进行动态维护和更新，并为今后及时发布新职业留有空间和接口。

标识绿色职业是新版《职业分类大典》亮点之一，这是我国职业分类的首次尝试。将部分社会认知度较高、具有“环保、低碳、循环”等显著

❶ 加强职业分类管理 促进人力资源开发——人社部相关负责人就 2015 年修订版《中华人民共和国职业分类大典》答记者问［N］. 中国劳动保障报，2015 - 08 - 04.

绿色特征的职业标示为绿色职业。旨在注重人类生产生活与生态环境的可持续发展，推动绿色职业发展，促进绿色就业。2015 版《职业分类大典》共标示 127 个绿色职业，并统一以“绿色职业”的汉语拼音首字母“L”为标识。我部承担的“土地整治工程技术人员”“地球物理地球化学与遥感勘查工程技术人员”“水工环地质工程技术人员”“地质测绘工程技术人员”“地质调查员”五个职业成为绿色职业。一方面可以看作是对国土资源系统参与生态文明建设贡献的认可，另一方面更是对整个国土资源领域在未来领跑绿色发展的期待。坚持绿色发展，以资源节约推动生态文明建设，促进人与自然和谐共处，始终是国土资源工作的主战场❶。绿色职业从业者也将在“十三五”时期大力实施的国土综合整治、高标准农田建设、耕地质量调查评价与监测、建设用地总量和强度“双控”、城市开发边界划定、绿色矿山建设、地质灾害防治、矿山地质环境保护与治理、地下水保护与地面沉降防治等工作中发挥更大的人才和专业优势，为生态国土、绿色国土建设提供有力支撑和保障。

对于国土资源管理领域而言，此次修订最大的利好在于实现了土地类职业零突破。我国土地行业成立 30 多年来，土地规划、调查、评估、整治等职业技术得到了长足发展，但土地相关职业一直未能列入《职业分类大典》。在现行的高等教育专业目录中，也仅有“土地资源管理”一个专业，土地学科建设和人才培养明显滞后于行业现实需要。此次修订，新增了“土地整治工程技术人员”职业。明确该职业是指“从事土地开发、整理、复垦等工程勘测、规划、设计、监测、监管指导施工的工程技术人员”。整个土地行业为此感到欢欣鼓舞，认为这是土地行业一次历史性突破，具有里程碑意义，对于土地科学与工程学科建设、人才培养、职业教育培训和规范引导行业发展都具有重大现实意义。中国工程院郭仁忠院士认为，此举为土地工程科技发展迎来新契机，土地事业可持续发展要以此为契机，建设土地工程科技体系，打造土地工程技术职业体系，重点培养土地工程科技高层次创新型人才❷。

新版《职业分类大典》将旧版原有的“地质勘探工程技术人员”小类进一步细分为六个细类职业，地质勘查行业固有的专业技术职业进一步得

---

❶ 姜大明．在全国国土资源工作会议上的讲话．内部情况通报，2016－01－11.

❷ 从零突破到创新领跑——专家热议土地类职业首次入典［N］．中国国土资源报，2016－01－29.

到确认。六个职业分别是“地质实验测试工程技术人员、地球物理地球化学与遥感勘查工程技术人员、水工环地质工程技术人员、地质矿产调查工程技术人员、钻探工程技术人员”，其中“地质测绘工程技术人员”归类到“测绘和地理信息工程技术人员”项下。这与地勘工程技术人员的工作定位、人员构成、专业统计、职称评审系列、单位资质管理等相一致，较客观地反映了现阶段地勘工程技术专业的分工现状。地勘单位在人才招聘、岗位设置、人才使用、人才评价等方面有了统一规范，有利于人才的合理流动和人才队伍结构优化，有利于加强专业技术人才的教育培训和知识更新，对于规范地勘行业从业行为，加强行业管理具有重要意义。

新版《职业分类大典》还对旧版原有的“地质勘查人员”小类的职业工种分类作了调整。旧版“地质勘查人员”项下有15个职业（工种），此次修订后变为5个职业19个工种。其中最大的变化是新增了“地质调查员”职业，下设“区域地质调查员、矿产地质调查员、海洋地质调查员、环境地质调查员、水文地质调查员、工程地质调查员、地质灾害调查员、农业地质调查员、矿山地质调查员”9个工种。新增了“地质实验员”职业，将原“磨片工、淘洗工、地质采样工、地质样品制备工”工种内容归并到“地质实验员”职业下，并在“地质实验员”职业下新设“岩矿鉴定员”工种。这些新的职业（工种）根据地质调查专业分工来划分，基本覆盖了地质调查工作从业人员，为从业人员接受职业技能培训、取得职业资格提供了基本依据。解决了职业院校地质专业学生参加职业资格认证找不到对应职业的现实问题。在职业院校推行学历证书和职业资格证书并行的“双证书”制度，是大力发展现代职业教育的重要举措。通过职业（工种）和职业院校专业目录修订，实现专业教学标准和职业标准的联动开发、无缝对接，对提高技术技能人才培养质量具有重要现实意义。

为充分发挥新版《职业分类大典》在国民经济信息统计中的服务作用，在人力资源开发与管理中的基础作用，在职业教育培训中的引导作用，在职业资格制度改革中的规范作用，人力资源社会保障部、国家质量监督检验检疫总局、国家统计局三部门联合印发了《关于做好〈中华人民共和国职业分类大典（2015年版）〉应用工作的通知》（人社部发〔2016〕18号），就做好新版《职业分类大典》的宣传、推广和应用工作提出了具体要求。一是要求各地区、各部门要使本地区、本系统的工作人员及时了解新版《职业分类大典》职业分类体系等基本内容，在实际工作中加以应用，充分发挥其在国民经济信息统计和人口普查、劳动力需求预测和规划等工作中的作用。二是要以新版《职业分类大典》和《职业分类与代码》国家标准确定的职业分类为基础，开展就业人口结构变化和劳动力供求状况研究分析。在劳动力市场信息统计工作中，要按照新版《职业分类大典》和《职业分类与代码》国家标准确定的职业分类与代码，进一步规范劳动力市场信息统计口径，使之更加科学和准确。三是要求各地公共就业和人才服务机构在开展职业介绍和职业指导时，要参照新版《职业分类大典》的职业定义和职业描述的内容，向求职者介绍有关的职业背景。要指导用人单位在招聘活动中，以及求职者在填写求职登记表时采用新版《职业分类大典》规定的职业名称。四是各类职业教育培训机构可根据新版《职业分类大典》确定的职业分类，合理设置专业，及时制定培养标准和课程规范。要适应经济发展、产业升级和技术进步的需要，建立专业教学标准和职业标准联动开发机制，推进专业设置、课程内容与职业标准相衔接。五是国家将建立职业资格目录清单管理制度，结合经济社会发展需要，依据新版《职业分类大典》制定并分批向社会发布国家职业资格目录。各类职业资格考核评价机构要依据国家职业资格目录，规范开展职业资格考核评价工作。

国家职业分类大典是我国职业的“总户籍册”，能够在这本“户籍册”中报上“户口”、明晰“身份”，反映出国土资源管理事业在社会职业结构中的新变化，折射出国土资源管理领域和地勘行业在经济社会发展中的地位和影响不断彰显。

如何充分利用好此次修订成果、进一步规范行业职业标准、加强国土资源人力资源开发与管理、促进职业教育和人才队伍建设，还需要持续深入扎实的工作。同时，职业分类体系的调整和完善是一项长期任务。在全球新一轮科技革命和产业变革中，在我国加快推进新型工业化、信息化、城镇化和农业现代化的过程中，包括国土资源领域在内的许多领域职业技术正在发生并且将继续发生变化，社会职业结构也会随之而变。我们要密切跟踪国土资源领域相关职业活动的新发展新变化，动态了解和掌握新职业的活动范围、工作内容、发展现状、从业人员数量和结构、薪酬状况和能力要求等，不断完善国土资源职业分类体系。

七、强化领导干部保护生态环境的责任与担当

2015 年 8 月，中共中央办公厅、国务院办公厅印发《党政领导干部生

态环境损害责任追究办法（试行）》（以下简称《办法》）。这是继 2015 年 4 月中共中央、国务院《关于加快推进生态文明建设的意见》印发后，最新出台的一项生态文明建设专项配套政策文件，体现了党和政府建设生态文明高度负责的勇气和决心，标志着我国生态文明建设进入实质问责阶段❶。

建立党政领导干部生态环境保护问责制，是我国生态文明建设的重要制度。十八届三中全会明确指出："必须建立系统完整的生态文明制度体系，实行最严格的源头保护制度、损害赔偿制度、责任追究制度，完善环境治理和生态修复制度，用制度保护生态环境"，并提出要"建立生态环境损害责任终身追究制"。十八届四中全会《中共中央关于全面推进依法治国若干重大问题的决定》强调，要按照全面推进依法治国的要求，用严格的法律制度保护生态环境；建立重大决策终身责任追究制度及责任倒查机制。2015 年 4 月，党中央、国务院印发了《关于加快推进生态文明建设的意见》，按照中央统一部署，有关部门共同研究制定了《办法》。《办法》的出台和实施，对于加强党政领导干部损害生态环境行为的责任追究，促进各级领导干部牢固树立尊重自然、顺应自然、保护自然的生态文明理念，增强各级领导干部保护生态环境、发展生态环境的责任意识和担当意识，推动生态环境领域的依法治理，不断推进社会主义生态文明建设，都具有十分重要的意义。

党和政府在国家经济社会发展过程中起着主导性作用，同样对于生态环境质量的好坏也负有重要责任。"作为一种公共产品和服务，在提供良好生态环境方面党政机关必须发挥更好的作用。"中科院科技政策与管理科学研究所所长王毅表示，随着我国经济社会转型和发展进入新常态，实现"五位一体"和"四个全面"战略布局的现实要求，其薄弱环节都指向生态文明建设，"为此，必须建立一套有效的问责激励机制，使党政领导干部切实转变执政理念，为节能环保负责，争当污染破坏的终结者、改善生态环境的亲为者和生态文明建设的实践者"。

作为我国首次针对党政领导干部开展生态环境损害追责的制度性安排，《办法》是问责体系的重要组成部分，是用制度治党、严格规范党政

❶ 《党政领导干部生态环境损害责任追究办法（试行）》解读［N］. 人民日报，2015－08－19.

领导干部环境行为的长效机制。从现实情况看，要使生态环境领域的政策规定落到实处，关键要靠各级党政领导干部，而出现生态环境严重损害事件也往往与党政领导干部失职、渎职有着直接关系。因此，《办法》突出领导干部这个“关键少数”，聚焦各级党政领导干部的权力责任。专家认为，《办法》尽管字数不多，但根据有关党内法规和国家法律法规，聚焦党政领导干部责任，明确底线思维，提出了生态环境损害的追责主体、责任情形、追责形式、追责程序，以及终身追究制等规定，充分体现了“权责统一、党政同责、失职追责、问责到位”的原则。

值得注意的是，《办法》并未拘泥于具体追责指标，在制度设计上十分注重创新。《办法》针对县级以上地方各级党委、政府及其有关工作部门的领导成员，中央和国家机关有关工作部门领导成员及其有关工作部门的领导人员，在决策、执行、监督和利用职务影响过程中所造成的25种情形进行追责，紧扣对生态环境负面影响大、社会反响强烈的党政领导干部履职行为设定追责情形，实行“行为追责”和“后果追责”相结合，追责形式包括诫勉谈话、责令公开道歉、组织处理、党政纪处分等。

好制度关键在落实。在实施方面，《办法》赋予监管部门较大权力，规定了监管工作部门、纪检监察机构、组织人事部门的协作联动机制，并明确了追责者的责任条款，这些制度创新将会强化追责结果的应用，使《办法》得以更好地落实。干部选拔任用具有鲜明的导向作用，要遏制和扭转生态环境恶化的状况，就必须从制度上把履行生态环境建设职责与干部选拔任用相挂钩。为了发挥干部选拔任用的“指挥棒”作用，《办法》明确规定，党委及其组织部门在地方党政领导班子成员选拔任用工作中，应当按规定将资源消耗、环境保护、生态效益等情况作为考核评价的重要内容，对在生态环境和资源方面造成严重破坏负有责任的干部不得提拔使用或者转任重要职务[1]。

针对以往责任追究启动难、实施难的问题，《办法》做了三个方面的规定。明确了责任追究的启动和实施程序，建立了负有生态环境和资源保护监管职责的工作部门、纪检监察机关、组织（人事）部门等协作联动机

[1] 盛若蔚．中组部有关负责人详解《党政领导干部生态环境损害责任追究办法（试行）》［N］．人民网－人民日报，2015－08－18.

制，设置了对启动和实施主体的追责条款，目的在于形成一个闭环系统，强化追责者的责任，确保对生态环境损害行为“零容忍”。

八、推进继续教育改革发展，优化专业技术人才队伍

党的十八大明确要求要“积极发展继续教育”，原人事部制定的《全国专业技术人员继续教育暂行规定》（人核培发〔1995〕131号）（以下简称《暂行规定》）已不能适应经济社会发展和专业技术人才队伍建设的要求。2015年8月13日，人力资源社会保障部公布了《专业技术人员继续教育规定》（人社部第25号令）（以下简称《规定》），自2015年10月1日起施行。《规定》的制定出台，是贯彻落实中央关于全面深化改革总体部署和国家中长期人才发展规划纲要的具体措施，对于保障专业技术人员继续教育权利，完善专业技术人员继续教育制度，加强我国专业技术人才队伍建设，实施创新驱动战略具有重要意义。

此次对《暂行规定》的修订，主要遵循了五项基本原则：一是贯彻落实中央关于推进继续教育改革发展的新精神；二是适应专业技术人员继续教育发展的新形势、新变化、新需求；三是总结吸纳各地各部门实际工作中好的做法和经验；四是充分借鉴地方关于专业技术人员继续教育的立法实践（已有14个省、区、市实现了地方立法）；五是保持政策的连续性，《暂行规定》中一些行之有效的内容予以保留[1]。

《规定》从八个主要方面做出新调整。修订后的《规定》共5章31条，分别为：总则、内容和方式、组织管理和公共服务、法律责任、附则。与《暂行规定》相比，《规定》主要在八个方面做了重要调整和修改：一是修改规章名称，以部令形式颁布；二是扩大适用范围，将机关、企业、事业单位和其他社会组织的专业技术人员均纳入适用范围；三是突出简政放权，明确继续教育工作实行统筹规划、分级负责、分类指导的管理体制；四是强化权利保障，将保障专业技术人员接受继续教育的权利摆在突出位置；五是落实责任主体，尽可能地明确继续教育各环节的责任主体，增强了规章的针对性和可操作性；六是丰富政策措施，将实践证明行之有效的一些好经验、新做法，纳入相关条款；七是明确法律责任，将

[1] 人社部相关负责人就《专业技术人员继续教育规定》答记者问［N］. 中国组织人事报，2015-08-21.

“法律责任”列为专门的一章，对用人单位、专业技术人员、继续教育机构和工作人员违反继续教育法规的行为提出了明确的处理措施；八是与其他法律法规相衔接。

在继续教育方式和学时认定方面灵活度更高。考虑到工学矛盾、行业差异等因素，《规定》对继续教育的方式和学时认定采取了较灵活的方式，明确“参加培训班、研修班或者进修班学习”“参加相关的继续教育实践活动”“参加远程教育”“参加学术会议、学术讲座、学术访问等活动”等均可计算学时，并规定“继续教育方式和学时的具体认定办法，由省、自治区、直辖市人力资源社会保障行政部门制定”，在减少工学矛盾的同时，使继续教育与专业技术人员的岗位实践紧密结合，提高继续教育的针对性和实效性。

突出保障专业技术人员权益是《规定》的一大亮点。针对专业技术人员参加继续教育期间的福利待遇问题，我们在调研中广泛听取了不同行业专业技术人员、用人单位的意见，形成目前的表述为：“专业技术人员经用人单位同意，脱产或者半脱产参加继续教育活动的，用人单位应当按照国家有关规定或者与劳动者的约定，支付工资、福利等待遇。用人单位安排专业技术人员在工作时间之外参加继续教育活动的，双方应当约定费用分担方式和相关待遇。”主要考虑：一是吸取地方立法经验，地方出台的继续教育条例对此普遍做了规定，在实践中取得了较好效果；二是强调专业技术人员参加继续教育也是单位工作发展的需要，专业技术人员参加继续教育应经用人单位同意，用人单位应保障其工资福利待遇；三是减轻专业技术人员负担，对用人单位安排专业技术人员在工作时间之外参加继续教育活动进行规范，明确用人单位应与专业技术人员约定费用分担方式和相关待遇。

倡议建立继续教育与人才培养和使用的联动机制。《规定》继承了历经10年实践检验的继续教育培养与使用相结合的基本原则，进一步明确“用人单位应当建立本单位专业技术人员继续教育与使用、晋升相衔接的激励机制，把专业技术人员参加继续教育情况作为专业技术人员考核评价、岗位聘用的重要依据。专业技术人员参加继续教育情况应当作为聘任专业技术职务或者申报评定上一级资格的重要条件。有关法律法规规定专业技术人员参加继续教育作为职业资格登记或者注册的必要条件的，从其规定”。

九、科技体制改革走向纵深，激活人才创新创造潜能

深化科技体制改革是全面深化改革的重要内容，是实施创新驱动发展战略、建设创新型国家的根本要求。2015 年 9 月 24 日，中共中央办公厅、国务院办公厅印发《深化科技体制改革实施方案》（以下简称为《实施方案》），这被认为是迄今为止内容最丰富、政策最为全面、涵盖面最为广泛的科技体制改革文件，距离科技体制改革进入全面展开阶段的标志性文件，即《关于科学技术体制改革的决定》（中发〔1985〕6 号）的发布，整整 30 年。《实施方案》以问题为导向，针对科技创新和创新驱动发展存在的体制机制“痛点”和政策制度障碍对症下药，围绕 10 个方面提出 32 项改革举措 143 项政策措施❶❷。

习近平总书记强调，要把人才资源开发放在科技创新最优先的位置，改革人才培养、引进、使用等机制，努力造就一批世界水平的科学家、科技领军人才、工程师和高水平创新团队，注重培养一线创新人才和青年科技人才。从实践层面来看，创新人才的培养和使用是人才政策的两个关键环节，当前人才评价和激励机制中的“痛点”可以概括为：政府过度主导，用人单位缺乏自主，评价导向不够合理，分配激励亟待完善。《实施方案》突出问题导向，从改进创新型人才培养模式、实行科技人员分类评价、科技奖励制度改革三个方面对改革和完善人才发展机制作出重要部署，充分调动和激发人才的积极性和创造性。

改进创新型人才培养模式，增强科技创新人才后备力量。《实施方案》重点提出，要开展启发式、探究式、研究式教学方法改革试点，弘扬科学精神，营造鼓励创新、宽容失败的创新文化。改革基础教育培养模式，尊重个性发展，强化兴趣爱好和创造性思维培养。以人才培养为中心，着力提高本科教育质量，加快部分普通本科高等学校向应用技术型高等学校转型，开展校企联合招生、联合培养试点，拓展校企合作育人的途径与方式。

实行科技人员分类评价，建立以能力和贡献为导向的评价和激励机

---

❶ 新华社．科技部就深化科技体制改革实施方案出台答记者问．［2015－09－25］．http：//scitech. people. com. cn/n/2015/0925/c1007－27632467. html.

❷ 30 年，科技体制改革再发轫——《深化科技体制改革实施方案》解读［N］，光明日报，2015－09－26.

制。针对人才体制机制不完善，特别是评价激励机制不适应科技人才发展要求的问题，《实施方案》在制定深化人才发展体制机制改革的整体性意见的同时，深化关键环节的改革。历经30余年实践的职称评审制度，如今已逐渐发展成一套由政府人事主管部门和业务主管部门（或地方政府）主导的全国统一的人才评价体系。由于留给用人单位的空间非常小，很难准确、及时地反映用人单位的需求，导致出现评审结果与岗位实际需求不适应、与单位评价有偏差的问题，是导致评价导向不合理的重要原因。在这种评价体系下，科研论文、科研项目等易于定量化的指标很容易成为评价的主要标准，用同样的标准和权重要求所有科技人员发表论文，而与岗位职责相关的其他标准，如对社会经济的贡献等，由于缺乏具体的衡量标准，在评审中难以把控，事实上很少被充分考虑。《实施方案》提出，要改进人才评价方式，制定关于分类推进人才评价机制改革的指导意见，提升人才评价的科学性。对从事基础和前沿技术研究、应用研究、成果转化等不同活动的人员建立分类评价制度。完善科技人才职称评价标准和方式，研究制定事业单位高层次人才收入分配激励机制的政策意见，健全鼓励创新创造的分配激励机制。

深化科技奖励制度改革，强化奖励的荣誉性和对人的激励。《实施方案》提出，要制定深化科技奖励改革方案，逐步完善推荐提名制，突出对重大科技贡献、优秀创新团队和青年人才的激励。要完善国家科技奖励工作，修订国家科学技术奖励条例。要为引导和规范社会力量设奖，制定关于鼓励社会力量设立科学技术奖的指导意见。

十、为培养造就高素质干部队伍提供制度遵循

中共中央修订颁布的《干部教育培训工作条例》（以下简称《培训条例》），自2015年10月14日起施行。《培训条例》认真贯彻落实中央对干部教育培训工作的新要求，总结实践中的新经验，针对工作中存在的突出问题，对干部教育培训制度做了较大幅度的修改完善，是党的干部教育培训事业发展的最新制度成果，是做好新形势下干部教育培训工作的根本遵循[1]。《培训条例》有以下突出亮点[2]。

---

[1] 推动干部教育培训事业发展的根本遵循——中组部负责人就新颁布的《干部教育培训工作条例》答记者问［J］. 当代广西. 2015，21.

[2] 熊云.《干部教育培训工作条例》突出亮点［N］. 学习时报，2015－11－02.

（1）把理想信念和党性教育放在更加突出的位置。《培训条例》更加鲜明地强调了理想信念和党性教育的重要性，在指导思想、工作原则、培训类型、培训内容、培训考核等方面都作出了明确具体的规定，从制度上保证了理想信念和党性教育在干部教育培训中的重要地位。

（2）拓展了干部参加教育培训的类型。《培训条例》新增“集中轮训”和“专题培训”两种培训形式，进一步完善了干部教育培训的类型。集中轮训是为了适应新的形势和任务的需求，在一定时期内有针对性地组织某一部分或某一类干部，分期分批地集中学习同一内容的培训类型。专题培训是指紧紧围绕党和国家工作大局，立足于破解经济社会发展和党的建设中的重点难点问题设置培训专题，开展学习和研讨的培训类型。

（3）鲜明提出依法治教要求。《培训条例》要求建立健全干部教育培训法规制度、依法依规开展干部教育培训，并提出了建立健全党委（党组）中心组学习、网络培训、在职自学、培训机构准入、培训项目管理、领导干部上讲台、跟班管理等方面具体制度的要求，为干部教育培训制度建设指明了方向和路径。

（4）完善了干部教育培训宏观管理体制。《培训条例》坚持党委领导、组织部门主管、有关部门分工负责、中央和地方分级管理的体制，首次对干部教育联席会议或领导小组成员单位提出职责要求，对干部所在单位履行干部教育培训职责作出进一步规定，对垂直管理部门和双重管理的干部教育培训职责作了进一步厘清。

（5）规范了干部参加教育培训的时间。《培训条例》将省部级、厅局级、县处级党政领导干部参加脱产教育培训的时间，明确为每5年累计3个月或者550学时以上；其他干部参加教育培训的时间为每年累计不少于12天或者90学时。这里使用“学时”作为新的统计单位，目的在于增强干部教育培训工作的规范性和可操作性。

（6）明确了干部教育培训新的内容体系。《培训条例》将干部教育培训内容体系概括为四大模块，即政治理论、政策法规、业务知识、科学人文素养，并明确了相应的培训重点和要求。

（7）突出了干部教育培训的方式方法。方式方法是提高培训质量和效益的关键，在干部教育培训中具有重要地位和作用。《培训条例》将其单列一章，凸显对方式方法的高度重视。同时，《培训条例》总结实践新经验，将党委（党组）中心组、网络培训与脱产培训、在职自学一起，明确为干部教育培训的基本方式，并强调干部教育培训应当根据内容要求和干部特点，综合运用讲授式、研讨式、案例式、模拟式、体验式等教学方法，进一步规范和完善了干部教育培训方式方法。

（8）强化了干部教育培训的师资队伍建设。《培训条例》用较大篇幅，明确了干部教育培训师资队伍建设的目标、具体措施和有关要求。《培训条例》强调，从事干部教育培训工作的教师，必须对党忠诚、政治坚定，严守纪律、严谨治学，不得传播违反党的理论和路线方针政策、违反中央决定的错误观点。《培训条例》还提出，建立健全领导干部上讲台制度，要求县级以上党政领导班子成员特别是主要领导干部应当带头到党校、行政学院、干部学院、社会主义学院和高等学校等授课。这些措施和要求，都是《干部教育培训工作条例（试行）》中所没有的。

（9）更加重视干部教育培训课程建设。课程是实现干部教育培训目标的重要保证。在干部教育培训中，培训班次确定以后就要配备课程，课程是提供给学员的基本产品，对学员学习、成长具有直接的促进作用。《培训条例》在强化培训机构、师资队伍、教材建设和经费管理的同时，第一次对课程建设作出具体规定，提出建立完善干部教育培训课程开发和更新机制、加强精品课程建设等要求，必将有力推动干部教育培训能力建设。

（10）加大了对老少边穷地区基层干部教育培训支持力度。革命老区、民族地区、边疆地区、贫困地区，由于历史、地理位置等原因，经济发展滞后，在干部教育培训方面的投入也显得捉襟见肘。这些地区关系着国家的和谐稳定大局，关系着全面建成小康社会目标的实现。民族地区和边疆地区的干部教育培训工作，还承担着与宗教势力争夺思想阵地的功能。抓好这些地区干部教育培训具有十分重要的意义。《培训条例》明确提出，加大对革命老区、民族地区、边疆地区、贫困地区干部教育培训支持力度，推动优质培训资源向基层延伸倾斜。这把以往的政策要求上升为党内法规，进一步增强了支持上述地区干部教育培训工作的稳定性。

（11）健全了干部教育培训考核评估机制。《培训条例》首次明确提出，干部参加脱产培训情况应当记入干部年度考核表，参加 2 个月以上的脱产培训情况应当记入干部任免审批表。这一规定有利于增强干部教育培训考核的规范性、可操作性和刚性约束，推动干部教育培训与选拔任用相结合，促进干部教育培训考核和激励机制的形成。《培训条例》还将干部教育培训评估的对象范围拓展为培训机构、项目及课程，并分别明确了由谁来评估、评估什么以及评估结果如何运用等问题，进一步完善了干部教育培训评估制度。

十一、改革完善博士后制度 放大高端人才集聚效应

2015 年 12 月 3 日，国务院办公厅印发《关于改革完善博士后制度的意见》（国办发〔2015〕87 号）（以下简称为《意见》），强调要牢固树立并切实贯彻创新、协调、绿色、开放、共享的发展理念，深入实施创新驱动发展战略和人才优先发展战略，推进人才发展体制改革和政策创新，以解决制约博士后事业发展的重大问题为导向，以提高博士后研究人员培养质量为核心，创新符合青年人才成长规律及博士后研究人员特点的管理制度，完善体制机制，健全服务体系，提升国际化水平，推动博士后事业科学发展。众所周知，我国的博士后制度是在李政道教授的建议下，由邓小平同志亲自决策建立的，《意见》的提出正值我国博士后制度实施 30 周年之际，具有历史意义。

博士后制度诞生于祖国百废待兴的时期，解决的就是科技人才队伍青黄不接的问题，特别是高级科技人才十分匮乏。自 1985 年建立以来，博士后制度作为我国培养高层次创新型青年人才的一项重要制度，从无到有、从小到大，培养了一批高层次创新型人才，取得了一批重要科研成果，为推动科技进步和经济社会发展作出了应有贡献。如今我国已累积招收 14 万余名博士后研究人员，出站博士后大多成为各自领域的拔尖人才❶。然而，我国博士后制度同时也存在着定位不够明确、设站单位主体作用发挥不足、招收培养评价办法不够健全、国际化水平不高等问题，《意见》正是基于中国博士后制度实施 30 周年来的成绩总结与问题发现，通过总体要求、改革管理制度、完善管理办法、提高培养质量、支持创新创业、做好保障工作六部分，以解决制约博士后事业发展的重大问题为导向，以提高博士后研究人员培养质量为核心，创新符合青年人才成长规律及博士后研究人员特点的管理制度，完善体制机制，健全服务体系，提升国际化水平，推动博士后事业科学发展。《意见》的三个特点如下❷：

（1）构建强有力的人才聚集战略布局。《意见》强调通过改革设站和

❶ 孙大伟．我国博士后制度改革创新的分析与思考［J］．中国人才，2015，23：56 ~ 57.

❷ 邱玥．多措并举放大人才聚集效应——人社部专技司负责人解读《关于改革完善博士后制度的意见》．［2015 - 12 - 05］．http：//politics. gmw. cn/2015 - 12/04/content_ 17972791. htm.

招收方式，完善管理制度，加强培养考核，促进国际交流，充分发挥博士后制度在高校和科研院所人才引进项目中的重要作用、设站单位在博士后研究人员培养使用中的主体作用、博士后研究人员在科研团队中的重要作用。目标是到2020年，重点高校、科研院所新进教学科研人员和国家重大科技项目中博士后研究人员的比例有明显提高，外籍和留学回国博士新进站人数进一步增加，人才聚集吸引效应显著增强。

（2）明确博士后战略新定位。我国博士后制度建立之初，国务院文件明确规定博士后研究人员在站工作期间，一切按国家正式工作人员对待。随着企事业单位人事制度改革的全面推进，国家正式工作人员说法已经不存在，需要进一步明确博士后研究人员定位。《意见》肯定了我国博士后工作的制度模式，明确了新背景下博士后研究人员的定位。博士后研究人员是我国有计划、有目的培养的高层次创新型青年人才。博士后研究人员在站期间是具有流动性质的科研人员，享受设站单位职工待遇，设站单位需按单位性质与博士后研究人员签订事业单位聘用合同、企业劳动合同或工作协议。这对于进一步明确博士后是工作人员而不是学生的身份定位，进一步明确设站单位需按照工作人员来培养使用博士后具有重要作用，有利于保障博士后研究人员的权利，明确设站单位的权利义务。

（3）在改革完善管理制度方面出实招：①在完善博士后招收办法方面，严格博士后研究人员招收年龄，从一般40周岁以下，修改为一般应为新近毕业的博士毕业生，年龄35周岁以下。②严守“入口”，要求设站单位不得招收党政机关领导干部在职从事博士后研究。③适当放开设站单位培养的博士毕业生进本单位同一个一级学科博士后科研流动站的限制。④强化专家学术委员会作用，建立以科研计划书为主要内容的科研管理制度，建立以创新性科研成果为核心评价标准的博士后绩效考核评价体系。⑤支持设站单位对不同学科领域、不同研究类型的博士后研究人员实施分类培养、分类评价。⑥设立项目博士后，对设有国家重点科研基地、承担国家重大科技项目的非设站单位，备案后可以依托国家重大科技项目招收博士后研究人员。⑦打开“出口”，畅通博士后退出渠道，真正将那些愿意踏踏实实做学问、一门心思搞研究的人招进去、留下来。

当前，正值世界新一轮科技革命和产业变革的关键时期，也正是我国转变经济发展方式、全面建成小康社会的决胜时期，《意见》的出台可谓恰逢其时。《意见》中提出的新办法、新举措，将解决我国目前博士后培养中的机制僵化和培养与需求脱节等方面的问题，以更为灵活的机制培育更高水平的人才，从而为推进我国更高水平的建设作出新贡献。这些举措的实施，对于进一步坚持博士后培养高层次青年人才的基本方向，对于扩大博士后招收规模、强化博士后的创新型科研导向、发挥博士后作用、规范博士后自由流动都有重要作用。

十二、关于深化人才发展体制机制改革的意见

2016 年 2 月，中共中央印发了《关于深化人才发展体制机制改革的意见》（以下简称《意见》）。作为我国首个针对人才发展体制机制改革的综合性文件，该《意见》坚持问题导向，明确了改革的指导思想、基本原则和主要目标，从人才管理体制和人才培养支持、评价、流动、激励、引才用才、保障机制以及组织领导八个方面提出了一系列改革部署[1]。

“为政之要，贵在得人；得人则昌，失人则衰。”人才事业具有全局性和战略性。党和国家历来高度重视人才工作，在革命、建设、改革各个历史时期，制定和实施了一系列重大方针政策，为党和人民事业发展培养和集聚了宏大人才队伍。党的十八大以来，习近平总书记深刻把握国际国内发展基本走势，对人才事业发展和人才队伍建设作出一系列重要指示，反复强调要建立集聚人才体制机制，聚天下英才而用之。人才发展体制机制改革是我国全面深化改革的重要组成部分，是党的建设制度改革的重要内容。

制定《意见》，既是中央的明确要求，也是人才事业发展实际需要。经过几代人努力，我国人才队伍建设取得巨大成就，但人才队伍大而不强，领军人才、拔尖人才稀缺，人才创新创造活力不足，成为制约创新驱动发展的“瓶颈”。解决这些问题的关键是深化人才发展体制机制改革。制定《意见》，就是要通过深化改革，破除思想观念和体制机制障碍，构建科学规范、开放包容、运行高效的人才发展治理体系，形成具有国际竞争力的人才制度优势，让人才放开手脚创新创造，尽情展示聪明才智，使一切创新想法得到尊重，一切创新举措得到支持，一切创新才能得到发挥，一切创新成果得到肯定，为经济社会发展增添蓬勃活力和强大动力。

---

[1] 加快建立集聚人才体制机制——中央组织部负责人就《关于深化人才发展体制机制改革的意见》答记者问［N］. 中国组织人事报，2016－03－23.

在总体考虑方面，《意见》突出四个方面：一是加强总体谋划。把人才发展体制机制改革放到协调推进“四个全面”战略布局中进行谋划，树立全球视野和战略眼光，注重统筹开发利用国内国际人才资源，突出为创新驱动发展提供人才和智力支撑。二是遵循“两个规律”，即遵循社会主义市场经济规律和人才成长规律，充分发挥市场在人才资源配置中的决定性作用和更好发挥政府作用，推动人才管理部门简政放权，落实用人单位自主权。三是突出问题导向。针对束缚人才发展的体制机制障碍，找准突破口和切入点，打破条条框框的限制，克服利益格局掣肘，提出改革的思路和办法。四是坚持积极稳妥。从我国国情和人才实际出发，注意策略方法，既抓住关键大胆突破，又注意统筹兼顾、协调推进。一些改革举措强调试点先行，由点及面，有序推开，鼓励支持基层探索创新。

在改革人才管理体制方面，《意见》把理顺政府、市场、社会、用人主体关系，明确各自功能定位作为改革重点，着力加以推进。一是建立政府人才管理服务权力清单和责任清单，推动人才管理部门简政放权，消除对用人主体的过度干预。二是对反映强烈的编制、岗位和薪酬管理等体制问题提出改革举措，保障和落实用人主体自主权。三是健全市场化、社会化的人才管理服务体系，积极培育各类专业社会组织和人才中介服务机构，有序承接政府转移的人才培养、评价、流动、激励等职能。四是加强人才管理法制建设，完善人才政策法规体系。

在改革人才评价、流动、激励等机制方面，《意见》有针对性地提出六项改革任务。一是在人才培养方面，重点聚焦专业人才，尤其是实施创新驱动发展战略急需的战略科学家、科技创新人才、企业家和技能人才等，改进培养支持方式，注重创新能力培养。二是在人才评价方面，根据人才不同类别，分别实行学术评价、市场评价和社会评价，提高人才评价的针对性、科学性。三是在人才流动方面，打破体制壁垒，扫除身份障碍，促进党政机关、企事业单位人才和社会各方面人才顺畅流动，提高人才横向和纵向流动性。四是在人才激励方面，完善市场评价要素贡献并按贡献分配的机制，促进科技成果资本化、产业化，实施股权期权激励，让人才合理合法享有创新收益。五是在人才引进方面，实行更积极、更开放、更有效的人才政策，不唯地域、不求所有、不拘一格，广开进贤之路、广纳天下英才。六是在投入保障方面，综合运用经济、产业政策和财政、税收杠杆，加大人才开发投入力度，促进人才与经济社会发展深度融合。

党管人才是人才工作的根本原则，是我国人才制度的独特优势。新形势下，发挥党总揽全局、协调各方的领导核心作用，发挥党的思想政治优势、组织优势和密切联系群众优势，就能更好地吸引人才、凝聚人才，为人才干事创业指引方向、提供保障。在完善党管人才领导体制方面，《意见》提出发挥党委（党组）统揽全局、协调各方的领导核心作用，进一步完善党管人才工作格局，建立人才工作目标责任制，加强政治引领和政治吸纳，做好人才团结、教育引导服务工作。

国土资源部党组对国土资源人才工作作出新部署新要求

2015 年以来，国土资源部党组对新形势下国土资源人才工作作出了一系列重要安排和要求，为新常态下的国土资源人才工作进一步指明了新方向。

一、姜大明：把人才作为第一资源，把科技作为第一生产力，把创新作为第一动力，推进人才和科技体制创新

2015 年 5 月 11 日，姜大明部长对国土资源人才工作协调小组第五次全体会议的批示指出："近年来，国土资源人才工作围绕中心，服务大局，积极推进国土资源人才规划的组织实施，国土资源人才总量不断扩大、结构布局逐步优化、能力素质持续提升，有效支撑了国土资源各项工作。当前，我国经济发展进入新常态，实施创新驱动发展战略进入关键期，各级国土资源主管部门和地勘单位要更加重视人才工作，深入学习贯彻习近平总书记关于人才工作的重要指示精神，以'四个全面'战略布局为统领，坚持党管人才原则，把人才作为第一资源，把科技作为第一生产力，把创新作为第一动力，推进人才和科技体制创新，为国土资源事业改革和创新发展提供坚强有力的人才保障和智力支持。"

2015 年 8 月 30 日，在国家土地督察机构干部整训班上，姜大明部长指出要用"三严三实"打造绝对忠诚、为民奉献、实干担当、廉洁干净的督察干部队伍。将"三严三实"作为修身之本，坚持绝对忠诚的政治品质；将"三严三实"作为从政之道，坚持为民奉献的精神追求；将"三严三实"作为成事之要，坚持求真务实的责任担当；将"三严三实"作为廉政标准，坚持干净干事的底线要求。

2015 年 12 月 26 日，在全国国土资源管理系统先进集体和先进工作者表彰暨第十四次李四光地质科学奖颁奖大会上，姜大明部长指出，要学习和弘扬先进，在传承李四光精神、推动科技创新上抓机遇、求突破，营造有利于促进国土资源科技发展的良好环境。坚持在实践中发现人才、吸引人才、培养人才、凝聚人才，形成具有竞争力的国土资源科技人才成长机

制，打造一支素质优良、结构合理、善于创新的高水平国土资源科技队伍。加快国土资源科技体制改革，推动科研院所和地勘单位一体发展。打破限制人才流动的各种壁垒，充分释放人才、资本、信息、技术等创新要素活力。完善科技成果转化激励政策，充分调动科技人员的积极性、主动性和创造性。姜大明部长指出，要学习和弘扬先进，要在加强作风建设、锻炼干部队伍上提素质、树形象。一是要努力践行“三严三实”作风，加强党性锻炼，坚定理想信念，坚守共产党人的精神家园；坚持实干担当，勇于面对新常态下国土资源工作出现的新情况，着力破解制约国土资源改革发展的重点难点问题；坚持依法行政，正确用权、谨慎用权、干净用权，做到党纪红线不触碰、法律底线不逾越。二是要努力提高干事创业能力。观大势、谋大事、懂全局、管本行，把党中央、国务院重大决策部署和国土资源工作实际紧密结合，提高立足全局谋划工作的能力。要发扬“钉钉子”精神，扭住重点工作，善始善终、善作善成，提高抓好落实的能力。要坚持问题导向，尊重基层首创，总结新鲜经验，加强分类指导，提高解决实际问题的能力。三是要努力做到清正廉洁。持之以恒抓好中央八项规定落实，深入学习贯彻党章和新修订的《准则》《条例》两部党内法规，把政治纪律和政治规矩挺在前面，运用好监督执纪的“四种形态”，使正风肃纪、高压反腐永远在路上。强化各级党组织管党治党、从严治党的责任，落实党风廉政建设主体责任和监督责任，层层传导压力，着力构建不敢腐、不能腐、不想腐的体制机制，坚决遏制土地出让、矿产开发领域腐败案件易发多发势头。

在2016年1月召开的全国国土资源工作会议上，姜大明部长强调，在持续抓好作风建设的同时，深入开展“能力建设年”活动，着力提高各级领导干部履职担当、善作善为的能力和水平。一是要提高懂全局、管本行的能力，把握全局，做好本职。二是提高抓重点、破难题的能力，坚持目标导向和问题导向相统一，坚持尊重基层首创和加强顶层设计相统一，坚持精准施策和宏观谋划相统一。三是提高抓落实、求实效的能力，持续发扬“钉钉子”精神，凝聚抓落实的合力，完善抓落实责任制。四是提高崇廉洁、拒腐蚀的能力，巩固延伸“三严三实”专题教育成果，保持反“四风”、正党风，反腐败、倡清廉的战略定力，把“三严三实”专题教育取得的经验应用到经常性党建工作中去，做到标准不降、要求不松、力度不减。姜大明部长号召全系统各级领导干部都要强化担当意识，敢于担当、善于担当，带动形成积极向上、敬业奉献的浓厚氛围。树立正确用人导向，为在改革创新中攻城拔寨、在大事难事中勇挑重担者加分，激发广大干部想干事、能干事、干成事的热情。要重视正面激励，完善容错纠错机制，旗帜鲜明地为勇于干事者撑腰，为敢于担当者担当。

在2016年1月召开的全国地质调查工作会议上，姜大明部长指出，要全面落实创新驱动发展战略，加快推进地质科技体制改革。一是探索建立自然资源与能源安全国家实验室，创建国家级开放式协同创新平台，为自然资源可持续利用和能源安全提供技术保障。推动深部地下实验室立项工作。二是加快推进地调局、地科院一体化改革，整合局院力量，理顺局院关系，实现地质调查与科学研究深度融合，构建现代地质调查和科学研究新体制。三是积极研究提出地质领域国际大科学计划，组织申报并实施一批国家重大科技项目，加强重点领域和关键环节科技攻关，促进矿产勘查开发新理论、新技术、新方法、新工艺、新装备的研发、推广和应用。四是大力倡导创新思维，深刻把握颠覆性创新带来的机遇和挑战，坚持以创新论英雄，充分调动和发挥广大地质工作者的积极性、主动性和创造性，形成人人谋创新、处处求创新的生动局面。五是把人才队伍建设摆到突出位置，把适应国家需求作为衡量人才的根本标准，培养造就一支在国内地学界有影响力、在国际地学界有话语权的地质科技人才队伍。

二、汪民：改革人才评价体系，加快科技人才培养，加强干部队伍建设

2015年1月16日，汪民副部长在国土资源工作会议结束时指出，2015年要夯实工作基础，强化科技创新驱动。一是出台专门文件，召开科技创新大会，深化体制机制改革，营造良好政策环境与工作氛围，加快释放科技创新的活力和动力。二是创新科技项目管理，改革人才评价体系，加快科技人才培养，强化激励机制，塑造良好学风，加强重点实验室建设，打造一流科技团队。三是面向重大需求，围绕重大科技问题，落实重大项目，开展科技攻关，尽快取得一批重大成果。四是全面深入应用对地观测技术、物联网和云计算等现代信息技术的新理念、新方法，加快构建基于大数据、“国土云”、贯穿四级管理主体业务的数字化、网络化、智能化国土资源管理服务系统。

在加强干部队伍建设方面，他强调，一是加强干部教育、培养和管

理。按照习近平总书记“严以修身、严以用权、严以律己，谋事要实、创业要实、做人要实”和李克强总理“信念坚定、勤政专业、廉政奉公”的总要求，从严治吏，加强培养，关心爱护，坚定广大干部理想信念，提高素质，增强能力，切实建强国土资源干部队伍。切实加强老干部工作，要把对老同志的敬重之心和关爱之情，落实在工作中，体现在服务中，真正把工作做到老同志的心坎上。二是持之以恒加强作风建设。以铁的纪律，常抓不懈，深入落实中央八项规定精神，持续反对“四风”，严防反弹。加强教育引导，增强广大干部职工对不正之风的免疫力。建立有效预防机制，早提醒、早纠正，防止小毛病发展成大问题。建立有效监督机制，强化查处问责，真正形成风清气正的良好局面。三是加强党风廉政建设和反腐败工作，全面落实“两个责任”，严肃责任追究，切实发挥党委的主体责任和纪委的监督责任。落实“一岗双责”、实施“一案双查”，健全责任分解、监督检查、责任倒查的完整链条，确保有案必查，有责必问。开展全国土地管理和矿产资源领域两大专项整治行动，加大整改查处力度、监督管理力度和改革创新力度，把权力关进制度的笼子里，从根本上遏制国土资源领域腐败多发易发势头。

三、张德霖：加快集聚国土资源高层次人才，统筹推进各类国土资源人才队伍发展，努力营造重才、聚才、用才的良好氛围

张德霖副部长在2015年5月召开的国土资源人才工作协调小组第五次全体会议上指出，要深入学习贯彻习近平总书记系列重要讲话精神，以“四个全面”战略布局为引领，严格按照“三严三实”要求，从国土资源工作新定位出发，扎扎实实共同做好2015年国土资源人才工作。

张德霖副部长指出，2014年，国土资源系统和地勘行业各单位认真贯彻落实党中央和国务院的各项决策部署，紧跟形势，围绕中心，服务大局，以落实国土资源人才规划为主线，积极推动国土资源重点人才工程计划的实施，国土资源人才工作在各个方面都取得了新的进展。各级领导更加重视人才工作，各类科技人才脱颖而出，各类培训培养工作进一步加强，地勘人才队伍发展取得新进展，各类人才为国土资源事业作出了新贡献。他同时指出了当前人才工作存在的突出问题和改进方向，如国土资源人才工作与中央要求、行业需求、人才期待还有不少差距；现有国土资源

人才队伍数量、质量、结构和分布还不能完全适应新常态下国土资源事业发展需求；国土资源重点人才工程计划实施进展不平衡，部分协调小组成员单位抓人才工作的意识和手段还有待改进和加强；国土资源人才成长的制度机制还有待完善，基础工作有待加强等。

关于下一步国土资源人才工作，张德霖副部长指出，要继续深入学习贯彻好习近平总书记关于人才工作的重要讲话精神，坚持党风廉政建设与党管人才同部署、同落实。张德霖强调，要做好国土资源人才规划实施中期评估和“十三五”规划工作，加快集聚国土资源高层次人才，统筹推进各类国土资源人才队伍发展，努力营造重才、聚才、用才的良好氛围，打造国土资源人才先进文化，传承和发扬地质工作“三光荣”“四特别”精神，大力弘扬“二调精神”，坚持党风廉政建设与党管人才同部署、同落实。

四、钟自然：人才资源是推进地质调查事业发展的第一资源，要把人才工作纳入全局工作的主要议事日程、贯穿地质调查事业的各领域和全过程

2015 年 1 月 27 日，部党组成员、中国地质调查局党组书记、局长钟自然在全国地质调查工作会议上指出，人才一流是建设世界一流地调局的关键。扭转地质调查能力不足与经济社会发展和国土资源中心工作需求不适应的局面，关键靠人才；扭转地质科技创新能力不强、难以破解重大能源、资源、环境和灾害难题的局面，关键靠人才；扭转中国地质调查局在国内、国际影响力不强的局面，关键靠人才。没有一流的人才，就没有一流的科技，更没有一流的成果和一流的服务。钟自然指出，科学技术是地质调查事业发展的第一驱动力。人才资源是推进地质调查事业发展的第一资源。地质调查事业发展的关键在科技进步，科技进步的关键在人才。科学配置科技、人才、装备资源，促进成果形成，提供优质服务，关键靠管理。要落实职责定位，实现总体目标，必须实施科技兴局战略、人才强局战略、依法治局战略。钟自然指出，要充分发挥科技创新与进步的引领、支撑和驱动作用，通过科技创新与进步，破解能源、资源、环境、灾害和地球系统科学重大问题。要把人才工作纳入全局工作的重要议事日程，贯穿地质调查事业的各领域和全过程。要把人才培养作为地调局党组的头等大事，作为各单位领导班子的头等大事，下大力气实施卓越地质人才计

划、杰出地质人才计划和优秀地质人才计划。要把人才队伍建设与地质调查和科学研究同步规划、同步实施、同步考核，作为对各单位领导班子及其成员进行考核的主要指标之一。要健全完善管理制度，强化制度执行，全面推进依法治局。

2016 年 1 月 15 日，钟自然同志在全国地质调查工作会议上指出，局党组提出要将科技一流作为地调局建局目标的“六个一流”之一，提出实施“科技兴局”战略和“人才强局”战略。2016 年，局党组要把加快推进地质科技创新当成头等大事，抓紧、抓实、抓出成效。要探索推进新时期地质文化建设，抢占地质事业的精神高地，传承地质工作者“三光荣”精神，弘扬李四光精神，确立新时期地质工作者“责任、创新、合作、奉献、清廉”的核心价值观，增强创造力、凝聚力、战斗力。

“十三五”时期国土资源人才工作迎来重大机遇

一、“十三五”时期发展新理念对人才工作提出了新要求

当前，国际格局正在发生深刻变化，世界多极化、经济全球化、文化多样化、社会信息化深入发展，新一轮科技革命和产业革命蓄势待发，全球治理体系深刻变革，世界各国综合国力的竞争日趋激烈。从国内来看，我国进入全面建成小康社会的决胜阶段，全面完成十八大确定的各项目标任务，需要更加准确把握战略机遇期内涵的深刻变化，更加有效地应对各种风险和挑战，这些对人才队伍建设都提出了更高的要求。

（一）经济发展新常态对人才工作提出了更高的要求

“十三五”时期，我国经济发展的显著特征就是进入新常态。新常态下，我国经济发展的主要特点是：增长速度要从高速转向中高速，发展方式要从规模速度型转向质量效率型，经济结构调整要从以增量扩能为主转向调整存量、做优增量并举，发展动力要从主要依靠资源和低成本劳动力等要素投入转向创新驱动。应该说，新常态是综合分析我国发展阶段特征和世界经济长周期作出的重大判断，是我国经济向形态更高级、分工更优化、结构更合理的阶段演进的必经过程。新常态是历史过程、必然的阶段，是不以人的意志为转移的。从今后来看，谋划和推动“十三五”时期我国经济社会发展，必须把思想和行动统一到党中央重大判断和决策部署上来，自觉把适应、把握和引领新常态作为贯穿发展全局和全过程的大逻辑。在新常态下，这要求各级干部人才因势而谋、因势而动、因势而进，更好发挥主观能动性，更有创造精神地推动发展；更加准确地把握新常态下我国经济发展面临的机遇和挑战，坚持以经济建设为中心，坚持发展是硬道理的战略思想，变中求新、新中求进、进中突破，推动我国发展不断迈上新台阶。

推进供给侧结构性改革是当前引领经济发展新常态的重大举措和布局。习近平总书记强调，我国经济发展面临的问题，供给和需求两侧都有，但矛盾的主要方面在供给侧。推进供给侧结构性改革，重点是解放和发展社会生产力，用改革的办法推进结构调整，减少无效和低端供给，扩

大有效和中高端供给，增强供给结构对需求变化的适应性和灵活性，提高全要素生产率；供给侧结构性改革的根本，是使我国供给能力更好满足广大人民日益增长、不断升级和个性化的物质文化和生态环境需要；供给侧管理，重在解决结构性问题，注重激发经济增长动力，主要通过优化要素配置和调整生产结构来提高供给体系质量和效率，进而推动经济增长。必须以提高供给体系的质量和效率为目标，实施宏观政策要稳、产业政策要准、微观政策要活、改革政策要实、社会政策要托底的政策支柱，去产能、去库存、去杠杆、降成本、补短板，加快培育新的发展动能，改造提升传统比较优势，夯实实体经济根基，推动社会生产力水平整体改善。这就要求新时期人才工作必须自觉适应、把握和引领新常态，主动优化调整人才队伍，切实为推进供给侧结构性改革提供人才保障和智力支持。

（二）新的发展理念对人才工作提出了更高的任务要求

发展理念是发展行动的先导，是管全局、管根本、管方向、管长远的东西，是发展思路、发展方向、发展着力点的体现。党的十八届五中全会提出，实现“十三五”时期发展目标，破解发展难题，厚植发展优势，必须牢固树立并切实贯彻创新、协调、绿色、开放、共享的发展理念。习近平总书记强调，牢固树立并切实贯彻这“五大发展理念”，是关系我国发展全局的一场深刻变革，攸关“十三五”乃至更长时期我国发展思路、发展方式和发展着力点，是我们党认识把握发展规律的再深化和新飞跃，丰富并发展了中国特色社会主义理论宝库，成为全面建成小康社会的行动指南、实现“两个一百年”奋斗目标的思想指引❶。

创新发展是“十三五”时期经济结构实现战略性调整的关键驱动因素，是实现“五位一体”总体布局下全面发展的根本支撑和关键动力。习近平总书记强调，创新是引领发展的第一动力；抓住了创新就是抓住了牵动经济社会发展全局的“牛鼻子”；创新发展是更好引领新常态的根本之策；抓创新就是抓发展，谋创新就是谋未来。十八届五中全会提出，坚持创新发展，必须把创新摆在国家发展全局的核心位置，不断推进理论创新、制度创新、科技创新、文化创新等各方面创新，让创新贯穿党和国家一切工作，让创新在全社会蔚然成风。必须把发展基点放在创新上，形成促进创新的体制架构，塑造更多依靠创新驱动、更多发挥先发优势的引领

❶ 南方日报评论员．论五大发展理念［N］．南方日报，2015－11－05.

型发展。全会提出，要培育发展新动力，拓展发展新空间，深入实施创新驱动发展战略，大力推进农业现代化，构建发展新体制。

协调发展是全面建成小康社会之“全面”的重要保证，是提升发展整体效能、推进事业全面进步的有力保障。习近平总书记强调，协调既是发展手段又是发展目标，还是评价发展的标准和尺度；协调是发展两点论和重点论的统一，是发展平衡和不平衡的统一；强调协调发展不是搞平均主义，而是更注重发展机会公平、更注重资源配置均衡；协调发展，就是要找出短板，在补齐短板上多用力。十八届五中全会提出，坚持协调发展，必须牢牢把握中国特色社会主义事业总体布局，正确处理发展中的重大关系，重点促进城乡区域协调发展，促进经济社会协调发展，促进新型工业化、信息化、城镇化、农业现代化同步发展，在增强国家硬实力的同时注重提升国家软实力，不断增强发展整体性。增强发展协调性，必须在协调发展中拓宽发展空间，在加强薄弱领域中增强发展后劲。全会提出，要推动区域协调发展、城乡协调发展、物质文明和精神文明协调发展，经济建设和国防建设融合发展。

绿色发展是实现生产发展、生活富裕、生态良好的文明发展道路的历史选择，是通往人与自然和谐境界的必由之路。习近平总书记强调，绿色发展，就是要解决好人与自然和谐共生问题；绿水青山就是金山银山，生态环境没有替代品；保护环境就是保护生产力，改善环境就发展生产力。十八届五中全会提出，坚持绿色发展，必须坚持节约资源和保护环境的基本国策，坚持可持续发展，坚定走生产发展、生活富裕、生态良好的文明发展道路，加快建设资源节约型、环境友好型社会，形成人与自然和谐发展现代化建设新格局，推进美丽中国建设，为全球生态安全作出新贡献。促进人与自然和谐共生，构建科学合理的城市化格局、农业发展格局、生态安全格局、自然岸线格局，推动建立绿色低碳循环发展产业体系。全会提出，要加快建设主体功能区，全面节约和高效利用资源，加大环境治理力度。

开放发展是中国基于改革开放成功经验的历史总结，也是拓展经济发展空间、提升开放型经济发展水平的必然要求。习近平总书记强调，经济全球化是我们谋划发展要面对的时代潮流；要发展壮大，必须顺应经济全球化时代潮流，充分运用人类社会创造的先进科学技术成果和有益管理经验；着力形成对外开放新体制，主动顺应和引领世界发展潮流，提高把握国内国际两个大局的自觉性和能力，提高对外开放质量和水平。十八届五中全会提出，坚持开放发展，必须顺应我国经济深度融入世界经济的趋势，奉行互利共赢的开放战略，发展更高层次的开放型经济，积极参与全球经济治理和公共产品供给，提高我国在全球经济治理中的制度性话语权，构建广泛的利益共同体。开创对外开放新局面，必须丰富对外开放内涵，提高对外开放水平，协同推进战略互信、经贸合作、人文交流，努力形成深度融合的互利合作格局。全会提出，要完善对外开放战略布局，形成对外开放新体制，推进“一带一路”建设，深化内地和港澳地区、大陆和台湾地区合作发展，积极参与全球经济治理。

共享发展是社会主义的本质要求，是社会主义制度优越性的集中体现，也是我们党坚持全心全意为人民服务根本宗旨的必然选择。习近平总书记强调，共享体现的是逐步实现共同富裕的要求，共享主要是全民共享、全面共享、共建共享、渐进共享；要着力践行以人民为中心的发展思想，充分调动人民群众的积极性、主动性、创造性，在不断做大“蛋糕”的基础上把“蛋糕”分好，不断朝着全体人民共同富裕的目标前进。十八届五中全会提出，坚持共享发展，必须坚持发展为了人民、发展依靠人民、发展成果由人民共享，做出更有效的制度安排，使全体人民在共建共享发展中有更多获得感，增强发展动力，增进人民团结，朝着共同富裕方向稳步前进。按照人人参与、人人尽力、人人享有的要求，坚守底线、突出重点、完善制度、引导预期，注重机会公平，保障基本民生，实现全体人民共同迈入全面小康社会。

习近平总书记在省部级主要领导干部专题研讨班讲话指出，新发展理念要落地生根、变成普遍实践，关键在各级领导干部的认识和行动，并从深学笃用、用好辩证法、创新手段、守住底线四个方面阐明了贯彻落实新发展理念的基本要求，同时也对领导干部贯彻落实新发展理念的学习能力、专业能力、执行能力、科学方法论运用能力、改革能力、法治能力、风险防控能力和干部管理能力提出新要求。习近平总书记特别强调，领导工作要有专业思维、专业素养、专业方法。把握新发展理念，不仅是政治性要求，而且是知识性、专业性要求，因为新发展理念包含大量充满时代气息的新知识、新经验、新信息、新要求。如果不注重构建与之相适应的知识体系，知其然而不知其所以然，讲话做事就会缺乏专业水准。要求领导干部要成为经济社会管理的行家里手，增强领导能力，提高管理水平，不断增强作决策、做工作、抓管控的原则性、系统性、预见性、创造性。

（三）新发展理念下的人才工作定位

习近平总书记强调，创新、协调、绿色、开放、共享的发展理念，体现了“十三五”乃至更长历史时期我国的发展思路、发展方向、发展着力点。全党同志要把思想和行动统一到新的发展理念上来，崇尚创新、注重协调、倡导绿色、厚植开放、推进共享，努力提高贯彻新的发展理念能力和水平。人才工作在党和国家各项事业发展中处于全局性、战略性地位，必须坚决贯彻中央的要求，自觉践行创新、协调，绿色、开放、共享的发展理念。具体体现为以下五个方面：

（1）牢固树立创新发展的理念，加快推进人才发展体制机制改革。创新驱动实质上是人才驱动。实施创新驱动发展战略关键是激发人才的创新创造活力。当前制约人才创新创造活力的主要是体制机制障碍，必须把深化人才发展体制机制改革作为根本着力点，着力破除各种不利于人才发展的思想观念、政策藩篱和制度障碍，最大限度地解放和激发人才创造潜能与创新活力，进而推动理论创新、制度创新、科技创新、文化创新等各方面创新，实现人才引领创新、创新驱动发展。

（2）牢固树立协调发展的理念，统筹推进人才资源整体开发。经济社会的协调发展要靠人才资源的协调配置作支撑。人才资源开发既要遵循社会主义市场经济规律，也要更好地发挥政府宏观调控作用，促进高层次人才与高技能人才、东部人才与中西部人才、体制内人才与体制外人才、培养本地人才与引进外来人才等的协调发展。要根据国家西部大开发、东北振兴、中部崛起和东部率先发展总体战略部署，通过宏观政策引导、人才计划实施、经济手段调控等，加大高技能人才培养力度，促进人才向中西部流动，对体制外人才实行公平政策、统筹实施各类人才项目，推进城乡、区域、产业、行业和不同所有制人才资源开发，优化人才资源配置。

（3）牢固树立绿色发展的理念，加快推进人才结构战略性调整。走可持续发展之路，加快建设资源节约型、环境友好型社会，关键是加快转变经济发展方式、促进产业结构优化升级。要适应经济发展方式转变和产业结构转型升级的需要，根据“中国制造 2025”和“一带一路”、长江经济带、京津冀协同发展的战略布局，大力开发高技术产业人才和现代服务业人才。重点培养集聚从事原创研究、交叉研究且能够引领国际科学发展趋势的战略科学家，和推动我国关键核心技术实现重大突破的科技领军人才；大力培养造就具有国际化管理创新和跨文化经营能力的战略企业家；加快培养一大批支撑中国制造、中国创造的技术技能人才；着力开发引进战略规划、风险投资、资本运作、金融监管等各类现代服务业人才。要着眼于发展战略性新兴产业和新兴业态需要，突出“高、精、尖、缺”导向，更大力度培养引进经济社会发展急需紧缺人才。

（4）牢固树立开放发展的理念，以更加开放的政策促进人才对外开放。一个国家对外开放，必须首先推进人的对外开放，特别是人才的对外开放。必须顺应我国经济深度融入世界经济的趋势，适应实施互利共赢的开放战略、发展更高层次的开放型经济的需要，坚持引进来和走出去并重、引资和引技引智并举，实行更加开放、更加灵活、更加有效的人才政策，不唯地域引进人才、不求所有开发人才，不拘一格用好人才，加快建立聚天下英才而用之的体制机制，形成人才国际竞争的比较优势，广开进贤之路，广纳天下英才，让我国留学人才回国有用武之地，在国外有报国之门；让外国人才引得进、留得住、流得动、用得好。要积极做好国际组织所需人才的培养推送工作，加快培养推送政治过硬、专业水平高、精通国际事务的优秀人才到国际组织任职，增强我国在国际上的话语权和影响力。

（5）牢固树立共享发展的理念，促进人才最大限度地实现创新创造价值。按劳分配、多劳多得是中国特色社会主义的分配原则。人才的活力主要来自于自身创新创造价值的实现，自己的劳动成果得到社会尊重和认可。习近平总书记强调：“要着力完善人才发展机制，最大限度支持和鼓励科技人员创新创造。”“强化激励，用好人才，使发明者、创新者能够合理分享创新收益。”要加快建立人才创新创业利益回报机制，完善知识、技术、管理、技能等创新要素参与利益分配政策，健全主要由市场决定技术创新项目和经费分配、评价成果的机制。加强知识产权运用和保护，完善技术创新激励机制，加大人才创新成果转化力度，提高人才享有创新成果收益比例，让人才在共享发展中焕发更大的创新创造活力❶。

---

❶ 任采文．人才工作要自觉践行创新、协调、绿色、开放、共享的发展理念［J］．中国人才，2016，1：2～3.

二、“十三五”时期国土资源工作在新形势新任务下对人才工作提出了新的任务要求

2016 年 1 月召开的全国国土资源工作会议上，姜大明部长强调，必须加深对“三期叠加”和新常态的认识，抛弃用旧的思维逻辑和方式方法再现高增长的想法，切实把思想和行动统一到党中央的重大判断和决策部署上来，打牢科学谋划“十三五”时期国土资源工作的思想基础。特别指出，我国仍处于发展重要战略机遇期，但战略机遇期的内涵已经发生深刻变化。一方面，世界经济形势总体上有利于维护世界和平与发展，外部环境相对稳定；我国发展的基本面是好的，潜力大、韧性强、回旋余地大的基本特征没有变，经济持续增长的支撑条件没有变，经济结构调整优化的前进态势没有变，必须始终坚持以经济建设为中心，把发展作为第一要务。另一方面，世情国情不断变化，必须更多依靠内生动力实现发展，更多依靠扩大内需带动经济增长，加快从要素驱动转向创新驱动，积极参与全球经济治理，统筹国际国内事务。战略机遇期的“不变”与“变”也反映到国土资源领域中来。要看到，我国基本资源国情没有变，资源在发展大局中的地位和作用没有变，资源环境约束趋紧的总体态势没有变。我们要抓住事物发展的本质和主流，保持战略定力，坚持国土资源工作在大局中的定位不动摇，尽职尽责保护国土资源，节约集约利用国土资源，尽心尽力维护群众权益，不断巩固国家发展的资源基础。

同时更要看到，随着重要战略机遇期内涵深刻变化，国土资源工作也会发生变化，我们要顺势而为，自觉作出相应调整。姜大明部长提出国土资源工作要做好四个“适应”：一是适应更多依靠内生动力实现发展，加快转变国土资源管理职能，推进国土资源结构性改革，激发市场活力，增添发展动力。二是适应更多依靠扩大内需带动经济增长，加快破解国土资源支撑保障难题，多渠道、全方位挖掘资源潜力，扩大资源有效供给，为经济增长保持在合理区间提供支撑保障。三是适应加快从要素驱动转向创新驱动，加快转变国土资源利用方式，减少资源消耗；必须着力改革国土资源管理体制机制，通过创新提高资源利用效率，增强发展的可持续性。四是适应积极参与全球经济治理和统筹国际国内事务，必须深化资源领域国际交流合作，加快打造资源领域国际合作新平台，构建资源保护新机制，既为用好两个市场、两种资源提供支撑，也为维护国家资源安全提供

保障。

姜大明部长强调，创新、协调、绿色、开放、共享五大发展理念，集中反映了我们党对经济社会发展规律认识的深化，对做好新常态下国土资源工作具有重要引领作用，并就贯彻落实五大发展理念提出了明确要求：

（1）要以创新理念增强国土资源事业发展新动力。面对经济下行压力加大，释放资源要素潜力，出路在创新；面对资源约束趋紧，提高资源利用效率，要害在创新；面对发展环境变化，夯实资源保障基础，关键在创新。我们必须把创新摆在国土资源事业发展全局的核心位置，以科技创新为引领，大力推进理论创新、制度创新和文化创新，依靠创新推动国土资源改革发展。

（2）要以协调理念构建国土资源保护开发新格局。推进经济社会、区域协调发展，对统筹资源开发保护、优化国土空间开发格局、合理配置城乡资源要素提出了更高要求。我们必须牢牢把握“五位一体”总体布局对国土资源工作提出的要求，正确处理国土资源在保护开发和促进区域协调发展、城乡统筹发展、四化同步发展中的重大关系，为协调发展提供服务保障。

（3）要以绿色理念开辟国土资源永续利用新途径。坚持绿色发展，以资源节约推动生态文明建设，促进人与自然和谐共处，始终是国土资源工作的主战场。我们必须增强使命感、责任感和忧患意识，加快转变资源观念和利用方式，改革完善制度机制，加快建设资源节约型、环境友好型社会，把绿水青山留给子孙后代。

（4）要以开放理念拓展国土资源合作发展新空间。面对经济全球化深入发展，我们必须立足国内，切实保障资源安全，在深化合作中有效利用国外资源；必须拓宽国际视野，积极参与资源领域国际规则制定，增强维护我国资源利益话语权；必须深化资源领域国际交流合作，以互利共赢为纽带，构建广泛的利益共同体。

（5）要以共享理念实现国土资源惠民利民新成效。国土资源关系人民群众切身利益，我们必须在农村产权制度改革中维护群众资产权益，在完善资源收益分配中合理提高群众收益水平，在脱贫攻坚中增加国土资源扶持政策“含金量”，在地质灾害防治中切实保障人民群众生命财产安全。要树立惠民利民资源观，进一步完善制度安排，使广大群众在国土资源领域改革发展中有更多获得感。

围绕稳增长、落实五大政策支柱尤其是供给侧结构性改革，姜大明部长也作出了具体要求。姜大明部长强调，要多措并举、综合施策，全力保障经济中高速增长；要围绕扩大有效投资，加快建设用地审批和供应，既要保障政府投资的基础设施和民生工程必要用地，又要保障民间投资建设项目合理用地；围绕“双创”和扩大消费，推进差别化、精细化管理，满足个性化、多样化用地需求；围绕深入推进新型城镇化和区域协调发展，进一步改进规划管控和计划管理，有序拓展建设发展空间。姜大明部长指出，与传统的投资、消费、出口拉动增长的需求侧管理不同，供给侧结构性改革是用改革的办法推进结构调整，矫正要素配置扭曲，扩大有效供给，使供给体系更好适应需求变化，提高全要素生产率。在资源、人力、资本、科技、管理五大要素中，土地和矿产资源举足轻重。我们要履行好资源管理职能，全力支持服务五大政策支柱实施：

（1）围绕“宏观政策要稳”，完善国土资源调控方式。运用国土资源参与宏观调控经验，加快形成以规划为导向，以规划、价格等为手段，总量控制、供需双向调节的国土资源调控机制，健全土地政策与财政、金融、投资、区域等相关政策的联动机制。运用综合监管平台和大数据技术，提高国土资源运行信息的及时性和准确性。

（2）围绕“产业政策要准”，实施有保有控的用地用矿政策。按照结构性改革的方向和要求，针对推进农业现代化、加快制造强国建设、加快服务业发展、提高基础设施网络水平等，制定和落实好产业用地差别化政策；根据产业结构和资源结构调整优化的要求，分类、分区域制定实施矿业发展政策。

（3）围绕“微观政策要活”，完善土地和矿业权市场环境。健全相关制度机制，平等保护各种所有制企业资源产权和合法权益，保证各种所有制经济主体依法平等使用国土资源，公平参与土地和矿业权市场竞争，营造区域、城乡资源有序流动、平等交换的市场环境。

（4）围绕“改革政策要实”，加大国土资源领域改革力度，进一步完善落实机制、把握好改革试点、加强统筹协调、调动地方积极性，确保各项改革举措不折不扣落到实处。

（5）围绕“社会政策要托底”，加强国土资源服务社会民生保障，征地拆迁、矿产开采、土地整治、地灾防治等，要做好准备和预案，坚决守住社会稳定底线；改革决策、收益分配、产权调整、规划修改等，都要注重保护群众利益，使群众生活水平有提高、长远生计有保障。

干部队伍能力建设是推动国土资源工作有效落实的重要保障。能否适应和引领新常态，把“十三五”时期国土资源各项工作落到实处，关键在人，在我们的干部队伍。应该说，目前国土资源干部队伍总体状态是良好的，大部分干部工作是认真自觉的，想把工作做好的愿望是好的。但是对照新形势、新任务和新要求，对照工作职责和岗位需求，对照党组要求和群众期盼，还有不小的差距。这些不足主要表现为：部分干部观大势、谋全局的本领不够，对新常态、新理念和供给侧等新内容学习不够、把握不了；围绕中心、服务大局的能力不足，对国土资源中心工作全面了解不够，对自己的一亩三分地一知半解；部分干部思想僵化、思维惯性、路径依赖等情况严重，缺乏改革创新的能力；部分干部积极性不高，工作中不想干、不愿干、不会干的问题不断暴露，缺乏履职担当、善作善为的勇气和能力；部分干部决断力、执行力不够，遇到问题有畏难情绪，不是问题拖成了问题，小问题拖成了大问题；部分干部党性意识不强，腐败多发易发仍是面临的最大风险，等等。不敢为、不会为、不善为的干部不在少数，能力不足、本领恐慌成为最大问题。这些是态度问题，更是能力问题。要解决这些问题，使干部的思想观念要跟上、知识结构要跟上、行动能力要跟上，离不开能力建设，离不开多方面、多维度、多途径地加强干部能力建设。姜大明部长指出，当前国土资源队伍作风建设中存在的症结，各级国土资源领导干部要着力提高四种能力：懂全局、管本行的能力，抓重点、破难题的能力，抓落实、求实效的能力，崇廉洁、拒腐蚀的能力。结合姜大明部长讲话精神，可对“四种能力”进一步阐述为以下几点：

（1）着力提高懂全局、管本行的能力。姜大明部长多次要求，国土资源干部要“观大势、议大事、懂全局、管本行”。处在不同层级干部具有不同的全局要求，当前对于各级国土资源干部来说，懂全局最为关键的就是全面贯彻落实党的十八大和十八届三中、四中、五中全会精神，全面把握“五位一体”总体布局和“四个全面”战略布局，牢固树立和切实贯彻五大发展理念，正确认识和适应经济发展新常态，深刻理解供给侧结构性改革，全面把握国土资源工作的新形势、新要求。姜大明部长在全国国土资源工作会议上对当前国土资源新形势、新要求做了全面阐述。大的方面，就是必须加快转变国土资源管理职能，必须加快破解国土资源支撑保障难题，必须加快改革国土资源管理体制机制，必须深化资源领域国际交流合作；国土资源工作要以创新理念增强国土资源事业发展新动力，要以协调理念构建国土资源保护开发新格局，要以绿色理念开辟国土资源永续利用新途径，要以开放理念拓展国土资源合作发展新空间，要以共享理念实现国土资源惠民利民新成效；到2020年，国土资源工作要围绕稳增长全力做好国土资源保障服务，要围绕五大政策支柱更好发挥职能作用等。这些都是每一位国土资源干部应该把握的全局。管本行，首先要找准在大局中的工作定位，部党组提出了“五个坚持”（坚持把保护资源作为履职尽责的首要任务，坚持把节约资源作为促进科学发展的重中之重，坚持把资源惠民作为增进人民福祉的工作方向，坚持把深化改革作为提高资源保障水平的强大动力，坚持把完善法治作为依法行政的根本保障），这是部党组在大局中的定位；由于每一个干部所处岗位不同，都应该根据自己职责找准自己的定位。第二，履行好“抓班子、带队伍”职责，建设“坚强、团结、温暖”领导班子，打造执法严明、清正廉洁、敢于担当的国土资源队伍，推进各类国土资源科技人才脱颖而出，开创人人皆可成才、人人尽展其才的生动局面。第三，各级干部要认真学习马克思主义理论，学习党的路线方针政策和国家法律法规，掌握履行岗位职责所必备的各种知识，努力使自己真正成为行家里手，不断提高自己的知识化、专业化水平。

（2）着力提高抓重点、破难题的能力。这既是科学发展观提出的“统筹兼顾”科学方法的运用，也是贯彻落实发展新发展理念辩证法的运用。国土资源工作系统、复杂、面广，全面履行好国土资源工作职责，必须善于把全局作为考虑和解决问题的出发点与落脚点，善于抓住全局工作中的主要矛盾和中心任务，善于发现和解决制约全局发展的薄弱环节。目前，加快转变国土资源管理职能，破解国土资源支撑保障难题，加快改革国土资源管理体制机制，深化国土资源领域国际合作交流，是当前国土资源工作重点；推进国土资源供给侧结构性改革是难点；贯彻落实五大发展理念是破解难题的重要方法。这就要求我们要统筹谋划“十三五”时期国土资源工作，坚持目标导向和问题导向相统一，增强战略规划能力，制定好国土资源工作目标任务；强化问题意识和底线思维，厘清每个时间节点必须完成的任务，明确破解问题的途径和方法。这就要求在深化国土资源各项改革中，坚持尊重基层首创和加强顶层设计相统一，尊重实践，相信基层，鼓励基层干部大胆探索；同时，要加强顶层设计，做好前瞻性制度安排，提升全局掌控能力，降低改革的不确定性和模糊性。这就要求我们在推进各项重点工作时，坚持精准施策和宏观谋划相统一，对于一些能看清楚的问题，要精准设计、精准施策、精准解决，锤炼科学决策能力；对于一些长期困扰的老大难问题，必须摆脱思维惯性，打破陈规束缚，跳出原有框框，从更高层面审视谋划，提升开拓创新能力。

（3）着力提高抓落实、求实效的能力。抓落实是态度问题，更是能力问题，特别是体现了干部的敢于担当的能力和魄力。全国国土资源工作会议围绕创新国土资源制度机制、优化国土资源开发利用结构、推进资源全面节约和高效利用、统筹两个市场两种资源、维护群众资源权益五个方面提出了20多项工作任务；同时落实中央关于供给侧结构性改革任务，在去产能、去库存、去杠杆、降成本、补短板方面也提出了具体要求。落实好这些工作任务，就要求国土资源干部必须持续发扬“钉钉子”精神，抓铁有痕、踏石留印，善始善终、善作善成；要求我们国土资源干部特别是领导干部要有“功成不必在我”的胸襟和高度自觉的协同意识，加强组织领导能力、资源整合能力、团队合作能力和换位思考能力，形成部机关、督察局、直属单位和地方国土资源部门工作联动，凝聚工作落实合力；要求完善督查问责机制，加强绩效管理，确保各项任务有分工、有责任，有落实、有考核，促进国土资源干部在其位谋其政、任其职尽其责。

（4）提高崇廉洁、拒腐蚀的能力。目前，腐败问题仍是当前面临的最大危险，“土地矿产开发领域腐败易发多发”仍是我们的一个痛结。2016年年初，部党组已经在全系统召开了党风廉政建设工作会议，对全系统干部队伍廉政建设提出了要求。即将开展的“两学一做”学习教育，也把树立清风正气作为合格党员的一项标准。在2015年国土资源人才工作协调小组会议上，张德霖副部长指出，培养一个人才很不容易，“不生锈”的人才才是真正的人才。不生锈有两层涵义，一层涵义是智慧不能生锈，要不断地创新；另一层涵义是职业操守不能出问题，不能生锈，否则无论是对本人还是对队伍都是致命的；廉政风险防控必须作为每个人才成长发展的“底线”甚至是“生命线”。这同样适用于每一个国土资源干部。为此，要按照中央关于“两学一做”学习教育要求和姜大明部长关于党风廉政建设的要求，始终保持反“四风”、正党风，反腐败、倡清廉的战略定力，把“三严三实”专题教育取得经验应用到经常性党建工作中去，做到标准不降、要求不松、力度不减；要紧盯党风廉政建设的新情况、新变化，厘清问题症结，及时跟进措施，掌握情况不迟钝、解决问题不拖延、化解矛盾不积压；要深化和延伸专题教育成果，扎实开展好“两学一做”学习教育，推动国土资源系统党员干部努力改进思想作风、学风、工作作风、领导作风、干部生活作风，把好的作风全面树立起来，做合格的党员、合格的国土资源干部。

三、准确把握新时期国土资源人才工作的新特征

“十三五”时期，国土资源人才工作应紧紧抓住经济发展新常态带来的新的发展机遇，用新的发展理念统领工作全局，观大势、谋大事、懂全局、管本行，进一步创新工作思路，主动适应国土资源工作重心调整对人才需求的调整，统筹谋划未来国土资源改革发展对人才的新需求，注重寻找人才工作与国土资源工作的融合点、结合点，及时调整工作重点和计划，增强人才工作的及时性、适应性和前瞻性，实现人才工作与国土资源工作同频共振、良性互动和深度融合。具体来说，新常态下国土资源人才工作面临着四个方面的新要求。

（一）国土资源人才发展要有“新结构”

“功以才成，业由才广”。新常态下，全面履行国土资源工作职责新定位和推进国土资源领域深化改革，不仅需要进一步扩大国土资源管理人才和技术人才数量，更需要国土资源领域人才资源的能力结构要从继承型转向创新型，人才资源的能级结构要从初级、中级转向高层次，人才资源的素质结构要从单功能转向复合型。例如，在新常态下，对国土资源保护、规划和用途管制更加重视，这不仅对从事资源保护、国土整治、国土资源规划编制相关人才提出了规模需求，更对相关人才知识结构、素质能力等质的方面提出了更高要求。再如，在区域人才布局方面，随着京津冀协同发展、长江经济带三大战略实施以及扶贫攻坚战略持续推进，就需要对现有国土资源人才区域布局进行战略性调整，以发挥人才资本在推动区域经济增长的“引擎”作用。在新常态下适应地质调查战略性结构调整需要，对从事能源矿产、自然资源、国土空间、生态环境、地质灾害和海洋地质调查人才需求加大，需要对现有地质调查人才进行布局和结构调整。又如，随着“一带一路”重大战略实施，以及适应新常态下国际矿业经济形势变化和国际格局变动，国土资源人才必须适应“走出去”战略，加大培养、引进精通国际规则、具有跨文化沟通能力、能够在矿业领域熟练处理

各种涉外事务的国际化人才。总之，在新常态下，我们推进国土资源各项工作，既要对业务工作有充分预判，又要在人才保障上具有“兵马未动，粮草先行”的战略意识，要把国土资源人才管理放在与业务部署同等甚至优先地位，做到人才工作与业务工作同频共振、协调发展。

（二）国土资源人才发展要有“新质量”

党的十八大以来，习近平总书记对创新驱动提出了一系列新思想、新论断，强调“科技是国家强盛之基，创新是民族进步之魂”，“在新一轮全球增长面前，唯改革者进，唯创新者强，唯改革创新者胜”，特别提出“实施创新驱动发展战略，人才是基础和关键，创新驱动实质是人才驱动”。新常态下，要全面落实提高资源配置的质量和效益这个中心任务，特别是围绕如何优化我国资源环境承载力，推广普及节地技术和资源综合利用技术，迎接以绿色能源技术为核心的新资源技术革命和资源产业革命，提高“上天监管”“入地探测”能力，实现国土资源传统技术与物联网、大数据、云计算、移动通信等新一代信息技术交叉融合，等等，无一不对国土资源科技创新人才特别是高端创新人才提出了殷切要求，迫切需要大力培养造就一支人员精干、结构合理、专业齐全、素质优良的国土资源创新型科技人才队伍。与此同时，适应国土资源领域深化改革需要，进一步健全国土资源宏观调控机制，建立健全自然资源资产市场监管体系，防范和化解“土地财政”和“资源经济”政府债务、金融风险，推进不动产统一登记制度、国土资源行政审批制度、油气资源勘查开发管理体制、农村土地制度和自然资源管理制度等各项改革，对国土资源战略研究人才、公共政策研究人才和高端复合型管理人才提出了更高要求，迫切需要加强国土资源高端智库人才队伍建设。虽然我们近年来在国土资源高层次创新型人才和软科学研究人才方面取得了较大进步，但总体来看，在国际和国家层面具有影响力的科技领军人才、杰出人才偏少，在国家层面具有改革话语权的“大家”“大师”寥寥无几，直接影响了国土资源行业综合竞争力提升。这就需要我们必须把“高端引领”放在人才工作的优先位置，不断创新高端人才引进和培养机制，努力造就高水平的国土资源科技领军人才、创新团队以及高端复合型战略研究人才和管理人才。

（三）国土资源人才发展要有“新动力”

古人云“得其人而不得其法，则事必不能行；得其法而不得其人，则法必不能济；人法兼资，而天下之治成”（明代清官海瑞著《治黎策》），深刻揭示了人才与体制机制和法治的内在关系。在全党、全国人民投身实现“两个一百年”奋斗目标和中华民族伟大复兴中国梦的今天，十八届三中全会作出了“建立集聚人才体制机制，择天下英才而用之”的改革部署；十八届四中全会对全面推进依法治国作出了重大部署，不仅对法治工作队伍建设提出了直接要求，还从整体上对全面提升各级干部人才运用法治思维和法治方式推进工作提出了要求。十八届五中全会站在协调推进“四个全面”战略布局的高度，指明了新形势下人才工作的努力方向，吹响了我国建设人才强国的“集结号”。这就要求我们要适应新常态下国土资源工作从“管理”向“治理”的转变，进一步把推进国土资源领域人才治理工作科学化和人才集聚能力现代化建设作为目标，进一步探索党政机关、企事业单位和社会各方面人才顺畅流动的制度体系，广泛凝聚不同地区、不同产业、不同所有制的国土资源人才，探索政、产、学、研、用协同培养人才的机制，积极构建国土资源党管人才工作大格局，最大限度地为国土资源事业聚集各类人才；要重点以完善国土资源人才评价机制为核心，不断健全国土资源选拔任用、培养开发和激励保障机制，不断达到“人尽其才”“才尽其用”“人事相宜”“合理匹配”的人才管理理想境界。要按照全面推进依法治国的要求，把普及和执行人才法律法规、制定国土资源人才政策和推动国土资源法治人才队伍建设作为国土资源人才法治化建设重要任务，特别是按照习近平总书记提出的全面依法治国必须抓住领导干部这个“关键少数”，切实加强国土资源干部法治知识、法治思维和法治能力培养培训，促使各级国土资源干部遵法于心，学法于脑，守法于纪，用法于行，做推进法治国土资源的模范，共同打造一支执法严明、勤政廉洁、权威高效的国土资源管理队伍。

（四）国土资源人才发展要有“新环境”

“水积而鱼聚，木茂而鸟集”，良好的环境是吸引聚集人才的关键。美国著名知识管理专家玛汉·坦姆仆在研究知识工作者激励因素时发现，金钱财富对员工的重要性虽然不容忽视，但是如果能尽量满足员工的个体成长、工作自主和业务成就需要，则对他们的激励将更加有效。这就要求我们要把打造国土资源人才生态环境作为人才工作固本培元之策，积极营造重才用才的社会环境、工作环境、政策环境和生活环境，积极为各类人才成长搭建事业平台，拓展职业发展空间。我们要转变人才管理理念，尽快从人才资源管理转向人才资本管理，树立起“人才投入是效益最大、最有远见的投入”的理念，畅通人才投入渠道，特别要探索人才投入与项目投入有效融合机制，真正把人才优先战略落到实处。营造国土资源人才发展环境除了“硬件环境”外，还要把人才文化建设放在重要位置。这是因为，国土资源工作特别是地质工作离不开跋山涉水、风餐露宿，离不开野外一线艰辛和身心煎熬，国土资源人才要具有坚定的理想信念、宽广的胸怀、坚强的意志、奔放的激情。这就需要把理想信念和职业文化教育放到重要位置，进一步传承和发扬地质工作者所特有的“三光荣”“四特别”精神，大力弘扬在全国第二次土地调查实践中形成的“二调精神”，向全社会贡献我们国土资源人才的“精神宝藏”。同时，在新常态下，国土资源人才是各条战线上的“精英”，大都处在关键岗位或承担着重要项目，加强政治规矩意识和廉政风险防控更是人才发展的“底线”。对此，必须在人才工作中注重政治生活和廉政文化的建设；特别是对于高端人才，要进一步加强政治引领和思想联系，推动高端人才做践行社会主义核心价值观的模范，使我们的高端人才能够按照习近平总书记在两院院士大会上所要求的，“要坚守学术操守和道德理念，把学问和人格融合在一起，既赢得崇高学术声望，又展示高尚人格风范”，“在攻坚克难、崇德向善中做到学为人师、行为世范”。

四、新时期国土资源人才战略设想

（一）指导思想

高举中国特色社会主义伟大旗帜，全面贯彻党的十八大和十八届三中、四中、五中全会精神，以邓小平理论、“三个代表”重要思想、科学发展观为指导，深入贯彻习近平总书记系列重要讲话精神，紧紧围绕协调推进“四个全面”战略布局，贯彻创新、协调、绿色、开放、共享的发展理念，积极贯彻落实《关于深化人才发展体制机制改革的意见》，牢固树立科学人才观，深入实施人才优先发展战略，以推进国土资源领域人才治理工作科学化和人才集聚能力现代化建设作为目标，以推进国土资源人才体制机制改革创新为核心，抓好国土资源重点人才工程计划实施，积极推动国土资源高层次创新人才、紧缺人才、复合型人才和法治人才队伍建设，不断提升国土资源人才工作的宏观指导和公共服务能力，着力营造人才发展的良好环境，切实为全面落实国土资源工作新定位、地质找矿突破、深化国土资源领域改革和全面推进法治国土建设提供人才保障和智力支持。

（二）基本原则

当前和今后一个时期，国土资源人才战略应坚持以下基本原则。

（1）人才优先，服务发展。确立人才资源在国土资源科学发展中的基础性、战略性地位，把人才工作摆在国土资源整体事业布局的优先位置，做到人才资源优先开发、人才结构优先调整、人才投资优先保证、人才制度优先创新，不断满足各类人才队伍发展需求。同时，要把服务国土资源事业发展作为人才工作的出发点和落脚点，根据国土资源工作战略目标和不同阶段的战略任务确定人才队伍建设的重点，及时为国土资源事业发展提供人才保障和智力支持，用国土资源事业科学发展成果检验人才工作成效，做到国土资源人才工作与业务工作深度融合。

（2）高端引领，整体开发。要适应国土资源领域创新驱动发展要求，大力推进国土资源高层次创新型科技人才、国土资源智库人才和高端复合型管理人才发展，充分发挥高端人才在促进国土资源事业发展、提升国土资源行业竞争力和引领人才队伍建设中的特殊作用。同时，统筹考虑国土资源各类人才队伍协调发展，大力引进、培养国土资源紧缺人才、实用人才、法治人才，大力推进基层一线队伍发展，最大限度为国土资源事业发展集聚人才。

（3）以用为本，创新机制。把充分发挥国土资源各类人才的作用作为人才工作的根本任务，重点围绕用好、用活人才、提高人才效能，树立现代人力资源观，坚决破除束缚人才发展的思想观念和制度障碍，建立完善国土资源各类人才畅其流、得其位、尽其用的有效机制，形成培养开发、选拔任用、吸引引进、评价发现、激励保障等制度体系，营造良好的国土资源人才生态环境，传承和发扬国土资源人才优秀文化。

（4）协调联动，科技支撑。坚持党管人才原则，建立健全国土资源党管人才工作领导体制和管理格局，充分发挥国土资源部党组及各职能部门、省级国土资源主管部门和地勘单位党组（党委）、用人育人单位职能作用，调动社会团体、高校和市场中介参与国土资源人才工作积极性，完善国土资源领域党管人才运行机制；大力推广运用现代人才管理技术方法，推进国土资源人才信息化建设，提高国土资源人才工作现代化科技支撑。

（三）国土资源人才战略愿景与目标

未来10～15年，国土资源人才战略将从服务国土资源事业中心发展和国土资源人才自身发展两个战略维度出发，致力为国土资源事业科学发展培育、聚集规模和能力素质相匹配的、高绩效的可持续人才队伍，全力构建人人皆可成才、人人尽展其才的环境和平台，最大限度为生态文明建设提供人才保障和智力支持。为实现国土资源人才战略使命（愿景），在战略期内重点实现以下国土资源战略目标。

（1）构建一支与国土资源事业发展相适应的规模适度、结构合理、类型齐全的国土资源人才队伍。重点培养造就高层次创新型国土资源科技人才、国土资源智库人才、国土资源管理与国土资源经济复合型人才，大力开发地质勘查一线紧缺人才和土地科技紧缺人才，统筹抓好国土资源党政人才、国家土地督察人才、国土资源执法监察人才、土地调查评价规划人才、土地产权和市场及评估人才、土地整治专业人才、国土资源信息技术人才、地质灾害防治专业人才、基层国土资源所人才、地勘行业技能人才，保持各类人才规模和比例稳步增长，适应国土资源事业不断发展对各类人才的需求。

（2）稳步提升国土资源人才队伍能力素质。以提升国土资源行业人才竞争力为目标，大力完善各类国土资源人才学历结构和职称结构，扩大专业技术人才和高层次人才所占比例，推进国土资源人才资源的能力能级结构向创新型、高层次发展，人才资源的素质结构要从单功能转向复合型，优化国土资源人才年龄结构和分布结构，推进国土资源人才国际化培养力度，形成富有竞争力的国土资源人才资本。

（3）大力提升国土资源人才效能。以国土资源事业发展需求为导向，加强国土资源人才战略与国土资源战略实施的匹配，创新国土资源人才管理实践，提高国土资源人才管理和服务现代化科技支撑，不断提升国土资源人才绩效，提升国土资源人才对组织发展和国土资源事业发展贡献度。

（4）营造国土资源人才发展良好环境。健全完善国土资源人才管理体制，不断创新工作机制，建立和完善科学规范的人才培养开发、评价发现、选拔任用、流动配置、激励保障机制，积极营造国土资源人才良好发展的事业环境、生活环境、社会文化环境和法治环境。

（四）国土资源人才战略举措

为实现国土资源人才战略目标，今后应重点聚焦四大战略举措。

（1）聚集国土资源高层次创新型人才，提升国土资源行业竞争力和创新能力。高端创新人才是提升行业竞争力和创新能力的关键和基础。重点按照国土资源领域创新驱动发展要求，持续做好国土资源高层次创新型科技领军人才、杰出青年人才和创新团队遴选和培养工作；充分利用“千人计划”“万人计划”、国家百千万人才工程等吸引和培养国土资源高端人才；鼓励支持广大科技人员和创新团队积极申报国家自然科学奖、技术发明奖、科技进步奖和李四光地质科学奖等；大力开展高端人才“引进来”和“走出去”工作，完善“李四光学者”特聘专家制度，大力引进、用好国土资源急需紧缺高层次国土资源人才；不断探索通过参与国际会议、举荐国土资源杰出人才在国际组织任职、参加国际培训和开展国际项目合作等推进国土资源领域人才国际化的新路径。同时大力支持重点实验室、博士后科研工作（流动）站、院士专家工作站、国土资源管理（经济）学院、国土资源战略研究中心、野外科研基地、高技能人才培训基地等人才培养基地建设，支持多种形式的政、军、产、学、研、用战略联盟和联合实验室、研发中心的建设和发展。同时，适应当前全面深化国土资源领域改革的迫切需求，积极参与到国家新型特色智库建设中去，主动与中国社科院、中央党校、国家行政学院、知名高校和共建高校合作，切实为国土资源领域深化改革集聚一批高端人才；大力加强部属单位国土资源战略研究和公共政策研究人才培养，为建立健全国土资源管理体制、国土资源创新驱动机制和国土资源法律制度体系提供人才支撑。高度重视国土资源青年科技人才培养，把培养造就青年人才作为一项重要的战略任务，大胆培养、大胆选拔、大胆使用。

（2）大力实施国土资源重点人才工程计划，统筹各类国土资源人才队伍发展。通过人才工程计划推动人才队伍发展是世界各国的重要经验。重点推动国土资源高层次创新型科技人才培养工程、国土资源管理与国土资源经济复合型人才培养工程、地质勘查一线紧缺人才培养工程和土地科技紧缺人才培养工程实施，大力推进国土资源党政干部教育培训计划、国土资源执法监察人才能力提升计划、地质灾害防治专业人才支撑计划、国土资源信息技术人才支持计划、基层国土资源所人才素质提升计划、地勘行业高技能人才振兴计划、“卓越工程师”教育培养计划，加快启动国土资源法治人才培养工程；不断完善国土资源重点人才工程计划项目实施机制，加大人力、物力和财力投入。通过国土资源重点人才工程计划实施带动，加快地质勘查一线紧缺人才和地勘行业高技能人才培养力度，加大土地科技紧缺人才培养，着力推进地质灾害防治人才和国土资源信息化人才培养，为地质找矿突破、生态文明建设和区域协调发展提供人才保障；按照全面推进依法治国和建设法治国土的要求，统筹考虑国土资源党政人才、执法人才、督察人才和基层国土所人才队伍发展，建立高素质的国土资源法治人才队伍。

（3）大力推进国土资源人才政策制度创新，完善国土资源人才体制机制。遵循社会主义市场经济规律、人才成长规律和国土资源工作规律，加快推进国土资源人才政策创新和体制机制改革，建立健全适应不同类型国土资源人才培养开发、选拔任用、评价发现、吸引引进、激励保障等方面的政策制度体系。重点推进国土资源人才评价机制创新，加快推进国土资源职业标准和能力素质标准建设，加快构建以品德、能力、业绩和贡献为核心的分层分类科技人才评价标准体系，推进国土资源人才评价主体多元化和评价手段科学化。重点创新高层次人才激励保障机制，制定高层次、高技能人才激励政策措施，建立地质勘查大师、首席科学家、首席专家及国土资源系统技术能手等荣誉制度，积极探索岗位设置向高层次人才和工程负责人倾斜的人事管理制度，形成科研人员潜心从事科学研究的激励导向。积极探索建立与国土资源事业发展需求相适应的人才培养调控机制，加快完善国土资源政、产、学、研协同培养人才机制，完善国土资源“项目＋人才”培养机制，建立健全国土资源人才分层分类培训机制；推进地勘单位继续探索以知识、技术、管理等要素折股参与地质找矿风险投资、分享找矿成果收益的新机制，充分调动地勘一线专业技术人员积极性。建立健全国土资源系统和地勘行业与行业高校人才、相关科研院所人才的双向交流互动机制，积极推动国土资源人才“柔性”流动。进一步完善国土资源人才廉政风险防控机制，实行党风廉政建设与党管人才同谋划、同部署，加强国土资源各类人才的理想信念教育和党性、党风、党纪教育，完善制度，确保优秀人才保持坚定的政治方向、政治纪律和勤政廉政作风。

（4）推进国土资源人才公共服务和信息化建设，营造国土资源人才发展良好氛围。重点完善国土资源干部教育培训能力建设体系，统筹利用各种培训资源参与国土资源人才培养，创新国土资源人才培训方式，加强国土资源业务师资库建设，完善国土资源干部教育培训网，不断增强干部教育培训的针对性和实效性。大力推进国土资源人才信息化建设，依托国土资源云建设，加快部署开发集国土资源人才资源管理服务、国土资源人才评价和国土资源人才规划实施监测等多功能的国土资源人才数据库信息系统，积极打造国土资源人才网和国土资源人才云。充分发挥中国地质矿产经济学会人力资源研究专业委员会、全国国土资源行业职业教育教学指导委员会等社团组织在国土资源人才队伍建设中的作用，探索成立国土资源系统和地勘行业卓越工程师计划战略联盟，推进国土资源领域卓越工程师培养工作。大力推进国土资源人才战略、规划、政策、体制机制和国土资源人才测评及组织绩效评价研究，形成国土资源领域人才资源开发的理论、技术、政策和信息支撑体系，推进国土资源人才研究机构和人才研究队伍建设。大力开展国土资源优秀人才、优秀创新团队及先进人才工作经验宣传，积极展示国土资源优秀人才践行社会主义核心价值观的时代风采，传承和发扬地质工作“三光荣”“四特别”精神，大力弘扬在全国第二次土地调查实践中形成的“二调精神”和国测一大队“热爱祖国，忠诚事业，艰苦奋斗，无私奉献”的测绘精神，为国土资源领域落实人才优先发展战略提供思想保证、精神动力和舆论支持。

（五）国土资源人才战略保障

加强战略保障是实现国土资源人才战略的重要条件，重点是加强思想保障、组织保障、战略规划及工程保障、评估保障和投入保障。

（1）牢固树立人才优先发展的战略意识。实施国土资源人才战略，首先来自观念上的保障。要积极推动各级领导以“四个全面”战略布局为统领，深入学习贯彻好习近平总书记关于人才工作的重要指示精神，切实运用讲话精神武装头脑、指导实践、推动工作，自觉把“择天下英才而用之”付诸实践，把“建设规模宏大创新型人才队伍”落实于行动，把“遵循社会主义市场经济规律、人才成长规律”作为基本要求，把“深化人才体制机制改革”作为内在动力，找准国土资源人才工作在国土资源工作大局中的位置，增强全局下谋划和推动人才工作的意识，把人才优先战略贯彻落实到国土资源工作的每一个环节。

（2）加强国土资源人才战略实施组织保障。按照党管人才原则，科学界定国土资源部党组、国土资源人才工作协调小组、国土资源部各责任部门、省级国土资源主管部门和地勘单位党组（党委）、用人育人单位在国土资源人才战略实施中的职责，构建国土资源部党组对国土资源人才工作发挥统一领导作用、省级国土资源主管部门和地勘单位党组（党委）发挥核心领导作用、各用人育人单位发挥主体作用的管理工作格局，充分吸纳有关行业协会、学会、高校和中介机构等力量参与国土资源人才工作；进一步完善国土资源人才工作科学决策机制、分工协作机制、沟通交流机制、督促落实机制，充分发挥国土资源人才工作协调（领导）小组在国土资源人才战略实施中的核心地位，形成组织健全、职责明确、协调高效、措施到位、协同推进的战略实施组织机制。

（3）完善国土资源人才战略规划和重点人才工程计划体系。按照国土资源人才战略实施要求，在国土资源中长期人才发展规划（2010—2020年）实施基础，编制国土资源中长期人才战略规划（2015—2030 年），进一步明确国土资源人才规划实施目标体系；推动国土资源系统和地勘行业各单位编制人才发展规划，使之纳入到国土资源人才战略规划体系当中。调整完善国土资源四项重点人才工程和七项重点人才计划，适应国土资源人才工作新形势，整合编制国土资源人才战略工程和计划，加强国土资源部重点人才工程计划与国家人才工程及地方人才工程衔接，形成战略指导、规划引导、重点人才工程计划支撑的国土资源人才战略实施支撑体系。

（4）建立国土资源人才战略实施评估体系。根据国土资源人才战略实施需要，分层分类建立国土资源人才战略实施评价标准体系，建立国土资源人才战略实施监测信息化平台，构建多方参与的国土资源人才战略实施评估主体，既要对国土资源人才战略效果进行评估和监测，也要对国土资源人才战略实施机构、战略措施进行评估监测，保障战略实施过程的实时控制，及时开展国土资源人才战略实施纠偏。同时建立国土资源人才战略实施的激励和监督机制，促进国土资源人才战略实施绩效提高。

（5）加大人才资金投入。国土资源人才战略实施各个环节都离不开资金的投入。要牢固树立人才资本是高效资本、人才投资效益最大的理念。实施国土资源重大工程和项目时，要统筹安排人才开发培养经费。积极向国家财政和地方各级财政争取财政专项经费，广泛调动、鼓励引导社会力量和个人投入国土资源人才开发事业，探索设立国土资源人才开发基金，建立起多元化的国土资源人才投入机制。

五、2016 年国土资源人才工作设想

2016 年是“十三五”开局之年，国土资源人才工作总体思路是：深入

学习贯彻党的十八大、十八届三中、四中、五中全会和习近平总书记系列重要讲话精神，牢固树立和自觉践行创新、协调、绿色、开放、共享的发展理念，积极贯彻落实《关于深化人才发展体制机制改革的意见》，按照中央“两学一做”学习教育和国土资源部“能力建设年”活动部署，加快推进国土资源人才体制机制改革和政策创新，大力培养集聚国土资源高层次创新型科技人才、智库人才和紧缺人才，统筹推进各类国土资源人才队伍建设，提升人才工作宏观指导和公共服务能力，努力营造人才优先发展良好氛围，为新常态下的国土资源事业改革和创新发展提供人才保障和智力支持。

（一）落实“十三五”国土资源人才工作重要部署

主要任务包括：一是开展《国土资源中长期人才发展规划（2010—2020年）》中期评估。落实《国土资源中长期人才发展规划纲要（2010—2020年）》中期评估任务，对国土资源人才发展规划实施五年来的情况进行评估，分析总结实施成效、存在问题及原因，提出推进规划实施的对策建议。二是研究制定“十三五”时期国土资源人才工作重点任务。根据《国民经济和社会第十三个五年规划纲要》关于人才工作新要求、新部署，结合《国土资源“十三五”规划纲要》，研究制定《“十三五”国土资源人才工作要点》，提出“十三五”时期重点人才工作任务，明确责任单位和完成时限。三是加强人才工作宏观指导。通过调研访谈、专题研讨会等形式，加强对地方国土资源部门、地勘单位、共建院校和相关职业院校人才工作指导。把国土资源人才队伍建设融入到“两学一做”学习教育与“能力建设年”活动中，统筹提升懂全局管本行、抓重点破难题、抓落实求实效、崇廉洁拒腐蚀的能力。

（二）贯彻落实深化人才发展体制机制改革意见

主要任务包括：一是推动深化人才发展体制机制改革意见贯彻落实。学习贯彻中共中央印发的《关于深化人才发展体制机制改革的意见》，结合国土资源人才工作实际，明确国土资源人才体制机制改革重点任务。积极利用国土资源相关媒体，加强对意见宣传解读。二是健全国土资源人才培养支持机制。统筹业务推进、科技创新、学科发展与人才培养，推进各单位建立和完善“平台+项目+人才”培养机制，促进“大项目+大成果+大人才”机制显现成效。加强部属单位博士后科研（流动）工作站建设，积极发挥博士后制度吸引培养高层次创新型青年科技人才作用。完善国土资源系统、地勘行业与国土资源类高校、职业院校产、学、研、用的协同育人模式，探索编制国土资源人才供需、专业建设和就业指导目录。三是创新国土资源人才评价机制。总结地调局“五问、五不唯”人才评价模式，结合科技人才遴选、职称评定等工作，分层分类研究制定国土资源科技人才评价指标体系，在工作实践中建立健全以品德、能力和业绩为核心的人才评价机制。四是健全国土资源人才顺畅流动机制。鼓励国土资源科技创新人才竞争流动，促进科研人员跨处室、单位和地域流动，鼓励科研人员带项目创新创业，鼓励面向社会公开招聘科研负责人和科研骨干，吸引企业科技人才兼职。加强部属事业单位人才与部机关、土地督察机构之间人才交流。鼓励和引导国土资源人才向艰苦边远地区、贫困地区和基层一线流动。五是完善国土资源人才激励保障机制。贯彻落实《深化科技体制改革实施方案》，探索研究对国土资源科技成果主要完成人、成果转化重要贡献人员和团队进行奖励不低于转化所得收益 50% 的保障机制，建立健全国家科技计划科研项目间接费用绩效激励制度，探索建立对国土资源基础研究和科技领军人才长期稳定支持机制。加强对国土资源青年科技人才培养激励，强化项目资金支持，注重选拔培养青年科技领袖，为其提供系统的职业培训。

（三）贯彻落实新发展理念，为国土资源事业改革发展集聚人才和智力

（1）大力培养和引进国土资源创新型科技人才。落实创新驱动发展战略，向“千人计划”“万人计划”等国家人才工程推荐优秀科技人才。开展国土资源高层次创新型科技人才培养工程入选人员培训和评估。突出“高、精、尖、缺”导向和国土资源重大战略需求导向，大力引进急需紧缺高层次国土资源科技人才，加快推进国土资源人才结构战略性调整。在科技创新规划、战略研究、项目遴选、成果评价等工作中，大力使用科技领军人才、杰出青年等一线科研人员。

（2）加强国土资源新型智库人才建设。研究制定《关于加快建设国土资源新型智库的意见》，探索建立国土资源智库首席专家制度、智库人才选聘机制、项目管理机制、成果交流机制和决策咨询服务机制。加强国土资源战略与公共政策研究领域智库建设，建立国土资源智库人才和专家数据库。支持浙江大学土地和国家发展研究院、中国地质大学（武汉）国土资源管理学院智库的建设。

（3）加强国土资源国际合作人才培养。开展国土资源人才国际化培养现状与需求调研。贯彻落实《关于进一步加强国际组织人才培养推送工作的意见》，推荐国土资源优秀人才到国际组织任职、交流，提高我国在自然资源领域国际组织中的话语权。进一步畅通与国外相关政府部门、地调结构、科研院所和高校的合作交流，通过项目合作、学术交流、境外培训等渠道，加强国土资源人才国际化知识和能力培养，培养国际视野。鼓励国土资源各类人才积极参与多边双边矿产资源合作规则、矿产贸易谈判和投资规则的制定与修订，提高参与全球矿业治理的能力。发挥中国国际矿业大会集聚、招揽国际化人才的功能，促进矿业人才、智力国际化交流合作。加强助推“一带一路”国土资源人才国际化合作交流与培养。

（4）大力推进地质勘查人才队伍建设。适应服务国家能源资源安全、生态文明建设、“四化”建设、防灾减灾和海洋强国建设，加强地质调查队伍战略性结构调整，提升地质调查与科学研究的融合与创新能力。完善中央与省级、高校和其他地质调查队伍的联动机制。加强地勘一线高层次人才和技术骨干人才遴选工作。组织开展地质勘查新技术、新理论、新方法培训和地质勘查资质管理制度、地质勘查技术标准等业务培训工作。开展“警地共建”活动总结评估。推动地质勘查类和矿业类“卓越工程师”专业培养标准规范出台。推动高技能人才培训基地和技能鉴定站建设，推进职业院校国家职业资格证书制度实施。

（5）大力推进土地科技紧缺人才队伍能力建设。围绕耕地保护、土地规划、土地集约利用、土地调查监测、不动产登记等业务工作，开展不动产登记、土地调查、土地利用动态遥感监测和土地利用数据库建设、国产卫星数据应用技术、土地集约节约利用调查与评价、土地利用规划调整与监测、土地整治等业务培训，加强土地科技人员知识和技能培养。探索土地整治工程技术人员职业发展路径，加强土地职业体系研究。推动土地领域“项目＋平台＋学科＋人才”联动，完善政、产、学、研、用培育土地科技人才机制。支持行业协会推进土地科技人才队伍能力建设。

（6）大力开展国土资源干部教育培训。重点围绕习近平总书记系列重要讲话、党章党规、五大发展理念和国土资源核心业务，优化干部培训内容体系，增强国土资源干部的政治意识、大局意识、核心意识和看齐意识，提升国土资源干部履职尽责、善作善为能力。开展践行新发展理念、全面提升能力素质集中培训，完善学习大讲堂制度。推进部司局级干部组织调训和网络自学培训工作，做好部处级干部脱产培训、调训、任职培训，落实部青年干部的入职培训和深入基层学习锻炼制度。举办土地督察干部整训班、国土资源部党校班，举办国土资源厅局长培训班、国土资源市（县）局长培训班、国土资源所所长示范培训班。落实国土资源执法监察“千人培训计划”，加大国土资源执法监察人员、工作人员持证上岗业务培训力度。加强不动产登记工作人员依法行政培训力度，开展相关培训。开展国土资源听证及行政复议等国土资源工作队伍法治培训。举办国土资源人才业务培训班。

（7）统筹推进国土资源信息技术、地质环境保护和地质灾害防治人才队伍建设。开展地质灾害防治、矿山地质环境保护与治理恢复等业务培训，着力推进地方地质灾害防治应急技术机构和应急专家队伍建设，加强地质灾害群测群防监测员队伍建设和培训工作。统筹推进国土资源信息技术人才队伍建设，着力加强和推进国土资源基层一线信息技术应用人才队伍建设，加强高层次、创新型信息化科技人才自主培养和引进，开展各级信息中心业务骨干双向学习交流和调研活动，举办信息安全技术培训班。开展国土资源信息监测分析与应用技术、不动产登记信息平台建设国际合作交流培训。

（四）营造国土资源人才发展良好氛围

主要任务包括：一是推进国土资源人才研究和人才信息化建设。编写国土资源人力资源年报和国土资源人才发展报告，开展国土资源人才能力素质标准研究，推进国土资源人才数据库信息系统开发，初步形成国土资源人才管理服务系统和职称评定管理信息系统功能模块，完善国土资源干部教育培训网络平台，推进中国地质矿产经济学会人力资源研究专业委员会和国土资源人才评价开放实验室建设，组织召开国土资源人才学术交流会。二是开展国土资源人才宣传。开展国土资源优秀人才、优秀创新团队先进事迹及先进人才工作经验宣传，传承和发挥“三光荣”精神、“李四光”精神，培育新时期地质工作者核心价值观，引导国土资源科技工作者树立奉献、创新、求实、协作的科学精神，大力营造民主、创新和诚信的国土资源科研学术环境。

工作进展篇

2015年国土资源人才工作全面贯彻落实党的十八大及十八届三中、四中、五中全会精神和习近平总书记系列重要讲话精神，紧紧围绕协调推进“四个全面”战略布局，认真贯彻落实中央对国土资源工作和人才工作的各项决策部署，按照姜大明部长关于人才工作的系列指示要求，围绕中心，服务发展，人才优先，以用为本，持续加大国土资源人才体制机制创新和人才研究工作。各单位人才工作力度明显增大，人才工作氛围显著增强，人才规模和质量稳步提高，“出人才、见制度、显成效”不断取得实效，国土资源人才工作继续呈现出稳中求进、不断趋好的新局面。

本部分主要结合2015年国土资源人才工作开展情况，从创新型科技人才队伍发展、国土资源业务交流培训、干部教育培训、人才体制机制创新、政产学研合作、人才研究和人才宣传等方面，总结了2015年国土资源人才工作总体进展情况。

学习贯彻习近平总书记系列重要讲话精神，强化国土资源干部人才队伍思想政治建设

2015 年 5 月，国土资源人才工作协调小组召开第五次全体会议，学习贯彻中央领导特别是习近平总书记有关人才工作重要指示精神，传达全国组织部长会议和中央人才工作协调小组第 41 次会议精神，总结 2014 年国土资源人才工作，研究部署 2015 年国土资源人才工作任务。人才办向各成员单位发放《中央和国土资源部领导关于人才工作论述选编》等材料，宣传和普及科学人才观，并向中央人才工作协调小组办公室报送了《关于学习贯彻习近平总书记人才工作重要指示精神和中央有关人才工作会议精神情况的报告》，及时传递国土资源人才工作的最新部署。各单位以多种形式认真学习贯彻党的十八大及十八届三中、四中、五中全会和习近平总书记系列重要讲话精神，深入开展“三严三实”专题教育活动，不断加强各级各类人才思想作风建设，提高人才政治素质。

贯彻落实创新驱动发展战略，推动国土资源高层次创新型科技人才队伍发展

一、高层次、创新型科技人才推介遴选取得重大突破

地科院高锐研究员当选中国科学院院士，结束了国土资源部十年未新增院士的局面。朱立新、蒋忠诚、王贵玲当选俄罗斯自然科学院外籍院士。科技合作司组织实施的国土资源高层次创新型科技人才培养工程第二批遴选工作，遴选出科技领军人才开发和培养计划30人，国土资源杰出青年科技人才培养计划49人，国土资源科技创新团队培育计划9个；组织了“创新人才推进计划”和“千人计划”，1人1团队1基地进入答辩阶段，1人入选“青年千人计划”。人事司向国家推荐了3名百千万人才工程人选。李四光地质科学奖委员会面向整个地质工作、科研和教育领域，遴选出了8名野外奖，4名科研奖，2名教师奖。地调局组织开展卓越、杰出地质人才遴选和急需紧缺高层次人才引聘，2015年共评出首批卓越地质人才2名，杰出地质人才18名。1名专家入选国家“香江学者计划”。

二、大力引进急需紧缺高层次地质人才

为推动地学相关领域取得技术突破，带动培养具备全球视野、战略眼光的优秀人才，中国地质调查局引进吴能友、卢海龙入选2名急需紧缺高层次人才；地科院参照“急需紧缺高层次人才”的待遇，首批引聘Yildirim Dilek、赵建新、刘勉、Cees Van Staal四位外籍教授。

三、人才国际化培养不断取得新成效

2015年，地调局系统充分利用国际会议，加强人才国际化培养。例如组织召开东亚东南亚地学计划协调委员会（CCOP）第51届年会和第65届指导委员会会议、2015中国—东盟矿业合作论坛地质环境保护论坛等一系列活动，组织召开了金刚石和地幔再循环、岩溶环境地质编图、亚洲岩溶、中美地下水水质与监测等国际学术会议和国际岩溶研究中心国际培训班；特别是，地科院全年共派出项目122项、282人次，请进项目62项、

346人次，积极推进中俄双边合作项目，中、俄、蒙、哈、韩五国第三阶段项目合作进展顺利，有力推动了中国与周边国家人才培养联动。2015中国国际矿业大会顺利召开，成为人才交流和智力交流的重要平台。土地整治中心成功举办高规格的土地整治与农村发展国际研讨会，组织8次出访任务，签署4个合作谅解备忘录，3个国际合作研究项目取得重要进展。规划院召开了第五届中德空间规划研讨会议、第五届中韩政策研讨会议，参与了第一届中荷空间规划与地籍管理研讨会、中日土地政策研讨会的策划和组织，积极参与多边国际组织的活动，派出代表团访问了荷兰环境院、英国地方发展和社区事务部、巴伐利亚州测量与空间规划局等多个“空间规划”的部门，派出代表团赴马来西亚参加了国际测量师协会年会，一名同志担任2015—2018年年度工作小组组长，配合商务部完成了“发展中国家土地规划管理的培训”项目和“尼泊尔土地官员的培训”项目，积极宣传了我国的土地管理经验，也历练了援外培训领域的师资队伍。

四、大力培养杰出青年科技人才

为培养锻炼青年科技人才科技创新能力，地调局在局项目负责人选拔中，明确要配备1名40岁以下的青年担任副负责人，增强青年骨干人才干事创业的动力。有色金属矿产地质调查中心专门制定了青年技术带头人制度，中心项目负责人中有二分之一为40岁以下的青年技术人才。依托博士后科研工作站培养青年科技人才已经成为重要途径，2015年武汉地调中心、地科院岩溶所、地调局油气调查中心获批设立博士后科研工作站，经研院、青岛所被评为优秀设站单位。目前，国土资源部共有13家博士后科研工作站（流动站），为青年高端人才的引进和培养提供了平台。

大力推进国土资源业务培训和交流，主动服务国土资源中心工作

协调小组各成员单位依托职责优势，推动人才培养与业务工作相互融合，积极为业务发展提供人才保障和智力支持。例如，地勘司举办2015年度地质勘查行业通报、地质勘查成果通报编制培训班两期，培训学员200余人；召开地质勘查资质资格管理研讨会，讨论地质勘查资质日常受理审查相关工作规程，开展资质审查规范培训。环境司持续强化应急救援人员队伍建设，2015年共举行地质灾害应急演练3.8万次，参演190万人，全年完成地质灾害防治知识培训224万人，建立了全国地质灾害应急专家库，指导地方地质灾害应急处置工作。地调局落实部地质勘查一线紧缺人才培养工程，承办地质调查总工培训班、环境监测总站站长总工培训班、举办地球化学填图数据处理与图件制作等新技术、新产品、新工艺、新方法培训班30多期，大力提升野外一线地质人才业务能力。规划院组织召开了全国土地变更调查成果国家级内业核查技术培训会、全国土地变更调查成果国家级外业核查技术培训会、全国规划院系统土地科技交流研讨培训会、全国规划院系统土地政策研讨会、全国土地变更调查与遥感监测工作部署培训会等，取得了较好的成绩。土地整治中心举办了6期土地整治大讲堂和5期土地整治青年课堂；举办了两期全国性土地整治专业技术人员培训班，全年共派员赴地方授课近50人次，邀请地方土地整治机构人员来中心交流工作，建立了土地整治机构间人才互动交流的良性机制。不动产登记中心举办了“不动产登记”高级研修班，来自全国71名从事不动产登记工作的专业技术骨干参加了培训。山东省国土厅依托全省国土资源行业继续教育专业科目学习平台，举办了国土资源行业从业人员继续教育专业科目学习培训班，培训全省国土资源行业从业人员包括土地、测绘、矿产等国土资源领域的专业技术人员及管理人员。云南省国土厅结合专业技术人员的更新知识需求，以新知识、新理论、新技能、新信息为主要内容，积极开展地理国情普查培训、数字城市建设相关知识培训、“天地图·云南”项目技术与质量培训、航测内外业一体化知识培训、利用卫星影像航测成图培训等，共举办专业技术人员培训班60个，参加人数5645人次。2015

年，浙江省全面完成“一乡一所”建设，彻底打通了服务基层、服务百姓的最后一公里，专门举办了两期国土资源所所长培训班，共有390名所长参加了培训，进一步提高了基层国土资源所所长的业务能力水平。通过业务培训和交流，提升了国土资源专业技术人才队伍素质，推进了国土资源重点人才工程计划实施。

分层分类开展大规模干部教育培训，提升国土资源干部推进“四个全面”战略布局的能力素质

2015 年部各司局、督察局及部直属单位共举办培训班 81 个，培训 5. 5 万人次，其中各司局共举办 35 个培训班。特别是在京分两期举办了学习贯彻十八届四中全会精神、加快建设法治国土专题培训班，部机关各司局全体干部、各督察局处级以上和各直属单位司局级干部共 581 人参加；与中组部、国家行政学院、农业部联合主办省部级领导干部农村土地制度改革专题研讨班，来自各省（区、市）、新疆生产建设兵团和中央有关部委的 37 名省部级和 39 名厅局级领导干部参加了学习，培训效果显著，学员满意度较高；举办了“规范实施国土资源执法监管工作”专题研究班，来自 29 个省（市、区）党委、政府部门负责同志及新疆生产建设兵团团场负责人共 39 人参加了学习；举办了西部国土资源管理干部培训班，来自青海、新疆及新疆兵团市（地、州）、县国土资源管理部门的 74 名负责同志参加了培训。按照中组部、中央国家机关工委等调训计划要求，统筹选派学员，全年共有 6 名部领导、41 名司局级干部、4 名处级干部和 2 名高层次专家参加了不同形式和专题的调训；全年共有 64 名司局级干部（含 3 名西部挂职干部）报名参加司局级干部选学工作。人力中心举办了 16 期市县局长班，4 期所长示范班，有效地发挥了培训地方国土资源干部主渠道作用。2015 年，宣教中心完成了 31 期全国党员干部现代远程教育专题教材的制播工作。人事司开展了贯彻实施《2013—2017 年全国干部教育培训规划》中期评估，并将评估报告报中组部。江西省国土厅利用江西应用技术职业学院这一平台，先后组织开展了一期矿政管理培训班和两期土地管理培训班，由厅领导、处室负责人，以及长期从事国土资源管理人员和学院教师授课，共培训全系统干部 300 多人。湖南国土厅机关组织各类业务培训班 22 期，培训人数 3000 多人次，其中乡镇国土资源所所长培训班 4 期、市州国土资源系统新进人员培训班两期。组织 19 名干部参加省委组织部调训，其中 12 名厅直属事业单位的专业技术人员参加了省直机关党校学习，业务开展与理论素养并重，专业技术水平与综合管理能力共同提高。12 名

厅机关干部参加高校自主选学，27 名干部参加干部网络学院“法治湖南建设”专题培训班，128 名市州、县市区国土资源局干部参加国土资源部局长培训班，厅机关鼓励干部通过网络开展自学，2015 年网络学习合格率近 90%，在省直单位居前列。

创新国土资源人才发展体制机制，不断提升国土资源人才工作现代化治理能力

协调小组成员单位根据工作实际，抓住人才发展的薄弱环节，积极探索人才培养的新模式、新做法。例如，地调局全面实施人才强局战略，重点围绕国家重大需求和国土资源中心工作，部署实施九大计划、五十项工程、三百多个地质项目，积极创建事业发展、人才成长的平台；改变过去过分强调资历、学历，过分推崇 SCI 论文发表和申报奖项，建立了“四问”“五不唯”人才评价新标准；积极构建管理人才和技术业务人才成长晋升的双通道，并对杰出专业技术人才实行岗位聘用制，实施动态管理、定期考评，优胜劣汰，考核结果与绩效工资挂钩，形成了具有地调局特色、符合现阶段改革发展实际、科学可行的人才工作体制机制。地科院积极筹建自然资源与能源安全国家实验室，深化“1 + 6”“8 + 6”地调科研合作机制。土地整治中心转变用人机制，组织实施首个聘期内岗位补充遴选工作，遴选一批专家型、领军型人才，同时加强人才流动，积极拓展管理与专业技术干部发展空间。宣教中心大胆使用青年同志，坚持把有创意有魄力的年轻同志推到第一线，促进了宣传策划和组织实施水平的提高。规划院以政策研究为抓手，以实证基地为平台，推进各省院之间互联互通，通过专题研究、联合调研等多种形式，通过调研报告、土地政策蓝皮书和网站等媒介，逐步搭建院系土地政策研究和人才业务交流平台，成为决策部门推进国土资源管理制度改革和政策创新不可或缺的力量。人事司、人力中心、土地整治中心积极推进国土资源职业入典工作，2015 年“土地整治工程技术人员”“地球物理地球化学与遥感勘查工程技术人员”“水工环地质工程技术人员”“地质测绘工程技术人员”“地质调查员”五个职业进入 2015 年版《中华人民共和国职业分类大典》，并标注成为绿色职业；特别是“土地整治工程技术人员”成功入典，标志着土地职业实现零突破。

各省国土资源主管部门、地勘单位、共建高校也在不断加强人才工作机制和政策创新，积极推进国土资源人才队伍建设。

表 2－1　全国部分单位创新人才队伍建设情况

单位	创新人才队伍建设的措施
江西省国土资源厅	鼓励人才进行学历深造；鼓励支持厅机关 2 位青年干部参加研究生学历深造；各事业单位建立了学历深造的相关机制，支持青年职工进行硕士以上学历深造，提升专业理论水平；持续推进“走出去”战略；注重青年人才培养，创造有利条件，选派优秀青年骨干赴国内外进行研修，如参加国际测量师学会、土地资源管理、土地政策与科技等国内外前沿课题的交流培训；选派了一位中组部“西部之光”访问学者赴中国地质大学（北京）研修，不断开阔学术视野，增强科研实践能力
广东省国土资源厅	出台了《广东省国土资源厅机关竞争性选拔处级领导干部方案》，规范了全省国土资源系统竞争性选拔干部工作，进一步树立了注重基层导向、注重平时表现等良好用人导向，在实践中取得了良好的效果；制定出台了《广东省国土资源系统开展“上机关下基层交流锻炼”活动方案》，一方面选派厅机关年轻干部下基层挂职锻炼，另一方面安排基层年轻干部到省、部机关跟班学习，既促进省厅和基层互补“短板”锻炼培养人才，又不因抽调干部而影响工作
湖南省国土资源厅	厅直属单位坚持“成才在一线、建功在基层”的理念，通过基层锻炼、岗位练兵、技术比武等各种途径大力加强测量技能人才锻炼；省第二测绘院推行公开竞聘制度，中层管理岗位每两年竞聘一次，民主、公开、竞争、择优贯穿干部竞聘工作全过程；省第三测绘院推行项目负责人制度，以项目锻炼人才，以项目发现人才，以项目检验人才；在项目实施前通过专项业务培训，选拔培养项目负责人，定指标、压担子
河南省国土资源厅	根据国土资源工作的特殊性，狠抓干部的任前任中考核，既能发现人才，又能用好人才；在考核中，打破在少数人中选干部、少数人在小范围内选干部的思想观念，坚持群众路线，注重群众公论，树立讲台阶而不抠台阶、论资历而不唯资历、讲究德才兼备而不求全责备的新观念，既看干部的基础，也看干部的实绩，更看干部的发展潜力；这样，既加大了对年轻干部的使用力度，也走开了干部交流的路子
陕西省国土资源厅	改革干部选拔方法，提升了干部任用的科学化水平；坚持把“提名来源多元化、推荐方向多元化、考察内容多元化”作为干部选拔任用的基本思路，在提名上，注重采用以“个人自荐、群众推荐、领导实名举荐和人事部门研判”为核心的“四因素法”；在推荐上，特别增加了转非、降级等干部“能下”的通道；在考察上，坚持干部考察与日常管理相结合、与目标责任考核相结合、与综合研判相结合，更加突出定性与定量相结合，有力杜绝了拉票行为，提升了推荐权威，破解了提名难题

续表

单位	创新人才队伍建设的措施
天津市国土房管局	在选拔任用工作中，坚决破除“论资排辈”“求全责备”“平衡照顾”等观念，坚持培养与使用并重，不断加大选拔使用年轻后备干部的力度，使各类干部在其才能、优势的最佳发挥期内得到启用；抓住基层党组织集中换届等契机，主动给发展成熟的优秀年轻干部“找位子”，给年龄结构不合理的领导班子“选干部”，给专业结构不符合要求的领导班子“配干部”，及时将优秀年轻后备干部充实配备到各级领导班子中，不断优化基层领导班子结构
福建省地矿局	在开展地勘单位层面的经验交流及推进会的基础上，积极推进“导师带徒”向二级单位延伸，进一步指导和督促二级单位开展好“导师带徒”活动，并组织开展了“导师带徒”地质专业知识技能竞赛活动，取得良好效果
西藏地勘局	大力开展少数民族专业技术人才特殊培养工作；自2009年正式实施西藏少数民族专业技术人才特殊培养工作以来，与西藏人社厅建立起良好的合作关系，每年为地勘系统少数民族专业技术人员争取1~2个学习名额，2015年有2名同志圆满完成学习任务
成都理工大学	学校加大国土资源领域学科和科研建设力度，进一步巩固了国土资源学科的优势和特色；2015年，学校秉承“重点学科重点投入、发展学科优先投入、普通学科择优投入”的建设理念，结合中央财政支持地方高校发展重点学科项目建设，向“环境与土木工程学科群”和“地震监测及地震带构造活动性调查学科项目”投入资金600万元
长安大学	引育结合，加强国土资源人才队伍建设；集成国家“千人计划”“长江学者”奖励计划、陕西省“百人计划”和“三秦学者”等人才引进平台，面向海内外延揽杰出人才，重点培养和引进一批学术水平高、组织与协调能力强、学风严谨、有良好科学道德与强烈竞争意识的学科带头人和学术骨干；目前，学校在国土资源与环境领域已形成一支由院士、“千人计划”“长江学者”“百人计划”等专家学者及一批拥有博士学位的中青年教师组成的高水平学术队伍
中国地质大学（武汉）	教师岗位在原有以“教学为主、教学科研并重、科研为主”的基础上，进一步细分为“理科、工科、社会科学、人文艺术体育学科”四个类型岗位，按照学科领域确定岗位高聘条件和岗位职责；坚持以创新质量和贡献为导向，强化对教学质量的具体要求，提高了对高水平论文、大项目、大成果的要求，构建兼顾教学与科研的多元分类评价体系；设立“成果转化与社会服务岗位”，建设武汉地质资源环境工业技术研究院，大力促进和优化工科人才队伍建设

大力推动高校共建和政产学研协作，积极为国土资源改革创新发展集聚人才

2015 年，部召开浙江大学土地与国家发展研究院指导委员会第二次全体会议及研究院学术委员会成立大会，联合推进国土资源新型智库建设。部协调共建高校及地调系统选派 19 名技术帮带专家到武警黄金部队指导帮带工作，促进武警黄金部队业务转型。人才办组织专家对资源勘查工程等 8 个专业“卓越工程师”教育培养计划标准进行了规范性审查，完成了全国国土资源职业教育教学指导委员会换届工作和高职专业目录修订，核发 4100 本职业资格证书，审核发放 28 个鉴定许可证，优化国土资源专业教育和职业教育后备人才培养工作。地调局与北京大学签署“天然气水合物创新战略联盟合作协议”，共同促进天然气水合物创新研究与科技攻关，创建国家重点实验室，搭建资源共享平台和人才培养。目前，地调局共有 22 家局直属单位与 30 所国内高校、1 所台湾高校、3 所国外高校签订各类合作协议 60 多份，在项目合作与科技攻关、共建重点实验室、研究生培养基地、野外实训基地等方面共享资源，有效释放人才资源活力，助推人才培养。中国地质大学（武汉）出台《“地大学者”岗位管理办法（试行）》，构建层次递进金字塔式高层次引才和培养体系；通过各种引才渠道，在全球延揽高端地学人才；组织实施“腾飞计划”“摇篮计划”，积极培养校内高端人才。长安大学根据国土资源学科建设需要，立足大西北，专门制定高层次人才队伍建设方案和配套措施，充分运用国家人才计划延揽人才，在区域地质调查、地勘技术、地质灾害、水资源与环境、土地资源管理、地质环境监测、地球物理探测七个领域构建了具有鲜明地域研究特色的创新团队。成都理工大学于 2015 年新上国土资源领域项目 447 项，投入经费 1.84 亿元；配合“地质勘查一线紧缺人才培养工程”实施，加大国土资源专业招生力度，将 15 个国土资源专业纳入到一本进行招生，优化国土资源类生源结构；部省共建的“地质灾害防治与地质环境保护”国家重点实验室获得科技部评估优秀，“四川盆地及周缘优质页岩气资源潜力评价协同创新中心”被认定为第三批四川省协同创新中心；同时，学校与国土资源行业新签署合作协议 27 项，累计共建研究生实践基地 168 个，

开设“滑坡灾害风险评价与管理国际博士课程（LARAM）”，18 个国家（地区）的 57 名博士就读，人才培养和交流合作平台进一步扩大。特别是成都理工大学建立校部、校军联合培养人才机制，实行“部、军、学”协同育人，选派朱利东教授和刘顺教授两位区调专家连续三年赴西藏山南地区武警黄金部队第十一支队挂职，指导哲古等六幅和古堆等 5 幅 1∶5 万地质矿产调查工作，两位教授通过课堂讲授与野外示范、工作点评、总结与专题研讨等形式，使大批官兵掌握了丰富的地质基础知识，为部队培养了一批地质勘查一线紧缺人才，还通过举办信息化找矿培训班，使大批官兵学习掌握了共用 GIS 软件的使用方法以及用空间数据指导区调工作等相关理论知识，为部队培养了信息化技术人才。

持续推进人才研究和信息化工作，不断提升国土资源人才工作能力建设和服务水平

人事司、人力中心编制完成了《国土资源人力资源年报（2015）》和《国土资源人才发展报告（2016年）》，继续打造国土资源人才研究品牌成果。中国地质矿产经济学会人力资源研究专业委员会成立大会在江苏徐州成功召开，53家委员单位、112名委员进入首届专业委员会，成为推动国土资源人才队伍建设、干部人事制度改革、绩效管理、机构改革与职能转变的新平台；举办了首届中国地质矿产经济学会人力资源分论坛，邀请国土资源系统、地勘行业、共建高校和职业院校9名领导和专家介绍国土资源人事人才工作经验。人力中心、地调局等单位开展“国土资源人才发展战略”“国土资源党政人才能力素质标准与评价技术”“国土资源干部管理体制改革研究”“地质调查优秀创新团队分类和评价研究”“中央公益性地质调查人才队伍绩效工资管理调查研究”等课题研究，不断推进国土资源人才基础研究。国土资源部调整新一届评审委员会，形成社会科学研究等4个系列697名专家组成的部高级职称评审委员会专家库。人事司、人力中心、信息中心组织制定了《国土资源人才数据库信息系统开发建设工作方案》，建立了国土资源人才信息化联动工作机制，完成了国土资源人才数据库信息系统设计与规划工作，为全面推进国土资源人才信息化建设提供了保障；地调局实现了人事人才数据库常态化管理，完成了局重点人才计划推荐评审系统的建设工作。

加强宏观指导和宣传引导，积极营造人才优先发展良好氛围

人才办通过印发人才工作要点、开展人才宣传和开展人才业务培训，引导各地各部门多措并举，创新人才工程和计划，完善人才发展体制机制，不断把人才优先发展战略落到实处。国土资源系统和地勘行业各单位认真贯彻落实中央人才决策部署和国土资源人才规划，普遍把干部人才业务培训、多岗位历练、项目实践、政产学研协同培养等作为人才培养的主要模式，并注重与国家和地方重大人才工程相衔接，积极实施各具特色的人才工程和计划，统筹推进国土资源各类人才队伍发展。人事司、人力中心连续四年举办国土资源人才业务培训班，邀请吴江、萧鸣政、唐矿、徐斌等知名人才专家对国土资源系统和地勘行业 198 名人才工作者进行业务培训，成为行业人才工作培训的品牌。地勘司、经研院作为牵头单位，深入推进寻访“最美地质队员”宣传活动，评选出 102 名“最美地质队员”和“十佳最美地质队员”，并召开表彰会，姜大明部长接见“最美地质队员”并作重要讲话。“最美地质队员”活动参与范围广，涵盖全系统，中央管理地勘单位、各省地勘单位、矿业企业共 100 余个局级地勘单位广泛参与，推荐 381 名地勘一线典型人物。人物事迹通过各主流媒体、电视、广播、微博、微信、网站、报刊广泛传播，转发、报道 300 多万次，在全社会引起了极大反响。人才办组织《国土资源报》、《中国矿业报》开设专栏，对 16 个先进个人和优秀团队事迹进行宣传。地调局继续在《中国国土资源报》办好“人才强局之路”专栏，办好局“队伍人才”专栏。《人才指导意见》出台后，在局网站设立《局出台两个〈指导意见〉三个〈暂行规定〉》专栏，对文件进行详细解读；围绕实施地质科技人才工程，对 28 名入选的卓越、杰出地质人才和急需紧缺高层次人才进行集中宣传，在《中国国土资源报》、《中国矿业报》、《地质调查报》中专版报道人才工作成果，编纂人物采访系列文章 16 篇，起到了良好的舆论宣传效果。通过人才宣传工作，积极营造有利于人才脱颖而出的良好氛围，不断为国土资源领域人才优先发展战略的落实，提供舆论支持和精神动力。

同时，在 2015 年国土资源人才工作实践中，我们深刻体会到现行人才

队伍建设和人才工作还存在不少问题，主要表现为以下几点：

（1）现行国土资源人才队伍规模、质量和结构与国土资源事业改革发展还存在不适应、不协调问题。基层国土资源部门缺乏土地、矿产、信息技术等专业人才，艰苦地区引才难、留才难的问题依然存在，地勘行业地质调查人才结构亟待优化；院士增选以及创新型、复合型、科技型领军人才引进培养依然滞后，国土资源高端智库人才缺乏；国土资源人才梯队建设也有待规划和加强。

（2）国土资源人才体制机制还不完善。支持国土资源创新人才发展的普惠性政策措施普遍缺乏；国土资源人才评价体系和评价技术尚不完善，难于科学、全面、客观地评价和挖掘有潜力的人才，人才评价结果运用的激励机制不完善；高端人才缺乏系统性、稳定性和长期性支持措施，基层党政人才和专业技术人才的待遇、晋升政策支持不够；国土资源人才系统内外流动不足，在干部体制和人员“身份”上存在障碍因素；现行土地职业体系建设远不适应土地事业发展需求等。

（3）国土资源人才工作领导和保障不足。各省级国土资源主管部门虽然普遍成立了人才工作领导（协调）小组，然而由于人才工作在部门“三定方案”中未能明确，导致职能保障不足，领导力量和工作力量偏弱，国土资源人才工作宏观指导、科学决策、统筹协调、督促落实机制不顺畅。国土资源人才培养专项经费偏少，创新人才激励经费支持渠道不畅。国土资源人才研究和信息化建设滞后，国土资源人才工作队伍素质有待提高等。

队伍发展篇

当前，世界多极化、经济全球化、文化多样化、社会信息化深入发展，国际金融危机冲击和深层次影响在相当长时期内依然存在，世界经济在深度调整中曲折复苏、增长乏力。受全球经济波动影响，国际矿业市场低迷萎缩，大宗商品价格大幅波动，全球矿业处于“四期叠加”，即矿业复苏酝酿期、技术创新孕育期、矿业管理政策调整博弈期和能源资源治理结构的改革期。国内经济发展进入新常态，全面深化改革和全面推进依法治国正释放新的动力、激发新的活力，资源对经济社会发展的关键支撑作用没有变，资源需求依然强烈。同时提质增效、转型升级的要求更加紧迫，空间开发粗放低效，资源约束趋紧，经济下行压力加大。

在这种形势下，各级国土资源干部人才队伍认真贯彻党中央、国务院决策部署，围绕中心、服务大局、迎难而上、积极作为，全面履行“尽职尽责保护国土资源，节约集约利用国土资源，尽心尽力维护群众权益”，维护了国家粮食安全和资源安全，促进了资源利用方式转变，资源惠民利民渠道进一步拓宽，国土资源保障能力和管理水平明显提高，国土资源利用和管理秩序持续向好，为经济社会持续健康发展作出了积极贡献。与此同时，国土资源人才队伍建设也取得重要进展，国土资源人才规模趋于稳定，人才能力素质进一步提升，为国土资源事业改革发展提供了人才保障和智力保障。

本部分主要介绍了2014年国土资源系统和地勘行业人力资源发展情况。

全国国土资源系统人力资源发展状况

国土资源系统人力资源包括国土资源部机关、国家土地督察机构、省级及以下各级国土资源主管部门及所属单位、新疆生产建设兵团国土资源局、中国地质调查局及部其他直属单位。通过对2014年国土资源系统人力资源发展状况分析及与历史数据相比，可以归结为以下9个特点。

一、2014年国土资源系统机构数量、人员编制与2013年相比总体略有上升，实有人数略微下降，总体趋于稳定

2014年全国国土资源系统机构数量49670个、人员编制400940人、年末实有人数427231人，与2013年相比分别变化了0.99%、1.99%和-0.75%；其中，全国事业单位机构数量、人员编制和年末实有人数分别上升1.22%、3.81%和0.05%，但行政机关机构数量与行政机关人员年末实有人数与2013年相比，分别上升3.05%，下降1.5%。

2014年省以下国土资源机构总数为49640个，同比2013年末增加了0.99%。其中，行政机关3235个，同比增加了3.06%；事业单位20597个，同比增加了1.22%；国土资源所25772个，同比增加了0.55%，同时，省以下国土资源系统机构、人员编制和实有人数与2007年相比稳定增长，但2011年以来基本趋于稳定（图3-1）。

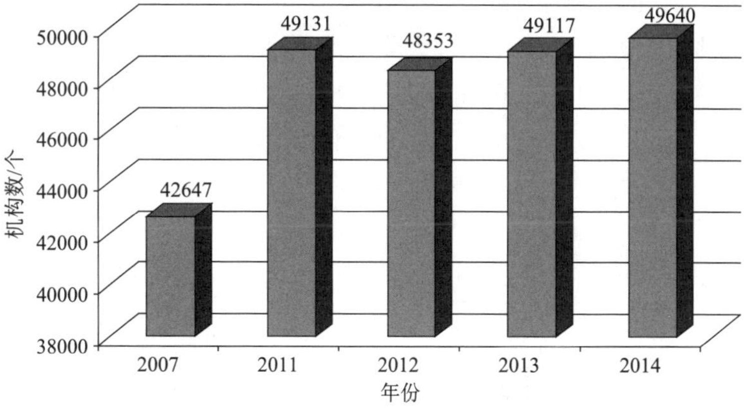

图3-1　2007—2014年省以下国土资源机构数对比情况

2014 年，省以下国土资源系统人员总编制为 389768 人，同比增加了 2.45%，年末实有人数 418548 人，同比减少 0.05%。其中，行政机关人员编制数为 56354 人，同比增加了 0.32%，年末实有人数 71432 人，同比减少 1.52%；事业单位人员编制数为 209898 人，同比增加了 4.22%，年末实有人数 217676 人，同比增加了 0.02%；国土资源所人员编制数为 122967 人，同比增加了 0.52%，年末实有人数 129440 人，同比减少 0.80%。2012—2014 年省以下国土资源系统实有人员数量基本保持稳定（图 3－2）。

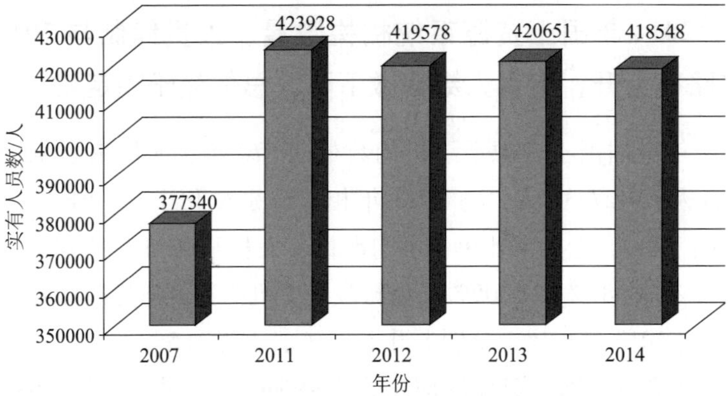

图 3－2　2007—2014 年省以下国土资源系统实有人员数对比

二、2014 年全国国土资源系统人员队伍学历素质稳步提高，但专业结构需要进一步完善

2014 年，国土资源系统人员中研究生学历人员 17947 人，所占比例为 4.93%，同比增加了 0.43%；大学本科学历人员 150253 人，占比为 41.30%，同比增加了 1.67%；大学专科学历人员 133785 人，占比为 36.78%，同比减少了 0.92%；中专及以下学历人员 61798 人，占比为 16.99%，同比减少了 1.18%（图 3－3）。

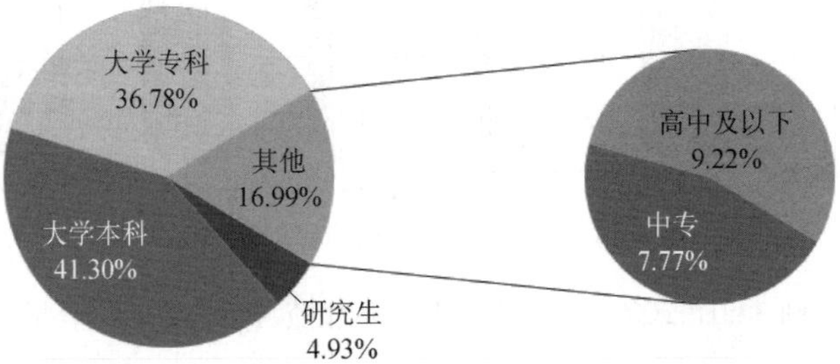

图 3－3　2014 年国土资源系统实有人员学历结构

其中，在行政机关中，研究生学历、本科学历、专科学历、中专及以下学历人员分别为5408人、36321人、23069人、7287人，占比为7.50%、50.39%、32.00%、10.11%；2014年研究生学历和本科学历相比于2013年分别增加了0.44%、2.57%；大学专科学历和中专及以下学历同比减少了1.77%、1.24%。(图3-4)。

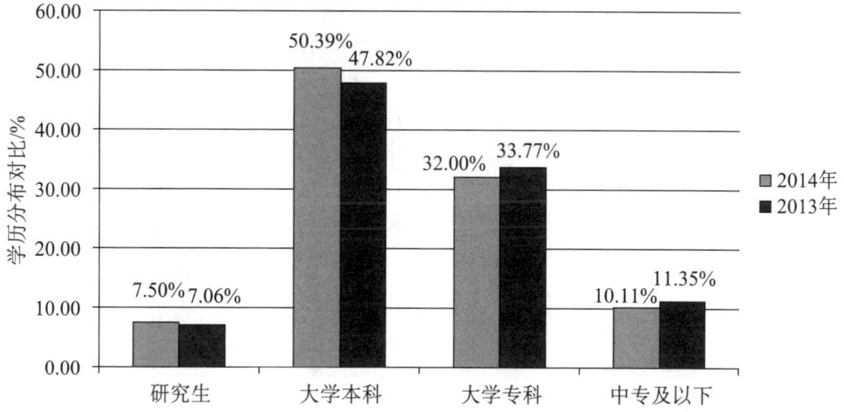

图3-4　2014年与2013年国土资源系统机关人员学历分布对比

在事业单位中，2014年研究生、大学本科、大学专科、中专及以下学历学历人员分别为11493人、77216人、55426人和18120人，占比分别为7.08%、47.59%、34.16%、11.17%；2014年研究生学历和本科学历相比于2013年分别增加了0.61%、1.45%；大学专科学历和中专及以下学历人员学历同比减少了1.02%、1.05%（图3-5)。

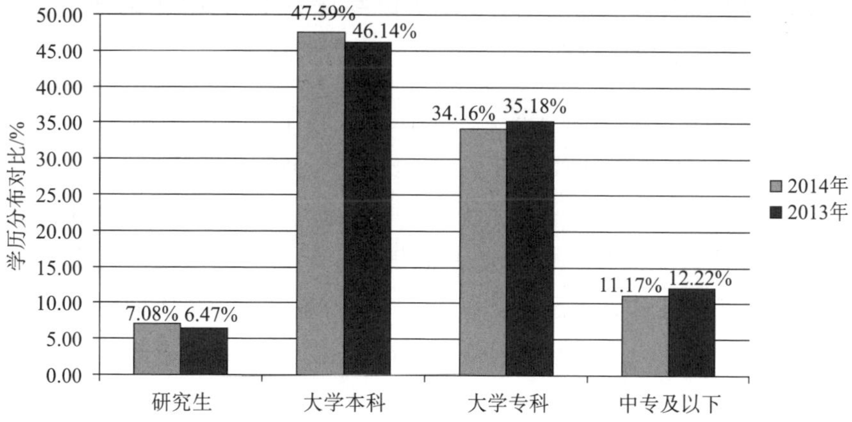

图3-5　2014年年末与2013年国土资源事业单位人员学历分布对比

国土资源所中，研究生学历人员 1046 人，占比为 0.81%，相比于 2013 年增加了 0.17%；大学本科学历人员 36716 人，占比为 28.37%，同比增加了 1.33%；大学专科学历人员 55290 人，占比为 42.71%，同比减少了 0.3%；中专及以下学历人员 36388 人，占比为 28.11%，同比减少了 1.21%（图 3－6）。

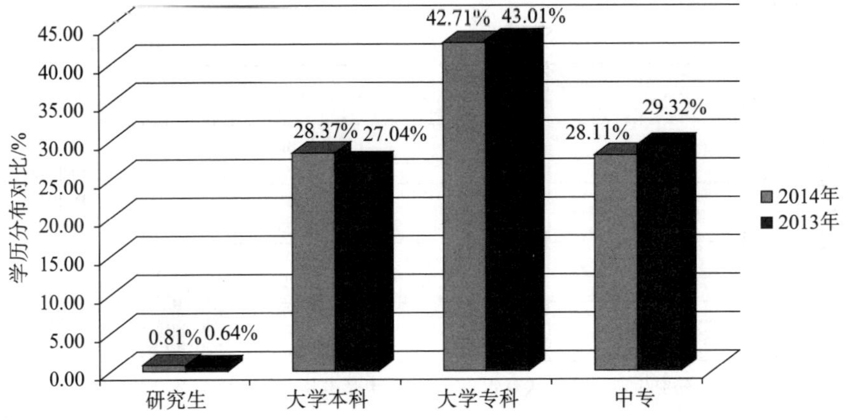

图 3－6　2014 年与 2013 年国土资源所人员学历分布对比（单位：人）

同时，2014 年国土资源系统人员所学土地、地质地矿、测绘和信息科学等与国土资源密切相关专业的人员为 22.77%，其中行政机关和国土资源所分别为 17.75% 和 19.13%，国土资源系统人员专业结构、知识结构需要进一步完善。

三、现有国土资源系统人员队伍年龄结构以中年为主，从可持续发展来看需要优化

2014 年省级及以下国土资源系统中 35 岁以下人员 100226 人，占比为 27.55%，36～50 岁人员 205742 人，占比为 56.55%，51 岁以上人员 57828 人，占比为 15.90%，国土资源系统老、中、青人员比例为 1∶3.5∶1.7，年龄结构呈现为“橄榄形”，其优势是队伍处于年富力强阶段，能够有效支撑当前国土资源工作，不足之处是存在后备力量短缺和队伍呈现老龄化趋势等问题。因此，从可持续发展角度来看，国土资源系统干部队伍年龄结构需要进一步优化。

四、国土资源系统高级专业技术人才主要集中在部省两级，基层部门专业技术人才匮乏

2014 年国土资源系统部省两级高级专业技术人员共 7709 人，占全国国土资源高级职称人员总数的 63.90%。从区域分布来看，山东、内蒙古、山西、辽宁等 9 省、自治区专业技术人员占全国省级及以下单位专业技术人员比例为 52.86%；内蒙古、辽宁、上海、重庆、青海、山东等 10 省区高级职称专业技术人员的占全国省级及以下高级职称专业技术人员比例为 63.69%。从职称结构来看，辽宁、黑龙江、上海、重庆 4 个省、自治区呈现为“橄榄形”，专业技术人员老化，年轻专业技术人才储备不足的问题更加突出。其他 33 个省、市（含新疆建设兵团）初、中、高专业技术职称比例呈“金字塔”形，结构比较合理。

五、2014 年省级及以下国土资源主管部门人员流动趋于加快，省以下国土资源系统干部内外交流、选拔任用情况不断趋好

2014 年，省级及以下国土资源主管部门流入人员 6531 人，流出人员 7130 人，总流动率达到 20.63%。省级国土资源主管部门流入人员 210 人，流出人员 211 人；市级国土资源主管部门流入人员 1410 人，流出人员 1239 人；县级国土资源主管部门流入人员 4911 人，流出人员 5485 人。从流动途径构成看，人员流入主要为应届高等院校毕业生招聘、其他方式、外系统调入，占比分别为 22.60%、21.14%、17.03%；人员流出以退休和调到外系统为主，占比分别为 60.94%、15.06%，2014 年辞职人数为 264 人，占 3.7%，创历年最高水平。各级国土资源主管部门系统内外干部交流数量均呈现逐年增多趋势。2012—2014 年，系统内通过竞争上岗、公开选拔方式产生的党政领导人才比例逐年增加，通过组织选任产生的党政领导人才比例逐年减少。

六、2014 年国土资源系统干部教育培训结构进一步优化，但培训强度地区差异较大

2014 年从培训总量来看，培训人次达 340537 人次，参加学历教育人次达 20941 人次。省以下国土资源系统工作人员参加各类培训 335699 人次。其中，党校、行政学院级干部学院培训 69290 人次，占培训总人次的

20.64%；国土资源培训机构培训 142006 人次，占 42.3%；其他培训 124403 人次，占 37.06%，其中，国外培训 453 人次，占 0.13%。2012—2014 年，省以下国土资源系统工作人员参加培训总数、党校、行政学院级干部学院培训、国土资源培训机构培训、其他培训总数等均有较大幅度增加，而国外培训数量在 2013 年大幅度减少，2014 年有所回升（图 3－7）。

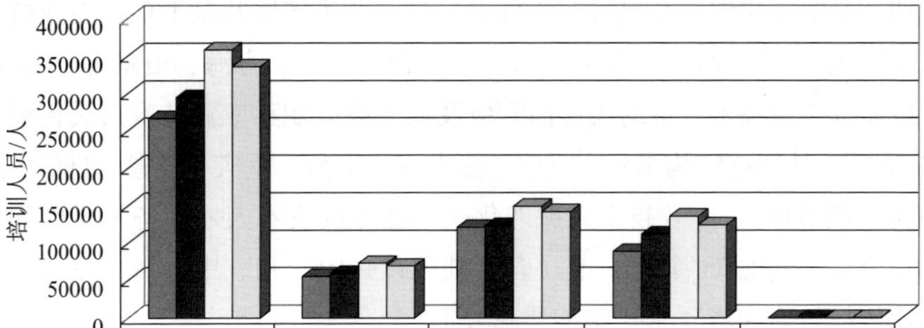

	培训总人次	党校、行政学院及干部	国土资源培训机构	其他	国外
2011年	266352	55196	121249	89007	424
2012年	294851	59176	123570	112105	614
2013年	358194	73166	149151	135877	363
2014年	335699	69290	142006	124403	453

图 3－7　2012—2014 年省以下国土资源系统人员培训情况对比

从学历教育看，部机关、直属单位参加硕士及以上学历教育并取得学位的比例明显高于其他部门。从培训频次来看，北京、天津、上海、江苏、广东、广西、云南、陕西 8 省、直辖市人均培训频次高于 1，河北、山西、吉林、黑龙江、福建、河南、湖北、湖南、西藏 9 个省、自治区人均培训频次小于 0.5。总体来看，人员超编严重地区和经济落后地区仍需要加强培训力度。

七、2014 年省级及以下国土资源行政主管部门新增领导班子成员以系统内产生为主，但系统外调入大于系统内流出

省级及以下国土资源行政主管部门领导班子干部增加 1536 人，系统内产生的干部占 68.23%。其中，组织选任是目前国土资源系统内党政领导干部产生的主要方式，尤其在西部地区表现最为明显。2014 年省以下国土资源主管部门党政领导人才减少 1253 人；其中新增党政领导干部中，外系统调入 490 人，本系统调到外系统 297 人，系统外流入与系统内流出比例

大约是1.6:1，其中北京、山西、上海、福建、宁夏、湖北等14省区超过了2:1，全国仅有天津、吉林、西藏团3个省区存在系统内流出大于系统外流入的情况。

八、国土资源党政领导人才专业结构、学历结构总体比较合理，但中年干部竞争压力较大

2014年，国土资源部直属单位和省级及以下国土资源主管部门党政领导人才共有20490人。其中，具有研究生学历的1979人，占9.35%；35岁以下的770人，占3.64%；所学土地、地质地矿、测绘和信息科学等国土资源密切相关专业的为3342人，占15.78%，党政人才专业结构、学历结构总体比较合理，并且同一级别的领导职务人员的学历结构明显高于非领导职务人员，领导职务人员的年龄明显低于非领导职务人员，符合党政干部选拔任用规律。同时，省以下国土资源主管部门党政领导人才老、中、青比例为2:17.5:0.8，2013年数据为2:17:1，这反映出中年干部竞争压力进一步扩大，年轻干部略为不足。

九、国土资源高层次创新型科技人才队伍稳步扩大，高端引领作用不断发挥

2014年，国土资源特殊专业人才636人，其中，国土资源部直属事业单位567人，省级及以下69人。国家科技奖项负责人31人；省部级优秀科技人才557人，其中省级及以下20人；享受国土资源政府特殊津贴人员125人，其中省级及以下30人；新世纪千百万人才工程国家级人选22人，其中省级及以下2人；有突出贡献的中青年科学、技术、管理专家20人，其中省级及以下13人；中国科学院和中国工程院院士19人，其中省级及以下4人。特别是2015年国土资源部高层次创新型科技创新人才培养工程第二批遴选出科技领军人才30人，杰出青年科技人才49人，科技创新团队9个。

全国地勘行业人力资源发展状况❶

本部分所指地勘行业人力资源主要指全国从事非油气地质勘查工作的属地化管理的地勘单位、中央管理的地勘单位和其他地勘单位的在职职工。地勘行业人力资源发展与地勘行业发展形势密切相关。受世界经济复苏趋势持续、增长不平衡、新兴经济体经济增长放缓、金融风险上升、石油、大宗商品价格持续下跌以及国内经济转型升级、部分矿产品需求减弱等因素影响，中国经济新常态已传导至地质勘查领域，出现2012年以来地质勘查投资持续减少、钻探工作量持续减少、地勘项目数量持续减少的地质勘查“三减少”新常态。2014年，全国地质勘查投入资金总额为415亿元，比2013年的462.8亿元减少了47.8亿元，同比下降了10.33%，较2013年的减速（9.3%）增加了1个百分点，完成的钻探工作量也继续下降，同比减少21.7%。2014年中央财政资金加强了对基础性、公益性地质调查和战略性矿产勘查工作的投入，各类地质投入达到83亿元，同比减少了7.2%。地方财政资金在矿产勘查方面的投入明显下降，全年共投入94亿元，同比下降22.9%，社会资金投入地质勘查热情逐步减退，共投入238亿元，占总投入的57.3%，同比下降5.3%。中央财政减少了矿产资源调查评价的投入，地方财政不同程度减少了矿产勘查的投入，社会资金主要减少了对煤炭、铁矿、铅锌矿、铝土矿、金矿等重要矿种的投入。

但同时，随着生态文明和美丽中国建设以及“一带一路”、京津冀一体化、长江经济带、海洋强国战略等战略开始实施，海洋、农业、城市、旅游、环境等方面对地质服务的需求明显上升。2014年，我国地质调查评价专项投入74亿元，同比增长5%，保持了持续稳步增长态势。从2015年形势来看，中国矿产品需求增幅明显放缓，以铜、铁、铅锌等为主的大宗矿产勘查投入逐步理性回归，以矿产勘查为主的地质勘查投入继续延续下行态势，约360亿元，同比减少10%，基本相当于2009年的水平，但仍处于相对高位。但从长期来看，未来10~20年，将是中国全面推进深化改革及系列重大战略实施的关键时期，能源与矿产资源需求结构发生重大

---

❶ 本部分数据主要参考《中国国土资源年鉴》（2002—2014年）、《国土资源综合统计年报（2014年）》、《2014年度全国地质勘查行业情况通报》。

变化，清洁低碳能源将推动油气、页岩气、天然气水合物、铀等清洁能源勘查；战略性新兴产业所需矿产资源（如锂、钴、“三稀”等）将逐渐成为需求重点，推动稀有、稀土、稀散金属等矿产勘查评价；随着国家新型工业化、城镇化和绿色化发展战略，必将推动地质勘查行业更多地走向服务民生领域。这就需要各地勘单位审时度势，抓住我国经济进入新常态的新机遇，不断扩大地质勘查工作发展的空间，向深度和广度拓展、延伸，着眼于“大地质”，不断提高资源保障和公共服务能力。从人力资源发展历程来看，随着我国地质勘查行业管理不断加强，服务领域不断扩展，资质数量逐年增长，地勘资质结构逐步优化，其中具有甲级资质的地勘单位数量由 10 年前的 29% 提高到目前的 43%；全国从事非油气地质勘查工作的地勘单位在职职工 2001—2006 年呈现为波动增长，2007—2009 年呈现高速增长，2009 年后趋于稳定，其中 2011 年总数为 62. 91 万人，达到历史最高点，此后人员规模连续三年下降，2014 年在职职工为 49. 63 万人；地质勘查专业技术人员数量开始出现拐点，2014 年专业技术人员为 16. 79 万人，较 2013 年 17. 34 万人减少 3%，出现地勘行业人员总量与技术人员“双减少”局面❶。

一、全国地勘单位资质数量逐年增长

2014 年全国具有地勘资质证书的企事业单位共计 2574 个，较 2013 年同比增长 5. 93%。其中：资质最高等级为甲级的单位 1106 个，较 2013 年同比增长 3. 66%，占比 42. 97%；资质最高等级为乙级的单位 744 个，较 2013 年同比增长 10. 55%，占比 28. 90%；资质等级仅为丙级的单位 724 个，较 2013 年同比增加 4. 93%，占比 28. 13%。2014 年全国各类各级地勘资质共计 7336 个，较 2013 年同比增长 9. 10%。其中：甲级资质 2658 个，较 2013 年同比增长 6. 83%，占比 36. 23%；乙级资质 2800 个，较 2013 年同比增长 12. 27%，占比 38. 17%；丙级资质 1878 个，较 2013 年同比增加 7. 81%，占比 25. 60%。在全国地质勘查资质类别构成中，固体矿产勘查，地质钻（坑）探，水文地质、工程地质、环境地质调查，地球物理勘查等基础勘查资质仍然占据着较大比重，占比分别为 26. 24%、18. 32%、

❶ 王兆丰，段君君等. 新常态下地质勘查行业形势分析［J］，国土资源情报，2015（6）：22－23.

14.01%、10.54%，合计数量占全国地勘资质总量的69%。同时，随着全球资源供需格局的变化以及我国产业结构调整与优化升级，基础地质调查、地质环境和地质灾害评价调查等工作的大力推进，地勘资质数量和占比的构成也发生着变化，同2013年相比，水文地质、工程地质、环境地质调查，地球物理勘查，液体矿产勘查、地球化学勘查等资质所占比例均不同程度地增加。

二、2014年地勘行业人力资源发展状况

2014年全国从事非油气地质勘查工作的地勘单位（以下简称地勘单位）在职职工49.63万人，较2013年减少8.38%。其中，地质勘查人员24.03万人，较2013年减少5.17%；工程勘察与施工人员7.80万人，较2013年减少12.95%；矿产开发人员2.34万人，较上年减少31.58%。地质勘查人员中，技术人员16.79万人，较上年减少3.17%，其中，高级技术人员5.17万人，较上年减少0.58%，中级技术人员8.13万人，较上年增长0.25%。从单位性质来看，属地化管理的地勘单位在职职工26.96万人，较上年减少3.16%，其中，地质勘查人员14.79万人，较上年减少1.79%；中央管理的地勘单位在职职工6.43万人，较上年减少1.83%，其中，地质勘查人员3.71万人，较上年减少1.85%；其他地勘单位在职职工16.24万人，较上年减少17.9%，其中，地质勘查人员5.53万人，较上年减少14.92%。

从地勘行业人力资源单位性质来看。2014年全国地勘单位在职职工中：属地化管理的地勘单位26.96万人，占54.32%；中央管理的地勘单位6.43万人，占12.96%；其他地勘单位16.24万人，占32.72%，全国地勘单位在职职工按照产业和单位性质构成情况具体见图3－8所示。

（1）属地化管理的地勘单位。2014年属地化管理的地勘单位职工总数为26.96万人。地质勘查人员14.79万人，占54.86%；工程勘察与施工人员4.22万人，占15.65%；矿产开发人员0.79万人，占2.93%；其他人员7.16万人，占26.56%。属地化管理的地勘单位地质勘查人员中，技术人员10.31万人，占69.71%。其中：高级技术人员2.93万人，占技术人员总数的28.42%，占所有地质勘查人员的19.81%；中级技术人员4.87万人，占技术人员总数的47.24%，占所有地质勘查人员的32.93%。

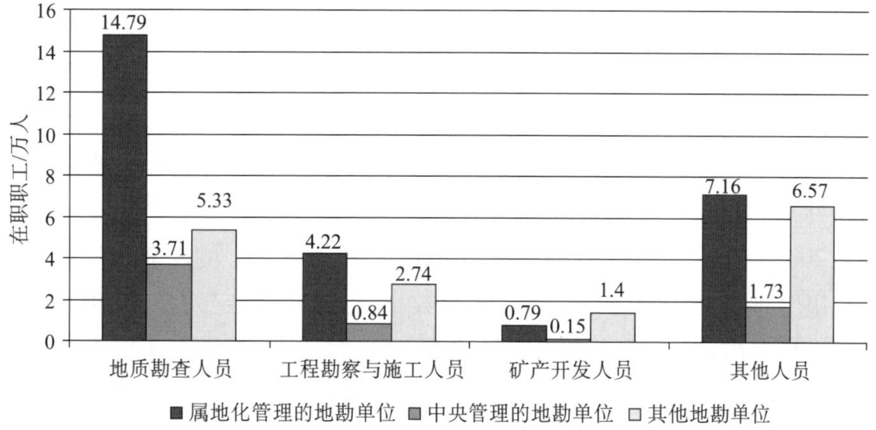

图 3－8　全国地勘单位在职职工按照产业和单位性质构成情况

（2）中央管理的地勘单位。2014 年中央管理的地勘单位职工总数 6.43 万人。地质勘查人员 3.71 万人，占 57.70%；工程勘察与施工人员 0.84 万人，占 13.06%；矿产开发人员 0.15 万人，占 2.33%；其他人员 1.73 万人，占 26.91%。中央管理的地勘单位地质勘查人员中，技术人员 2.60 万人，占 70.08%。其中：高级技术人员 0.84 万人，占技术人员总数的 32.31%，占所有地质勘查人员的 22.64%；中级技术人员 1.19 万人，占技术人员总数的 45.77%，占所有地质勘查人员的 32.08%。

（3）其他地勘单位。2014 年其他地勘单位职工总数 16.24 万人。地质勘查人员 5.33 万人，占 34.05%；工程勘察与施工人员 2.74 万人，占 16.87%；矿产开发人员 1.40 万人，占 8.62%；其他人员 6.57 万人，占 40.46%，其他地勘单位地质勘查人员中，技术人员 3.88 万人，占 70.16%。其中：高级技术人员 1.40 万人，占技术人员总数的 36.08%，占所有地质勘查人员的 25.32%；中级技术人员 2.07 万人，占技术人员总数的 53.35%，占所有地质勘查人员的 37.43%。

三、2001—2014 年地勘行业人力资源发展情况

根据《国土资源统计年鉴》统计数据，2009 年以前主要采用地勘从业人员的部门分布作为人员统计口径，2009 以后采用的是地勘从业人员结构分布来进行统计。以 2009 年为界，分别采用不同的统计口径分析全国 2001—2008 年度以及 2009—2014 年度地勘从业人员总体规模、部门分布、人员结构及其变化情况，可以看出我国地勘行业人力资源历史变化过程。

（1）地勘行业人力资源总体呈波动上升，2007 年高速增长至 2009 年后趋于稳定。21 世纪之后，我国地勘从业人员数量从 2001 年的 24 万余人，逐年下降到 2003 年的 20 万余人，成为十多年的最低值。从 2003 年开始，我国地勘从业人员数量开始缓慢增长，期间人员数量有所波动，到 2007 年成为拐点。2007 年之后，人员数量开始大幅度增加，尤其在 2008 年至 2009 年，人员数量由 35 万余人增长至 61 万余人，增长率为 73. 86%，增长幅度非常大。2009 年之后，人员数量开始趋于稳定，并于 2011 达到历史最高点 62. 91 万人，此后人员规模伴随矿业经济周期下行连续三年下降，2014 年在职职工为 49. 63 万人。具体见图 3 －9、图 3 －10。

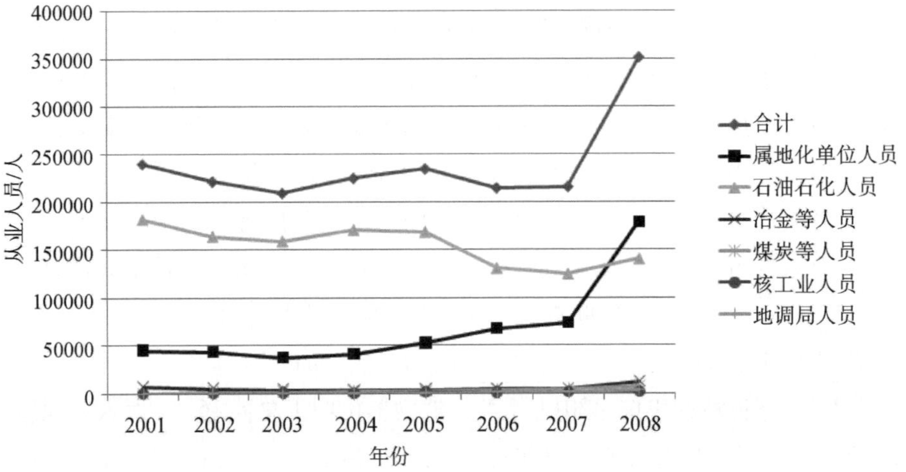

图 3 －9　2001—2008 年全国地质勘查从业人员数变化图

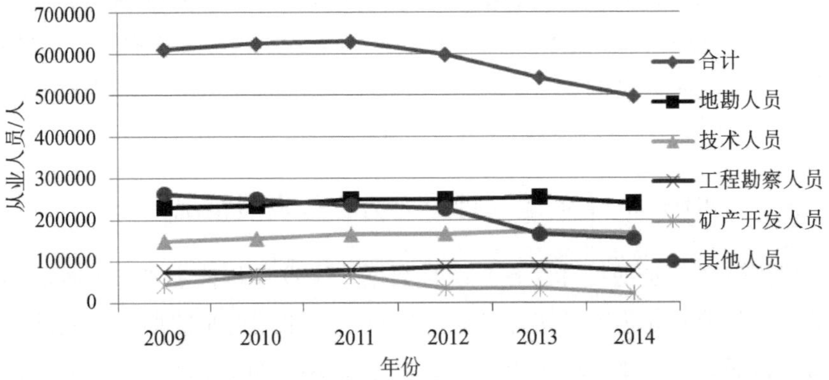

图 3 －10　2009—2014 年全国地质勘查从业人员数变化图

（2）专业技术人员数量逐年上升，2007 年以后高速增长。虽然全国地勘单位从业人才从 2001 年至 2003 年缓慢下降并且在 2008 年以前呈波动状态。但是，全国地勘专业技术人员在 2001 年以后就出现逐渐增加的态势，特别是 2004 年以后增幅逐年加大；到了 2007 年之后更是以 120% 的增长率高速增长，2008 年后趋于稳定，2013 年更是达到 17. 34 万人，创历史水平；2014 年为 16. 69 万人，与 2013 年相比略有下降（图 3 - 11）。

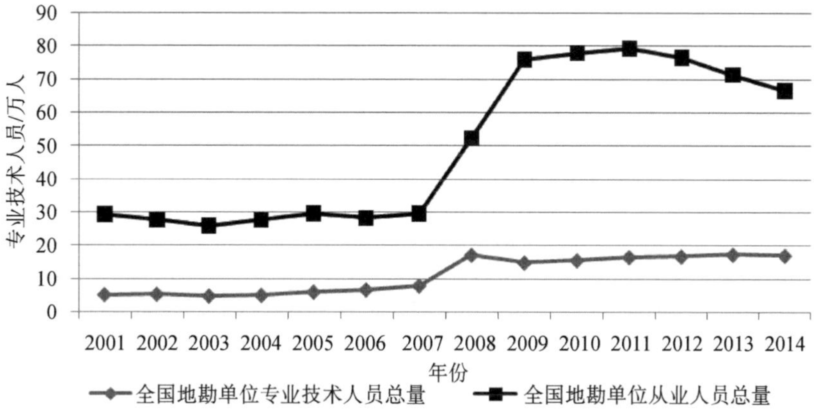

图 3 - 11　2001—2014 年全国地质勘查专业技术人员和从业人员总量变化图

专项工作篇

2015年12月12日，中国地质矿产经济学会人力资源研究专业委员会成立大会暨2015年学术年会人力资源分论坛在徐州召开，首届委员会共有委员单位53家、委员112名。会议听取了人力资源研究专业委员会筹备工作情况汇报，表决通过了《中国地质矿产经济学会人力资源研究专业委员会工作规则（草案）》，通过了人力资源研究专业委员会常务副主任委员、副主任委员、常务委员建议名单，通过了秘书长、副秘书长建议名单，国土资源部人事司司长张陟当选为首届专业委员会主任委员。中国地质矿产经济学会理事长张少农发表重要讲话指出，成立人力资源研究专业委员会是落实党管人才原则的重要体现，是提升国土资源领域人力资本水平的有效途径，是完善国土资源现代治理体系的重要举措。在之后召开的首届人力资源分论坛上，来自国土资源系统、地勘单位、共建高校、职业院校的9位同志介绍了本单位人才工作的相关经验做法。本篇收录本次会议有关材料，以供大家交流借鉴。

中国地质矿产经济学会人力资源研究专业委员会成立筹备工作报告

2009 年 9 月，中国地质矿产经济学会第七届理事会第一次会议决定设立“中国地质矿产经济学会人力资源研究专业委员会”，并由人力资源中心负责筹备工作。按照学会的要求，部人事司、部人力资源中心和学会办公室有关人员成立了筹备工作组，制定了《中国地质矿产经济学会人力资源研究专业委员会设立工作方案》，根据《社会团体登记管理条例》《社会团体分支机构社团、代表机构登记办法》和《中国地质矿产经济学会章程》，按照社会组织登记成立的有关要求开展工作，完成了筹备工作。下面从 5 个方面向大会汇报情况：

一、关于人力资源研究专业委员会成立的理由、宗旨、业务范围的说明

成立人力资源研究专业委员会，主要为以下四点考虑：

（1）促进国土资源人才队伍建设，服务支撑国土资源工作的需要。干部队伍是支撑国土资源工作的最重要基础，是国土资源工作的重要组成部分。早在 2011 年 2 月，国土资源部正式印发《国土资源中长期人才发展规划（2010—2020 年）》，成立了人才工作协调小组，统筹推进国土资源人才工作，并将贯彻落实国土资源人才规划作为当前和今后一个时期国土资源人才工作的重要任务。成立人力资源研究专业委员会能够发挥桥梁纽带作用，以学会平台调动国土资源系统、地勘行业、高等院校、职业院校和社会组织等各方力量，形成工作合力和工作氛围，共同推动国土资源人才规划的落实，促进国土资源人才工作开展和干部队伍建设。

（2）整合研究力量，推进国土资源领域人力资源开发管理学科建设的需要。当前国土资源领域人力资源开发管理学科建设尚处于起步阶段，研究力量薄弱且分散，影响和制约着国土资源领域人力资源管理水平。成立人力资源研究专业委员会，通过组织会员开展课题研究、学术交流、观摩学习等，共同推进国土资源领域人力资源开发管理学科建设和研究，为国土资源人事人才政策制定提供理论支撑和实践经验。

（3）搭建成长平台，是提升国土资源领域人力资源开发管理工作者能力素质的迫切需要。随着经济社会的快速发展，人力资源管理早已不是传统意义上的人事管理，实施战略人力资源管理已经成为提升国土资源系统和地勘行业各级组织创新发展的迫切需要，组织人事干部作为人力资源开发管理的实施者，其能力水平是重要影响因素。专业委员会的成立将为组织人事干部搭建起知识学习、经验交流、合作开发的平台，促进组织人事干部更好地掌握现代人力资源管理理念和方法，更好地推动国土资源事业发展。

（4）深化、拓展地质矿产经济学的迫切需要。地质矿产经济学不仅是研究地质环境和矿产资源等物质财富的科学，也是研究人与社会行为选择的科学，特别是矿产资源的价值创造本身就与人力资本投入相互融合。成立人力资源研究专业委员会，加强对地质矿产经济领域人力资本运行规律、人与组织的行为选择的研究，探索人力资源在地质矿产资源开发、利用和配置方面的作用及规律，有利于促进地质矿产经济研究学科的全面发展。

同时，自2013年以来，随着国务院机构改革和职能转变工作全面部署推进，事业单位分类改革、干部人事制度改革进一步加快，国土资源部绩效管理工作也由试点走向全面部署，这些问题都与人力资源开发管理密切相关，也迫切需要通过一个平台进行广泛深入的研讨。因此，从服务国土资源领域深化改革和职能建设角度，我们也把国土资源组织体制研究、国土资源绩效管理研究等纳入人力资源研究专业委员会的职能服务范畴。

因此，我们将专业委员会宗旨表述为：以马列主义、毛泽东思想、邓小平理论、“三个代表”重要思想和科学发展观为指导，深入学习贯彻习近平总书记系列讲话重要精神，秉承人才资源是第一资源的理念，发扬理论联系实际的学风，贯彻百花齐放、百家争鸣的方针，按照协调推进“四个全面”战略布局的要求，全面落实国土资源中长期人才发展规划，凝聚国土资源系统、地勘行业人力资源部门以及相关行业组织、科研院所、高等院校、职业院校等各方面专家学者和管理工作者的力量，推动国土资源领域人力资源开发管理研究、学术交流和人才培养等，为推动国土资源人才队伍建设、干部人事制度改革、绩效管理、机构改革与职能转变等提供服务和支撑。

二、关于申请、登记程序的说明

2011年7月，中国地质矿产经济学会向国土资源部提交了《关于设立中国地质矿产经济学会人力资源研究专业委员会的请示》（地经发〔2011〕15号）；国土资源部办公厅复函（国土资厅发〔2011〕604号）同意。根据民政部国家民间组织管理局的要求，我们进行了网上申请，9月通过民政部民间组织管理局的网上登记审查。随后，我们根据民政部社团登记相关规定，向民政部民间组织管理局提交了社会团体分支（代表）机构登记表、人力资源研究专业委员会设立申请书、国土资源部办公厅审查同意的意见、拟任负责人张陟同志的基本情况及部人事司的意见、住所产权及使用权证明、中国地质矿产经济学会理事会决议等材料。在审查过程中，根据民政部民间组织管理局的要求，2012年2月征求了人力资源和社会保障部的意见，人社部复函（人社厅函〔2012〕55号）同意。民政部于2012年4月批复登记并颁发登记证书，核定人力资源研究专业委员会的业务范围是学术交流、理论研究、书刊编辑、咨询服务。

三、关于专业委员会委员的征集工作

根据《社会团体分支机构社团、代表机构登记办法》有关规定，与国土资源和人力资源工作有关的企事业单位、高等院校、职业院校、科研机构和社团组织均可申请加入本专业委员会，作为单位委员；国土资源主管部门公务员，从事国土资源、人事工作或人力资源研究的专家、学者及管理人员可申请加入本专业委员会，作为个人委员。另外，针对部分地方国土资源主管部门以单位委员申请加入的要求，根据社团管理的有关规定，我们统一规定省国土资源厅有关同志可以作为个人委员申请加入，省以下国土资源主管部门可以以委员单位加入。

2012年7月，我们面向国土资源系统、地勘行业主管部门及有关院校和企事业单位进行了第一次委员征集工作，通过自愿报名、组织推荐、电话邀约等多种方式，共有58个单位申请单位委员，单位推荐和个人申报委员共294名，分布在116个单位。但随着国家对党政领导干部兼职社会团体从严管理，同时近年部分委员已经退休或调整工作岗位，需要对人力资源研究专业委员会委员进行重新调整征集。2015年10月份，我们与学会办公室向95家地矿经济学会理事单位印发了《关于召开中国地质矿产经济学会人力资源研究专业委员会成立大会暨2015年学术年会人力资源分论坛的通知》（地经发〔2015〕29号），同时向118家部属有关单位、省级国土资源主管部门以及有色、冶金、煤炭、核工业等地勘单位和有关高等院校、职业院校印发了《关于邀请参加中国地质矿产经济学会人力资源研究专业委员会成立大会暨2015年学术年会人力资源分论坛的函》（地经函〔2015〕6号）。截至目前，共有53个单位申请单位委员，单位推荐和个人申报委员共112名。112名委员候选人中，国土资源部机关及直属单位19人，中国地质调查局及所属单位13人，地方国土资源系统15人，各省（区、市）地勘系统32人、冶金系统4人、有色系统3人、核工业系统4人、煤炭系统1人、高等院校12人、职业院校7人、学会2人。其中，常务委员候选人中副厅（局）级以上领导干部23人。下一步我们将与学会办公室协调，调整部分人员兼任中国地质矿产经济学会理事。

四、关于组织架构的说明

根据有关社团管理规定，人力资源研究专业委员会的最高权力机构是委员代表大会，常务委员会是委员代表大会的执行机构，在闭会期间领导本专业委员会开展日常工作，对委员代表大会负责，同时设立主任会议。

常务委员会由主任委员、副主任委员、常务委员组成。其中，副主任委员、常务委员由委员代表大会选举产生。根据民政部批复登记，专业委员会主任由张陟担任；考虑委员组成结构和工作方便，建议设立副主任12人，其中常务副主任2人；推荐常务委员49人，由主任委员、副主任委员、各单位推荐委员组成；依照大会议程，常务副主任委员、副主任委员、常务委员提请委员代表大会审议通过。

常务委员会下设有秘书处，是常务委员会的工作机构，负责日常事务。秘书处设秘书长1人，副秘书长若干人，秘书长、副秘书长由主任提名。秘书长、副秘书长由常务委员会聘任。根据筹备工作组推荐，初步提出了候选人名单：建议设秘书长1人、副秘书长4人。依照大会议程，提请本次会议常务委员会审议通过。

五、关于工作规则的说明

为促进协会健康、有序、长远发展，规范协会各项活动，根据《社会团体登记管理条例》和《中国地质矿产经济学会章程》等规定，制定了

《中国地质矿产经济学会人力资源研究专业委员会工作规则（草案）》，重点对人力资源研究专业委员会的宗旨职责、委员征集、组织架构、议事规则等方面进行了规定。按照大会议程，提请本次委员代表大会审议通过，并报中国地质矿产经济学会核准后生效。

（国土资源部人力资源开发中心副主任　孙习稳）

中国地质矿产经济学会人力资源研究专业委员会工作规则

第一章　总　　则

第一条　为深入开展国土资源领域人力资源开发管理研究和学术交流，促进国土资源人才工作开展和干部队伍建设，规范本专业委员会各项活动，根据《社会团体登记管理条例》和《中国地质矿产经济学会章程》等规定，制定本工作规则。

第二条　中国地质矿产经济学会人力资源研究专业委员会（以下简称专业委员会），是由全国国土资源领域人力资源开发管理和研究的工作者及相关单位自愿结成的学术性、非营利性社团组织，是中国地质矿产经济学会的分支机构，经民政部批准登记设立，业务活动受国土资源部和中国地质矿产经济学会领导，秘书处挂靠在国土资源部人力资源开发中心。

第三条　本专业委员会的宗旨是：以邓小平理论、“三个代表”重要思想和科学发展观为指导，深入学习贯彻习近平总书记系列讲话重要精神，贯彻落实创新、协调、绿色、开放、共享的发展理念，秉承人才资源是第一资源的理念，发扬理论联系实际的学风，贯彻百花齐放、百家争鸣的方针，按照协调推进“四个全面”战略布局的要求，全面落实国土资源中长期人才发展规划，凝聚国土资源系统、地勘行业人力资源部门以及相关行业组织、科研院所、高等院校、职业院校等各方面专家学者和管理工作者的力量，推动国土资源领域人力资源开发管理研究、学术交流和人才培养等，为推动国土资源人才队伍建设、干部人事制度改革、绩效管理、机构改革与职能转变等提供服务和支撑。

第二章　职　　责

第四条　本专业委员会的职责：

（一）搭建平台，促进国土资源系统、地勘行业、高等院校、职业院校等各方专家学者及管理工作者之间的沟通、交流、协调与合作，大力宣传党和国家人事人才管理的各项政策法规，积极参与国土资源中长期人才发展规划的组织实施，为国土资源事业改革发展提供人才保障和智力支持；

（二）开展国土资源领域人力资源开发管理、干部人事制度、绩效管理和国土资源机构改革与职能转变等方面的理论与应用研究，开展学术交流，推动国土资源领域人力资源学科建设和发展，为有关部门提供人力资源咨询、信息和研究成果等服务，推进国土资源领域人力资源开发管理工作的科学化；

（三）编辑出版国土资源领域人力资源开发管理相关刊物，推广人力资源开发方面的学术成果；

（四）开展国土资源领域有关人力资源教育培训，加强人力资源研究和工作队伍的自身建设，帮助委员提高人力资源开发管理水平和专业素质；

（五）承担政府有关部门和企事业单位委托的业务，开展其他有益于国土资源领域人力资源开发的活动。

第三章　委　　员

第五条　本专业委员会委员包括单位委员和个人委员。

（一）与国土资源和人力资源工作有关的企事业单位、科研机构、高等院校、职业院校和社团组织均可申请加入本专业委员会，作为单位委员；

（二）国土资源主管部门公务员，从事国土资源、人事工作或人力资源研究的专家、学者及管理人员可申请加入本专业委员会，作为个人委员。

第六条　委员入会程序：

（一）提交入会申请书；

（二）由秘书处审查申请条件，经专业委员会常务委员会审议同意，即可入会。

第七条　委员享有的权利：

（一）本专业委员会的选举权、被选举权和表决权；

（二）参加本专业委员会的活动；

（三）获得本专业委员会服务的优先权；

（四）对本专业委员会工作的批评建议权和监督权；

（五）入会自愿、退会自由。

第八条 委员履行的义务：

（一）执行本专业委员会的决议；

（二）维护本专业委员会合法权益；

（三）完成本专业委员会交办的工作；

（四）积极参加本专业委员会组织的活动，提供学术研究成果。

第九条 委员退会应书面通知本专业委员会。单位委员如果连续三年不参加本专业委员会活动的，视为自动退会。

第四章 组织机构

第十条 本专业委员会最高权力机构是委员代表大会。委员代表大会的职权是：

（一）制定和修改工作规则；

（二）选举和罢免常务副主任委员、副主任委员、常务委员；

（三）审议委员会的工作报告；

（四）决定其他重大事宜。

第十一条 委员代表大会须有2/3以上的委员代表出席方能召开，其决议须经到会委员代表半数以上表决通过方能生效。

第十二条 委员代表大会每届4年。因特殊情况需提前或延期换届的，须由常务委员会表决通过，报中国地质矿产学会审查同意。但延期换届最长不超过1年。

第十三条 本专业委员会设立常务委员会。常务委员会是委员代表大会的执行机构，在闭会期间领导本专业委员会开展日常工作，对委员代表大会负责。常务委员会由主任委员、副主任委员、常务委员、秘书长组成。

第十四条 常务委员会的职权：

（一）筹备召开委员代表大会；

（二）向委员代表大会作报告工作；

（三）执行委员代表大会通过的决议；

（四）在委员代表大会闭幕期间，行使委员代表大会的职责；

（五）决定委员的吸收或退出；

（六）决定秘书长、副秘书长的聘任；

（七）领导秘书处开展工作；

（八）制定内部管理制度；

（九）决定其他重大事项。

第十五条 常务委员会须有 2/3 以上常务委员出席方能召开，其决议须经到会委员 2/3 以上表决通过方能生效。常务委员会每年至少召开 1 次会议，情况特殊的，也可采用通讯形式召开。

第十六条 本专业委员会设立主任会议，主任会议由主任、副主任组成，在常务委员会闭会期间行使第十四条第一、三、四、五、六、七、八、九项职权，对委员代表大会负责。

第十七条 本专业委员会主任委员行使下列职权：

（一）召集和主持主任会议、常务委员会会议；

（二）检查委员代表大会、主任委员会决议的落实情况；

（三）研究解决秘书处提出需要及时决策的重要问题；

（四）授权常务副主任委员、副主任委员，代行主任委员职权。

第十八条 本专业委员会主任委员、常务副主任委员、副主任委员、秘书长每届任期 4 年，最长不得超过两届。因特殊情况需延长任期的，须经委员代表大会 2/3 以上委员代表表决通过，报中国地质矿产经济学会批准同意后方可任职。

第十九条 本专业委员会设立秘书处，负责日常事务。秘书处设秘书长 1 人，副秘书长若干人，秘书长、副秘书长由主任委员提名。秘书长、副秘书长由常务委员会聘任。

第二十条 秘书处行使下列职责：

（一）负责与中国地质矿产经济学会协调联系，具体执行中国地质矿产经济学会有关决议、安排；

（二）编制和起草年度工作计划和年度工作总结等重要文件；

（三）负责本专业委员会公章用印登记；

（四）负责委员代表大会、常务委员会和主任会议的组织筹备工作；

（五）落实委员代表大会、常务委员会、主任会议决议事项；

（六）根据委员单位的需求，开展人力资源开发管理教育培训、管理咨询工作；

（七）负责委员发展及日常管理工作；

（八）组织委员单位开展人力资源开发管理和人才工作经验交流，推动国土资源人才研究工作；

（九）编辑出版有关刊物、资料汇编等。

第二十一条 本专业委员会根据研究需要可设立若干研究组。各研究组设组长1名，副组长若干名，由专业委员会主任会议决定。各研究组具体负责本组委员的人力资源管理经验交流、学术交流等活动。

第五章 附 则

第二十二条 本条例由委员代表大会审议通过并报中国地质矿产经济学会核准后生效。

第二十三条 本规则由常务委员会负责修改和解释。

中国地质矿产经济学会人力资源分论坛发言摘登

2015 年 12 月 12 日，在中国地质矿产经济学会 2015 年学术年会人力资源分论坛上，来自国土资源系统、地勘单位、共建高校、职业院校的 9 位同志介绍了本单位人才工作的相关经验做法。

中国地质调查局人事教育部副主任安俊良做了以“中国地质调查局地质科技人才队伍建设”为主题的汇报，介绍中国地质调查局在地质科技人才队伍建设上实行“四问”和“五不唯”的评价标准，实施重点人才计划和急需紧缺高层次人才引聘计划，同时构建人才激励约束机制，对卓越、杰出、优秀地质人才和计划协调人、工程首席专家、项目负责人采取年度考核和聘期期满评估相结合的方式，对入选人才进行岗位目标责任制考核。

河南省国土资源厅苗玉林副厅长以“围绕发展用人才，依靠人才促发展”为题，从“把人才工作作为核心战略”“统筹推进人才资源开发”“持续打造人才工作良好环境”3 方面介绍了河南省国土资源系统创新人才工作体制机制和方式方法。河南省厅建立了人才工作协调协作机制，把人才工作列入厅中心工作、重点工作，坚持与有关教研单位保持无缝对接，畅通选才用才的“绿色通道”。同时针对国土资源事业发展的需要，努力营造鼓励创新、快速成才的良好环境，坚持以事业留人、以环境留人、以感情留人，充分调动了各类人才的积极性和创造性。

四川冶金地质勘查局夏廷高副局长做了题目为“以分类改革为契机，破解地勘人才困局”的主题汇报，介绍了四川冶金地质勘查局近年来加强顶层设计，构建人才引进、培养、使用、激励的差异化政策和措施。四川冶金地质勘查局通过搞活用工、分配管理，建立社会化用工机制，吸引更多优秀人才，并打破身份、编制限制，完善参与市场经营的机制和制度，搭建多种经营平台，加大技术引进、装备更新、获取优质矿产的支持力度，加大对地质相关产业的政策扶持和资金支持，切实加强人才队伍建设。

中国地质大学（武汉）党委副书记丁振国教授从“全面实施‘学术卓

越计划’　助力国土资源事业发展”的角度，全面介绍了学校实施“学术卓越计划”、培养卓越的人才、创造卓越的研究成果、提供卓越的社会服务、传承追求卓越的文化的举措，为突破国土资源领域的科学、技术和人才瓶颈、助力国土资源事业改革发展做努力。近年来，中国地质大学（武汉）学科体系不断完善，整体水平不断提高，面向国土资源行业的特色优势学科——地球科学不断壮大，规模适度、结构合理的学科体系基本形成，逐步形成具有地大特色的学科建设体系。

东华理工大学纪委书记万继锋做了题为“牢固树立科学人才观，统筹推进国土资源各类人才队伍建设”的汇报，就学校强化人才培养特色，推进国土资源人才队伍建设的相关做法进行了介绍，该校重点强化适应国土资源与核地勘行业的人才培养特色，注重加大创新团队培育力度，不断提升学科领军人才和骨干力量学术水平，同时通过制定激励政策、实施卓越工程师教育培养计划、建立校企联动毕业生输送机制等方式优先服务于国土资源和核地勘行业的发展，加大创新型人才培养力度，将研究生教育主动对接国土资源与核地勘行业人才需求，继续教育直接面向国土资源与核地勘行业在职人员培养。

中国地质调查局西安地质调查中心袁鸣处长做了“创新管理手段，追求卓越发展，全面推行绩效管理”的主题发言，介绍自 2012 年西安地质调查中心被地调局党组确定为首批绩效考核试点单位以来，以试点为契机，以全员绩效管理为重要平台，探索开展的具有多层次、适合自身特色的绩效管理模式。三年来，西安地调中心在绩效管理方面做了大量的调研和基础性工作，归纳起来主要包括 9 个方面：一是明确岗位职责，扎实开展岗位分析；二是切合中心实际，划分绩效管理层次；三是分类绩效管理，制定绩效考核指标；四是开展全员培训，深入绩效管理理念；五是完善组织机构，完善绩效管理办法；六是研发信息系统，推行绩效科学管理；七是分类分层实施，全面推行绩效考核；八是强化激励机制，大力推进绩效工资；九是完善人才制度，推动人才快速。

贵州省地质矿产勘查开发局人事处杜国华处长介绍了该局人才队伍建设的几点做法。贵州省地质矿产勘查开发局通过认真研究，拟定了五年人才专项规划，建立和完善了落实人才队伍建设的机制和制度，并注重抓细节，认真抓落实，利用大专院校的师资优势，组织实施全局高层次人才培养计划（博硕计划）和学历提升计划、全员培训计划，与大专院校和科研院所开展战略合作，以项目为纽带，通过产学研协同发展，促进各类人才综合素质的提升。同时积极开展地矿文化建设，积极宣传“三光荣”精神，构筑文化精神高地，增强了本单位同志对地勘单位的文化认同和凝聚力。

内蒙古自治区地质矿产勘查开发局人事劳动处副处长王建新以“多方位、多层次加强人力资源开发与人才队伍建设，为地勘经济可持续发展提供智力支持与人才保障”为题，介绍了他们通过建设“两基地一中心”的人才培训教育基地积极推进人才引进和培养，利用国土资源部、人力资源和社会保障部共同授予的“地勘行业特有工种职业技能鉴定站”的职能，不断加大对工人技能的培训和培养力度；有计划、有重点地对部分干部实施轮岗、交流培养，从机关遴选部分素质高、表现优异的青年干部，派到所属单位挂职锻炼；通过专业技术管理骨干传帮带，加快专业技术管理人员锻炼成才的步伐，为输送人才作好储备和准备。

安徽工业经济职业技术学院党委书记孙中义教授从“着力构建‘院队双轨双师，产教五维对接’新模式，全面提升地勘类人才培养质量”的角度，介绍了学校主动适应行业及区域经济发展方式转变和产业结构优化升级的要求，调整专业设置，优化专业布局，形成了“一主两辅”的专业布局，并始终坚持立足行业、服务区域发展作为办学育人的根本出发点和落脚点，进行了坚持不懈地探索与实践，形成了“三元融合”的特色办学模式，即“行业、学院、企业（地矿行业内企业或地质队）”三方互动，深度融合，也形成了“院队双轨双师，产教五维对接——以市场需求为导向的人才培养新模式”。

附件：1. 搭建人才成长广阔平台　促进地调事业改革发展
2. 围绕发展用人才　依靠人才促发展
3. 以分类改革为契机　破解地勘人才困局
4. 多方位、多层次加强人力资源开发与队伍建设
5. 完善制度激发人才活力　加强合作提升人员素质
6. 全面实施“学术卓越计划”助力国土资源事业发展
7. 服务行业特殊需求　强化人才培养特色
8. 构建“院校双轨双师，产教五维对接”人才培养模式
9. 创新人才管理手段　全面推行绩效管理

附件 1

搭建人才成长广阔平台　促进地调事业改革发展

一、地调局人才队伍建设工作概况

（一）队伍机构

中国地质调查局（以下简称地调局）成立于 1999 年，至 2015 年已有 16 年，目前有直属单位 28 家，可划分为区域性地质调查机构、专业地质调查机构、地质科研与技术支撑机构、公共服务机构。

（二）队伍规模

截至去年年底，地调局及 28 家局属单位共有在职人员 7552 人，全局离退休 6223 人。

学历构成：博士 1315 人，占全局在编总人数 17.4%；硕士研究生 2280 人，占 30.2%；大学本及专科 2987 人，占 39.6%。大学及以上学历人数比例已占全局在编总人数的 87.1%。

职称构成：具有高级职称 2514 人，占全局在编总人数 33.3%；中级 2454 人，占 32.5%；初级及其他 2584 人，占 34.2%。高、中、初级专业技术人员各占三分之一。

年龄构成：40 岁以下 3850 人，占全局在编总人数的 50.9%；41 岁至 50 岁 1819 人，占 24.1%；51 岁及以上 1883 人，占 24.9%。

（三）近几年人才主要工作

地调局党组高度重视人才工作，按中央及国土资源部要求，2000 年以来，局党组先后印发了《关于进一步加强人才工作的意见》《中长期人才发展规划（2010—2020）》《关于依托项目及重点实验室培养人才暂行办法》《关于加强依托高等院校培养人才的意见》《青年地质英才培养计划实施办法》《高层次地质人才培养计划实施办法》《急需紧缺高层次人才引聘计划实施办法》和《党政管理人才培养计划实施办法》；成立了局人才工作领导小组及办公室，建立健全了党管人才运行机制、“项目 + 成果 + 人才”培养工作机制、各类人才教育培训机制、人才评价选拔和激励保障机制，实施了青年地质英才培养、高层次地质人才培养计划，探索了急需紧缺高层次人才引聘的办法，大力培养专业技术骨干和野外一线人员，为地质事业发展提供了有力的人才支撑。

二、2015 年培养选拔地质科技人才的新举措

以钟自然局长为领导核心的新一届局党组自 2014 年 7 月上任以来，在全面总结各项工作、广泛调研重大问题、深刻分析地质调查工作面临的新形势新任务的基础上，研究提出了新时期地调局的定位、目标、战略和措施，确立了新时期建局方略，确定了新时期地质调查的总体布局，构建了以“九大计划、五十项工程、300 多个项目”为主体的地质调查规划部署方案，着力推进六项调整和六项改革，确立了以“重点工作以及计划、工程、项目工作目标责任制”为主的管理模式，夯实了地质调查事业改革发展的基础。

针对地调局实际，建立了人才成长双通道，一个是行政管理人才通道；一个是技术业务人才通道；确立评价地质调查成果和地质科技人才的“四问”标准，构建了人才考评及激励约束机制。

（一）地质调查工作面临的新形势、新任务

概括为六个方面：一是经济发展新常态要求地质调查工作实行战略性结构调整。二是生态文明建设对地质调查工作提出了新的更高要求。三是全面深化改革和全面依法治国要求地质调查工作进行深刻变革。四是国家一系列重大战略（包括“一带一路”、京津冀协同发展、长江经济带等）的实施要求地质调查工作提供强有力的基础支撑。五是国土资源工作新定位要求地质调查工作加大支撑服务力度。六是国际地球系统科学发展新态势对我国地质调查工作产生深刻的影响。这些新形势、新任务要求地调局必须把科技和人才放在更加突出、更加重要的位置。

（二）地质科技人才队伍现存的主要问题

突出表现在六个方面：一是解决重大能源、矿产、环境、灾害和基础地质问题的能力不强。二是可以满足国家重大战略需求和国土资源中心工作需要的成果不多、质量不高。三是地质调查成果转化应用和有效服务的力度不大、效果不佳。四是地质科技创新能力不强、动力不足。五是缺乏人才成长进步的平台、通道和激励约束机制，“官本位”思想仍然严重。六是人才评价标准和机制存在误区。一些人注重考虑个人专长和兴趣，过

度注重发表论文、申请奖项，围绕国家需求、着力解决实际问题的意识不强。

（三）新时期地质科技人才工作的理念

强调科技是地质调查事业的核心，人才是地质调查事业的关键。科学技术是推进地质调查事业改革发展的第一驱动力，人才资源是推进地质调查事业改革发展的第一资源。创新驱动实质上就是人才驱动，地质调查的过程实质上就是科技创新的过程，就是人才培养的过程。

（四）新时期地质科技人才工作的基本思路

一是明确地质调查工作定位是“全力支撑能源资源安全保障，精心服务国土资源中心工作”。二是聚焦国家重大需求，提出地调局“六个一流”（服务、成果、科技、人才、装备、管理一流）的建设目标。三是实施“三大战略”（科技兴局战略、人才强局战略、依法治局战略）。2015 年主要任务：紧跟国家科技体制改革、事业单位人事制度改革及预算管理制度改革步伐，全面构建具有地调局特色的、符合现阶段改革发展实际的、科学可行的人才工作体制机制。

（五）地质科技人才队伍建设的主要做法

概括为以下四个方面：

1. 创建事业发展、人才成长的平台

紧密围绕国家重大需求和国土资源中心工作，研究论证、部署实施九大计划、五十项工程、三百多个地质项目，加大国际地学中心、国家及部级重点实验室、地调局地质业务中心建设。

2. 出台人才培养选拔使用和地质成果评价两个指导意见和三个暂行规定

经广泛调研，先后印发《中共中国地质调查局党组关于加强地质科技人才队伍建设的指导意见（试行）》《中共中国地质调查局党组关于加强地质调查成果评价的指导意见（试行）》《中国地质调查局关于计划协调人责任与权利的暂行规定（试行）》《中国地质调查局关于工程首席专家责任与权利的暂行规定（试行）》《中国地质调查局关于项目负责人责任与权利的暂行规定（试行）》，在人才培养选拔使用等方面有许多创新，主要介绍两个方面：

创新之一：建立了“四问”“五不唯”的人才评价标准。

一问能否解决重大能源、矿产、环境、灾害或基础地质问题。基础地质问题的解决并不一定以发现矿为标准，但是基础地质问题会间接影响找矿，基础地质问题不解决，成矿因素、致灾因素、引起环境问题的因素就搞不清。所以地层、岩石、构造、古生物等这些基础地质问题同样非常重要。总之，解决实际问题是硬道理。二问能否在应用项目成果服务“五大需求”（保障国家能源资源安全，生态文明建设，防灾减灾，新型城镇化、工业化、农业现代化和重大工程建设，国家海洋强国战略）上发挥作用。三问能否对推进科技进步作出贡献。要看提出了什么新理论、新认识，研制了什么新技术、新方法、新装备。四问能否对促进人才成长和团队建设作出贡献。仅仅个人成长是不够的，还要带动其他人一起成长，对团队的建设做出贡献。上述“四问”既是地质人才评价标准，也是评价地质调查项目各个阶段工作实效和地质调查成果的标准，树立正确的用人导向，确保出成果，出人才。

“五不唯”，就是不唯资历、不唯职称、不唯论文、不唯奖项、不唯学历，只唯能力。在局印发的指导意见和实施办法中，对卓越、杰出、优秀人才的评选，没有资历要求，没有职称要求，没有论文要求，没有奖项要求，没有学历要求，也没有与其他各种人才称号挂钩。

创新之二：打破“官本位”思想，建立了专业技术人才成长通道。

地调局党组经过反复酝酿，充分研究，根据地调局实际，确定了两个人才成长通道：一个是管理人才成长晋升的通道，一个是技术业务人才成长晋升的通道。地调局是事业局，必须削弱“官本位”思想，破除“行政化”倾向。为专业技术人员设立“优秀、杰出、卓越人才”“项目负责人、工程首席专家”等成长通道，以及现有专业技术职务晋升通道，拓展了人才成长通道，确保专业技术人才的地位和待遇高于相应的管理干部，让技术人员刻苦钻研，专心业务。专业技术人才和管理人才可以相互交流，两类人才成长通道相互融通，有利于专业技术人才和管理人才各得其所，各施所长。

3. 实施三项人才计划和急需紧缺高层次人才引聘计划

（1）卓越地质人才计划：评选对象是在国际、国内地学界享有较高声誉，取得重大创新成果，有效解决了能源、资源、环境、灾害或基础地质重大关键问题，成果转化应用效益非常显著，在服务国家“五大需求”上成效非常突出，在团队建设和高层次人才培养方面成效显著，具有成长为世界级科学家潜力的知名专家。入选者都将被授予“李四光学者”称号。

（2）急需紧缺高层次人才引聘计划：拟引聘在局层面急需紧缺、短时间内难以培养、55岁以下的国内外高端地质人才（相当于国家“千人计划”水平）。按照该计划条件引聘的专家，应当能够填补我局某学科某领域空白，或者能够迅速提高我局某学科某领域国内外地位。

卓越地质人才计划和急需紧缺高层次地质人才引聘计划入选者“一内一外”，都将被授予“李四光学者”称号。二者同属于地调局最高等级的人才计划，在项目支持、工作条件、事业平台、工资待遇方面支持力度相当。首批4名入选者荣获“李四光学者”称号，其中2名为引进的急需紧缺高层次地质人才，2名为卓越地质人才。

（3）杰出地质人才计划：评选对象是在国际地学界具有一定影响力，在国内地学界具有较大影响力，取得重大成果，解决了能源、资源、环境、灾害或基础地质重大问题，成果转化应用效益明显，在服务国家“五大需求”成效显著，在团队建设和优秀人才培养方面成效突出的领军人才。入选者将被授予“杰出地质人才”称号。首批遴选出18名，涵盖基础地质，水工环、海洋调查、矿产勘查、勘查技术、信息化建设等各个学科和工作领域。

（4）优秀地质人才计划：评选对象是在国内地学界具有一定影响力，在地调系统具有较高知名度，取得重要成果，解决了能源、资源、环境、灾害或基础地质重要问题，成果实现了转化应用，有效服务国家“五大需求”，在团队中担任重要角色，在人才培养方面成效明显的核心骨干。入选者将被授予“优秀地质人才”称号。拟在2016年上半年开展首批遴选工作。

4. 健全完善人才培养和管理机制

实施各类人才选拔、培养计划，引聘急需人才、培养现有人才、储备青年英才。健全专业技术和管理人才成长晋升通道。构建人才考核评估及激励约束机制。

（1）实施岗位聘用制。对卓越、杰出、优秀地质人才和计划协调人、工程首席专家、项目负责人实行岗位聘用制，聘期一般为三年，由局、人才所在单位与本人签订聘用合同，实施动态管理、定期考评，优胜劣汰。

（2）开展目标责任制考核。卓越、杰出、优秀的地质人才和计划协调人、工程首席专家、项目负责人都采取年度考核与聘期期满评估相结合的方式，对入选人员进行岗位目标责任制考核。考核、评估结果分为优秀、合格、基本合格、不合格4档。对年度考核为不合格者或连续两年考核为基本合格者或聘期期满评估为基本合格、不合格者，予以解聘。

（3）考核结果与绩效工资挂钩。考核为优秀的，在原先核定的绩效工资的基础上，按120%发放；考核为合格的，按100%发放；考核为基本合格的，按50%发放；不合格者不享受人才绩效工资待遇。

（4）规范人才评选标准和程序。各直属单位提名推荐，局有关部室资格审查、专家委员会评审，局科学技术委员会审议，局党组研究决定，进行公示后发布。必须做到政治上可靠，道德上高尚，廉政上干净。宁缺毋滥，打造品牌。

（5）营造人才成长良好环境。创建新时期地质调查事业服务国家、崇尚科技、尊重人才的核心价值和文化理念。大力支持以入选人才为核心的重点实验室、业务中心等科技平台和优秀创新团队建设。优先支持入选人才申报国家重大项目、科技人才称号、科技成果奖项。有计划地培养推荐入选人才到国际组织任职。优先支持入选人才参加国际合作和学术交流。

以上简要介绍了地调局人才队伍建设的工作，在此特别感谢部人事司领导和有关部门对我们的大力支持。谢谢！

（中国地质调查局人事教育部副主任　安俊良）

附件2

围绕发展用人才　依靠人才促发展

一、河南国土资源系统人才队伍建设基本情况

河南省国土资源厅成立于2000年8月，按照国务院和中央组织部的统一部署，2004年河南省对省级以下国土资源管理体制和干部管理体制进行改革，省辖市、县（市）国土资源主管部门的领导干部实行双重管理体制，以上一级国土资源主管部门党组（单位）管理为主，地方党委协助管理。目前厅机关内设处室23个、省国土资源执法监察总队1个，直属事业单位10个；负责主管省国土资源开发投资管理中心，领导省煤田地质局、测绘局，指导省地质矿产勘查开发局、有色金属地质矿产局的业务工作。省级以下设有省辖市国土资源局18个，省直管县市国土资源局10个、地质矿产局2个，县（市、区）国土资源部门179个，基层国土资源所2001个，各类事业单位1118个。全系统共有干部职工4万余人，其中副处级以上领导干部350人，厅机关81人，省辖市国土资源局和厅属单位273人，处级干部中有博士4人，研究生33人，本科180人。

二、我省在加强国土资源人才队伍方面的主要做法

近年来，在部党组、河南省委、省政府的正确领导下，在部人力资源开发中心的大力指导下，我厅以落实《国土资源中长期人才发展规划》为契机，不断创新人才工作体制机制和方式方法，营造重才、聚才、用才、育才、留才的良好环境。经过近几年的努力，逐步建立起了“广纳群贤、充满活力”的用人机制；营造了“尊重人才、尊重知识、尊重创造”的工作氛围；形成了“人尽其才、才尽其用、各得其所、和谐相处”的工作局面；打造出了一支政治素质较高、具有一定专业水准的人才队伍，为加快中原崛起、实现河南振兴提供了坚强有力的人才保证。

（一）把人才工作作为核心战略

我厅始终坚持人才资源是第一战略资源的思想，把人才工作作为推动发展的核心战略，建立了人才工作协调协作机制，列入厅中心工作、重点

工作，摆在优先位置重点推进。厅党组书记盛国民厅长经常在厅党组会、厅务会、厅办公会上，强调“人才兴则国土兴”观念，专题研究部署人才工作，通过观念创新、机制创新、措施创新，逐步建立和完善了优秀人才培训制度、人才引进制度等，特别是通过加强对专业技术人员的继续教育，使之及时掌握新理论、新技术、新知识、新方法，不断提升工作的适应能力和驾驭水平。在工作中，各级把抓好人才工作作为领导干部任期目标的一项重要内容，作为解决今后适应创新发展的一个重要环节，在全系统相继成立了人才工作领导小组，由“一把手”任组长，抓好人才队伍建设，抓好干部队伍的教育和专业培训，坚持经常与有关教研单位保持无缝对接，畅通选才用才的“绿色通道”。在实际工作中我们也深刻体会到：国土资源管理不仅要有一定的专业水平，更需具备很强的政治素养和政策法规知识。因此，我们厅党组树立“大人才”观，即，只要肯努力，人人都可能是人才；只要有作为，人人都是人才。为此，我们在全省开展了大规模的学习提高活动。经过沟通协调，省委组织部将各省辖市国土资源局党政正职纳入省委党校培训，副处级干部和处级后备干部纳入各省辖市市委党校培训，完善了实行垂直管理后各省辖市国土资源局处级干部的培训体制。近5年来，系统公务员参加各类培训1200多余人次；培训国土资源市、县局长657人次；县（市）、乡（镇）、村级干部8万余人次；县（市）、乡（镇）国土资源管理干部1万5千余人次。这样的观念和做法，使全省系统出现了一批复合型、应用型的高素质、高层次人才队伍，为较好的履行国土资源管理职责，全面推进我省经济社会快速发展奠定了人才基础。近年来，通过各级重视人才、关注人才，我省国土资源系统干部正在发生“三个明显提高”的积极变化。即，依法行政和参与宏观调控能力得到明显提高；沟通协调和推动工作能力得到明显提高；清正廉洁和自我约束能力得到明显提高。当前，积极投身国土资源管理工作，围绕发展用人才，依靠人才促发展，已经成为全省国土资源系统各级领导干部的共识。

（二）统筹推进人才资源开发

几年来，厅党组一直把人才工作摆在干部队伍建设的首位，以人才工作引领干部队伍建设的正确方向。一是多措并举引进人才。不断加大吸引人才和培育工作的投入，坚持以我为主、按需引才、突出重点、讲求实效的方针，把用好现有人才与引进紧缺人才有机结合，使之相互补充、相得益彰。根据我省国土资源实际，紧紧围绕重大科研项目、重点工程，采取“项目引进”“课题引进”等多种模式，加大人才引进力度，大力引进急需人才，进一步完善优惠政策，把引进人才与引进智力结合起来，按照“不求所有、但求所用”的原则，实行灵活多样的人才柔性流动政策，采取兼职、借调、短期工作以及咨询、合作研究聘用专家等灵活有效形式，吸引和集聚优秀人才和智力为我所用。二是扎实把好“选才用才”关口。河南省省长谢伏瞻指出，“人才工作要调动方方面面的积极性，把人才培养好、使用好，真正促进实际工作。要站在落实《战略纲要》、实现中原崛起河南振兴富民强省的高度，充分认识做好我省人才工作的重要意义，履职尽责、主动作为。”我们根据国土资源工作岗位的特殊性，狠抓干部的任前任中考核，既能发现人才，又能用好人才。在考核中，打破在少数人中选干部、少数人在小范围内选干部的思想观念，坚持群众路线，注重群众公论，树立讲台阶而不抠台阶、论资历而不唯资历、讲究德才兼备而不求全责备的新观念，既看干部的基础，也看干部的实绩，更看干部的发展潜力，这样，既加大了年轻干部的使用力度，也走开了干部交流的路子。2015 年，我们提拔 2 名具有博士学历的到市局任局长到厅机关重要部门任职，选派 1 名具有博士学历的干部到一线接受锻炼，掌握国土一线情况，打好个人工作基础，收到了良好效果。三是打造平台，促其成才。在这个方面，我们的探索是，推动人才交流，促使其理论与实践结合，给予发挥的平台，使之在关键的地方发挥作用，促其成才。按照“有利于工作开展、有利于干部成长”的原则，研究确定了交流干部应当具备的条件和干部交流工作程序。明确交流干部应当具备政治素质好、业务能力强、工作认真负责、要求自己严格、身体健康等条件。继 2014 年我们全系统大规模交流干部 50 余名外，2015 年，继续加大交流力度，厅机关 2 名干部到市局任“一把手”，7 名干部到厅属单位任党政正职，地市和厅属单位 9 名干部到厅机关任处长或重要部门任职。我们还选派厅机关干部到省直管县（市）挂职锻炼 4 名，接收系统内干部到厅机关挂职 13 名。使系统内干部交流成为常态化工作。在交流过程中，我们精心选择交流地点和岗位。注意突出交流的针对性和有效性，从机关选派的干部，主要面向基层、面向形势复杂地区交流。每年，我们都向河南上蔡文楼村派驻工作人员，锻炼其应对复杂情况，解决基层难题的能力。而经过锻炼的干部，到厅机关任职，主要考虑到业务部门或重要部门。

（三）持续打造人才工作良好环境

培养、引进人才是手段，用好人才、促进发展才是目的，而怎样留住人才就显得尤为重要。我们的做法是，针对“国土资源事业”发展的需要，以人为本，努力营造鼓励创新、快速成才的良好环境。一是以事业留人。近年来，国土资源事业取得了长足进步，我们抓住这一难得机遇，向全社会广泛宣传发展成果，展示发展远景，吸引优秀人才投身国土资源管理事业，引导他们树立“心怀国土，岗位成才”的理念。厅党组书记盛国民厅长，为了引进一名高层次人才，他还多次利用出差等时间，到人才所在学校，面对面交流，为其讲解国土人才政策和河南国土资源人才成长环境等情况，打消他们的疑虑。在实际工作中，我厅更是注意用人所长，为人才提供充分施展才能的机会，切实做到适合做什么就安排什么，有多大本事就搭多大舞台。让人才切身感受到事业有奔头，工作有劲头。二是以环境留人。除了好的人文环境、工资待遇外，更注意在政策软环境上下功夫。建立健全创新人才的培养、使用、激励和保障机制，实行津贴向一线倾斜、向科技骨干倾斜举措，对贡献突出的科技骨干实行政治待遇、荣誉奖励，有效地激发了人才的创新激情和创造活力。三是以感情留人。信任人才，做到用人不疑，大胆放手去用。在工作中平等对待人才，无论是现有人才还是引进的人才，都一视同仁，以贡献论英雄。既鼓励创新又宽容失败，让新思想、新知识获得生长和发育的土壤。同时注重职业规划，因人因地制宜，做到人岗相适。总之，通过建立和完善有利于各类优秀人才脱颖而出的激励机制和评价机制，充分调动了各类人才的积极性和创造性，在全系统形成了尊重人才、用好人才的良好氛围，使各类人才创业有机会、干事有舞台、发展有空间，在全系统形成人才辈出、人尽其才、才尽其用的良好局面。

三、人才队伍建设存在的突出问题

在国土资源部和厅党组的领导下，我省国土资源系统人才队伍建设取得了一定成效，探索出了一些有效途径，积累了很多宝贵经验，但我们也清醒地认识到，我省国土资源系统人才队伍建设还有一些问题。

（一）干部交流渠道不畅

省以下国土资源体制改革后，省辖市、县（市、区）党委、政府在干部交流或提拔上，基本不再考虑国土资源系统的干部，致使系统内的优秀干部对外交流出路不畅。同时在系统内，受编制、经费、领导职数等因素的限制，干部的交流特别是异地交流任职也存在较大困难和障碍，在一定程度上制约了国土资源干部的发展空间。

（二）县级国土资源部门人员编制偏少，经费严重不足

目前，大多数县（市）国土资源部门，平均行政编制仅有十几个，与当前所承担的工作任务明显不适应，人员少、工作量大、要求高。为了完成任务，不少单位只好大量借用人员，导致机关混岗严重。工资改革后，公务员和其他性质人员的工资差距进一步拉大，同岗不同酬的矛盾更加突出。尽管县（市）国土资源主管部门的经费全额列入同级财政预算，但由于收费项目减少、自收自支人员较多，工资压力进一步加大，一些地方工资发放已经十分困难，正常办公经费都无法保障，再搞国土资源所建设以及其他创新性工作、购买高科技装备等，更是有心无力。

（三）规范化国土资源所建设有待加强

几年来，全省累计投入数亿元进行国土资源所建设，基层国土资源所建设呈现出了良好发展势头。但与一些先进省（市）相比，还存在一些问题，主要表现在：基层国土资源所人员编制相对较少，还有一些是自收自支单位，个别地方建设经费投入不足。

四、意见和建议

建议国土资源部协调中央有关部门，从更高层面出台一些指导性意见，建立干部交流机制，明确各市、县在党委、人大、政府、政协换届或届中调整时，必须将符合条件的国土资源部门干部纳入候选范围，使国土资源系统的干部和地方干部享有同等发展机会，扩大干部交流使用范围和渠道。同时，进一步明确干部交流的编制调整、工资转移等具体操作方法，促进和规范系统内不同地区的干部交流。

（河南省国土资源厅副厅长　苗玉林）

附件 3

以分类改革为契机 破解地勘人才困局

全国地勘单位正在经历一场深远历史意义的改革。在这场改革中，四川省冶金地质勘查局以局为整体划入“公益二类”管理。但由于当前国家、省对公益二类地勘单位管理配套政策不明朗，仍沿用传统事业管理办法管理二类地勘单位，致使公益二类地勘单位在制度选择上无所适从，人才队伍建设等面临诸多困境。

一是政策适从之困。由于公益二类地勘单位财政保障、劳动用工、收入分配等政策不明朗，使得公益二类地勘单位市场主体地位得不到政策保障，一方面，不得不通过加大市场经营弥补财政拨付缺口；另一方面，生产经营又受事业管理体制限制，面临进退两难处境。

二是引人之困。国家虽然出台了公益二类事业单位人员实行编制备案管理政策，但操作层面并未落到实处。由于历史原因，地勘人才断层、干部老龄化等现象明显，经济、金融类等高层次人才奇缺，正在制约地勘单位转型和可持续发展。

三是人才激励之困。由于过去政府支持地勘改革的一些政策未能真正落地，为了生存发展，地勘单位大胆探索建立了一套行之有效的激励约束机制。但随着近年来事业单位绩效工资分配政策的实施和限制，事实上造成了事业单位刚性的分配政策与企业化经营灵活的收入分配间的矛盾，影响了收入分配激励功能的发挥。

五是用工成本之困。当前地勘编制内职工财政拨款人均不足 3 万元，工资社保等基本费用难以保障。随着事业单位养老保险制度改革，全局养老保险及职业年金，将新增劳动力成本上亿元。在当前经济形势下，完全靠市场经营收入弥补，无疑让地勘经济雪上加霜。

六是队伍稳定之困。当前，地勘经济面临下滑压力，职工收入减少，职工思想多元，不稳定因素增多，各类矛盾和问题进一步显现，队伍稳定的压力增大。

如何破解地勘事业单位当前的人才困局？个人认为应从以下几方面入手。

一是建议国家层面以地勘分类改革为契机，加强顶层设计，明确具有地勘特性的公益二类事业单位人才引进、培养、使用、激励的差异化政策，给予公益二类地勘单位更多发展空间，巩固地勘几十年来改革发展成果，提高国家资源保障程度。

二是搞活用工分配管理，建立社会化用工机制，吸引更多优秀人才进入公益二类地勘单位；创建按劳动、技术、知识、资本等要素分配的机制，鼓励发明创造和科技创新，鼓励管理创新和商业模式创新，激发人才活力。

三是完善鼓励公益二类地勘单位参与市场经营的机制制度，搭建集团公司、投资公司等平台，引进职业经理人制度，鼓励体制外引进、使用优秀人才。

四是加大财政支持力度，在地勘市场机制的过渡时期，对公益二类地勘单位基本人员经费予以保障，加大对技术引进、装备更新的资金支持，以及地勘获取优质矿产资源的支持，培育地勘核心竞争力。

五是在政策资金上支持地勘转型发展，加大地质工作投入，以及对地勘行业发展灾害地质、环境地质、农业地质、城市地质的政策资金支持，鼓励地勘行业发展新兴产业，稳定收入来源，保障队伍稳定。

（四川省冶金地质勘查局副局长　夏廷高）

附件4

多方位、多层次加强人力资源开发与人才队伍建设

人才兴则事业盛，人才队伍的发展决定着地勘队伍的成功兴衰。近年来，内蒙古地矿局、地矿集团公司始终树立“人才是第一资源”的人才战略发展理念，积极探索新形势下实施人才强企战略的新途径，从健全完善人才政策到推进人才强企战略、从加大人力资源开发力度到加快人力资源向人力资本转变、从优化人力资源结构到建设企业人才高地，形成了广纳群贤、能上能下、公平公正的用人机制，为各类人才的脱颖而出创造了优良环境。

一、基本情况

内蒙古地矿局成立于1956年，隶属于原地质矿产部，1999年划归自治区政府实行属地化管理，为正厅级事业单位。2005年，自治区将地矿、煤田、有色三家国有地勘局纳入自治区事业单位改革试点，推行内部企业化改革。2006年组建成立内蒙古地矿集团公司，实行“一套人马，两块牌子”的经营管理模式。

人才队伍基本情况：内蒙古地矿局现有在职职工4561人，研究生以上学历249人，本科学历2199人，大中专毕业生2285人；管理人员509人，专业技术人员3596人；正高级工程师78人，副高级工程师287人，工程师638人；高级技师482人，技师469人。

二、主要做法

在人才开发和人才队伍建设上，我们坚持“服务发展、人才优先、以用为本、创新机制、整体开发”的指导方针，紧紧抓住培养、引进、使用3个环节，立足激活现有人才、引进外部人才、培养储备人才、合理使用人才，进一步更新观念，完善政策，创新机制，优化人才成长环境，扩大人才总量，改善人才结构，优化人才配置，培养和造就数量充足、结构合理、素质优良的人力资源队伍，确立企业竞争比较优势，为局、集团公司各项事业的健康发展提供人才支持和智力保障。

（一）“两基地一中心”建设

“两基地一中心”即内蒙古自治区地质矿产专业技术人员继续教育基地、地勘行业特有工种职业技能鉴定基地和地矿培训中心。“十二五”期间，我们着力加强“两基地一中心”的建设工作，不断加大软硬件的投入力度，改善办公条件，配齐机构和人员，力争使“两基地一中心”更好地服务地矿人才培养和培训。

（二）人才引进和培养

（1）人才引进。“十二五”期间，全局共引进高层次人才5人。刚性引进博士1人。聘请两名院士担当集团顾问，对加强集团公司企业经营管理人才的指导，加强对境外矿产资源情况及国家有关政策的指导和研究，实施“走出去”战略，起到了巨大作用。

（2）高层次专业人才的培养。内蒙古以“三大平台”和“十大百人计划”为重点的“草原英才”工程在推动高层次专业人才培养上发挥了重要支撑作用。依托这个重要有效的人才培养载体，我们积极组织推荐多人次申报自治区“草原英才”个人和基地，以先进营造集团尊重人才、尊重创造的浓厚氛围。“十二五”期间，全局累计有6人获得“草原英才”个人称号，1单位获得了“草原英才”高层次人才创新创业基地称号。同时，我们还积极组织推荐多人次申报青年地质科技奖、自治区“百千万人才工程”、李四光地质科技奖，自治区劳模、自治区杰出人才、青年地质科技奖、内蒙古杰出人才、有突出贡献中青年人才和自治区优秀科技工作者等各类奖项。通过申报各类奖项，推动人才进步。

（3）高技能人才的培养。充分利用国土资源部、人力资源和劳动社会保障部共同授予我局的“地勘行业特有工种职业技能鉴定站”的职能，不断加大对工人技能的培训和培养力度。仅“十二五”期间，共组织3840名职工在固体钻探、水文钻探、化验磨片、地质测量、物探工、采样工等10个工种5个等级的职业技能方面进行了培训、考试和评审工作，进一步提升了全局高技能人才专业技术能力和个人综合素质。

（4）创新创业基地建设。发挥好所属单位内蒙古矿业开发有限责任公司博士后科研工作站的作用，该工作站于2010年设立，同中国地质大学（北京）、内蒙古大学、内蒙古工业大学、山东科技大学签订了联合培养博士后协议。现共有3名地质学博士进站从事研究工作，几年来，通过加强博士后科研工作站的软硬件建设，吸引更多的专家学者进站工作。

（5）校企合作培养人才。与高校联合办学，建立产学研基地。加强与中国地质大学（北京）、中国地质大学（武汉）、吉林大学等高等院校的合作，已建立了3处产学研用基地。通过联合办学，发挥产学研基地的作用，切实提高企业管理人才的理论水平、专业素质和创新能力。在巩固保持与高校产、学、研用合作的基础上，寻找更多的合作院校，采取与高校签订委托培养协议的方式，抓好"订单式"培养和"对口单招"，扩大毕业生来源，加快主体专业人才培养。利用企业教育资源的相对优势，依托大专院校，继续抓好函授联合办学，培养在职优秀青年人才。鼓励矿区非主体专业大中专毕业生参加主体专业函授教育，加快企业后备人才成长步伐。

（三）教育培训

坚持以培养为主、以引进为辅，着眼于开发现有人才资源，全面加强干部职工教育培训。

（1）短期培训。一是骨干培训。重点是对企业经营管理者以及专业技术高端管理人才的培训。二是企业自主培养。针对不同领域、不同岗位的人才需求，搞好各种专业人才再培训、再教育，不断充电，补充、更新、拓展知识技能，促进低层次人才向高层次人才跃升。"十二五"期间，累计组织各类短期教育51个班次，累计受训人数达7500余名。

（2）学历、学位教育。加强继续教育和学历教育，是我局人才培养工作的重点，依托内蒙古地矿培训中心优越的硬件条件，近几年，局（集团公司）干部职工在继续教育和学历教育方面取得了可喜的成绩。重点加强与中国地质大学（北京）、中国地质大学（武汉）的合作办学，开办各类博士班、硕士班、本科班、远程教育，提高干部职工学历学位教育，"十二五"期间，共有701名职工进行了在职教育，已毕业281人。5年来，共举办了本科班6个，学员人数472人，已毕业198人；硕士班4个，学员人数366人，已毕业83人；博士班1个，在读学员25人。

通过开展多形式、多层次、多渠道的干部教育培训和学历学位教育，有效地缓解了系统人才短缺的局面，教育培训的继续深入开展，为全局各项事业的健康、跨越性发展提供了强有力的人才保证和智力支持。

（四）实践锻炼

有计划、有重点地对部分干部实施轮岗、交流培养，从机关遴选部分素质高、表现优异的青年干部，派到所属各单位挂职锻炼。通过专业技术管理骨干传帮带，加快专业技术管理人员锻炼成才的步伐，为输送人才作好储备和准备。

（五）交流合作

一是境外合作交流。集团公司计划组织多批次院处级领导、高级专业技术人才到外国学习考察，同时聘请大学教授，一道深入研究境外地质成矿条件等。二是与省局联系合作。主动与其他省局联系，组织经营管理人才和专业技术骨干相互学习考察，开展地质勘查、企业管理、人才培养、技术项目等多领域的合作与交流。

三、存在的问题

近年来，我们在吸引人才、留住人才方面付出了很高的成本，人才短缺局面虽有所缓减，但结构性、体制性矛盾仍很突出，人才引进难度大、留住用好难度更大。

（1）高端人才缺乏。目前具有影响力的地质领军人才、杰出人才偏少，地勘资源管理和地勘资源经济复合型人才更为缺乏。

（2）地勘实用人才缺乏。受地质人才断层影响，地质找矿急需的专业技术人才、技能人才、企业高级经营管理人才和中青年业务骨干等普遍短缺，年龄断层较为严重，老中青结合不到位：基层地勘单位普遍存在缺乏专业人才的状况。

（3）人才集聚机制尚不完善。缺乏引才、优才的系统性制度体系，人才引进政策突破不大，高端人才难于引进，全国各省地矿行业都实行事业单位管理体制，所引进的区外具有公务员或事业身份的专业技术骨干，特别是具有高级专业技术职称的专家型人才，都不愿意失去原有的事业身份，对我区地勘单位的“老人老办法、新人新政策”管理机制有后顾之忧，引进人才不具有优势。此外，地质工作流动分散、环境艰苦，矿山企业建设在深山老林，与南方省局相比，地域、气候条件较差，在人才吸引上不具优越性。

四、加强人才工作意见建议

（1）人才资源开发与实际需求相适应。坚持人才资源开发适度超前，满足企业发展的实际需要，未雨绸缪，科学谋划，立足当前，着眼长远，整体规划，分步实施，保证专业人才开发与实际需求相适应，防止人才供需脱节。

（2）统一管理与合理流动相结合。牢固树立集团公司“一盘棋”的思想，对各类专业人才实行统一管理，努力实现各类专业人才在的合理流动、科学配置。

（3）自主培养与外部引进相结合。充分发挥企业教育资源自身优势，大规模培养培训各类人才，积极盘活用好企业内部人才。同时，要科学合理预测企业人才需求，按照各专业人才需求的轻重缓急，制定相应的人才引进政策，吸引各类优秀人才。

（4）扩大总量与培养骨干相结合。采取各种有效形式，加快紧缺专业人才开发，努力扩大人才总量。在此基础上，注重选拔一批可塑之才进行重点培养，努力在培养选拔技术骨干、专业拔尖人才方面取得新突破。

（5）统筹兼顾与突出重点相结合。在人才开发配备中，既要通盘考虑人才队伍整体建设，又要突出特别紧缺专业人才引进培养；既要培养引进基本适应工作的专业技术人才，又要突出培养、引进理论与实践经验丰富、能够独当一面的高素质专业技术人才，逐步形成各专业、各类人才的合理配备、梯队发展。通过领军人才队伍建设，加快地质找矿勘查突破，促进地勘资源经济发展战略的深入实施。

（内蒙古自治区地质矿产勘查开发局人事劳动处副处长　王建新）

附件 5

完善制度激发人才活力　加强合作提升人员素质

贵州省地质矿产勘查开发局（简称贵州省地矿局）成立于 1957 年 1 月，目前，全局共有直属单位 26 个，职工 12000 余人，其中：在职职工 5000 余人，离退休人员近 8000 人；大学本科以上学历 2089 人；博硕士人才 230 余人，国家百千万人才工程人才、省管核心专家、省管专家、享受政府特殊津贴 4 人；正高级职称 53 人，副高级职称 420 人。在“十二五”期间，在贵州省委省政府和国土资源部的领导和指导下，在中国地质大学等院校的积极支持下，我局人才队伍建设取得了较好的成效，有力地支持了“十二五”期间地质事业的发展和职工队伍稳定。

一、“十二五”取得的主要成效

通过 5 年的努力，至 2015 年年末，人才发展取得了较大的成效：一是人才队伍总量达到 3470 余人，占职工人数的 68%，比“十一五”末占比增加了 11%，超额完成“十二五”规划；其中：博硕士人才 230 余人，比“十一五”期末占人才比例提高了 3.6%；大学本科以上学历 2089 人，占人才比例的 60.2%，比“十一五”期末提高了 9.2%。二是人才竞争优势进一步增强，新增国家百千万人才工程人才、省管核心专家、省管专家、享受政府特殊津贴 4 人；正高级职称人数比“十一五”期末增加了 40 人，目前总数有 53 人；新增副高级职称人数近 400 人，新中级职称 600 余人。三是高层次人才培养成效明显，“十二五”期间考取博士 28 人，毕业 6 人；考取硕士 270 余人，毕业 90 人；此外，各类本科教育毕业 180 余人。四是人才引进工作有序推进，“十二五”期间引进大学本科及以上毕业生 700 余人。五是干部培养选拔交流积极稳妥推进，“十二五”期间推荐选拔处级干部 133 人次，干部交流调整 210 余人次，有效地调整优化了干部结构，增强了干部活力。人才发展的成效，有力地支持了“十二五”期间地质事业的发展和职工队伍稳定。

二、几点做法

（一）认真研究，重点把握人才队伍总量、能力素质结构等方面的

要求，编制好五年人才发展规划

我局在21世纪以来，在制定“十五”“十一五”“十二五”地矿事业发展规划时，将人才发展单独列出，编制五年人才专项规划，目前正在草拟“十三五”人才专项规划。在拟定人才专项规划时，重点分析把握人才队伍总量和各层次数量、专业结构、年龄结构、层次结构、知识结构、能力素质结构等方面的状况和要求，量化指标，做好结构优化衔接，落实措施办法，编制好五年人才发展规划，并认真组织实施。

（二）建立和完善落实人才队伍建设的机制和制度

（1）进一步完善人才队伍建设的机制。一是认真落实坚持党管人才原则，局、队两级党政主要领导亲自抓、负总责。二是将人才队伍建设目标计划纳入目标管理，每年进行考核。三是强化组织人事部门工作职能职责，发挥统筹协调作用。四是在“局校（市、企、所）合作”中将人才培养列入合作内容，出项目成果的同时培养一批人才。五是初步建立了生产项目实施、科技创新、成果转化与人才培养相结合的机制。六是健全和完善了人才队伍建设的激励机制。

（2）进一步健全人才队伍建设的制度体系。先后出台了《贵州省地矿局“十二五”人才发展专项规划》《贵州省地矿局局管专家及专业骨干管理办法》《贵州省地矿局关于进一步加强人才队伍建设的若干意见》《贵州省地矿局引进人才提供住房优惠的实施办法》《关于加强地质科技创新促进地矿事业持续快速发展的意见》《贵州省地矿局地质科技成果奖励办法》等20余项制度，进一步完善了制度体系，有效地促进了人才培养。

（三）注重抓细节，认真抓落实

1. 充分利用大专院校的师资优势，组织实施高层次人才培养计划（博硕计划）

（1）针对我局人才总量不足、高层次人才匮乏的情况，积极主动与中国地质大学、贵州大学等院校联系，争取支持，培养在职博士硕士，目前，我局在读博士24人，在读的硕士170余人，其中：博士中国地质大学（武汉）20人、中国地质大学（北京）1人、贵州大学3人；硕士中国地质大学（武汉）116人、中国地质大学（北京）40人、贵州大学3人。

（2）在中国地质大学（武汉）的大力支持下，通过“西部高水平人才培养计划”，增加了我局高层次人才总量。

（3）在中国地质大学（武汉）与国土资源部共同组建的中国地质大学（武汉）国土资源管理学院，我局作为用人方代表参加国土资源管理学院指导委员会，积极出谋划策。

2. 充分利用大专院校的师资优势，组织开展全员培训计划

先后委托中国地质大学、北京大学、清华大学、浙江大学等院校举办总工程师培训班、工商管理培训班、项目管理培训研讨班等。

（1）针对提升我局队处级干部及后备干部管理理论水平和拓展管理思维等，先后委托中国地质大学（武汉）、北京大学、清华大学、中纪委监察部北戴河培训中心等单位举办工商管理、高级经济管理、公共管理及业务培训研讨班。

（2）针对提升项目人员的项目管理水平等，委托浙江大学举办了项目管理高级研修班。

（3）针对专业技术人员提升理论水平和学习新理论新方法，委托中国地质大学（武汉）举办总工程师培训班、地质专业技术人员高级研修班和各专业高级研修班。

（4）针对矿业开发技术业务的提高，委托昆明理工大学举办矿业开发技术高级研修班。

（5）针对提高地勘单位地勘财务管理水平，委托石家庄经济学院举办了地质专业人员财务管理知识培训班和财务人员提升业务水平培训班，等等。在办班过程中，与培训院校积极沟通，拟定教学计划，精选培训课程，参与严格管理，提高了培训效果。此外，根据要求，我局还委托其他培训机构组织了其他培训，各单位在冬季还组织了以业务培训为主的学习活动。

3. 认真落实战略（项目）合作协议，促进人才综合素质的提升

最为典型的两个例子，一是在与中国地质大学（武汉）的博硕培养项目合作中，以我局总工程师地质大学（武汉）博士生周琦研究员、地质大学（武汉）杜远生教授为首的产学研协同创新团队，通过对贵州黔东锰矿成因方面的研究，创新了锰矿成矿理论，找到了锰矿新类型，建立了锰矿找矿新模式，实现了锰矿找矿的重大突破，获得了2012年度全国十大地质科技进展，2013年度十大地质找矿成果，团队中仅我局就有3人晋升正高职称、13人升为高级工程师，培养了博士1人、硕士12人，省管核心专家、国贴专家1人，全国劳动模范1人。通过对锰矿新理论新模式的实践，

项目团队新成果《黔东地区南华纪锰矿成矿系统与深部找矿重大突破》项目获得2015年度国土资源部科技成果一等奖。团队中贵州局方面的主要负责人周琦研究员先后列入贵州省省管专家、省核心专家，并在2015年获得周光召基金会地质科学奖。二是在与中国地质大学（北京）的合作中，我局享受省政府特殊津贴的省管专家戴传固研究员，在中国地质大学（北京）攻读硕士学位期间，完成了《造山带构造分析原理方法与实践》课题研究，并以此为思想理论指导，在《青藏高原地质理论创新与找矿重大突破》课题子项目中进行实践和升华，为该项目获得国家科学进步特等奖做出了积极努力；他在地质大学（北京）攻读博士学位期间，完成了《江南造山带西南段地质构造特征及其演化》课题研究，并以此为思想理论指导，主持完成了新一代《贵州省区域地质志》的编写，该成果最终终审为“优秀”，该成果为贵州成矿规律总结和实现找矿突破提供了基础地质支撑，为区域经济发展提供了重要的基础资料，也为广大地质工作者研究区域地质、区域成矿等提供地质基础支持。

4. 通过宣传劳模、科技领军人物，拍摄电视片，创办文学刊物和专业期刊等，积极开展地矿文化建设，积极宣传“三光荣”精神，构筑文化精神高地，增强地勘单位的文化认同和凝聚力

（1）加强地矿先进典型人物的宣传，通过宣传全国劳动模范廖友常、覃英等，宣传“三光荣”精神。

（2）宣传科技领军人物，发挥领军人物的示范作用。

（3）拍摄电视专题片《苗岭先行兵》《甘霖行动》等宣传我局的工作成果，增强职工的自豪感。

（4）开展丰富多元的文化创作活动，局坚持办好《杜鹃花》杂志，各单位均创办了自己的文学期刊，丰富了职工的业务文化生活，从丰富多元的文化创作活动中走出了全国优秀作家、全国“五个一工程奖”、中国电视“飞天奖”、“金鹰奖”获得者、《雄关漫道》《二十四道拐》主要创作者欧阳黔森。

（5）积极办好《贵州地质》期刊，宣传生产一线的找矿成果和论文成果，为广大专业技术人员提供了展示平台。

三、“十三五”人才队伍建设的努力方向

针对我局队伍建设的实际，“十三五”期间人才队伍建设的总体思路

是“培养、引进、侧重、吸收、推荐、提升、留住”，即；培养骨干型人才（培养骨干型人才即硕士培养）、引进高学历和技能型人才（博士硕士与中职校职业技能人力）、侧重实用型人才（资质需要、质量项目管理等）、吸收新兴专业人才（产业结构调整所需人才）、推荐高端拔尖人才（省管核心专家、省管专家等）、提升高级职称（副高、研究员职称）人才水平、留住各专业人才。

以学历提升为重点（单证双证博士硕士）、以专业培训为补充（挂职交流等）、以项目培养为依托（产学研用培养一批人）、以产业用人为重点（各产业发展所需、激励政策）、以具体管理为基础（建立人才库、专家库，聚集管理）、以协调用人为手段（全局协调，形成高层次人才网络，最大限度发挥高层次人才的作用）、以转型培训为需求（产业发展和产业转型加强培训），做好人才队伍建设。

到2020年，通过实施处级领导干部及后备干部培养计划、高端人才培养计划、专业技术人才能力提升计划、经营管理及项目管理人才培养计划、高技能人才培养计划、优秀年轻干部培养计划和提升单位资质所需人才专项计划7项重大人才培养计划，基本形成规模适度、结构优化、布局合理、素质优良的人才队伍，形成我局地质事业发展人才优势，对我局各单位的技术创新、经济发展、职工队伍稳定提供组织保障和人才支撑。

（贵州省地质矿产勘查开发局人事处处长　杜国华）

附件 6

全面实施“学术卓越计划” 助力国土资源事业发展

追求学术卓越是国内外高水平大学共同的价值追求和战略选择，也是高校服务新常态下国土资源事业发展的基本要求，更是我校实施“三步走”发展战略、努力建成“地球科学领域世界一流大学”的内在需要。为此，学校领导班子在 2014 年旗帜鲜明地提出：以实施“学术卓越计划”为核心，着力培养卓越人才、创造卓越的研究成果，提供卓越的社会服务，传承追求卓越的大学文化。

一年多来，学校全面实施“学术卓越计划”，在助力国土资源事业改革发展中开创了新的局面。

一、学科整体水平不断提高

（1）面向行业的特色优势学科——地球科学不断壮大。学校“地质学”和“地质资源与地质工程”在历次全国学科评估中均排名第一。截至 2015 年 9 月，地球科学、工程学、环境/生态学、材料科学、化学 5 个学科进入 ESI 学科排名前 1%，其中地球科学领域进入了前 1‰，成为我国两岸四地唯一进入该领域前 1‰的高校；5 位教师入选汤森路透公布的全球 2015 年高被引科学家名单（全国高校排名第四）。这些成就表明，我校已具备冲击世界一流大学与一流学科的发展潜力和基础条件。

（2）学科结构和学科生态进一步优化。近年来，学校加大人才引进力度，新成立了自动化学院，面向海内外公开招聘部分院长，有力地推动了相关学科发展。构建了分层投入、分类评价、动态调整的学科建设与管理体系，根据全国评估和学校学科自评估结果，果断停止了 3 个学科点的建设。“地球科学为主导、多学科协调发展”的学科生态和学科结构进一步优化。

（3）形成了具有学校特色的学科建设体系。在“学术卓越计划”的引领下，学校围绕“建设地球科学领域世界一流大学”，坚持“强特色、入主流、谋跨越”的理念；提出“立标杆、选好人、定焦点、聚资源”的学科发展路径；形成了“人才队伍建设、科学研究、平台建设、人才培养、国际合作与交流”五位一体的学科建设模式。

二、国土资源科技工作成绩显著

（1）国土资源类项目研究数量和经费平稳增长。2015 年，我校获自然科学基金各类项目资助 148 项，较去年增幅 54%，其中创新研究群体 1 项，重点项目 3 项，国际合作项目 1 项，优秀青年基金项目 2 项，面上项目 72 项，青年科学基金项目 69 项，总资助经费首次突破亿元大关，创历史新高。其中，环境学院王焰新教授团队获得创新研究群体科学基金资助；地球科学学院童金南教授、刘勇胜教授和地球物理与空间信息学院徐义贤教授获得重点项目资助；地球科学学院郑建平教授获得国际（地区）合作与交流项目资助；地质过程与矿产资源国家重点实验室左仁广教授和生物地质与环境地质国家重点实验室袁松虎教授获得优秀青年科学基金项目资助。

（2）国土资源相关学术和科研成绩突出。2015 年 3 月，《科学》刊发论文《嫦娥三号揭示雨海北部年轻的多层地质结构体》，介绍了我校肖龙教授及其团队成员和有关单位研究人员共同完成的“嫦娥三号”探月工程最新探测成果。这是我国嫦娥探月工程实施以来，首次在国际顶级学术期刊上发表的科学成果，展示了我国在载荷研制、工程实施、数据处理和月球科学研究方面的高水平。学校在国土资源领域高水平科技成果不断涌现，2015 年 9 月，根据“最好大学网”发布的两岸四地百强高校五年中（2008—2012 年）在《自然》和《科学》上发表顶尖论文折合数排名，我校在“顶级论文－总量”和“顶尖论文－师均”两项指标中分别排名第 22 位和第 18 位。

（3）地质调查勘查能力显著增强。2014 年，学校获得区域地质调查、固体矿产勘查、液体矿产勘查、气体矿产勘查、水工环地质调查、地球化学勘查、地球物理勘查、遥感地质调查、地质坑（钻）探等 10 个甲级地质勘查资质；地质灾害防治工程勘查、设计及地质灾害危险性评估甲级资质通过年审，通过了 ISO9001：2008 质量、职业健康安全、环境管理体系第三方认证；由学校自筹经费购置的基于北斗通信卫星的野外安全保障平台全面投入使用，开启了高等院校野外安全保障体系建设的先河。2015 年，我校又有 16 个地质调查项目通过验收。学校开展地质调查勘查的能力不断增强。

三、国土资源科技平台的人才汇聚功能更加凸显

2015 年 12 月 4 日，科技部公布 2015 年数理领域 16 个、地学领域 46 个国家重点实验室评估结果，我校地质过程与矿产资源国家重点实验室获评优秀，生物地质与环境地质国家重点实验室获评良好。

以两个国家重点实验室为代表的高水平国土资源科技平台筑巢引凤、筑巢育凤的成效十分明显：2015 年，郝芳教授当选中国科学院院士、获评“全国优秀科技工作者”；陈中强入选“长江学者奖励计划”；郑建平、李建威入选国家百千万人才工程；曹淑云、叶宇入选国家“青年千人计划”；蒋少涌教授获“李四光地质科技研究者奖”；王雁宾教授当选美国地球物理联合会会士；5 位教师再次入选全球“高被引科学家”；8 位学者入选 2014 年中国高被引学者；新增 8 名“楚天学者”、3 位享受国务院政府特殊津贴专家；外籍专家维克多·契霍特金教授获湖北省“编钟奖”；彭浩入选首届“最美青年科技工作者”；李建威何勇入选“中青年科技创新领军人才”；方浩荣获“湖北省科普先进工作者”称号，等等。

学校将进一步加强高水平国土资源科技平台建设，以更加优良的条件吸引和培育更多高层次人才投身国土资源科技事业。

四、国土资源人才培养改革继续深化

我校始终坚持国土资源领域人才需求优先保障。2015 年，学校进一步优化人才培养结构，优先根据国土资源领域的需求调整分专业招生计划，采取各种措施引导和鼓励毕业生面向国土资源系统就业，同时，不断深化国土资源人才培养改革，着力提高人才培养质量。

（1）人才培养模式改革继续深化。通过各类基地班、“李四光计划”“卓越工程师”本科教育培养计划，大力培养地矿行业拔尖人才和高级应用人才；以“李四光学院”为依托，积极探索地球科学类拔尖创新人才培养新模式；以国土资源管理学院为依托，与各级各地地勘单位签订联合培养协议，培养适应国土事业发展的高层次复合型人才、工程硕士，举办了多期“主要技术骨干高级研修班”；建设具有学校特色的继续教育体系，继续努力为国土资源行业提供多样化人才作支撑，招收学历教育学生 2000 多人，为 1000 多人提供了非学历教育服务；学校积极引导学术型研究生教育，积极服务于国土资源行业高层次人才需求，使应用型研究生教育直接

服务国土资源行业，我校培养地质工程硕士人数占全国各有关高校培养地质工程硕士总数的50%左右。

（2）继续扩大政产学研协同育人力度。2015 年，我校加入中国气象人才培养联盟，着力创新气象人才培养机制，提高气象教育和人才培养质量；积极拓展与武警黄金部队“联创齐争”活动的成果，推动武警黄金指挥部人才培养基地落户我校，在“资源共享、人才共育”的原则下，发挥各自优势，探索军地联合培养专业技术人才的新道路。一年来，学校还与中国气象局、中交航道局及多个科研机构、地方政府签署战略合作协议，政产学研协同育人的力度进一步加大。

（3）人才培养质量不断得到验证。2015 年，在校生中的拔尖创新人才不断涌现：我校学生获得第十四届“挑战杯”全国大学生课外科技学术作品竞赛二等奖 1 项、三等奖 5 项；2 名学生分别获得“全国十佳未来水利之星”“全国水利优秀毕业生；3 名学子获全国李四光优秀学生奖；在校生获全国高校 GIS 技能大赛二次开发组特等奖；在全国大学生数学建模竞赛中获得一等奖 1 项、全国二等奖 2 项，省一等奖 2 项、省二等奖 5 项、省三等奖 3 项；由环境学院博士生董浩牵头的大学生创业企业武汉中地水石环保科技有限公司与广东福能达环保科技公司签订战略合作协议，由中地水石自主研制的“复合矿化滤芯”进军海外市场，等等。

2015 年，学校校友在全国各条“战线”上不断传来捷报：1983 届校友李家彪、1991 届校友武强当选中国工程院院士；4 位校友获批国家杰出青年科学基金；7 名校友获“李四光地质科学奖”；1984 届校友杜时贵获“何梁何利科学与技术进步奖”；3 名校友入选首批防震减灾优秀人才百人计划，等等。

五、积极服务国土资源事业海外发展需求

（1）组建“丝绸之路学院”。2015 年 10 月 17 日，我校成立的“丝绸之路学院”正式揭牌，来自印度尼西亚、伊朗、吉尔吉斯斯坦、塔吉克斯坦、澳大利亚等 20 多个国家及地区的大学校长和代表参加了揭牌仪式。当天，我校与印度尼西亚大学等“一带一路”沿线国家 17 所大学签署合作谅解备忘录，深化人才培养和科学研究的合作，积极开展跨学科、跨领域的交流，搭建更为广阔的交流合作平台。“丝绸之路学院”将依托现有学科、人才、科研和国际化优势，为“一带一路”战略和沿线国家产业发展

提供高水平的人才支撑、科技服务和决策咨询，努力服务国土资源事业的海外人才需求。

（2）调整优化国际学生教育结构。围绕国家“一带一路”战略需求，特别是根据国土资源行业面向“一带一路”沿线国家拓展海外事业的发展要求，我校不断调整国际学生招生结构。截至2015年9月底，学校共招收各类国际学生896人。其中，来自“一带一路”沿线国家、学习国土资源类相关专业的学生达到40%。

（3）根据国家领导人批示，积极筹建“中约大学”。2015年，根据国家领导人的重要批示和教育部领导同志的委托，我校紧锣密鼓地开展了“中约大学”项目论证和建设筹备工作。根据中约两国政府协议，中约大学是公办性质的高等教育机构，我校受中国政府委托、是中约大学建设和办学的中方实施主体。中约大学以培养本科应用型人才为主，优先培养工程技术人才；逐步开展硕士、博士研究生教育；探索开展多样化的培训项目，着力培养适应约旦和相邻阿拉伯国家对资源能源、环境、建筑、交通、通讯等领域需求的工程技术人才，为中资企业参与“一带一路”沿线国家建设提供本土化的人才和智力支持。

这些工作及时回应了国家“一带一路”战略对教育的关切，也必将为我国国土资源企业走向“一带一路”沿线国家提供有力的人才和智力支持。

回顾我校发展历程，坚持面向国土资源行业办学、服务国土资源行业需求、围绕国土资源行业发展，是我校在长期办学中形成的鲜明特色和光荣传统，也是我校得以不断发展的基本经验。展望未来，我们将在“学术卓越计划”的指引下，不断提升服务国土资源事业改革发展的能力，不断开创学校事业发展的新气象。

（中国地质大学（武汉）党委副书记　丁振国）

附件7

服务行业特殊需求　强化人才培养特色

东华理工大学作为国家国防科技工业局、国土资源部、中国核工业集团公司与江西省人民政府共建，以江西省管理为主的高校，在牢固树立科学人才观、强化人才培养特色，服务国土资源人才建设方面取得了一些成绩，主要做法如下。

一、强化人才培养特色，适应国土资源与核地勘行业对人才的需求

学校优化人才培养计划，设置专业特色模块，突出人才培养的专业特色，主要是依托行业教育平台、注重学生行业文化素质培养，与国土资源系统多个单位联合建立“产学研用”基地，强化学生实践能力和奉献精神等，进一步强化人才培养特色，积极适应国土资源与核地勘行业的人才需求。

二、加大创新团队培育力度，提升学科领军人才及骨干力量学术水平

学校依托国家重点实验室培育基地、教育部重点实验室等平台，加大各学科团队的建设力度，加快核地矿学科领军人才及骨干力量的培育进度，为服务国土资源事业的发展提供强有力的学科人才保障。

三、优先服务国土资源及核地勘行业发展，加大创新型人才培养力度

学校坚持以培养“上手快、能力强、后劲足”的应用型人才为目标，不断深化校企联合人才培养模式改革，强化学生的实践能力和创业技能培养，提高学生的就业竞争力和社会适应能力；通过制定激励政策，积极引导毕业生到国土资源与核地勘行业就业；实施卓越工程师教育培养计划，培养国土资源与核地勘行业需要的应用型人才；建立校企联动毕业生输送机制，优先保障国土资源行业的人才需求，主动服务国土资源与核地勘行业。学校地矿类专业就业于国土资源系统的人才逐年增多。

四、研究生教育主动对接国土资源与核地勘行业人才需求

学校以服务国家特殊需求博士人才培养项目为契机，积极推进“双参三联”培养机制改革，提升人才培养层次和水平。对接行业需求，实施专业学位研究生教育综合改革试点工程，学校先后与地方多家地勘企事业单位联合培养专业学位研究生。同时，制定研究生层次卓越工程师教育培养计划、艰苦行业招生就业倾斜政策，引导研究生积极服务国土资源与核地勘行业。

五、继续教育直接面向国土资源与核地勘行业在职人员培养

学校积极拓展服务国土资源事业人才培养途径，与相关单位开展联合在职工程硕士培养工作，为行业在职人员学术水平提升发挥了重要作用。同时，学校通过行业培训中心，积极培训海外资源勘查与开发人才，为国家资源战略，尤其是海外资源发展战略的有效实施提供了人才保障。

（东华理工大学纪委书记　万继锋）

附件 8

构建“院队双轨双师，产教五维对接”人才培养模式

一、安徽工业经济职业技术学院简介

安徽工业经济职业技术学院是安徽国土资源行业唯一的一所全日制公办高等职业技术学院，隶属于安徽省国土厅、安徽省地矿局、安徽省教育厅。学院始建于 1979 年，2001 年独立升格为高等职业技术学院，2010 年获评安徽省示范性高职院校。学院现有 3 个二级学院、5 个系、1 个基础教学部、1 个实习实训中心，2015 年全日制高职在校生 1.14 万人。建院以来，学院分别荣获全国高职高专院校人才培养工作水平评估优秀单位、安徽省就业工作先进单位、安徽省普通高校毕业生就业工作标兵单位、安徽省文明单位、全国国土资源系统职业教育先进单位等荣誉。学院所属二级学院地质学院开设有区域地质调查及矿产普查（中央财政支持专业）、工程测量技术（安徽省综合改革试点专业）等 6 个地勘类专业，在校生 2359 人，建有钻探施工实训室等 9 个校内实训中心，安徽省地质调查院实训基地、华冶测绘总队实训基地等 36 个校外实训基地。学院在省级示范性高职院校建设期间，已投入 4000 多万资金，用于教学设施设备建设，极大改善了办学条件。

二、改革创新，确立院队双主体地勘人才培养定位

培养模式是人才培养过程制度构架，它确定了教育活动进行和发展的环境，在某种程度上影响着教育行为的过程和结果。传统的人才培养模式重理论轻实践，重学术轻应用，重课堂轻课外，造成高素质技能型人才供给不足与学生就业难双重困境，毕业生就业质量与满意度不高且职业稳定性差，彰显出学校培养人才的活动还未完全对接市场（岗位）需求的严峻现实。因此，创新以社会发展（行业企业）需求为导向的人才培养新理念是人才培养模式改革创新的重要内容。

安徽工业经济职业技术学院主动适应行业及区域经济发展方式转变和产业结构优化升级的要求，调整专业设置，优化专业布局，形成了“一主两辅”——地勘行业及直接延伸业类专业为主，现代服务业、先进制造业

类为辅的专业布局。学院始终把坚持立足行业、服务区域发展作为办学育人的根本出发点和落脚点，并进行坚持不懈地探索与实践，促进学院、行业、地勘单位三方互动、互相渗透、优势互补、资源共用、利益共享。学院专业设置紧密对接市场需求，将行业、地勘单位对人才素质的要求引入教学体系，针对用人单位的岗位需求制定培养计划，推进理论教学与实践教学深度融合，加强学生与院内导师及地质队工程师的交流，最终形成我院丰富内涵的院队双主体地勘类人才培养新模式。

三、多措并举，丰富院队双主体地勘人才培养内涵

安徽工业经济职业技术学院院队双主体地勘人才培养模式强调学院和地质队是合作的两个主体，以平等的地位参与人才培养的全过程，共同制定人才培养方案、改革人才培养模式；注重院队双方共同遴选导师构成专业指导委员会，构建院内导师与地质队工程师共同指导学生实习实训体系；着力实施“教师对接工程师”“课程内容对接职业标准”“教学过程对接生产过程”“学历证书对接职业资格证书”“校园文化对接企业文化”五大工程，全面丰富院队双主体地勘人才培养内涵，助力加快推进提升地勘人才培养质量。

（一）充分发挥行业办学优势，积极推进双主体人才培养新途径

作为行业举办的高等院校，充分发挥国土资源行业特色优势是学院彰显办学特色、提高办学质量、强化办学效益的重要途径。建院以来，学院坚定不移地立足行业、走品牌特色发展之路，注重在地质教育事业上做文章，在地质人才培养和服务行业发展上下功夫，健全学院专业设置随行业发展动态调整机制，实现学院人才培养同行业和地质队岗位需求有机对接。通过与地质队签订协议，确定合作方式及人才培养目标，明确双方权利责任义务。承认双方目标利益，加强沟通，找准双方利益的共同点，协同发展。学院充分利用地质队的先进技术、设施、专家为人才培养提供物质保障，地质队利用学院人才培养平台吸纳所需高素质技能人才。院队双主体全过程共同实施人才培养工作注重：院队共同制定人才培养方案、合作企业介绍单位及项目情况、学生遴选、师徒结对、双导师共同指导、实训考核等环节的管理、监督与评价，形成长效机制。

（二）坚持互聘共用双师队伍，院内导师与地质工程师协同育人

在院队合作实践中，注重构建双导师体系，院内导师与地质队工程师

共同培养指导学生、协同育人。建立健全双导师的选拔、培养、考核、激励制度，形成院队互聘共用的管理机制。通过“师徒结对”让每位师傅、徒弟均明确各自的责任和义务，师徒之间进行双向考核并捆绑其工作绩效。通过院队“互聘共用”双师队伍，进一步深化了院队的校企合作关系，增进了学院教师与地质队工程师的合作与交流，为学院打造一支既懂理论又懂实践的高素质“双师型”教师队伍奠定了坚实的基础。

（三）大力实施五项对接工程，强化质量意识促进产教深度融合

在项目实施进程中，扎实推进五项对接工程，形成与双主体人才培养相适应的教学管理与运行机制，满足高素质地勘类技能人才培养的需要。

1. 教师对接工程师

新模式要求教师不仅要承担人才培养任务，还要开展技术开发和社会服务。学院创造条件帮助教师参与地质队技术应用，参与生产技术革新，参与成果咨询等科研活动，帮助地质队克服理论难题。要求教师对接工程师，实现智力优势互补，提高实践能力。学院根据教学需要聘请一线工程师为师生进行项目讲座与培训、共同参与学院人才培养方案和实习实训计划的制定，从而实现真正意义上的“教师与工程师对接”。在对接过程中，教师不仅获得了新知识、新技能，而且科研能力、实践能力获得了很大提升；地质队工程师参与我院教育教学积极性进一步增强。与此同时，学院也十分注重院内教师自身“双师型”素质提升，积极争取条件、协助地勘类专业骨干教师在获得讲师以上职称的基础上，经过安徽省地质勘查专业中高级工程系列评审委员会评审，申报工程师、高级工程师职称资格。

2. 课程内容对接职业标准

职业标准是对工作人员从业的规范性要求。学院以职业岗位的知识与技能需求为出发点，进行系统分析和规划，将主要课程内容进行项目化或模块化处理，设置成基于生产过程的项目，使得课程内容对接相关职业标准中的考点，课程体系要求同日常工作标准一致。

3. 教学过程对接生产过程

学生接受项目任务后，在院内导师和地质队工程师的指导下，以个体或团体独立完成。教学使用的器材、工具与地勘单位相一致或基本一致。有关技术标准，按照现行的国家、行业标准或地质队要求执行，相关的文献均采自于行业或地质队成熟的文献，并形成相关的实训文字图纸或实物。

4. 学历证书对接职业资格证书

在教学方案中实现“双证”融通，即将相关专业知识和职业资格证书内容相融通，做到学历证书与资格证书对接，要求学生既拿到学历证书，还要拿到一个或多个岗位职业资格证书。在课程设置上、在实习实训教学中，开发了双证课程，以学生就业岗位（群）所需获得的职业资格证书及完成专业教学的工作任务为目标，并以此作为质量考核标准。

5. 校园文化对接企业文化

学院十分注重传承地矿行业“三光荣”精神，充分挖掘和宣传“三光荣”精神厚重的文化积淀和特有的文化魅力，创建特色校园文化，培育学院人文精神。通过精心设计地质元素校徽、主题雕塑及设立“地勘类”奖学金、地质陈列室，成立地矿艺术团等特色文化建设活动，将“三光荣”精神实质和地质文化内涵贯穿于校园文化建设始终，渗透到教学、管理、服务各个环节和师德师风、学风校风、校园文化等各个方面，通过言传、身教、熏陶，为学院人才培养打上了特色鲜明的“三光荣”精神烙印，并凝练内化为更富有时代特色和职业精神的“爱岗敬业、艰苦创业、建功立业”的学院“三业”精神。

四、硕果满枝，彰显院队双主体地勘人才培养成效

（一）人才培养质量不断提升

实施院队双主体地勘人才培养新模式，“学中做，做中学”的教学实践环节直接对接地质队的生产环节，学生的学习积极性和主动性大大提高，团队意识和适应能力不断增强，实践动手能力显著增进，对基础理论的理解更加深刻，综合素质明显提升，近 3 年，地质学院学生获得国家级职业技能大赛三等奖、省级职业技能大赛一等奖 5 项，省级职业技能大赛第二、三等奖 20 多项。

（二）教学科研成果不断涌现

近 3 年，学院地勘专业教科研工作成绩斐然，整体水平稳步提升，各类成果不断涌现。地勘类专业教师结合生产教学实践共发表教科研论文 30 余篇，荣获安徽省五一劳动奖章 1 人、安徽省优秀教师 1 人、安徽省教坛新秀 1 人、安徽国土资源科技进步奖二等奖 1 项、安徽省地矿局科技进步奖二等奖 1 项，安徽省地矿局技术能手 3 人。

（三）服务行业需求不断升级

2011年以来，学院加强与行业企业交流，面向行业和社会开展钻探技术、安全生产、机长培训等各类培训13000人次；参与开展钻探技术、安全技术等鉴定工作1500多人次。参与安徽省地矿局产学结合项目4项，产值560万元；参加公益性矿产资源调查；在应用技术研究和为企业提供技术服务方面，与金联地矿科技有限公司等企业开展大型技术服务11项；与安徽三大地勘局所属单位签订合作办学协议，构建“校中队，队中校”，提升地质队职工的学历和技能水平；承办安徽省地勘钻探职业技能大赛、安徽省职业技能大赛、安徽省地矿局找矿技能大赛等多项赛事。

（四）特色品牌效应不断显现

学院双主体地勘类人才培养模式改革，在全省地勘行业内形成了良好的专业品牌效应。各用人单位对学院人才培养模式和人才培养质量给予了充分的肯定，并表现出了积极的合作意向，行业企业参与校企合作的积极性和主动性得到了进一步的提升。当前，学院地勘类毕业生毕业即能上岗作业，达到“零距离”就业，地勘类毕业生就业工作实现了“一个稳定、两个提高”。“一个稳定”即历年毕业生一次签约率基本稳定；“两个提高”即就业工作质量、就业岗位层次持续提高。

实践证明，院队双主体地勘类人才培养模式的实施，为学院校企合作开拓了新的思路，促进了学院教育教学改革不断深化，提高了学院地勘人才培养质量，缩小了与行业对人才需求之间的差距，是学院积极应对构建的现代职业教育体系，是实现高等职业教育可持续发展的重要选择，也必将是实现学院“十三五”“国内一流、特色鲜明”示范性高职院校奋斗目标的关键路径。

（安徽工业经济职业技术学院党委书记　孙中义）

附件9

创新人才管理手段　全面推行绩效管理

一、单位基本情况介绍

西安地质调查中心（简称西安中心）是国土资源部中国地质调查局在西北地区的唯一直属地质调查机构，全国六大区中心之一。主要肩负着西北地区地调科研、大区管理、大区服务三大职责，同时要积极推进地调与科研成果转化，服务经济社会建设。1999年，西安中心划归地调局后，不断更新管理理念，创新管理思维，力争在科学完善的管理体系下，全面提高科学管理水平和提升承担重大地质调查工作的能力。在中国地质调查局统一领导和组织下，经过十几年来不懈努力，西安中心通过加强项目内部预算管理、推进“三标一体”管理体系、深化绩效考核和目标责任管理，实现了从传统管理向现代管理，从粗放管理向精细化科学管理的转变，为西北地区地质找矿突破战略行动的顺利发展提供了有力保证。十几年来，我们始终围绕中心发展的长远目标和部门发展规划，以充分激发干部职工主动性和创造性为核心，以建设国际一流大区地调中心、落实部局重大决策部署为目标，不断提升中心在国家地质工作和科技创新体系中的地位。同时我们认识到，在加强程序性管理的同时，需要更加强调绩效意识，需要每个部门和每个职工更加重视自身的不断进步。要肩负起新的使命，必须全面推行绩效管理，追求卓越发展。

与政府、企业、服务部门和一般研究所不同，西安中心绩效管理模式具有综合性的特点：地调科研，相当于研究所绩效管理；大区管理，相当于政府绩效管理；大区服务相当于公共服务部门绩效管理；成果转化与社会服务则相当于企业绩效管理。由于绩效管理的复杂性和艰巨性，这就决定了西安中心绩效管理模式绝不能简单、盲目地照搬企业、政府的管理模式，而要着手建立一套符合公益性事业单位要求、具有大区中心特色的绩效管理模式必然要经历一个长期摸索过程。

二、绩效管理主要做法

我们是一个以做项目实现为政府、为社会和为地质科技进步服务为目标的单位，我们处于一个社会急剧变革的时期，政府、社会对我们的要求在不断提高，地质科技进步对我们更是提出了更高的要求，所以我们只有不断创新，不断发展，甚至是快速发展，才能跟上时代的要求，也才能谈精兵和现代化，也就是创一流。而要建设一流的中心，一定要有一流的管理。质量、环境和职业健康安全“三标一体”管理体系强调的是程序化管理，当职工已经适应并自觉执行之后，无论是对单位发展、业务团队建设，还是对个人进步，都提出了更高的要求，不仅仅是按要求完成任务，而是追求绩效，追求卓越。2012 年，被局党组确定为首批绩效考核试点单位以来，西安中心以试点为契机，把绩效管理作为一种管理手段创新，以全员绩效管理为重要平台，探索开展了具有多层次、适合自身特色的绩效管理模式，实践表明这种考核评价方式比较准确、客观地反映中心部门、项目和个人的实际工作情况。几年来，西安中心做了大量的基础性工作。一是扎实开展岗位分析，明确岗位职责。在管理服务岗位，以人事教育处为试点，对中心总工办、办公室、财务处、党群处、物业处等 17 个管理部门的 57 个岗位开展岗位分析工作，形成最终岗位说明书；专业技术岗位人员根据承担项目的角色、策划与承揽的市场项目能力、岗位职责、部门目标责任要求的差异开展了岗位分析工作。规避了好事争着干，难办的事、没利益的事没人干的现象。二是切合中心实际，划分绩效管理层次。将西安中心的绩效管理分为中心绩效管理、部门绩效管理、项目（业务团队）绩效管理和个人绩效管理 4 个层次，并分层次推进。三是分类绩效管理，制定绩效考核指标。按照管理服务类、地调科研类、成果转化与社会服务进行了分类管理，分别制定了绩效考核指标，形成《个人岗位说明书》和《年度绩效指标量化表》（即“一书一表”）。四是开展全员培训，深入绩效管理理念。试点初期，共举办了 4 期全员绩效管理体系培训班，邀请西安交通大学绩效管理专家，就绩效管理的基本理论、岗位测评以及推进绩效管理体系建设等问题进行了深入讲解，使职工对绩效管理有了更加深刻的认识。同时，策划并刊出了《西北地质调查》西安中心绩效管理专刊。在地调局绩效管理试点工作专题网站上，我们将中心绩效管理工作进展按照时间节点进行了及时报道。2015 年，在中心网站上又建立了中心绩效管理专栏，为职工提供了相互学习交流的平台。五是健全组织机构，完善绩效管理办法。试点工作之初，立即成立了中心绩效管理领导小组和绩效管理办公室，中心主任兼任领导小组组长，绩效管理办公室设在人事教育处，由人事处处长兼任绩效办主任，并抽调人员到绩效办，专职负责绩效管理工作。组织机构的成立进一步强化了组织领导，在全中心形成了由“一把手”负责，分管领导主抓，相关职能处室组织实施的工作机制，确保试点工作有序推进。同时，依据《中国地质调查局绩效管理试点办法（试行）》，修改完善《西安地质调查中心绩效管理办法（试行）》，形成了具有大区中心特色的绩效考核制度体系。六是研发信息系统，推行绩效科学管理。2012 年下半年，为了减轻考核所带来的人力、物力、财力的巨大投入，降低考核成本，达到节省时间、减少差错和提高效率的目的，西安中心自主研发了绩效管理信息系统。充分利用信息化平台，使绩效管理工作在公平、公开、合理、轻松、和谐的情况下进行，避免在考核过程中拍脑门和靠印象的评价方法，为职工考核科学化管理提供了技术保证。七是分类分层实施，全面推行绩效考核。试点以来，中心考核领导小组每年对所属所有部门、项目和个人都严格按照绩效考核结果予以表彰和表扬。通过中心、部门、项目和个人 4 个层次，全面推行了绩效考核，有力地促进了中心整体工作绩效的提升。八是强化激励机制，大力推进绩效工资。地调局明确要求绩效考核与个人工资、收入挂钩。2012 年，我们已出台绩效工资试行办法，完成超额劳动报酬向绩效工资的转化。通过实践，与 2013 年 2 月 3 日国务院批转的《关于深化收入分配制度改革的若干意见》（国发〔2013〕6 号）文件精神相一致。2013 年，我们结合实际深入研究，进一步完善了《西安地质调查中心绩效工资实施暂行办法》。九是完善人才制度，推动高层次人才成长。国务院文件中明确支持的“橄榄型”分配结构逐步形成。作为一个以承担国家公益性任务为主体的事业单位，我们应定位于“橄榄型”分配结构中的中间部位，但偏上还是偏下，与我们的努力有关，与单位的整体业绩是否突出有关，与我们“高层次人才”有关。今年，我们研究出台了《高层次人才特殊津贴》，对一些重要岗位和学科带头人设置了明确的考核指标，根据绩效考核情况按年度发放高层人次特殊津贴，有效地促进了中心高层次人才快速成长。通过创新性的开展绩效管理工作，有效推进了全中心追求业绩的工作理念，使中心由质量、环境和安全管理体系迈入了绩效管理体系这一新的科学管理阶段。

三、绩效管理的作用与实效

作为首批试点单位，西安地调中心实际上承担着先行先试，探索、示范、积累经验的任务，如果说2011年是部局试点、初步“破题”的话，2012年至今则是完善设计、全面推开的阶段。积极推进绩效管理工作，一方面是由于承担了地调局的试点任务，另一方面也是西安中心自我发展、追求卓越的自身要求。我们始终把绩效管理摆在重要地位，贯穿在中心工作的方方面面。经过两年多来的努力，中心的绩效管理已经形成了较为完善的制度和方法，形成了具有大区中心特色的绩效管理模式。在提高管理科学化水平、提升地调科研项目质量、调动中心干部职工工作主动性和创造性等方面，发挥出良好的激励导向作用，全员绩效考核的作用和实效也初步显现。

（一）考核评价方式由模糊趋于定量、由封闭趋于公开

以往的考核评价方式主观色彩极浓，考核以定性为主，模糊的较多，随意性大，缺乏能够客观反映职工工作业绩的量化指标，或者由于上级领导不愿与职工面对面地沟通，往往是将考评表格填完之后，就直接送到人事部门归档。这样，职工不知道自己业绩的好坏，不仅成为滋生“干多干少一个样”思想的温床，也无从改进绩效，直接影响到职工工作的积极性和单位的长期发展。自从实施绩效考核以来，改变了以往拍脑门，靠印象、封闭的评价方法，西安中心围绕中长期发展目标，务求实效，按照个人考核、项目考核和部门考核与中心发展总体目标相结合、指标设置与中心现状和发展目标相结合、考核评价方式以定量考核为主、定量与定性考核相结合的原则。客观地对部门、项目和职工的工作绩效进行评价，为绩效工资的合理分配打下基础。同时，促进了上下级沟通，增进了团队合作精神，帮助职工提升了自身工作水平，不断地引领职工持续地改进未来的工作，从而有效提升中心整体绩效。

（二）充分发挥了绩效考核结果的激励导向作用

绩效考核的结果如果不跟其他机制挂起钩来，绩效考核就成为了考核而考核了，其成效肯定不好。特别是当我们花了很大精力建立起绩效考核体系之后发现，这套体系没有受到职工的重视，大家对考核结果根本不关心，实际上就形成了绩效考核和其他机制“两张皮”现象。为防止考核和运用脱节，西安中心充分发挥考核结果的激励导向作用。一是将考核的结果作为部门、项目和个人年度考核、评优的依据。严格按照考核结果进行评优评先，从中心、部门、项目和个人4个层次，全面推行绩效考核。二

是将考核的结果作为发现人才和培养人才的依据。对考核中发现的优秀职工，为其提供平台，促进其尽快成长。近两年，我中心提拔干部达到20余人次，一批35岁以下的青年人走上了项目负责和副负责人岗位。三是将考核的结果作为绩效工资发放的依据。明确要求绩效工资与中心、部门、项目和个人绩效考核挂钩，并向一线业务人员倾斜，按照绩效考核结果进行绩效工资分配，并随季度进行发放。考核结果的充分应用，从根本上调动了广大职工的积极性、主动性和创造性，真正体现重业绩、重贡献的绩效理念，为想干事、能干事、干成事的人提供足够的空间和舞台，真正激发了西安中心的生机与活力。

（三）充分发挥了绩效管理“指挥棒”作用，工作职责和目标得到进一步明确

要建设一流地调中心，在考核指标的设置上就要引导职工朝着建设一流队伍、创造一流业绩、培育一流作风的方向努力。考核指标的设置是完成年度目标责任考核的基础，起着“指挥棒、风向标、催化剂”的作用。设置什么样的考核指标，直接影响着各级去做什么样的工作，产生什么样的导向，带来什么样的经济社会效益。“指挥棒”作用实质上是要体现领导的意图，简单地说就是要引导这个单位、部门甚至团队向什么方向发展。各部门由于各自发展的阶段不同，绩效追求的目标可以有一定差异，关键是要有利于促进本部门追求目标的实现。2015年，我们以中心下发重点工作部局为依据，结合本部门性质和特点，分解和明确各自的目标任务、具体措施、进度安排、主管领导、责任部门，明确了干什么、怎么干、干到什么程度的问题。通过制定“目标责任书”和“考核量化表”，进一步明确了部门和个人的工作职责，有效促进了局党组重大决策部署和中心重点工作任务的贯彻落实。

（四）科技实力不断增强，优秀青年人才不断涌现

坚持以绩效管理为抓手，依托各类地调和科研项目，稳步提升科研实力，带动高水平科技论文的发表，提高调查研究水平。两年来，西安中心共申请获准20多项国家青年自然科学基金项目，发表论文490篇，论文数量和质量较之以往都有大幅提高，绝大部分论文出自青年科技人员之手。初步建立各级人才绩效考核体系，通过全面推进青年项目负责人、副负责人的竞争选拔机制，加大各种形式学术交流的力度，设立关键岗位人才公

开招聘制度，建立优秀青年人才遴选制度，使一批优秀青年人才脱颖而出。

（五）创新成果突飞猛进

不论是地调局对直属单位的考核，还是单位对部门、项目和个人的考核，其实都是最低要求，关键看我们在考核评价之外是否做了更多的工作，也就是创新成果。这些是有形的工作，更是无形的影响。我们在考核的指标设置上除要求完成中心目标责任外，还强调各部门能够创造性地开展工作，扩大中心影响。两年来，西安中心创新成果突飞猛进，比如，部省合作、中国－上海合作组织地学合作研究中心申请、中亚矿产资源信息发布、重点成矿带疑难科技问题梳理、部重点实验室申报、青藏高原地质理论创新与找矿重大突破成果获奖等。

四、感受体会

目前，绩效管理已风靡世界。在我国，无论是企业，还是政府及事业单位，都在了解绩效管理、掌握绩效管理，并主动实践绩效管理。但它也是一把双刃剑，恰当的运用可以激发职工的斗志，加强团队的凝聚力，一旦运用不得当，就会产生相反的结果。因此，我们在全面推进绩效管理体系的同时，应该时刻警惕跌入绩效主义的陷阱，防止和规避推行绩效管理带来的负面影响。

（一）把绩效管理建设成“一把手工程”

推动绩效管理最关键的一点是要明确它是“一把手工程”。作为一个单位的一把手，要对这个单位进行管理，带领它向前发展，首先要明确它的总体目标任务，然后将任务目标通过合理的分解，从而转化为“全员绩效”，而要实现全员绩效，也只有一把手具有全局的强力推动能力。另外，不能把绩效管理工作全权交给人事部门或者其他部门，实际上这并不是“授权”而是“甩手掌柜”，这样做的结果就是，绩效管理往往以失败告终。具体的工作部门（例如人事部门）由于权限、信息来源等方面的缘故，无法确定单位的长远战略方向和目标，甚至缺乏单位其他领导的有力支持，也很难推动绩效管理工作的开展。这就要求一把手必须参与绩效管理体系得制定，掌握这个单位绩效管理理念，只有这样，才能准确的向下一级传达清楚自己的思路和想法，才能在组织中“自上而下”地运行起来。

（二）地调中心不能片面地追求定量化绩效评估

与企业、政府不同。地调中心从事以人的智力劳动为主的工作，它强调以个体创新为基础的分工协同与集成，不能片面地追求定量化绩效评估。一方面，地调科研活动的结果与社会影响是不能完全通财务数据来表达的；另一方面，地调科研人员的工作与其头脑中存储的知识和所掌握的技能密切相关，这也不可能全部用一组完美的量化指标进行衡量。尤其是一个创新的地质理论、一个矿化线索、一个重大地质灾害隐患、一个重要化石的发现，以及一个全新的管理理念或单位先进文化的提出，等等，其产生的绩效将是巨大和深远的，但在年度内甚至几年内其绩效可能还不怎么显现。这就决定了地调中心不能片面地追求定量化绩效评估。

（三）鼓励职工积极参与是推行绩效管理体系的前提

不能把绩效管理变成少数人神秘的活动。分类分级考核既是中心绩效考核领导小组赋予每个部门的权利，也是一种责任。每个职工都应是绩效管理的参与者、设计者、执行者和监督者，必须按照谁考核、谁定指标，谁负责解释绩效申诉的原则，营造一个开放的、各类人员都广泛关注，并积极参与的绩效管理氛围，而不是封闭的，更不应该是少数人的秘密活动。还应鼓励全体职工对考核过程中存在的问题提出意见和建议，集思广益，研究落实改进措施，使绩效考核体现科学合理、客观公正、群众公认的原则，形成持续改进工作的良好机制。

（四）考核指标要根据单位发展阶段进行动态调整

每个单位在不同发展阶段的战略重点和目标是不同的，各部门所处的发展阶段也不尽相同。不论是单位，还是部门与业务团队，建设期是以招聘人才、组建队伍、招揽业务、基础条件建设为战略重点；调整和转型期则以集中人财物等资源在重点领域或方向进行投入，调整拟退出的领域方向的人员和其他资源为战略重点；相对平稳发展期的战略重点能够加快形成具有重大影响的地调科研创新成果，并促进成果转化，更好地服务经济社会。所以，在发展进程中，要不断地调整战略目标和绩效管理指标。指标设置还要体现科学合理，简便易行，突出重点、符合实际，否则就会影响职工的积极性、创造性，也给考核工作带来困难。

（中国地质调查局西安地质调查中心人事教育处处长　袁鸣）

理论研究篇

加强和创新国土资源人才工作，必须科学认识和把握国土资源人才队伍和人才工作发展规律。近年来，国土资源部人力资源开发中心依托国土资源人才评价开放实验室，组织相关研究力量，针对国土资源人才工作的重点、难点和热点问题持续深入开展研究，特别是把“国土资源人才评价”和“国土资源人才体制机制”作为重点项目深入研究，形成了多项研究成果，同时吸收了国土资源职教研究会推荐的优秀成果。

本篇重点选择了《国土资源干部能力素质内涵与建设路径探讨》等11成果进行了介绍，以期为国土资源人才工作提供决策参考。

国土资源干部能力素质内涵与建设路径探讨

杜新波　温　巍

摘要：2016年国土资源部党组决定在全系统开展“能力建设年”活动，这既是贯彻落实中央“两学一做”学习教育的实现载体和有效途径，也是贯彻落实新发展理念、推进国土资源改革发展和全面提高国土资源干部能力素质的重大举措，同时也是国土资源系统贯彻落实“以人为本”科学发展观的重大实践。本研究重点从人力资本开发角度，围绕能力素质的内涵构成、建设重点和实施路径上进行探索，以期为“能力建设年”活动提供有益借鉴。

一、科学把握干部能力素质内涵与构成

“能力素质”内涵从根本上源于对“素质”的界定，是人在先天遗传基础和后天影响下，通过自我修养和社会实践形成的，能够进行创造性劳动并产生价值的内在能质。不同历史时期，人们对素质的认识是不同的。在我国古代，人的素质被归结为德、性、才、识、智、绩。其中“德”最为重要，有“九德”“六德”与“五德”之论；“性”即品质或者心理素质，与“德”存在交叉；“才”即才能与才干；“识”即“知识”与“见识”；“智”即智慧与智商；“绩”是工作的效果与效率。现代人才学研究，进一步把人的素质因素归结为德、识、才、学、体；其中“德”为品德，属于意识形态范畴，包括心理品质、伦理道德和政治品德；“识”为见识，体现为政治见识和业务见识；“才”为才能，体现为认识世界和改造世界的能力，包括认知能力和实践能力；“学”即知识与学问，包括自然科学、社会科学和工具学科知识；“体”即人的体质，包括生理健康和心理健康。人才素质是德、识、才、学、体诸要素有机结合的综合体，考察和培养干部人才的素质必须从整体上来研究和把握。

同时，不同的素质要素在人的内在因素系统的地位作用是不同的。我国自古在选拔官员时强调“德才兼备，以德为先”。例如，荀子坚持“论

德而定次，量能而授官”，反对“德不称位，能不称官”；司马光指出，“才者，德之资也；德者，才之帅也。”主张可用大德小才的君子，不用有才无德的小人；朱熹强调“为政以德，譬如北辰，居其所而众星拱之。”清代袁枚在《续诗品. 尚识》中写道，“学如弓弩，才如箭镞，识以领之，方以中鹄”并明确主张“德”居人才各要素之首。因此，从素质要素构成来看，德是人才的灵魂和根本，是识、学、才、体发展内部动力；识、才、学是人才发展和成功的基本条件，其中，识、学和才为基础，学与才要有识作指导；体是识、才、学的物质基础。

现代人力资源研究和管理实践也证明，核心素质或基本素质是决定一个人最终绩效的根本要素。例如，20 世纪 70 年代，美国著名心理学家麦克利兰经过一系列研究提出了著名的冰山模型。在这个模型中，他把人的素质描绘成一座冰山，水上的部分是表象特征，指的是人的知识和技能，通常容易被感知和测量；水下的部分是潜在特征，主要指的是社会角色、自我概念、潜在特质、动机等，这部分特征越到下面越不容易被挖掘与感知。麦克利兰研究指出，最终影响一个人绩效的不是学术能力和知识技能，而是水面以下被称为素质的特征。1981 年，理查德·博亚齐斯提出了与“冰山模型”类似的“洋葱模型”，他把人的胜任素质由内到外概括为层层包裹的结构，最核心的是动机，然后向外依次展开为个性、自我形象与价值观、社会角色、态度、知识、技能。越向外层，越易于培养和评价；越向内层，越难以评价和习得。这两个模型都表明，影响一个人最终绩效的决定性因素是我们通常所说职业素养，即价值观、沟通能力、解决问题能力、团队合作能力、进取心等。现代心理学研究也表明，一个人的成就中至多只有 20% 归诸智商的贡献，而 80% 归于情商的贡献。

目前我们把“能力素质”作为一个概念范畴出现，主要突出当前能力在素质体系中的重要地位。这是因为，随着能力本位理念逐渐被理论界和大众认可与接收，以及加强党的执政能力建设成为自上而下的共识，“能力恐慌”“本领恐慌”日渐成为领导干部面临的紧迫问题，与思想、品格、知识、心理等内在素质相比更加重要，能力问题比以往任何时候更加引人注目。同时，我们也应意识到，随着知识经济时代的到来，现代科学技术“知识”在人才素质结构中极大扩张开来，人才的“知识”水平受到前所未有的重视。因此，我们对干部人才能力素质科学内涵的把握既要有整体观，又要突出重点，同时要与时俱进，从历史唯物主义把握干部能力素质的科学内涵。

二、科学把握新时期国土资源干部能力素质建设的重点

从系统论来看，干部能力素质结构通常具有稳定性特征，但变动性或发展性又是其根本特征，这是保证干部能力素质系统充满活力、功能发挥的必然要求。这突出表现为我们党在不同的历史时期对干部能力建设要求的差异性。例如，在革命战争年代，对党忠诚、英勇善战、不怕牺牲的干部就是好干部；在社会主义革命和建设时期，要求懂政治、懂业务、又红又专；改革开放初期，要求是拥护党的十一届三中全会确定的路线方针政策，有知识、懂专业、锐意改革；21 世纪以来，特别是十六大科学发展观提出后，要求各级组织要围绕贯彻科学发展观的能力、驾驭全局的能力、统筹兼顾利益关系的能力、务实创新的能力来加强干部队伍；十八大以来，习近平总书记提出好干部的标准是“信念坚定、为民服务、勤政务实、敢于担当、清正廉洁”。同时，国土资源干部作为党政干部的重要组成，对其能力素质既有普遍性和同质性要求，同时其职业、角色特征又对能力素质有着特殊性和异质性要求。因此，要科学把握当前国土资源干部能力素质建设重点，既要深刻把握当前我国社会转型时期各种重大变化和重大战略实施对干部能力素质的需求，又要把握好当前国土资源职责履行和改革发展对干部能力素质建设的要求，同时还要与国土资源干部能力短板结合起来。归结起来，我认为当前应重点把握好以下 3 个方面。

第一，必须把品德建设放在能力素质建设的首位。在人力资源开发结构中，品德因素对劳动者智力、体力因素发挥着关键作用、导向作用、动力作用和协调整合作用，也就是说，世界观、人生观、思想觉悟、劳动态度、道德信念、志向等品德因素不但决定着体力与智力的发展水平，还决定着体力与智力作用发挥的方向与水平。我们党的领导革命和建设的历史反复证明，紧紧围绕党的政治路线培养干部，是党的各项事业不断取得胜利的法宝，经常性的思想政治教育是保证领导干部健康成长的重要条件。特别在当今时代，思想观念和价值取向日趋活跃、社会思潮纷纭激荡，我们党面临着“四大危险”和“四大考验”，要保持马克思主义政党先进性、纯洁性，必须高度重视干部的思想建设、作风建设、纪律建设，把全面从严治党放置到更加突出的位置。同时，品德对不同级别的职位要求也不尽相同的，越是处于重要领导职位的干部选拔任用，更要看其品德如何，尤

其是政治品质；品德失范将直接导致领导力和领导权威的降低，甚至职位不保，个人的威信和荣誉丧失殆尽。党的十八大以来，我们党开展相继开展的“四风”整治、群众路线教育实践活动和“三严三实”专题教育，一个鲜明特征就是更加重视思想建党，促使各级干部在守纪律、讲规矩、勇于担当、真抓实干、推动改革发展上善作善为。从当前来看，加强国土资源干部品德建设，重点就是要贯彻落实“两学一做”学习教育，促使党员干部增强看齐意识，更加自觉地尊崇党章、履行党员义务，真正做讲政治、有信念，讲规矩、有纪律，讲道德、有品行，讲奉献、有作为的合格党员干部，为推动改革发展稳定、全面建成小康社会建功立业。

第二，要更加突出适应新时期的能力素质锻炼培养。当前国际格局正在发生深刻变化，世界多极化、经济全球化、文化多样化、社会信息化深入发展，新一轮科技革命和产业革命蓄势待发，全球治理体系深刻变革，世界各国综合国力的竞争日趋激烈；从国内来看，全面把握“五位一体”总体布局和“四个全面”战略布局，牢固树立和切实贯彻“创新、协调、绿色、开放、共享”五大理念，适应、引领经济发展新常态，推进供给侧结构性改革等，成为当前今后一段时期的重要任务；从国土资源工作来看，加快转变国土资源管理职能，破解国土资源支撑保障难题，推进国土资源管理体制机制，深化资源领域国际交流合作，全面履行“尽职尽责保护国土资源、节约集约利用国土资源、尽心尽力维护群众权益”职责，这些也都对新时期国土资源干部现代化治理能力提出了全新的要求。习近平总书记在省部级主要领导干部学习贯彻十八届五中全会精神专题研讨班开班式上强调，新发展理念要落地生根、变成普遍实践，关键还在各级领导干部的认识和行动；并对领导干部明确提出“要深学笃用”“要用好辩证法”“要创新手段”“要守住底线”，这实际是对各级干部增强贯彻落实新发展理念的学习能力、专业能力、执行能力、科学方法论运用能力、改革能力、法治能力、风险防控能力和干部管理能力提出新要求。在全国国土资源工作会议上，姜大明部长针对当前部分国土资源干部存在着不敢为、不会为、不善为问题，缺乏履职担当、善作善为的勇气和能力问题，提出国土资源干部要加强懂全局管本行、抓重点破难题、抓落实求实效、崇廉洁拒腐蚀的能力建设新要求，这些能力素质都是当前国土资源干部能力建设的重点。从国外来看，美国、英国、加拿大、日本、新加坡等发达国家都把提高公务员能力作为迎接国际新挑战和增强国家和竞争力的重要战略，并积极建立适合本国国情的不同级别的公务员能力标准和框架。例如，美国要求一般公务员具备客户服务、人际交往、注重细节、阅读理解、解决问题、团队合作、自我管理、责任要求等能力资格，对于高级公务员要求具备领导变革、团队领导、结果导向、商业头脑、建立良好关系5方面22项核心能力资格；加拿大要求一般公务员具备客户服务、沟通、人际关系、分析思维、领导力、目标实现、问题解决、学习支持、组织知识9方面胜任素质，要求高级公务员具备价值观和道德、战略思维、感召力和管理才能等。不同岗位、不同职级对国土资源干部能力要求是不同的，同时每个干部能力素质基础也是不同的，关键要遵循能力发展规律，设定可行的能力结构目标，补齐短板，不断追求卓越。

第三，要把知识学习放到更加突出的位置。知识是每一个干部成长的和发展基础和关键。非学无以广才，非学无以明识，非学无以立德。能力在知识掌握过程中形成，知识在能力指导下“活化”，知识和能力是人的智能因素系统中不可分割的两个侧面。特别在当前经济社会日新月异、矛盾和问题层出不穷、挑战和经济考验日益复杂的新形势下，本领恐慌是当前各级干部面临的突出问题，频现“能力不强被急死、办法不多被愁死、水平不高被骂死”的尴尬和窘境，归根结底是干部知识结构跟不上时代的发展。习近平总书记强调“到了知识经济时代，一个人必须学习一辈子，才能跟上时代前进的脚步。如果我们不努力提高各方面的知识素养，不自觉学习各种科学文化知识，不主动加快知识更新、优化知识结构、拓宽眼界和视野，那就难以增强本领，也就没有办法赢得主动、赢得优势、赢得未来。”对于科技人才更是如此，因为在人才生态系统中，知识、技能、成果、经验等知识因素是构成人才生态链的核心要素，是维系整个人才生态系统运行的“营养”和“能量”。因此，国土资源干部必须把学习知识放在重要位置。国土资源工作支撑各行各业，影响千秋万代，这也就决定了国土资源干部必须具有复合型知识结构，包括哲学知识、专业知识、相关知识、基础知识、经验知识等，合理的知识结构是干部成长发展的基础。国土资源干部作为行业党政人才，目前最为关键的就是要强化国土资源专业知识学习，提升国土资源工作的专业思维、专业素养和专业方法；同时，要强化经验知识的积累，提升自身认识能力和实践能力。

三、科学把握国土资源干部能力素质建设路径

提升干部能力素质是一项复杂系统工程，既与个人的能力素质基础和

潜能发展相关，也与组织和社会培养相关，包括干部自主开发、组织开发和社会开发 3 个层面，其中组织开发和社会开发最终要通过干部自主开发来实现其价值。联想集团在实践中形成了 721 人才培养法则，就是员工 10% 的知识和技能是培训和继续教育所得，20% 是来自向有经验者学习的导师制度，剩下的 70% 则来自于实践，包括轮岗、外派和挑战性项目对员工的锻炼。因此，提升国土资源干部能力素质着力点最终应在促进国土资源干部自主开发和实践培养上，而不是单一的培训。根据干部人才成长规律和国土资源工作实际，目前应重点在以下 4 个方面着力。

第一，科学引导国土资源干部建立自主开发机制。自主开发强调干部自己是素质和能力开发主体，自己对自己成长、发展负责，包括自我认识、自我规划、自我实施和自我调控 4 个循序渐进的过程。每一个国土资源干部都应该在全面评估自身的基础上，立足于国家和国土资源事业发展需要，结合自己的工作和特长，对自己的职业生涯进行战略性设计，确立自己职业目标体系和行动方案；同时，在自我开发过程中，要善于发现、把握和创造各种成才机遇，有效地进行时间统筹，运营好自己创新最佳时区和时机，并根据形势环境变化及时调控目标、心理素质和智能结构，从而不断地自我认识、自我评价、自我完善。国土资源干部作为高素质的人才群体，一般都具备自主开发的能力，当前关键是各级领导要对国土资源干部进行合理引导和教育，发挥先进典型的引领作用，充分激发各级国土资源干部自主开发的动力。

第二，建立健全“以用为本”的国土资源干部实践成才机制。“以用为本”既是对干部人才成长发展原理和规律的科学理解和运用，也是“以人为本”的科学发展观在干部人才工作领域的深化和落实。古人云：“宰相必起于州郡，猛将必发于卒伍”。美国著名管理学家巴纳德曾说过，“看到和抓住机会的能力，以及独立判断决定而不受他人干扰和困难阻挠的能力一定要通过自己在实际工作中的努力获得”。目前国土资源干部“三门”干部趋多、受岗位划分限制流动较少，普遍存在来源渠道单一、成长路径趋同、缺乏吃劲岗位磨炼的问题，干事创新创业经验偏少。为此，提升国土资源干部能力素质关键就是要给位子、压担子、搭台子、铺路子，把国土资源干部特别是年轻干部放到艰苦地区、复杂环境、关键岗位和重大项目上经受风吹雨打，推进干部跨部门多岗位交流，改善干部业务知识结构，全面提升国土资源干部的综合能力素质。同时，这也就要求各级领导干部掌握爱才、识才、求才、用才、容才、育才之艺，使每一个国土资源干部都能够人适其事，事得其人，人尽其才，事尽其功。

第三，不断完善国土资源干部教育培训机制。干部教育培训是提升干部通用知识和专业知识的重要途径，同时在提升干部核心素质也有一定积极作用。例如，在20世纪60年代，麦克利兰创造了一种所谓“全压”训练班的办法来提高企业经理的成就需要试验，结果统计表明，受过训练的人在两年后取得的成就，明显地高于条件类似但未受过训练的人，因为前者的主动性和创业精神普遍有所提高。目前针对国土资源干部培训现状，不仅要优化国土资源干部培训的内容体系，更要创新干部教育培训方式。当前，在内容体系重点加强学习贯彻习近平总书记系列重要讲话、党章党规、五大发展理念和国土资源核心业务开展培训，重点围绕提升“四种能力”优化课程设置体系。在干部教育培训方式创新上，不仅要积极探索科学化、个性化培训模式，更要注重把现代企业培训教育方法引入到国土资源干部教育培训当中。例如，分层分类构建基于国土资源干部胜任能力的“学习地图”，为国土资源干部设计实现其职业生涯发展学习路径图和全员学习规划蓝图；在高级培训班中引入“行动学习法”，将学习知识、分享经验、创造性研究解决问题和实际行动有效结合在一起；此外，还可借鉴企业大学模式，把共建高校、培训基地、重点实验室等、干部教育培训网等培训资源整合起来，创建国土资源教育联盟，为国土资源干部干部提供全新、系统的培训支持。

第四，积极构建战略性人力资源管理新模式。要全面提升国土资源干部能力素质，除了加强干部培养的具体路径创新外，还应从整体上树立现代人力资源观，实施战略性人力资源管理，切实把国土资源干部人才视为实现国土资源战略目标、提升工作绩效和增强行业竞争力的核心资源，通过高绩效的人力资源管理实践（工作轮换、绩效评估、激励性报酬、工作设计、训练开发、信息共享、组织分权等）与国土资源组织人力资本库（各级干部知识、技能与能力等）进行有效互动，从而实现整个国土资源系统干部人才资源开发和优化配置，达到人本管理的新境界。当然，这就需要对传统的人事管理模式进行创新，包括实施现代化干部人才绩效管理、干部人才胜任素质评价和现代化干部人才管理信息系统等。

国土资源人才培训开发战略研究

杜新波　温　巍　胡利哲

摘要：国土资源人才培训作为国土资源人才工作的重要内容，从战略角度对现行国土资源人才培训进行评审、审视和重构，是推进国土资源人才战略实施的重要实施路径。本研究借鉴现代人才培训理论与模式，全面评价分析了近年来国土资源干部人才教育培训探索实施情况，剖析了当前国土资源人才培训存在的主要问题，提出了国土资源人才培训战略实施的原则，从建立人才培训战略规划、编制培训实施指导规范、创新人才培训方式方法、完善制度体系等方面提出了国土资源人才培训战略实施的政策建议。

培训作为开发与发展人力资源的基本手段，已突破其原本的纯教育意义，而成为现代企业管理和公共管理中的重要方式和手段。诺贝尔奖获得者西蒙（H. A. Simon）就曾指出，“组织问题不在组织本身，而在有关的人”。西方人力资本理论的创始人舒尔茨和贝克尔都把教育和培训视为提升人力资本最重要的手段。目前，越来越多的企业和公共部门意识到培训的重要性，并把培训列入了人力资源管理工作的议事日程。国土资源人才培训作为国土资源人才工作的重要组成内容，从战略角度对现行国土资源人才培训进行评审、审视和重构，是推进国土资源人才战略实施的重要实施路径。

一、国土资源人才培训的理论与模式

从我国总体来看，不论是企业还是公共部门，在实际开展培训工作当中，在培训计划、内容、方式、对象、考核等方面都存在片面理解和误区，高层领导还没有充分认识到培训的重要作用，许多培训根本无战略可言，只是为培训而培训，与企业和部门战略严重脱钩，几乎毫无瓜葛。从国土资源人才培训当中，也存在着类似的问题，因此，要把国土资源人才培训提升到战略高度，必须运用先进培训理论和模式来改造和调整现有国土资源人才培训模式。本部分重点介绍以下三个方面的内容。

（一）系统型培训模式

系统型培训模式起源于美国陆军教学训练，是在对个人或组织的培训需要和培训过程进行全面调查的基础上提出来的，是目前国外企业采用较多的一种培训模式，它是国际上普遍认同的系统化培训方法（SAT）的雏形。系统型培训模式通常具有两个典型特征：其一，培训应被看作一系列连贯的步骤，通常包括制定培训政策、确定培训需求、制定培训目标和计划、实施培训计划及对计划的实施进行评估、审核；其二，培训需求的确定可以在一个适当的阶段引入到培训循环中。

一般而言，系统化培训方法把整个培训活动分为：岗位任务和培训需求分析、培训大纲设计、培训材料编制、培训的实施、培训效果评价及反馈5个阶段。其特点有6个方面：①注重于岗位任务的分析。通过对每个岗位工作任务的分析，确定从事该岗位工作的人员所需要的工作能力，这些工作能力既是SAT培训所要达到的目标，也是对从事该岗位工作的人员能力和资格的考核标准。②扩展了工作能力的概念，它所指的工作能力既包括了一般培训方法所指的人员在技术方面的知识和技能，还包括了人际因素方面的知识、技能和态度。③是一个将培训目标和培训考核有机结合的动态的过程。完成培训并不意味着SAT培训工作过程的终结，它还要求通过专门的考核标准对每个员工的培训结果进行验证，以检查是否满足培训目标的要求，同时，还根据每个阶段收集到的资料，对培训过程的各个方面进行评价，评价结果反馈到培训大纲和培训管理的改进之中。④培训方法具有质量保证（QA）的特征，并把QA的管理方法运用于整个培训过程，使培训全过程具有可审查性，从而保证技术人员取得全面工作能力。⑤培训方法与企业安全文化建设具有紧密的联系。培训方法在岗位任务分析中就提出专门与安全相关的问题以及与之相对应的KSA，并写入培训大纲，把安全文化从抽象的概念变成岗位工作的具体行动。⑥培训方法与人事管理政策有着密切的关系。培训方法有助于岗位的制定、组织机构的设计、人员聘用、选择和培养，并对制定人事政策和预测人员需求及变化有重要的作用。

系统型培训管理模式的产生和广泛运用，是企业内部建立规范培训动作体系的重要里程碑，对企业培训的发展起到了积极的促进作用；它使培训者认识到有结构、有规则地从事培训的重要意义。然而，系统培训模式显然还没有达到能够解决实施最佳培训的实际问题的程度，特别是未表明培训智能在开发供应领先能力方面应该起到的积极作用，也没有考虑到将现代培训职能深植于组织的必要性，没有阐明它与培训实施中相关各方之间的关系。

（二）过渡型培训理论

美国著名学者哈里·泰勒，针对系统型培训模式所存在的问题提出了不同的见解，并提出了过渡型培训模式。泰勒将过渡型培训模式描述为公司战略和学习的双环路。内环是系统培训模式，外环是战略和学习、远景（期望设想）、使命（组织存在的意义）和价值（对前两者易理解的解释），都必须在对目标的具体关注之前确定。其实现目标包括：①帮助员工提高其知识、技能和能力，以不断适应工作的需要；②提高员工的生活水平和质量，培养健全的人格；③调和员工的信念和价值观，以培养正确的职业观念。④提高组织管理的效率，以维持组织的不断发展。

培训需求分析是确定培训目标、设计培训规划的前提，也是进行培训评估的基础，因而它是搞好培训工作的关键。如何进行过渡型培训的需求分析，一般来说应从以下两个方面入手：

（1）组织分析。过渡型培训需求的组织分析主要是通过对组织的目标、资源、特质、环境等因素的分析，准确地找出组织存在的问题与问题产生的根源，以确定培训是否是解决这类问题的最有效的方法。其中对需求确认最为关键，这些内容包括：①员工行为或工作绩效差异的是否存在。行为或工作绩效差异是指实际行为或工作绩效和计划的行为或工作绩效之间的差异，如有差异存在，就说明有培训之必要。②绩效差异的重要性。只有绩效和行为差异对组织有负面不良影响时，这个绩效和行为的层面才值得重视。绩效层面的重要性要根据组织的目标和发展方向而定。当绩效差异影响到组织目标的实现与组织的未来发展时，就必须分析影响绩效的原因和根源：是欠缺适当的知识技能？是环境上的限制或制约？是缺乏适当的诱因或动机？还是员工的身心健康状况不佳？这主要由组织的上层领导来分析，并确认是否有进行培训的必要。③培训员工是否是最佳的途径。当绩效和行为差异是因为个人能力不足，或因员工态度信念不合，或因主管不积极参与员工培训所引起，员工或主管的培训便可能是最好的方法。

（2）过渡型培训需求的战略分析。传统上，人们习惯于把过渡型培训需求分析集中在个体和组织需求的层次上，并以此作为设计培训规划的依据。一般说来，集中于个体与组织的需求，往往是对组织过去与现在的需求比较敏感。但是，当组织状况发生了重大变化时，那种集中于过去和现在的需求分析将会引起组织资源的无效应用。过去，组织变革缓慢而微小，未来的需求经常是过去倾向的逻辑延展。但现在这种状况已经发生了巨大的变化，培训需求的未来分析，即战略分析，已越来越受到人们的重视并被提到一个重要的战略位置上。过渡型培训需求的战略分析，通常包括三个方面：①组织优先权的改变。引起组织优先权改变的因素是多种多样的，包括：新技术的引进，财政上的约束，组织的撤销、分割或合并，各种临时性、突发性任务的出现。这就要求培训部门在进行培训需求分析中不能仅仅考虑现在的需要和建立在过去倾向基础上的服务提供，它必须是前瞻性的。②人事预测。人事预测主要包括需求预测和供给预测。需求预测主要是考察一个组织所需要的人员数量以及这些人员必须掌握的技能。对于稳定性组织而言，过去的倾向无疑是未来需求的指示灯，而对于经历巨大变革的组织来说，过去的倾向需要只有和其他预测技术结合起来才可确定未来的需求。供给预测不但要考察可能参加工作的人员的数量，而且要考察这些人员所具有的技能状况，以便为人员的雇佣、培训与再培训提供依据。③组织态度调查。在培训需求的战略分析中，收集全体工作人员对其工作、补偿金、救济金、同事等的态度和满意程度的资讯也是很有用处的。因为，对组织态度的调查能够帮助查出组织内最需要培训的领域；是否需要培训以外的方法；而且还能找出和确认那些阻碍改革和反对培训的领域。一般来说，了解工作人员对组织的态度及满意程度应立足于利益领域。

泰勒的过渡型模式具有一定的探索型，但却具有相当的启示意义。他保留了系统模式作为培训指南的诱人之处，同时又将培训放在了一个更广泛的企业背景之中；它揭示出，组织作为一个整体应与其战略发展相适应。这一模式的弱点表现在两个方面。首先，泰勒提出的双环在严密程度上不足；内环是充实、清晰的，而外环则尚待完善，远不够理想。这表现在实际适用性差，在组织中很难界定它的存在。

（三）学习地图

学习地图（Learning Maps）起源于学习路径图（Learning Paths），其主要意义是在一定的目标下，以员工职业技能发展为主轴而设计的一系列学习活动。1993 年由美国通用公司全球学习顾问史蒂夫·罗森伯姆和印度区学习顾问吉姆·威廉姆斯联手创立学习路径，完成系统概念并开始执行咨询项目。其项目主要目标为有效缩短员工成长时间、提高岗位胜任率、进而提升个人绩效与企业效益，因此能使企业依据员工职业发展路径，有效整合内外部培训资源，建构出一套较为完整及有效运作的培训体系。美国通用公司（GE）为每个岗位设计了学习路径图，故在公司里实施任何培训项目都能让培训人员参与到每个学习路径图中，多年下来，这个项目的实施成果，就是任何一个职能部门从培养新员工到出色地胜任工作几乎都可以至少减少30%的时间。学习地图的理论系统概念源自于罗伯特·卡普兰和大卫·诺顿于2004年提出的战略地图，并以哈佛大学教授、著名的心理学家大卫·麦克里兰提出的素质能力模型为设计基础，因为模型是从组织战略发展的需求出发，所以更能强化竞争力，提高企业实际业绩，形成的基于岗位任务和业务问题而设计的学习规划。

众行集团作为中国培训行业的先行者，在吸收国外培训管理领域的精髓基础上，结合本土经验和实践提出了绘制学习地图方法和步骤，具体流程为：岗位族梳理—能力素质模型设计—岗位和能力进行匹配—基于能力的学习资源库建设—绘制学习地图，具体见图1。

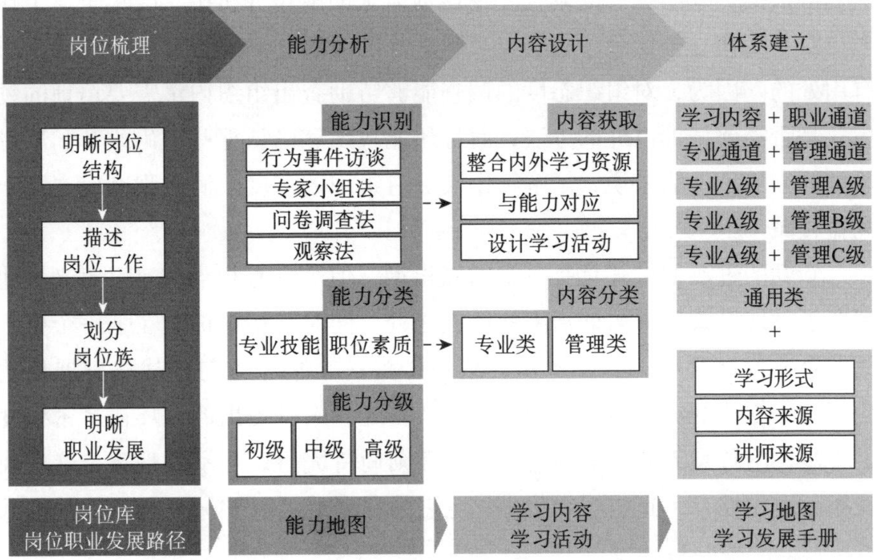

图1　绘制学习地图

国内学者彭剑锋认为，学习地图是依据员工职业生涯发展而拟定的员工个性化的培训课程体系，是基于职位能力而设计的员工快速胜任职位的学习路径图，同时也是每一个员工实现其职业生涯发展的学习路径图和全员学习规划蓝图。它是以能力发展路径和职业规划为主轴设计的一系列学习活动，是员工在企业内学习发展路径的直接体现。在这些学习活动中，既有传统的课程培训，也包括其他新兴学习方式，诸如行动学习、在线学习等。学习地图是组织内员工职业发展过程中的动力来源和方向指引，它将基于胜任力的核心课程表与能力模型、员工职业生涯发展有机对接，以促进员工培训向员工学习转型，有效牵引员的学习发展和能力提升。对于企业自身而言，学习地图是培训管理的指南针，能够从统一的视角建立系统科学的培训规划，确定适合的学习方式，为员工提供相应的学习活动。

当然，实践认为，在绘制学习地图中除传统围绕员工能力模型构建体系化的“人才发展线”学习项目外，还应构建能支撑战略实施、提升组织能力的“组织发展线”学习地图。例如，华润集团的学习地图不仅包括极具代表性的“60 班/70 班”“人才发展线”等项目，还包括紧密配合战略需求，根据集团年度的战略主题所组织的课程，以及紧紧围绕业务单元遇到的战略或业绩层面问题，来开展行动学习解决问题的“组织发展线”等项目。组织发展学习项目也使得华润的培训中心不仅没有停留在提升员工个人知识与技能的支持性职能上，更成为直接参与价值创造的部门，有力地支撑企业组织能力的发展与战略落地。“组织发展线”学习地图的绘制无一例外都是针对公司战略落地所需的组织能力，如 GE 的“内生式创新增长”、中粮的“战略一致”与“集团管控”等。他们都采用行动学习、团队培训的方式，围绕“员工能力”“组织”与“文化”3 方面展开。培训项目不仅仅为员工提供知识，还提供引导帮助大家思考未来的变革计划，形成新的运营治理方式，如中粮集团导入“6S”管理体系培训与导入、GE 制定的创新增长攻略。更重要的是，无论是管理层，还是一线员工，都能在培训研讨过程中达成一致认同，形成“共同的目标”与“整齐的步伐”。

（四）行动学习法

行动学习法是由英国管理学思想家雷格·瑞文斯（Reg Revans）在 1940 年发明的，并将其应用于英格兰和威尔士煤矿业的组织培训。所谓行动学习法培训，就是透过行动实践学习，又称“干中学”。即在一个专门以学习为目标的背景环境中，以组织面临的重要问题作载体，学习者通过对实际工作中的问题、任务、项目等进行处理，从而达到开发人力资源和发展组织的目的。行动学习之于商业管理方面的基本概念就是：经理人们获得管理经验的最好方法是通过实际的团队项目操作而非通过传统的课堂教学，其目的不仅是为了促进某一具体项目或个人的学习发展，更致力于推动组织变革，将组织全面转化为“一个学习系统”。

行动学习作为一种培训的组织模式，包含如下 4 个层面：①行动学习是一小组人共同解决组织实际存在问题的过程和方法。行动学习不仅关注问题的解决，也关注小组成员的学习发展以及整个组织的进步。②行动学习是一个从自己行动中学习的过程，行动学习的关键原则：每一个人都有潜能，在真正“做”的过程中，这个潜能会在行动中最大限度地发挥出来。③行动学习通过一套完善的框架，保证小组成员能够在高效地解决实际存在的问题的过程中实现学习和发展。行动学习的力量来源于小组成员对已有知识和经验的相互质疑和在行动基础上的深刻反思。因此，行动学习可以表述为公式：$AL = P + Q + R + I$，其中，AL（Action Learning）表示行动学习；P（Programmed Knowledge）表示结构化的知识；Q（Questions）表示质疑（问有洞察性的问题）；R（Reflection）表示反思；I（Implementation）表示执行。④行动学习是一种综合的学习模式，是学习知识、分享经验、创造性研究解决问题和实际行动四位一体的方法。

（五）企业大学

企业大学又称公司大学，是指由企业出资，以企业高级管理人员、一流的商学院教授及专业培训师为师资，通过实战模拟、案例研讨、互动教学等实效性教育手段，以培养企业内部中、高级管理人才和企业供销合作者为目的，满足人们终身学习需要的一种新型教育、培训体系。自 1955 年，全球第一所企业大学——通用电气公司克顿维尔学院正式成立，企业大学在全球迅速崛起。从 20 世纪 80 年代开始，企业大学进入快速发展期，全球企业大学从 20 世纪 80 年代中期的 400 多所到 2010 年达到 3700 所，财富世界 500 强中近 80% 的企业，拥有或正在创建企业大学。在美国的上市公司中，拥有企业大学的上市公司平均市盈利比没有企业大学的市盈利明显要高。1993 年，摩托罗拉中国区大学成立，是中国境内企业大学诞生的最早开端。从那开始，越来越多的企业特别是大型名企，认识到企业大学的重要性，开始着手构建自己的企业大学，企业大学建设呈现出空前高涨的趋势。截至 2011 年年底，中国已建成的企业大学超过 400 所（其中外企在华创建的企业大学超 80 所，中国本土企业大学超过 320 所），如果加上民间低调成立的企业大学或超过 1000 所。

设立企业大学的主要目的是提高企业的绩效和竞争力，其本质是要促进员工和组织快速成长，同时提升组织绩效。有人将企业大学的角色分为两主（成长顾问、绩效伙伴）六辅（培训管理专家、资源整合者、组织建设者、文化建设者、绩效挖潜专家、变革推动者）。企业大学一般具有以下几个特征。

（1）大学性。“教学、研究和社会服务”作为现代大学的主要功能的观点已得到普遍认同。企业大学这种新型的高等教育办学模式就是为了迎接社会、科技、经济发展的挑战，其所传授的知识总是急需的、先进的，并直接作用于组织与个人发展的需要，它因此具有教学与服务的功能。在创造、探索新知识方面，许多企业大学一点都不比传统的高等教育机构逊色，许多企业拥有自己的研所、实验室，特别是在生物工程、电子、化工等高科技领域，它们的成果令人瞩目，例如杜邦实验室、贝尔实验室等。

（2）企业性。企业大学是按企业的组织框架建立的，以盈利或推动企业盈利为主要目标。通过内部培训为企业培养最具实用价值的人力资源，通过外部培训赚取货币财富以补充支持企业大学的运作。其目标的实质是追求人力资源和货币资源利益的最大化，其教学活动服从企业战略发展的整体要求。

（3）针对性。企业大学最初以本企业的员工为主要教育对象，后来扩大到应商、销售商、其他企业的员工及社会公众。具体包括以下三类：第一类是企业内部公众，教育对象仅为本企业的员工，如西尔斯大学、施乐管理学院、惠尔丰大学、戴尔大学、塔吉特大学等；第二类是有限的外部公众，教育对象是本企业的供应商、销售商和客户等，如摩托罗拉大学；第三类是广泛的外部公众，教育对象是其他企业的员工和一般的公众，如迪士尼大学、甲骨文学院等。企业大学的教学内容具有针对性。课程按实际需要设置和组合，如企业员工的职业技能学习内容是针对多数员工而设计的，其学习目标是提高全体员工在当前情况下的竞争能力和工作技能。

（4）虚拟性。由于网络和通信技术的发展改变了人们传统的学习方式，以主动的、自我管理和协作为主的 e－learning 模式，给企业学习增以充满活力的发展空间，这种全新的学习价值观使教育和培养方式更具灵活多样性，不受时间、空间和地域的限制，适合多种学科并能满足终身教育和多样化教育的要求。现代企业大学与传统大学不同，不一定要有校园，例如戴尔大学就没有建立有形的校园。通过采用网络技术、多媒体技术或卫星电视等手段传播培训课程，可形成虚拟校园或虚拟化教学体系，如通过在线学习、CD－ROM、可视会议系统等形式实现教学。

（5）合作性。企业热衷于与高等院校及其他高等教育机构合作办学，特别是在学位授予和教师雇佣方面。很多企业大学都试图通过与传统大学合作，取得发放学位证书的权力。通过合作建立的机构授予学士学位的企业大学有：Bell Atlantic 公司和纽约州立大学可以共同授予交流技术学位；Baton 公司和瑞尔森大学可以共同授予零售管理学位等等。另外，许多企业大学还聘请传统大学的教师担任兼职教师，以弥补其教师力量的不足。

二、现行国土资源干部人才培训模式和现状评价

（一）国土资源干部人才培训总体情况

以国土资源系统干部人才为例。2013 年，全国国土资源系统干部人才参加各类培训 365246 人次。党校、行政学院级干部学院培训 73388 人次，占培训总人次的 20.09%；国土资源培训机构培训 153814 人次，占 42.11%；其他培训 138044 人次，占 37.79%，其中，国外培训 441 人次，占 0.12%。截至 2013 年年底，参加学历教育总人数 19842 人，研究生 1627 人，占参加学历教育总人数的 8.13%，其中博士 208 人，占 0.97%，硕士 1419 人，占 7.14%；大学本科 10101 人，占 50.91%，大学专科 8114 人，占 40.89%。2013 年 1110 人获得学位，其中，获得博士学位的 41 人，获硕士学位的 401 人，获得学士学位的 668 人。

2014 年，全国国土资源系统干部参加各类培训 340537 人次。党校、行政学院级干部学院培训 69495 人次，占培训总人次的 20.38%；国土资源培训机构培训 144756 人次，占 42.44%；其他培训 126286 人次，占 37.03%，其中，国外培训 509 人次，占 0.15%。2014 年，参加学历教育总人数 20941 人，其中研究生 1790 人，占参加学历教育总人数的 8.13%，博士 233 人，占 1.11%，硕士 1557 人，占 7.43%；大学本科 11000 人，占 52.52%；大学专科 8153 人，占 38.93%。2014 年 1002 人获得学位，其中，获得博士学位的 39 人，获硕士学位的 484 人，获得学士学位的 479 人。

从国土资源干部人才教育培训结构和分布来看，以 2013 年国土资源干部教育培训为例，具有两方面特征。

（1）从全国省以下国土资源系统干部教育培训类型来看，参加党校、行政学院及干部学院培训比重较大的有浙江、吉林、上海、甘肃、新疆生产建设兵团5省份，新疆生产建设兵团此项目培训占比达到了60.69%；参加国土资源培训机构培训比重较大的有河南、新疆、辽宁、北京4省份，辽宁和北京此项目培训占比均超过了70%；参加其他培训比重较大的有四川、内蒙古、天津、西藏、贵州5省份，贵州省此项目培训占比高达60.63%。其他省市参加各类培训的人员比重相较全国平均水平均相差不多。

（2）从全国省以下国土资源系统干部培训强度来看，云南、四川、广东、海南、宁夏、广西、北京7省份的人均培训次数大于1，其中，北京市的人均培训甚至达到了11.65次/人；人均培训次数小于1大于0.5的有湖南、上海、甘肃、重庆、安徽、新疆、山东、辽宁、浙江、天津、江苏11省份；人均培训次数小于0.5的有青海、西藏、河南、河北、山西、内蒙古、新疆生产建设兵团、湖北、黑龙江、吉林、福建、陕西、江西、贵州14省份，其中，青海省的人均培训次数仅为0.12次/人。可以看出，国土资源系统干部培训不足主要集中在人员超编严重或经济欠发达地区。

（二）国土资源干部人才教育培训实施情况

国土资源部党组高度重视人才教育培训工作，采取各种有效措施来推进人才教育培训工作。

1. 不断丰富和完善国土资源干部人才教育培训指导思想

近年来，国土资源干部人才教育培训高举中国特色社会主义伟大旗帜，以马克思列宁主义、毛泽东思想、邓小平理论、“三个代表”重要思想和科学发展观为指导，以深入学习贯彻党的十八大和十八届三中、四中、五中全会和习近平总书记系列重要讲话精神为主线，围绕国土资源管理工作大局，以抓好理想信念教育、加强中国特色社会主义理论体系学习为首要任务，全面推进政治理论、国土资源法律法规、专业能力和知识更新培训，使广大干部人才理想信念更加坚定、理论素养不断提高、党性修养切实增强、工作作风明显改进、德才素质和履职能力显著提升，使干部人才教育培训推动国土资源事业发展的作用更加明显；以能力建设为核心，以党政领导干部、公务员队伍和专业技术人才为重点，不断创新干部人才教育培训机制，健全干部人才教育培训体系，增强教育培训的针对性和实效性，不断实现干部人才教育培训规模、质量和效益的统一，不断健全完善具有国土资源特色的分层次、分类别、多渠道、大规模、重实效的干部人才教育培训新格局，为不断开创工作新局面提供坚强政治保证、人才保障和智力支持。

2. 加强组织领导和管理，构建更加开放的干部人才教育培训格局

在国土资源部层面，国土资源部干部人才教育培训工作在国土资源部党组的领导下，实行归口管理、分工协作、分级负责、分类实施的管理体制和运行机制。国土资源部人事司制定教育培训规划、年度培训计划，做好宏观指导、统筹协调、督促检查和制度建设等工作，健全以需求为导向的培训计划、备案制度，统筹各司局、各单位落实培训计划，实施培训工作。国土资源部各司局、各单位将干部人才教育培训工作纳入本单位工作规划和年度工作计划，积极支持干部职工参加各种形式的教育和培训。部各直属单位负责本单位干部和专业技术人员的教育培训工作。国土资源部人力资源中心根据总体规划和年度计划落实好地方国土资源管理干部等各项培训任务。各省（区、市）国土资源主管部门负责地方国土资源系统干部人才教育培训工作，总体上形成了由组织（人事）部门牵头抓总，相关部门负责、分级、分类管理的干部教育培训工作格局。例如，重庆市国土房管局在政务培训工作中，组建了三级管理体系，成立了由局主要领导担任组长的政务培训工作领导小组，在局人事处设领导小组办公室，负责组织指导，在局宣教中心设立政务培训工作办公室，负责具体组织实施，并要求各送培部门（单位）按照市局要求，落实相应机构和人员，做好培训人员的组织和管理。辽宁省国土资源厅相继出台了《辽宁省国土资源厅干部教育培训归口管理规定》《辽宁省国土资源系统干部教育培训工作管理暂行办法》《辽宁省国土资源系统干部教育培训登记制度》等一系列制度办法，明确规定全省系统干部教育培训实行归口管理，由省厅培训中心承办，各处室协办，设立了教育培训专项经费，专款用于干部教育培训工作；各市县局都明确规定由主要领导亲自抓，人事部门具体承办；形成了自上而下、机构健全、责任明晰、上下联动的工作格局，为做好全系干部教育培训工作奠定了坚实的组织基础。福建省福州市国土资源局专门成立了系统培训工作领导小组及办公室，坚持领导议训制度，将系统培训工作纳入市局的重要议事日程，加强对培训工作的全程指导。

3. 坚持全员培训，不断探索具有行业特色的培训体系

在国土资源部层面，主要形成了五个层面的培训。

（1）司局级领导干部培训。以提高党性修养、把握全局、科学决策、抓班子带队伍能力为重点，努力培养一支政治坚定、能力过硬、作风优良、奋发有为的执政骨干队伍。按照中央关于每名司局级领导干部每年脱产培训不低于110学时的规定，每年选派50名左右的司局级干部参加中组部、中央党校、国家行政学院和四个干部学院，以及中央国家机关工委等部门组织的调训，对年度新任职的司局级干部进行专题培训。实施坚持开展部党组中心组理论学习、国土资源大讲堂和专题辅导讲座等常态化学习培训。

（2）处级干部培训。以提高依法行政、勤政廉政、国土资源管理和业务能力建设为重点，围绕提高研究解决国土资源管理重点、难点问题的能力和水平开展处级干部培训。重点按照中央关于每名处级干部每年脱产培训不低于110学时、提任处级领导干部每五年参加不少于3个月的脱产培训的规定，每年有计划地选派部机关各司局、各督察局处级干部参加中组部、中央国家机关分校、人力资源社会保障部、国家公务员局等部门的调训。每两年举办1期处级领导干部任职培训班，对部机关各司局、各督察局新任职的处级领导干部进行培训，举办春、秋季2期党校班和不同专题的业务培训班，每年培训处级干部20%左右；同时将处级干部纳入自主选学和网络自学的范围，充分利用外部资源开展内容丰富、形式多样和灵活快捷的培训。

（3）青年干部培训。以理想信念、优良传统教育和实践锻炼为重点，加强青年干部培训。重点是开展入职培训，组织新录用公务员参加初任培训；坚持选调青年干部培训与培养后备干部相结合的原则，每年选派2～5名青年干部参加中央国家机关举办的科级干部培训班。每年联合直属机关团委举办1期青年骨干培训班。

（4）专业技术人员培训。以创新能力建设为核心，以中、高级专业技术人才为重点，努力培养造就一支专业水平高、创新能力强、梯次合理、门类齐全的专业技术人员队伍。部各直属单位遵循专业技术人员成长规律，分领域、分类别、分层次做好本单位专业技术人员培训，重点是对科技领军人才、学科带头人、优秀中青年专业技术骨干的培训。每年举办1期人力资源社会保障部专业技术人员知识更新高级研修班，举办多期以地质找矿、土地整治、地质灾害防治等为核心内容的培训班。选派高层次技术人才参加国际国内学术交流、有潜力的青年技术人才参加国内外中长期脱产学习培训。

（5）地方国土资源管理干部培训。以提高国土资源政策法规水平、管理服务水平为重点，指导、支持地方国土资源部门加强干部队伍建设。根据部年度培训计划，部人事司和各业务司局、各督察局负责对地方国土资源管理干部开展业务指导和培训。每年举办1～2期全国国土资源厅局级干部培训班，对20%左右的地方厅局级干部进行业务专题培训。每年举办多期全国市、县国土资源局长培训班和国土资源所长示范培训班，分级分类分专题培训。开展送教下基层、对口支援培训，支持援助西藏、新疆、青海及乌蒙山片区等少数民族欠发达地区开展国土资源管理干部培训工作。

2014年，国土资源部全年共举办各级各类培训班57期，培训干部18万余人次。例如，机关党委全年共举办7次国土资源学习大讲堂，邀请中央党校、国际关系学院、清华大学等有关专家学者，为直属机关党员干部共6000余人进行辅导。人事司、人力中心举办了第11期国土资源厅局长培训班、“规范实施土地征收管理工作”县长专题研究班；组织5名部级干部、48名司局级干部、7名处级干部分别参加了不同形式和专题的调训，组织选调了53名司局级干部参加了中央国家机关组织的选学；组织部机关、督察局和直属单位217名司局级干部利用业余时间参加了中组部网络干部学院在线学习。人力中心举办了12期市（地）、县（市）国土资源局长培训班，4期乡（镇）国土资源所所长示范班和2期党校班。勘查司举办了地质勘查行业通报、地质勘查成果通报编制培训班2期，培训学员200余人。环境司在全国集中开展地质灾害防治知识宣传教育培训，累计培训279万人；人事司、科技司、地调局举办“国土资源科技领军及高层次人才能力建设”高级研修班，强化了对高端人才的政治引领。耕保司、整治中心举办了3期土地整治技术培训班，培训人数近500人，并派员赴地方23个省（区、市）授课46人次，强化了土地整治机构间的纵向联系与服务。信息中心在武汉组织召开全国国土资源信息安全及相关技术培训班，120名专业技术骨干参加了培训。土地规划院组织了土地登记持证上岗培训、2014年度资源一号02C卫星数据处理技术培训、全国土地变更调查成果国家级内业外业核查技术培训、全国耕地后备资源调查评价工作培训、全国城市建设用地节约集约利用评价工作培训、2014年度开发区土地集约利用评价工作技术培训、国土资源管理政策与法律制度改革培训等多次培训，累计培训各类土地技术人员8500余人。

在国土资源部示范和引领下，地方国土资源部门和地勘行业也开展了独具特色的培训。例如，2012 年辽宁省国土资源厅组织执法能力培训班，将全省国土系统执法干部全部轮训一遍，并颁发了执法证书。组织从事土地登记人员进行了三期培训，共培训基层人员 847 名；并与清华大学继续教育学院联合举办了“辽宁省国土资源领导干部能力提升高级研修班”，共培训领导干部 163 人。江西省国土资源厅在清华大学举办了两期江西省国土资源系统领导干部能力建设培训班，都取得了很好的效果。中国冶金地质总局，为适应国家地质工作部署的变化，总局举办了水工环地质灾害培训、地质矿产调查评价专项勘查技术培训，总局系统 2014 年共有近 200 名地质专业高级专业技术人员和技术管理骨干参加了培训，提升了水工环专业技术核心竞争力。

4. 不断完善国土资源干部人才培训机制，提高培训的针对性和时效性

国土资源系统各单位在培训实践当中，加强干部教育培训工作的探索创新，不断完善国土资源干部教育培训运行机制，特别是注重培训需求调查和过程管理，完善质量检查评估，建立健全教学质量、办学水平和培训成效评估办法和指标体系，切实提高培训质量；加强培训档案管理，完善教育培训登记制度，及时了解、跟踪干部培训情况，防止出现多头调训、重复培训和漏训等现象；坚持培训与使用相结合，把干部参加学习培训的情况作为干部考核的内容和任职、晋升的重要依据之一，激发干部参训的积极性和主动性，形成自觉求学、踊跃参训的良好局面，为建设学习型机关、学习型组织创造良好条件。重点体现在以下三个方面：

（1）不断完善体现培训需求的计划生成机制。国土资源部党组要求把需求调研作为培训计划生成的必经环节，把滚动式培训需求调研作为部干部教育培训的一项重要制度。部人事司、人力资源中心作为承担部干部教育培训职能部门，每年定期开展深入细致的需求调研，准确把握组织需求、岗位需求和干部需求，研究确定需求调研、重点班次、培训计划等事项。在重庆市国土房管局在政务培训中，每年由市局政务培训领导小组办公室负责培训需求调研，在此基础上制定了政务培训工作方案。辽宁省坚持调研先行，深入市、县、基层国土资源所进行实地调研，面对面听取市县领导和在第一线工作的同志们的意见，深入了解他们年度重点工作和需要开展哪些方面的培训，全力做到培训工作能解决工作中的实际问题。福建省莆田市国土资源局变“固定式”培训为“菜单式”培训，将干部职工

普遍期盼了解和掌握的知识内容作为培训重点，由干部根据自身需求选择培训班次，有效激发了干部职工的学习热情。江西省国土资源厅按照“干什么、学什么、缺什么、补什么”的原则，每年有针对性地编制年度干部培训计划，报厅长办公会审批通过后，统筹实施各项培训，切实增强教育培训的针对性、实用性和有效性。例如，2010 年，为响应国家大力支持国外矿产资源勘查开发工作，江西省国土资源厅与国土资源部科技与国际合作司联合举办了“江西省境外矿产资源勘查开发培训研讨班”，对设区市国土（矿管）局、地勘单位、矿业企业从事境外矿产资源勘查开发工作的 130 多名人员进行了培训，取得了很好的效果。

（2）不断创新国土资源培训方法，优化课程体系。黑龙江省伊春市国土局通过“送出去”与“请进来”两种培训方式，将干部的理论学习与实践锻炼相结合，开展专题教育、业务能力测试、考察学习、业务交流等多种形式的培训，取得良好成效。重庆市国土房管局建立国土资源政务培训课程体系，每期培训针对参训干部群体的类别和岗位设置培训课程，同时分设必修课和选修课，既体现组织需要，又满足个人需求，受到学员的欢迎，取得了良好效果；同时，在培训方法上，采取课堂讲授、课上交流、实地考察、情景教学等多样化教学方法，实行一对一交流点评，充分调动了学员的积极性。

（3）不断探索完善培训班质量评估制度。国土资源部坚持把干部教育培训质量评估工作作为提升培训针对性、实效性的重要途径，组织专门力量开展教学质量评估研究，形成了较为完备的干部教育培训评估指标体系。特别是定期在各级培训班上开展评估工作，向学员发放培训综合质量评估表和课程质量评估表，组织学员对培训项目、课程设置、师资水平、教学管理等进行评价，并将评估结果作为培训机构承担培训任务、深化教学改革的重要依据。根据评价情况不断改进工作，提高教学水平。

（4）探索建立干部教育培训激励约束机制。例如，辽宁省国土资源厅尝试在关键业务培训中实行考试制度，对成绩合格者统一颁发证书。在 2011 年全省国土资源系统执法队伍的依法行政能力培训中，对全省 3907 名国土资源执法人员进行了 3 期为期 4 天的培训；培训结束后统一进行考试，对不合格的 275 名人员一律实行补考制度，考试不及格者只有一次补考机会，只有经过培训、考试、公示后无异议者方能取得执法资格证书。重庆市国土房管局在干部培训中坚持培训考核通报制度，实行班主任负责制，坚持推行考勤考评公示、闭卷考试制度和监督检查制度，分别对培训中成绩优秀和学风不佳的学员进行通报；坚持培训档案登记管理制度，以培训期次为单位，建立完整的参训学员档案资料，配备专职档案员，负责归档并将信息录入培训数据库；坚持激励约束制度，坚持将培训数据库中备案的个人培训情况作为干部职工继续教育登记、人员调配和干部考核、任职、定级、奖励的重要依据之一。江西省国土资源系统建立了培训与考核、干部使用、评先评优相结合的制度，重点把接受各类培训作为干部当年考核为称职以上的必备条件，参加各类培训的学习成绩和鉴定存入本人档案，作为任职、定级、晋升的重要依据；对没有正当理由不参加组织调训，或参加培训没有达到规定要求、考核不合格的，当年不得评先评优和提拔任用；加强对设区市局开展教育培训情况的考核，对脱产培训、中心组学习、在职自学等干部教育培训总体情况和干部教育培训的基础工作、管理工作、改革创新等综合情况进行考核，把考核结果作为设区市局领导班子年终综合考核的重要内容。

5. 不断完善国土资源干部教育培训能力建设

近年来，国土资源系统干部在教育培训能力建设方面，重点是在干部教育培训信息化建设、师资库和培训教材方面推进。

（1）干部教育培训信息化。国土资源部于 2001 年在国土资源部门户网站设立了“网上课堂”专栏，根据国土资源事业发展需要，分设不同的专题，并不断调整完善内容，创新形式，满足国土资源系统广大领导干部的学习需求。2012 年，国土资源干部教育培训网络试运行，目前该网络紧密结合经济社会发展形势及国土资源中心工作，采取多种形式开发、整合优质课程资源，打造精品、核心课程，不断推新、滚动发展，构建一个门类齐全、内容丰富的全时空、多媒体、立体化的教育干部培训课程资源库。现有视频课程约 100 个，每年动态更新约 30 个课程。平台为封闭式自主性学习，学员通过注册授权后方可在线学习。平台还具有课程发布、资源管理、学员管理等管理功能。

（2）师资库建设。国土资源系统结合实际不断探索符合国土资源干部教育培训特点的师资库。在部层面，利用国土资源部内部资源优势，重点选拔一批政治素质好、理论水平高、业务能力强、实践经验丰富的人员，作为业务课程的培训师资。每个课程的师资都分别设立了 AB 角，以确保培训工作的顺利开展；同时，根据提高干部综合素质的要求和干部的实际学习需求，将中央党校、中国浦东干部学院、国家行政学院、高等院校等讲授中国特色社会主义理论体系、科学发展观、宏观经济、领导科学与艺术、压力管理与心理调适、危机管理、政府面对新闻界、金融政策等知识的老师纳入国土资源管理干部教育培训师资库，作为干部教育培训公共课程的师资力量；同时，围绕构建保障和促进科学发展新机制，邀请在国土资源参与宏观调控、落实国土资源共同责任、国土资源开源节流、科技创新和国际合作等方面成效显著的基层国土资源部门领导介绍经验和好的做法，促进实践共享。

（3）培训教材。2000 年，国土资源部出版的《国土资源干部培训系列教材》，为部系统干部教育培训发挥了重要作用。随着新形势、新任务对国土资源管理工作不断提出新要求，2010 年启动教材修编工作，目前已完成了 16 本教材的大纲设计、初稿编写、初审、复审、征求意见、修改完善等工作。目前干部培训教材，正在根据国土资源工作新要求进行修改完善，具有国土资源特色的干部培训教材体系将要形成。

6. 强化与高校合作在职教育培训，加强学历教育和能力培训

国土资源系统和地勘行业各单位与“部部共建”“省部共建”高校通过签订多种合作协议来推进国土资源人才培训。为培养国土资源管理、经济、法律等综合知识的复合型人才，国土资源部与中国地质大学（北京）、中国地质大学（武汉）、南京农业大学、长安大学协商开展 MPA 教育，在国土资源系统培养土地资源管理、矿产资源管理、环境规划管理、公共事务管理、人力资源管理、公共经济管理、行政管理等方向的在职研究生。中国地质大学（北京）为适应国土资源和地勘行业在职人员培训需求，建立了以行业管理培训为主体，以专业技术培训和对外项目合作培训为补充的培训体系，2013 年开设地质灾害治理工程类培训班、地质公园规划编制培训班、固体矿产勘查理论与技术高级研修班等 14 个班，培训学员近 300 名。中国地质大学（武汉）依托“国家级国土资源专业技术人员继续教育基地”，2013 年相继举办了地质找矿专业技术培训班、地质勘查一线专业技术人员研修班、境外矿产资源勘查开发高级管理人员研修班、全国矿山地质环境保护与恢复治理方案编制培训班、黄金部队第二期百名区矿调业务骨干集训等各类培训班，共为 1604 人提供了继续教育服务；同时中国地质大学（武汉）在国土资源部支持下，2014 年中国地质大学（武汉）国土资源管理学院正式成立，学院以建成国土资源行业复合型人才培养基地

和国土资源科学研究基地，以为国家国土资源战略提供人才支持、科技服务和知识贡献为使命，重点采取以高层次学历（学位）教育为主、高层次业务培训为辅的人才培养模式，充分利用“地球科学国家大学联盟”和“C2科学战略联盟”等平台，聘请国内外一流大学、科研机构的知名专家学者到学院承担人才培养工作，设计精品化课程体系，打造具有多样化、现代化、突出实践和自主学习特色的教学模式，实施“高校教师+企业高管”和“高校教师+行政领导”的双导师制模式：在博士学历教育方面将主要涵盖“地质学”“地质资源与地质工程”“管理科学与工程”“应用经济学”“土地资源管理”等学科，硕士研究生教育除了学术型硕士外，将充分利用MBA、MPA和工程硕士等专业学位参加教育。地大武汉国土资源管理学院自2013年试运行以来，已经与中国地调局、贵州省地矿局、湖南省国土资源厅等单位签署了高层次人才委托培养协议，招收工程硕士200余人，单证博士60余人，并举办了“贵州省地矿局主要技术骨干高级研修班”，都取得了比较好的效果，也为其他高校创办国土资源管理（经济）学院提供了参考。

地方国土资源主管部门和地勘单位也主动与高校衔接开展学历教育和继续教育。例如湖南省国土资源厅先后与湖南大学联合举办MPA班，与武汉大学联合举办测绘本科班，与湖南省地勘工程职业学院联合举办地矿培训班，构建多渠道、多层次的专业人才继续教育体系。辽宁省国土资源厅先后同中国农业大学、中国矿业大学、沈阳农业大学等院校合作。近年来，中国冶金地质总局投入近400万元，以国内外找矿新方法、新进展、新理论为主要内容，与中国地质大学（北京）、中南大学、成都理工大学等合作，坚持每年对全系统总工程师进行1期专业知识培训，有效提升了业务骨干的实际工作能力和理论水平，为高层次人才找大矿提供了支撑；依托有关地质类高等院校及科研院所，在国内知名高校先后举办了10期工程硕士研究生班，累计培养了210名硕士研究生，为专业人才提高学历层次提供了通道。宁夏回族自治区地矿局根据地矿事业发展现状，依托产学研基地和函授站，培养一线急需人才。近年来，定向培养博士15人，工程硕士及研究生38人，委托培养地质工程硕士在读57名，本科学员81名，专科学员33名，连续5年招聘大专院校地质专业学生265人，有效缓解了地质人才青黄不接的局面；同时先后9次邀请中国地质大学专家、教授25人次来宁研讨授课；开展各级各类培训33次，共培训2133人次，全员培训率达到99.8%。

三、当前国土资源人才培训存在问题

一是培训理念与思想认识还存在不足。部分干部人才对教育培训的理念认识还相对落后，仅仅为完成培训任务而参加培训，以致培训积极性不高，培训效果不佳。教育培训自身与国土资源领导干部职业生涯联系还不够紧密，还不能实现教育培训和个人成长的有机结合。部分干部对参加教育培训还存在“思想误区”，“重业务，轻培训”的思想还存在，培训学习上“重实务、轻理论”，甚至存在“重交际，轻学习”的不良现象。

二是国土资源干部人才教育培训体系有待进一步完善，包括国土资源干部人才教育培训缺少顶层设计，干部人才教育培训还停留在年度工作计划的层面上，培训还处于比较松散的、自发的状态，影响和制约了国土资源干部教育培训工作的整体推进。以需求为导向的培训计划生成机制不完善，导致培训与需求相对脱节。国土资源干部人才教育培训联运机制尚未建立，上级对下级指导不够，致使干部人才教育培训工作上下不同步，标准不统一，培训水平参差不齐，影响了国土资源干部教育培训的均衡发展。

三是国土资源干部人才教育培训制度体系有待进一步健全。目前，尚未形成一套科学规范、管理有效、制约有力的管理制度。就评估制度而言，对干部人才培训和自学情况没有一套规范管用的考核办法，学与不学，学好学差缺少客观的评价标准；就考核制度而言，缺少必要的检查、考核和评价，没有形成科学的考核评价制度。激励约束制度不健全，一方面一些干部在学习培训上外无压力、内无动力，有的培训表面上轰轰烈烈，但实际上干部入脑入心不多。另一方面，交叉重复培训与培训“盲点”的矛盾并存，存在各取所需、重形式轻效果、重当前轻长远、重行政机关轻事业单位、重管理人员轻技术人员、重“拿文凭、取学历”轻专业对口等突出问题，致使培训效率不高，针对性不强，培训效果欠佳，不利于干部队伍整体素质的提高，同时也造成了培训资源的浪费。

四是培训方式和教学方法相对单一。目前国土资源培训仍以组织调训为主，自主选学较少，以课堂培训为主，实践活动较少。在培训形式上，多数单位主要采取短期培训、以会代训、岗位自学等形式，培训层次不高。在教学方法上，仍以传统的讲授式教学为主，在课堂上缺乏有效的互动，研究式、案例式、模拟式、体验式等现代培训方法的引入还不够。

五是培训保障不够有力。一是一些单位培训观念相对滞后，对培训重要性的认识不足，重计划轻落实，说起来重要，忙起来不要，致使人为产生了工学矛盾突出，特别是对重要岗位人员多年不安排培训。二是经费保障不足，一些单位用于培训的专项经费较少，不能满足大规模培训干部的需要；经济落后地区仍属“吃饭财政”，相当一部分国土资源部门办公经费紧张，教育培训经费极为有限，绝大部分人员因经费无法保障而得不到应有的培训。三是干部教育培训的师资队伍建设整体状况与培训工作的发展要求不完全适应，教师队伍结构、学科门类、授课水平与干部培训工作的需要还存在一定的差距；一些单位尚未建立培训师资库，掌握师资信息渠道单一；经费预算与当前市场经济条件下教师课酬标准存在差距，聘请优秀师资较为困难。

六是高端复合型人才和基层人员的教育培训呈“两头不足”态势。随着国土资源事业的发展，新时期国土资源管理工作对国土资源干部的综合素质和业务能力的要求不断提高。而目前全系统在高端复合型人才和乡镇基层国土所人员的培养培训上都面临渠道相对缺乏、方式方法单一、难以抽调人员的“两头不足”问题。在高端人才的培训培养上，一是工学矛盾，这一干部群体一般都是业务骨干，负责重要事务，难以协调脱产学习时间。二是全面、系统的高端人才培养培训体系还没有完全建立，渠道相对狭窄。三是方式方法还比较单一，一般的教学培训难以满足学员要求。在基层人员的教育培训上，因为基层国土所业务繁重、人员不足、经费难以保障等问题，工学矛盾，培训渠道缺乏等问题还普遍存在。同时基层工作人员学历相对较低，业务素质不够健全，但又承担着直接面临群众的国土资源管理一线工作，是亟须加强教育培训，提升各方面能力和素质的群体。这种“两头不足”的现象应引起重视，并通过完善制度建设，加强组织和经费保障等方法从根源上加以解决。

四、基于战略导向的国土资源人才培训战略实施策略重构建议

培训作为战略管理的一个非常重要的有机组成部分，是战略管理过程四个部分中都必须考虑的重要的构成要素，因为战略的分析、制定、实施和控制都是由人来完成的。因此，不论在一个企业、单位还是行业部门，在战略实施过程中，首先要考虑自身的内外部条件，其中当然要考虑企业（单位）或行业的人才素质，这包括领导人才的战略决策能力、经营管理

能力和技术水平的高低，普通人才的知识、能力、工作态度状况，以及考虑这些状况是否能通过培训来加以改善和提高，外部招聘的人才是否能通过培训达到战略目标实现的要求等问题。

（一）国土资源人才培训战略实施原则

1. 战略性与匹配性原则

根据环境基础范式下的人力资源管理理论，人力资源战略的制定过程是根据企业内外部环境的分析制定企业的整体性战略，进而制定相应的人力资源战略以支撑整体战略的实施。因此，国土资源人才培训必须把战略性和匹配性作为重要原则，这里包含两个方面的内容：其一，国土资源各级组织开展的培训要服从或服务于相应组织的整体发展战略，最终目的是为了实现组织的发展目标。这就要求通过战略匹配与整合来保持国土资源战略、各企事业单位子战略和人才培训战略的一致性，包括国土资源人才培训整合计划与国土资源战略的匹配、与国土资源组织结构及国土资源行业文化等的匹配；国土资源人才培训的具体实践活动与国土资源人才培训整合计划的匹配；国土资源个体培训成长目标与组织发展目标的匹配。其二，培训本身也要从战略的角度考虑，要以战略眼光去组织培训，不能只局限于某一个培训项目或某一项培训需求。国土资源人才培训是国土资源管理和利用活动的一个环节，在组织培训时，要从组织发展战略的角度去思考问题，避免发生“为培训而培训”的情况。各级组织制定的中、长期培训计划，既要符合组织整体发展的需要，又要满足组织目前工作需要。要做到这一点，需要在每一个培训项目实施前进行培训需求调查时，认真分析组织战略，抓住组织战略意图实现过程中的一些障碍，并努力通过培训帮助组织清除这些障碍。脱离战略性考虑的培训计划，虽然在组织现阶段工作中能起到一定的作用，但必将因与企业整体发展规划脱节而落后被动，顾此失彼。

2. 培训的目标性和核心性原则

战略导向的国土资源人才培训的目的是，通过培训确保国土资源领域各级组织获得具有良好技能和良好激励的人才，使组织获得持续的竞争优势，从而形成各组织的战略能力，依靠人才实现战略目标和依靠核心人力资源去建立竞争优势。

战略导向的人才培训的目标与目标性也不同于传统意义上的员工培训的目标。其目标性具有两个显著特点。其一是战略导向的人才培训的目标更强调个人目标与组织战略结合在一起。其目标性不仅在于组织的绩效，还在于个人的绩效与目标。按照“双层双元”的要求，战略培训设计中既要考虑个人发展，又要想到组织发展。也就是说，要通过合理的战略导向的人才培训战略使组织目标和个人发展目标尽可能相匹配。在战略导向的人才培训中，人被赋予了“自我实现的人”的角色，这也是人才培训的重要目标。其二是战略导向的人才培训的目标更在于长期性、整体性。传统意义上的人才培训虽然也强调其目标性，但战略导向的人才培训更关注决定组织命运的与人有关的战略性因素，其目标体现战略性。战略导向培训在实现国土资源人才全员培训、整体培训基础上，特别强调把构建核心竞争力作为核心目标。

程德俊指出，一般而言，通用型人力资本掌握的一般是显性知识，包括科学知识、书本知识、能够被表达是什么的知识等。而专用型人力资本掌握的是难以转移的括与特定时间地点相关联的知识，难以用语言和文字表达的如何做的知识，个人通过实践、观察和体验形成的默会性知识，与特定工作和岗位相联系的专用知识等。对于企事业单位而言，通过学校教育、培训、招募等方式，可以获取通用型人力资本。而专用型人力资本需要通过长期的干中学、文化熏陶、组织学习等方式建立起来，这样的人力资源是竞争对手难以模仿的资源。因此，要把国土资源人才定位为国土资源战略伙伴关系，就必须把专用性人力资本培养培训作为关键对象，具体而言，就是要把国土资源高层次创新型科技人才、国土资源经济管理与资源管理复合型人才、地勘一线紧缺人才、土地科技紧缺人才作为核心人力资本加以培训，并且在培训方式应区别一般培训。

3. 整体性与协同性原则

国土资源各级组织是一个由若干个分工协作、相互依存的运营系统融合而成的有机整体，人才培训应充分体现整体性原则。一是培训思路的整体性，即从整体上把握发展现状与发展目标之间的差距，统筹考虑组织发展战略、组织架构、资源禀赋、组织文化、管理能力等因素，确定具有系统性、针对性、前瞻性、动态性的人力资源培训总体思路。二是培训过程的整体性，即人才培训的总体思路应统揽人才培训的全过程，贯穿需求分析、计划制定、项目实施与管理、效果评估等阶段的每一个层面、每一个步骤。三是培训操作的整体性，即人才培训应“分工不分家”，所有运营系统、每个职能部门都能相互合作、积极支持、不断推动人力资源培训的深入开展，职责分担，成果共享。当前，培训整体性中包含着培训的协同性。协同性是指组织内部人才培训各项实践活动协同发挥作用，共同服务于某一特定目标的组合模式。人才战略导向培训的协同性特征基于匹配性特征。各项人才实践间的匹配能够使人才培训获取协同效应和乘数效应。当然，在实践活动中，协同模式又可分为两类：一是所有人才培训的具体实践活动组合在一起，没有核心实践活动，这种模式强调了所有实践活动的系统性和均衡性。二是在所有实践活动中，以一项或某几项为核心而捆绑在一起，这种模式往往是根据组织自身特征和要求强调某一项或某几项事件活动的作用，并使其他实践活动支持核心活动。

4. 长期性和速成性兼顾的原则

当今社会处于不断变化发展的环境中，唯一不变的是变化。国土资源人才培训也是随国土资源战略的变化而设置的。有些培训“速度”要摆在第一位，如要加快推进不动产统一登记工作，急需对从事不动产统一登记人员进行技术技能培训，这种培训坚持速成原则。然而，有的培训要在一段时间以后才能反映到工作绩效或企业经济效益上，尤其是领导能力的培训。因此，各级组织在做培训规划时，既要正确认识智力投资和人才开发的长期性和持续性，又要兼顾组织培训的速成性，要搞好两者的辩证统一关系。特别是要保持一种战略导向的人才培训，即灵活性是与战略性紧密结合在一起的，所谓战略导向的培训灵活性，是指组织的人才培训帮助组织有效地、及时地适应由外部和内部环境所提出的需要的能力。人才培训的研究文献中，西方学者提出了两种战略匹配与灵活性的关系。一种是“坐标式的视角”，一种是“互补的视角”，而互补的视角更有道理。当前国土资源各类组织面临着复杂动态的环境，需要组织灵活应变来适应不断变化发展的需求，这就要求与组织战略匹配的战略导向的培训具有一定的灵活性，使培训能与组织发展相适应。

5. 差异性与创新性原则

国土资源领域每个组织由众多知行能力不同、胜任能力各异的从业人员汇集而成，人才培训应充分体现差异性原则。一是培训目标的差异性，即针对不同的行政层级、业务领域、工作岗位确定不同的培训目标，每个培训目标都应以相应的绩效目标为参照，保持与相关的培训目标之间的衔接和协调，以促成培训目标体系和绩效目标体系两者的互动、共进。二是培训内容的差异性，即针对不同的培训目标确定不同的培训内容，确保课程设置、教材选择、教师选聘、教案审定这 4 个关键的培训要素的控制。三是培训方式的差异性，即针对不同的培训内容确定不同的培训方式，注重教师讲解、学员讨论、案例分析、情景模拟等多种培训形式的有效组合。同时，国土资源各类人才面临的外部环境和内部条件都处在不断变化之中，国土资源人才培训应充分体现创新性原则，倡办创新型、学习型组织，把人才培训的创新与各级组织的发展紧密联系起来，帮助每一个国土资源人才树立终身学习的观点，谋求可持续发展。在培训方式上，铸就以“适时转换培训理念，相机调整培训目标，持续更新培训内容，努力改进培训方式”为运作特征的培训模式，塑造以“培养创新意识，激发创新热情，增强创新效力，挖掘创新潜能”为价值取向的培训文化，切实成为组织战略伙伴关系。

（二）加强和创新国土资源人才培训战略实施建议

现行的国土资源系统和地勘行业国土资源人才培训已经基本具备良好的基础，但从战略角度来看，目前国土资源人才培训还存在许多不足。下面，结合国土资源人才培训实际，重点提出以下几个方面的建议。

1. 建立国土资源人才培训战略规划

在顶层设计当中，对国土资源人才培训有关文件主要体现在《国土资源中长期人才发展规划（2010—2020 年）》（国土资发〔2011〕24 号）、《国土资源中长期人才发展规划（2010—2020 年）重点人才工程和计划实施方案》（国土资厅发〔2012〕25 号）和《2013—2017 年国土资源部干部教育培训规划》（国土资发〔2013〕145 号）等文件当中。从文件规定来看，对国土资源人才培训还缺乏从战略角度对国土资源人才培训进行整体谋划和部署，有关培训战略理念、战略重点也不成体系，有关培训实施战略路径也缺乏操作性。需要借鉴战略人力资源管理理论、过渡型培训理论等方法，全面开展国土资源人才培训战略需求分析，按照战略性与匹配性、培养目标性和核心性原则、整体性与协同性原则、长期性和速成性原则、差异性与创新性原则兼顾的要求，编制形成体现国土资源发展战略和国土资源人才职业发展的国土资源人才培训战略规划，明确国土资源人才战略培训的指导思想、基本原则、任务目标、战略重点、重大培训项目、保障措施等。

2. 编制国土资源人才培训实施指导规范

国土资源人才培训虽然“教无定法”，但总体而言遵循一定的模式规律，大都包含着需求分析、设计培训内容、培训运作和培训评价，包含着准备、培训和评价3个阶段，如图2所示。从国土资源宏观指导层面来看，目前迫切需要在国土资源人才培训战略培训指导下，编制国土资源人才战略培训指导规范，形成国土资源人才培训指导操作指南。指导规范应包括需求分析、培训内容体系、培训运行体系和培训评估体系。其中，在培训需求方面，重点结合有关培训理论，介绍战略分析、组织分析、任务分析和人员分析的方法、思路和有关范式，介绍个人面谈、小组面谈讨论、书面问卷、操作测试、观察法、工作分析等有关培训需求调查方法的具体模式。国土资源人才培训内容体系指导主要是分层分类设计培训项目，提出制定培训计划的基本范式，确立每种类型培训项目的培训目标、培训课程体系、培训具体方式方法等。培训运作体系主要针对不同培训项目特点，介绍相关的管理制度、组织培训制度、组织操作制度和培训支持体系；培训评估体系主要是借鉴布鲁斯沃和拉姆勒的培训项目评估模型、柯克帕特里克的四级评估模型、考夫曼的五级评估方法、CIRO 评估方法、CIPP 模型和菲力普斯的五级投资回报率模型等，编制适合国土资源人才培训项目的评估模式和操作范式等，介绍项目培训的流程（包括做出评估决定、制订评估方案、收集评估信息、数据整理和分析、撰写评估报告等）。

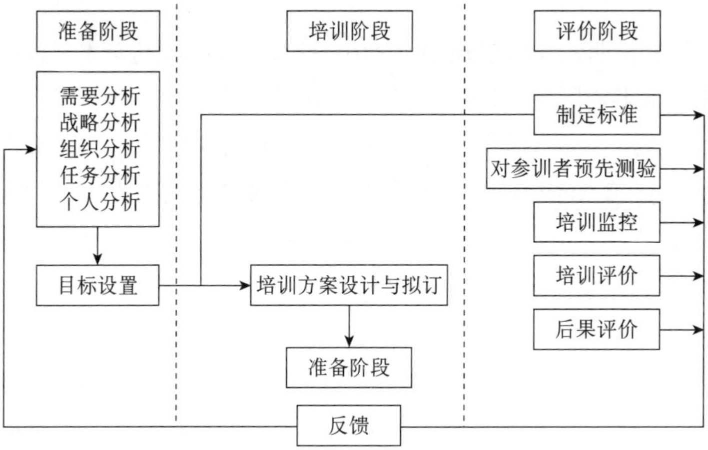

图2　国土资源人才培训项目实施模式

3. 分层分类构建国土资源人才学习地图

现代人才培训工作要取得好的效果，不仅需要从培训需求调研、培训计划制定到培训效果评估这些传统手段加以控制，更应该着手于提升培训体系的系统性：纵向上衔接组织战略目标实现、组织能力提升和个人发展需求；横向上加强与任职资格管理、岗位管理、绩效薪酬等人力资源管理模块的相互衔接和应用。从全面学习地图介绍来看，学习地图的构建恰恰为组织实现卓越学习发展体系提供了有效手段，其不仅是为组织基于岗位能力提升要求而设计的员工胜任学习路径图，同时也是每一个员工实现其职业生涯发展的学习路径图和全员学习规划蓝图。对于国土资源各类人才培训而言，传统上基于能力清单的课程体系，仅仅是一种静态的框架，没有根据人才的职业生涯通道和职业生涯发展形成具体的路径，特别是国土资源各类人才在岗位转换、跃迁的时候没有相应的学习与发展节点予以对应。

学习地图可以根据员工职业生涯发展而给予纵向和横向的资源支撑；特别是当国土资源各类人才成为技术骨干而面临走专家路线还是管理路线的抉择时，学习地图又可以为进入专家路线和管理路线，提供了“Y”型发展通道。同时，学习地图能清晰地告诉国土资源各类人才，在能力发展的每个阶段应该学习什么内容，努力的方向和目标是什么，晋级和轮岗应该具备什么样的能力，促使各类人才以“职业发展生涯为目标”“以能力提升为导向”建构自己的“个人学习发展计划”。此外，学习地图关注的核心内容大大超越了通常意义上的课程体系，形成菜单式学习方法，课堂培训仅仅是学习活动的一种方式而已。因此，推进国土资源系统和地勘行业各个单位构建学习地图将成为重要战略手段。当然构建学习地图需要的复杂技术过程，包括：首先要利用工作分析中获得的信息梳理各职位工作职责，撰写或完善职位说明书；其次根据职责梳理，完成职类职种划分；然后结合组织业务流程和发展规划，设计不同类别、不同层级人员的能力素质标准；之后根据能力素质标准，推导整理知识、技能和能力等方面的学习要点；最后整理并绘制学习地图。目前，在国土资源系统和地勘行业各单位不论是职位职类划分，还是能力素质模型设计基础都比较薄弱，绘制学习地图并非易事。可以选择一些单位进行试点，待成熟后进行推广。

4. 创新国土资源人才培训方式方法

目前在国土资源各类人才培训当中，课堂授课还是主要培训模式，今后应积极探索创新更具科学性、个性化的培训模式，以案例式、启发式、研究式、体验式等教学方法为主，通过专题讲座、案例分析、实地调研、对策研究等方式，注重对实际问题的分析研究，增强培训的实效性。同时，积极引入行为科学理念和情景教学等先进教学方法，将自学、课堂教学、小组研讨、电化教学、案例教学和实地考察结合起来，把理论学习与政策调研、经验交流结合起来，切实增进学习效果。同时，在国土资源中、高端人才培训当中，应把行动学习法纳入到其中，特别是在国土资源部党校培训和国土资源厅局长班培训当中，应结合国土资源重大改革问题，通过分组合作学习方式来解决重大改革问题和自身素质提升问题，同时也可以专门设置行动学习培训项目进行组织培训。

5. 创建国土资源行业大学（或教育培训联盟）

企业大学模式为中高端人才提供了一种新型教育、培训体系，也为创新国土资源人才培训思路、整合提升国土资源人才培训资源提供了崭新的视角。国土资源人才培训具有行业特征，国土资源系统和地勘行业人才总体以政府和事业单位为主，确保国土资源发展战略实现的角度具有一致性特征，因此创办具有企业大学特征模式的国土资源行业大学（或教育培训联盟）具有必要性和可行性，并且可以成为推进国土资源战略实现的重要工具。目前国土资源人才培训也形成了多个基地，例如国土资源部人力资源开发中心培训基地、浙江大学土地与国家发展研究院、中国地质大学（武汉）国土资源管理学院等，同时国土资源部还批复50多个部重点实验室，同时国土资源干部教育培训网也在线运行，这些都为我们创建类似企业大学模式提供基础。因此，下一步可以以国土资源部人力资源开发中心为依托，借鉴海尔、宝钢等企业大学运行模式，联合有关大学、实验室等平台，完善国土资源人才信息化培训平台，系统性地创建具有联盟性质的国土资源行业大学，为国土资源系统和地勘行业中高端人才培训提供新型教育、培训模式。

6. 完善国土资源人才培训制度体系

把贯彻落实《2013—2017年全国干部教育培训规划》《2010—2020年干部教育培训改革纲要》《关于在干部教育培训中加强理想信念和道德品行教育的通知》和《专业技术人员继续教育规定》（人社部第25号令）作为制度建设核心内容，目前应重点完善4个方面制度体系：一是健全学习培训与国土资源干部人才使用相结合的制度，重点把国土资源干部的学习培训经历、学习表现和学习成果纳入干部管理、考核的内容，作为任职的重要依据之一建立专业技术人员继续教育与使用、晋升相衔接的激励机制，把专业技术人员参加继续教育情况作为专业技术人员考核评价、岗位聘用的重要依据。二是完善国土资源人才培训档案登记管理制度，统一建立干部个人培训情况电子档案，详细记录干部个人的培训科目、培训学时、学习表现和学习成果等信息，形成规范化管理，全面掌握国土资源系统干部人才的培训情况。三是健全完善脱产培训学习纪律和考勤考绩、补课补训、培训汇报等制度，促进培训过程激励约束机制的形成。四是建立国土资源干部人才教育培训经费保障制度，明确干部人才人均教育培训经费投入数额以及干部教育培训经费占年度财政预算的比例；实行干部教育培训经费专户管理，做到专款专用，防止支付拖延以及对经费的挤占挪用；探索继续教育实行政府、社会、用人单位和个人共同投入机制等。

国土资源科技人才队伍开发战略研究

杜新波　胡利哲　宋　毅　温　巍

摘要：本研究结合国土资源系统和地勘行业发展实际，从人才工程培养、人才培养载体、政产学研协同和国际合作等方面对具有行业特色的国土资源科技人才队伍开发模式进行了分析，对发达国家科技人才培养开发的实践探索进行了比较借鉴研究，从创新型高端科技人才培养、国土资源高端智库建设、地勘专业技术人才队伍发展、国土资源青年科技人才培养等方面确立了国土资源科技人才队伍发展战略重点，在对现状及存在问题分析的基础上，从建立现代人才管理体制、完善国土资源人才评价机制、完善国土资源专业技术人员职称评定机制、完善国土资源科技人才激励机制、打造良好的国土资源科研人才成长学术环境等方面，提出了创新国土资源科技人才体制机制创新的重点。

20世纪90年代以来，随着科学技术的迅速发展，知识开始逐渐成为决定性的要素，知识经济正在替代工业经济，人类社会逐渐进入知识经济时代。知识经济相对于以物质投入为基础的物质经济而言，主要是把人创造知识和运用知识的能力看作是最重要的经济因素。特别是进入21世纪以来，新一轮科技革命和产业变革正在孕育兴起，全球科技创新呈现出新的发展态势和特征，信息技术、生物技术、新材料技术、新能源技术广泛渗透，带动几乎所有领域发生了以绿色、智能、泛在为特征的群体性技术革命。传统意义上的基础研究、应用研究、技术开发和产业化的边界日趋模糊，科技创新链条更加灵巧，技术更新和成果转化更加快捷，产业更新换代不断加快。科技创新活动不断突破地域、组织、技术的界限，演化为创新体系的竞争，创新战略竞争在综合国力竞争中的地位日益重要。人是科技创新最关键的因素，创新驱动实质是人才驱动，综合国力竞争说到底是人才竞争。在新常态下，国土资源工作要全面贯彻落实生态文明建设和创新驱动发展战略，牢固树立和贯彻落实“创新、协调、绿色、开放、共享”理念，全面实现提高资源配置的质量和效益任务，必须把国土资源科技人才开发放到战略实施的核心地位，加强对国土资源高层次创新科技人才和青年科技人才的战略性开发，为国土资源事业改革和创新发展提供核心人才资本作支撑。

一、现行国土资源科技人才队伍开发现状

1987 年出版的《人才学辞典》将“科技人才”界定为“科学人才和技术人才的略语。是在社会科学技术劳动中，以自己较高的创造力、科学的探索精神，为科学技术发展和人类进步做出较大贡献的人。”因此，所谓国土资源科技人才，主要是在国土资源领域有品德有科技才能的人、有某种特殊科技特长的人，是掌握知识或生产工艺技能并有较大社会贡献的人。根据现行国土资源人才实践特征，目前我国国土资源科技人才主要包括国土资源科学研究人才（国土资源基础研究人才、国土资源工程技术研究人才、国土资源经济管理研究人才）和国土资源实用专业技术人才（土地调查评价规划人才、土地产权和市场及评估人才、土地整治专业人才、国土资源信息技术人才、地质灾害防治专业人才、地质勘查专业技术人才、国土资源法治人才）。根据有关统计，2014 年国土资源系统共有专业技术人员 6. 64 万人，地勘行业共有专业技术人才 16. 69 万。2014 年，国土资源系统特殊专业人才（杰出）636 人。目前，国土资源系统和地勘行业各单位紧密结合行业发展实际，在人才工程培养、人才培养载体、政产学研协同和国际合作等方面进行了积极探索，基本形成了具有行业特色的国土资源科技人才培养模式。主要做法为以下几点。

（一）积极实施各项国土资源人才科技创新工程，加大高层次创新性科技人才培养

根据国家人才工程实施，国土资源部每年向“万人计划”、国家百千万人才工程、创新人才推进计划、青年英才开发计划等国家级科技人才计划推荐优秀人才，2013—2014 年国土资源部 4 人入选国家“万人计划”科技创新领军人才，1 人入选国家百千万人才工程，1 人荣获“全国杰出专业技术人才”称号，部土地利用重点实验室土地资源利用与生态管护科技创新团队获得“全国专业技术人才先进集体”；此外，李廷栋院士、裴荣富院士、卢耀如院士、刘敦一研究员、唐菊兴研究员等多位专家获得国家和相关领域奖项和称号。2013—2015 年国土资源部开展第一批和第二批国土资源科技领军人才开发和培养计划、杰出青年科技人才计划、科研团队培育计划遴选工作，共遴选推荐出 82 名科技领军人才、142 名杰出青年科

技人才和46个科研创新团队。同时，国土资源系统和地勘行业各单位根据自身特色积极实施人才工程，中国地质调查局实施了高层次地质人才培养计划，中国冶金地质总局实施了科技百人工程、主业一线紧缺人才开发计划，上海市规划和国土资源管理局实施了“百名项目负责人、技术骨干培养”“百名优秀行业专家（科技人才）评选”，内蒙古国土资源厅参与实施了自治区“草原英才”工程和“百人计划”，新疆地矿局实施地质类专业高层次人才培养工程，等等。

（二）积极探索引进海外高层次人才，强化人才国际化培养

例如，地调局通过实施“急需紧缺高层次人才引聘计划”，建立“李四光学者”特聘专家制度，大力引聘急需的紧缺高层次人才。2014年，地调局共有12家单位申请21个岗位引聘高层次急需紧缺高层次人才，其中卢海龙教授、迪勒克教授、赵建新教授、刘勉教授4位高端人才被聘用。地质所实施“黄汲清科技人才招聘计划”和“海外访问学者引聘计划”，引聘外籍访问学者4人，客座教授和研究员35人，在加快推进学科建设、形成一流团队、造就高层次人才等方面发挥了重要作用。同时，国土资源系统各单位通过签订合作协议、举办国际论坛、开展国际培训、建立国际合作中心、进行访问交流推进人才国际化培养。例如，地调局2014年举办了2期地质调查国际专家讲坛，与13个国家或国际组织新签署15项合作协议，合作国家增加到48个；并通过与加拿大、波兰、德国等国地调机构开展项目合作以及野战军装备采购计划的实施，为我国地质调查技术人员提供了51批次、188人次的短期和中长期培训。2014年国土资源部积极推动学术带头人在国际组织任职，吴珍汉当选为世界地质图委员会中国委员，何庆成当选为CCOP名誉顾问和国际大陆科钻计划执委会委员，张明华当选为国际地学信息管理与应用委员会委员，2013—2014年共有10人在国际地学组织任职，进一步增强了我国在国际地学界的话语权。2013年国际岩溶研究中心通过联合国教科文组织评审，全球尺度地球化学国际研究中心经联合国教科文组织投票落户地科院，岩溶动力系统与全球变化国际联合研究中心被科技部被认定为国家级国际联合研究中心，成为我国人才国际合作培养的重要载体。土地整治中心派员赴欧洲典型地区调研考察土地整治工作，加大土地整治科技创新国际合作交流力度。地科院积极推进中、俄、蒙、哈、韩5国第三阶段合作，与德国美因茨大学签署合作谅解备忘录，联合开展地球科学研究和教育培训，成功举办第十二届国际盐

湖会议、第十四届国际矿床成因协会大会、发展中国家水资源可持续利用国际研讨会，并组团参加第六届联合国教科文组织世界地质公园大会、世界地质图委员会2014年大会等重要国际会议，扩大了国际学术影响，加强了国际地学人才培养。

（三）通过两部共建、省部共建工作，不断完善国土资源政产学研协同培养人才方式

例如，2014年，两部共建、省部共建高校共同努力下，7所共建高校在地学相关领域共获得国家级奖项2项，省部级奖项52项；吉林大学地学部黄大年教授入选“千人计划”，中国地质大学（武汉）章军锋教授获2014年度国家杰出青年科学基金资助；7所共建高校与国土资源系统和地勘行业单位共签署合作协议137个，其中新签署合作协议26个。国土资源部支持中国地质大学（武汉）、浙江大学合作成立了国土资源管理学院、土地与国家发展研究院，正在努力打造国土资源高端复合型人才“订单”培养基地和土地政策研究、决策咨询的“高级智库”，不断探索国土资源政产学研协同培养高端人才的新模式。地调局系统共有22家单位与30所国内外高校签订60多份科技及人才培养合作协议，产学研用合作平台更加广泛，同时积极推动地科院与大区地调中心建立“8+6”“6+1”战略联盟，共同推进地调科研一体化。共建高校中国地质大学（北京）在山西朔州建成了目前全国唯一的“矿－市－省－部－校”有效对接的土地整治技术与管理产学研人才培养基地。有色金属地质调查中心与昆明理工大学共建研究生培养基地，为本单位地质专业人才储备打下了坚实基础。地调局西安中心、航遥中心、监测院、青岛所、发展中心、广海局等单位依托地大（北京）、西北大学、长安大学、中山大学等高校共建博士后科研工作站，2014年地调局系统2个博士后流动站和7个博士后科研工作站共吸引42名博士后进站工作，在站人数近100人。截至2015年部属单位共有13个博士后工作站（流动站），为延揽人才取得了积极效果。

（四）积极探索多种形式人才培养成长机制，不断创新人才培养方式

例如，在“人才+项目”培养方面，地调局以资源、能源、环境、灾害等经济社会发展大局中的重大地质、环境问题为出发点和立足点，把过去多、小、散的项目聚焦到国家重大需求上来，设置9大计划、50项工程、200个项目，在项目部署的同时部署成果目标和人才培养目标，实施

工程首席科学家（专家）制度，拟在绩效工资、出国深造、岗位设置、奖项申报给予倾斜，工程、项目负责人实行中期考核制度、执行末位淘汰，构建形成了项目、成果、人才同步规划、同步实施、同步考核、同步验收的“大项目＋大成果＋大人才”机制。在青年人才培养方面，武汉地调中心发挥学科带头人培养青年人才的作用，试行“青年人才导师制”，发挥学科带头人对新同志的传帮带作用；水环所实施“杰出青年培养计划”；南京地调中心、地质图书馆等建立青年项目负责人竞争选拔机制，给青年人压担子，促成才；陕西省地矿总公司建立拔尖人才遴选制度，每两年评选一次，对在地质行业领域取得优异成绩、有突出贡献的专业技术人员每年给予一定奖励，并要求拔尖人才做好对单位年轻技术人员的“传、帮、带”和授课培训工作，2013年年初已评选出本期的20名拔尖人才。在激励保障机制方面，中国冶金地质总局拟定了《首席专家、首席工程师管理暂行办法》，进一步拓宽专业技术人员职业发展通道，同时创新分配激励机制，对所属单位开展的西藏山南努日、明则两处找矿成果突出、取得良好社会效益的矿权进行地质找矿权益分配激励，对专业科研团队兑现激励奖金1400万元，进一步调动总局系统广大地勘科技人员的积极性、创造性。西安地质调查中心推进建立分配激励机制，在内部分配上向优秀杰出人才和科研关键岗位倾斜，实行多劳多得、优绩优酬、绩效挂钩的奖励分配原则，特别对部分紧缺或急需的高层次科技人才，探索实行协议工资、项目工资等多种分配方式。陕西地矿总公司区调分公司开展“百日质量增优”活动，鼓励青年人才开展职业竞赛比拼活动，在公司内部形成了比进度、比质量、比技术的你追我赶良好科研氛围。陕西省地矿总公司规定，员工参加所在单位需要的各种进修和培训学费由总公司、用人单位和个人按4∶4∶2比例共同承担，激发了大家学习热情。在考核评价方面，经研院在实施绩效考核时突出群众认可、系统评价，放大处室的考核结果在处级干部考核占权比重，并将考核结果作为职称评审、岗位聘用、使用干部、收入分配的重要依据，形成了绩效考核倒逼人才成长的有效机制。

虽然目前国土资源科技人才队伍建设取得不少成绩，但总体来看国土资源系统高端人才偏少，特别是高精尖复合型、创新型专家或行业领军人才更加缺乏；受地质人才断层影响，地质找矿急需的高层次人才和中青年业务骨干等普遍短缺，年龄断层较为严重，老中青结合不到位，西部地区和基层地勘单位普遍缺乏国土资源科技人才；受编制、身份和行业限制，多数单位缺乏系统性引才、优才制度体系，高端人才、急需人才难以引进，现有人才流失比较突出；政产学研协同培养人才处于散、乱、低的状态，缺乏在部级层面形成系统性的协同培养人才机制；国土资源科技人才评价标准、评价手段过于单一，难于科学、全面、客观地评价和挖掘有潜力的人才，同时缺乏运用人才评价结果的激励机制；国土资源优秀人才流动机制还不完善，人才流动缓慢。

二、国外科技人才培养开发借鉴

当前，各国面临老龄化问题突显，全球能源资源约束日益突出，主要经济体面临经济复苏重振、产业结构转型升级压力加大，各国对人才的需求更加剧了人才竞争。特别是近年来欧洲人才流失严重，高技能人才严重缺乏，据统计，26%的欧洲企业难招到合格的工程技术和管理人员，信息通讯产业人才缺口70万，对人才的争夺，特别是高层次、高技能型中青年领军人才的争夺将在未来较长时期将成为新常态。因此，对发达国家科技人才吸引与培养进行研究，可为国土资源科技人才培养开发提供借鉴。西方发达国家主要做法包括以下几点。

（一）调整移民制度，吸引科技人才和留学生

Hans de Wit 和 Nannette Ripmeester 两位学者，于2013年2月在世界大学新闻上发表评论，在对各国移民政策作了归纳和分析后指出，这些国家旨在通过改变移民政策，提供奖学金，在大学和就业之间的无缝衔接等措施，来提高高层次人才在本国的“滞留率”。

（1）美国调整人才移民制度。美国总统奥巴马在第二任期明确提出未来的移民政策将向国际理工科人才和在美投资创业者倾斜。2013年4月17日，美国参议会公布了30年来最大规模的移民改革法案，包括增加创业签证；将H－1B签证的上限从65000个提高到110000个，增加配额全部给在美获得STEM（科学、技术、工程及数学）硕士学位以上的学生；取消对杰出人才的限额；增发25000个STEM领域的高学历人才签证。

（2）加拿大增加技术移民签证数量，吸引优秀国外人才。2000年，联邦政府启动了“加拿大首席研究员计划”（简称“CRC”），帮助加拿大的大学吸引和留住2000名世界上最优秀的和最具发展潜力的人才。2008年，在成功实施CRC计划的基础之上，联邦又设立了加拿大优秀首席研究员计

划，决定在7年内为每位入选者提供1000万加元的资金，吸引20名优秀首席开展研究工作。2010年，确立了班廷博士后奖学金，计划在2011—2015年的5年内，将投入4500万加元，每年资助70名国内外优秀研究人员在加拿大从事博士后研究。在2001到2010年期间，加拿大共吸引了190万（15岁以上）永久居民，其中有45%至少获得了本科学位。2012年加拿大年度移民计划，显示增加1万个联邦技术移民名额；增加“加拿大经验类移民”（主要为国际学生及拥有高技术的外国临时工作人士提供取得永久居留权的途径）；新增1000个博士类移民名额。

（3）英国启动杰出人才签证。英国从2011年8月9日起启动杰出人才签证，从2011年8月9日至2012年3月31日，有1000个名额分配给杰出人才签证类别。英国皇家学会、英格兰文化艺术委员会、英格兰皇家工程院、英国人文和社会科学院可以向英国边境管理署提名杰出人才申请人，并且保证被提名人是评估机构所在领域的非凡人才。推荐提名杰出人才签证的申请人，可以不需要获得当地雇主担保前往英国，英国以此鼓励在科学、人文、工程及艺术领域的杰出人才前往英国发展。

（4）德国为落实“高级人才引进战略，实现人才全球化”政策，2011年3月，德国联邦政府通过了《外国人居留法（草案）》，根据该草案，德国联邦政府将给予从事科研工作的外国人配偶充分的就业权，以加强对外国科研人员的吸引力。2012年4月27日，德国议会表决通过旨在吸纳欧盟以外第三国专业人才来德的欧盟“蓝卡”法案（Blaue KarteEU），该法案下调了外国专业人才最低收入门槛，即从原先规定的年薪6.6万欧元降低至4.5万欧元；对现今专业人才匮乏的职业，如医生、工程师等，其年薪门槛可至3.5万欧元。据2012年德国政府移民报告统计数据，2011—2012年的移民数从96万上升到108万，成为17年来最大规模的“第三国”技术专家和高质量人才移民数量高速增长的一年。

（5）其他国家。韩国实施“留学韩国计划”，将吸引外国学生的能力作为韩国驻外使节考核的一项重要内容。新加坡政府规定公立政府学院录取的国际学生在签订毕业后留下来工作的服务协议后，便可以接受政府助学金。日本根据2013年“外国留学生引进战略”，积极招募亚洲优秀人才。俄罗斯出台政策支持科研机构、高等院校建立博士后工作站，计划实施1300个项目，接收来自世界主要大学具有博士或副博士学位的年轻专家进站，并给予300万卢布（约合10万美元）的资助。

（二）开放科研项目或建立世界级研究机构，广泛吸引国外研究人员和海归人员参与研究

例如，美国除涉及军事和敏感技术的计划外，其科技计划大部分对外开放，可以邀请外国专家到其实验室工作。俄罗斯政府颁布《关于吸引顶尖科学家到俄罗斯高等院校工作的措施》（2010 年），规定高等院校、科研院所和联邦科研中心可与所在领域一流国内外科学家共同申报科研项目，该措施吸引大批外国顶尖科学家投入俄罗斯开展科研实践。韩国 2009 年投入 122 亿韩元设立了“世界级研究机构计划”（World Class Institution）。该计划要求入选的研究机构主任必须是从国外招聘的卓越科学家，机构的研究人员中必须有 50% 的研究人员来自国外；2012 年韩国教育科学技术部为吸引海外青年人才启动了“智力回归 500 人计划”（Brain Return 500 Project），拟到 2017 年吸引海外高层次人才 500 名，包括全球顶尖的科学家和学者，回到韩国技术科学研究院所工作。以色列于 2011 年实施“卓越研究中心项目”（简称 I－CORE），项目主要内容是大学、学院、研究机构和医院联合起来建立一个高效率的合作研究体系，吸收回国的科学家大多来自世界顶级研究机构——哈佛大学、麻省理工学院、纽约大学和德国的相关实验室。所有新加入的成员，包括回国科学家，都被授予大学终身职位。截至 2012 年 4 月，这个计划已经锁定了 300 位顶尖科研精英，并计划一共引进 2400 名分散在世界各地的犹太裔知名科学家。

（三）实施产学研合作，加强青年科技拔尖人才协同培养

实行产学研合作，协同培养科技创新人才。实行产学研协同培养人才是培养科技人才的重要方式，在这一点上最为突出的是美国。美国高度重视推进产学研合作，相继出台了《贝耶－多尔法》（1980）、《史蒂文森——威德勒技术创新法》（1980）、《小企业创新法》，不仅明确了大学、企业、研究机构在产学研合作中的职责和权益，同时在产学研合作过程形成独具特色的拔尖人才培养模式。这些途径包括以下几点。

（1）通过共同承担科研项目协同培养拔尖创新人才。美国产学研各方注重以科研项目为依托协同培养拔尖创新人才。在美国，科研项目或课题由大学和企业共同提出，共同承担，由企业负责研究资金，吸引优秀学生或社会高层次人才参与研究，研究成果由企业直接应用于产品开发。

（2）联手开展研究计划协同培养拔尖创新人才。美国通过大学、科研

机构与企业联手举办给予学生奖学金支持的研究计划或科技竞赛，吸引优秀的学生参与科研，培养和锻炼学生的科研实践能力。从1971年开始，在美国科学基金会的规划下，产学研联手成立了“大学工业实践研究计划”和“工程研究中心计划”等7个产学研实践计划。

（3）建立经济实体协同培养拔尖创新人才。美国企业都十分重视与大学的合作，通过共建工程研究中心和应用开发研究中心开展技术研发和技术创新活动，从而使企业生产与大学的教学科研紧密结合。研究中心一般由大型公司与大学或科研机构联合组建，由美国国家科学基金会（NSF）和有关企业联合资助，研究中心以大学和企业为主体，政府给予支持和指导。例如，美国“工程研究中心（ERC）”“工业—大学合作研究中心（IUCRC）”和“科学技术中心（STC）”等，研究中心肩负着美国交叉学科的研究开发和拔尖创新人才培养的双重任务。通过建立产学研联合体等经济实体，不仅为大学培养了高水平的拔尖创新人才，而且为企业培养了高级技术人才。哈佛大学、麻省理工学院和斯坦福大学等世界一流的研究型大学，都重视通过创办产学研联合体等经济实体来提高研究生的科研和实践能力。

（4）企业或基金会赞助培养拔尖创新人才。自20世纪60年代起，美国大批企业或独立基金会积极参与大学优秀人才培养计划，在大学设立奖学金或项目研究专项基金，吸引优秀大学生和青年学者参与科技创新或创业实施活动。比较著名的专项基金会有福特基金会、通用电气基金会和沃尔玛基金会等。此外，英国和挪威高度重视通过产学研合作加强博士人才培养工作。2013年，英国政府宣布投资3.5亿英镑用于在英国24所大学建设70多个新的博士培训中心（CDTs），目标是通过大学和产业界之间的合作，在一些促进创新和增长的关键领域，培训3500名工程和物质科学领域的博士；博士培训中心为博士生提供4年的资助，汇集来自不同领域的专家，共同为未来的工程师和科学家提供相关专业技能和知识培训，培养他们解决问题的能力和迎接挑战的信心。2012年12月，挪威研究理事会为10个国家级研究人员培训学院拨款2.18亿挪威克朗，以期在未来8年内，提高挪威博士人员的培训质量；新的10个培训中心分布于10个不同领域，每个中心由4到10所大学或独立研究机构合作组成，这些合作伙伴会共同安排课程、会议以供青年研究者学习、交流。

（四）通过设立多样化的职业早期资助计划，加强卓越研究人才培养

西方发达国家非常重视通过政府及民间基金会、企业、公益组织、各种学会设立大量的人才资助计划，注重从青年学者当中识别出具有成为未来研究领袖潜能的人才，并予以特殊的支持，帮助他们成长为具有国际竞争力的研究领袖。

1. 美国

美国联邦政府及部门通过国家各类基金建立促进卓越人才快速成长的通道。1978 年能源部设立了杰出青年研究者计划，每年为 5—10 位高能物理领域具有杰出才能的青年人提供早期资助，支持他们完成研究项目。2010 年能源部科学办公室设立了职业早期研究项目，资助获得博士学位尚未超过 10 年的高能物理、核物理、基础能源、生物和环境、先进计算科学领域的大学助理教授、副教授，或来自能源部国家实验室的全职非博士后雇员，杰出青年研究者计划也并入其中。国防部设立了青年研究员计划，支持获得博士学位 5 年以下、具有特殊的才能的科学家或工程师。美国非联邦资金资助的青年研究员项目有近 100 种，在民间计划中最为有名的是哈佛大学学者会的青年学者奖学金和霍华德·休斯医学研究所（HHMI）职业早期科学家项目。哈佛大学学者会的青年学者奖学金是美国未来学术领袖培养计划中最具名望的民间计划之一，该奖学金每年支持 10 名（最多 12 名）获得博士学位的年轻人，获奖者以 3 年为期，可以在哈佛自由自在地做自己喜欢的研究，不要求做报告、不用上课，也不用当助手。该奖学金对获奖者的唯一要求是住在剑桥市（哈佛所在地），并参加每周一次的与资深学者的正餐聚会；在遴选人员时，该奖学金注重的是候选人的才智和独立开展有前景的研究的能力。哈佛大学学者会根据候选人提交的材料以及专家的推荐信等，确定一部分特别优秀的人员与资深学者进行面谈，并最终决定获奖人选。霍华德·休斯医学研究所（HHMI）是美国极负盛名的生物医学研究私立基金会之一，该所的职业早期科学家项目通过提供稳定的经费支持，帮助刚刚开始独立领导实验室工作的杰出青年科学家，全身心地投入前沿科学探索中；入选者可在 6 年内获得 150 万美元的经费支持，并且每年有 3 次购买设备的机会。在遵守 HHMI 相关福利待遇、薪金规定的前提下，入选者可以保留原单位的工作职位，在允许的时间内（入选者必须保证每年 75% 的时间用于研究工作）完成原单位的教学和研究任务。

2. 法国

法国既注重吸引优秀外国学生和科研人员，又注重课题研究为导向，培养优秀的本国青年科研人才。2009 年以来，法国政府实施了“优秀青年人才归国”计划，主要是为了吸引在法国获得博士学位（包括法国人和外国人），后又在海外从事过博士后研究的高水平青年学者回法国工作；该计划由国家科学研究署负责实施，主要通过研究项目招标的形式进行的，所有学科领域的年轻学者均有机会。获得研究项目资助的年轻学者可以在时间最长为 3 年的期限内获得数额不菲的科研资助。计划资助内容包括学者本人工资的全部或一部分，以及其科研团队中研究人员的薪酬，还包括研究工作中所需要的基础设施建设、科研器材的购置、团队运转经费等，整个资助的上限为 70 万欧元。对于一个年轻学者来说，能否获得科研资质与能力（已取得的研究成果），所提出的科研计划（研究领域与议题的重要性）至关重要；同时，接受“优秀青年人才归国”计划的资助从事研究工作的经历有助于受资助者在法国的科研机构或在企业里获取工作机会，这对于年轻人才的职业规划来说非常重要。在科学研究领域内，法国的人才政策特别注意以课题研究为导向，培养优秀的青年科研人才。例如，法国国家科研中心（CNRS）实施面向青年科研人才的“专题激励行动”项目，旨在为青年人才提供科研经费，鼓励和帮助他们在既有科研机构中创建自己的科研团队，并在其领导下进行科学研究工作；该计划的受资助者年龄须在 40 岁以下，获得博士学位的时间不超过 10 年。受资助者可以与 CNRS、法国国家健康与医学研究院（INSERM）签订短期工作合同。受资助者资助时常一般为 3 年，3 年内科研经费的支持力度最少为 28 万欧元。此外，法国从 2008 年推出的“卓越人才”计划，该计划通过项目招标的形式进行，面向所有学科领域，每年面向全球进行一次招募。这项计划也门针对青年人才设置了“优秀青年学者职位”，面向已经在国际层面上以其重要的科研成就而获得一定认知度的青年学者，受资助者可以在 3 ~4 年的资助期限内拥有一个临时或正式的科研工作岗位，并在科研基础设施建设方面获得资助。

3. 瑞士

为开发新一代高层次人才，瑞士政府十分重视对青年研究人员的支持和援助。例如，瑞士国家科学基金会提出实施 2013—2016 年行动计划（Action Plan）。按照该行动计划，瑞士国家科学基金会于 2013 年 6 月对青年研究人员实施了“研究资助 120%”政策。研究资助 120% 政策，即向青年研究人员多拨付 20% 的研究资助金，使其能够雇佣其研究活动中所需要的研究支撑人员，从而抽出时间照顾家庭；或者可以利用这 20% 的研究资助金支付子女保育费，为自己赢得更多开展研究活动的时间；当然也可以以这两种方式组合使用这笔研究资助。瑞士国家科学基金会希望通过这一新的资助政策为青年人解决实际问题，使青年人在研究生涯中少受家庭问题羁绊，职业发展更加顺畅。另外，从 2014 年起，国家科学基金会还提高博士研究生的生活补助，在现有的基础上提高 7%，并在博士生撰写博士论文期间为其提供专注完成论文的“保护期”，保障其最低工资能够达到全时研究人员的 60%。这些做法有助于青年研究人员集中精力开展研究，提升学术业绩。

4. 俄罗斯

近年来，俄罗斯政府一直在努力建立和完善青年研究人员资助体系、提高青年研究人员的工资收入、解决青年人的住房问题，以提高青年科研人员的研究业绩，吸引青年人才投身科技，保持俄罗斯科技人才队伍的稳定发展。例如，2012 年，梅德韦杰夫签署总统令，设立“青年学者总统奖学金”，以资助从事远景科学研究和俄罗斯经济现代化重点方向科技开发的青年科学家和研究生。根据规定，获得总统奖学金的青年学者和研究生年龄在 35 岁以下，奖学金额度为 2 万卢布，按月支付；奖学金支持时间最长 3 年，允许多次颁发给同一人；2012 年青年学者总统奖学金名额为 500 人，2013 年起奖学金名额将增至 1000 人；奖学金支出列入俄联邦财政年预算，由俄罗斯科学教育部支付。2013 年 2 月，俄罗斯科学院宣布设立青年科学家优秀学术成果奖，激励优秀的青年人才在科研领域钻研。该奖项分为两项内容，一是颁发给 33 岁以下、有才华的青年科研人员，促进他们在专业领域迅速成长，奖金额度为 50000 卢布（约合 1700 美元）；二是颁发给那些开展创造性科研活动的优秀的在校大学生，鼓励他们未来从事科学职业，奖金额度为 25000 卢布。

5. 德国

德国在培养青年卓越研究人才方面，非常注重通过研究领袖培养计划对其团队领导能力的培养。例如，马普学会自 1969 年起实施的独立青年研究小组计划、亥姆霍兹联合会的青年研究员小组计划等，主要针对那些致力于大学研究活动的人员，资助其组建研究团队，开展独立研究，促进职业发展。马普独立青年研究小组负责人由马普学会主席指定，在所属研究所内享有高度的自治权。独立青年研究小组的受资助期限是5年；计划使一些极为优秀的青年科学家有机会在担任马普青年研究小组的负责人的同时，兼任慕尼黑理工大学的助理教授；该计划资助期为6年，资助结束后，如果获资助者获得了肯定性的评价，就有可能获得大学的永久性职位。另外一些资助计划，主要是资助致力于创新链中游的应用发展研究的职业早期人员。例如，弗朗霍夫协会的研究始终定位于将研究成果转化为新产品和新服务，所以它为那些已经获得博士学位的、具有创新思想和创业雄心的杰出青年学者5年内提供250万欧元的资助，以帮助他们站在德国经济和应用研究领域的最前沿。在该计划下，团队领袖可聘用3～4名博士生和博士后或技术人员与其共同开展研究。弗朗霍夫实施该计划的目的是，帮助青年人跨越科学和经济之间的鸿沟，将卓越的思想转变为创新，进而填补市场空白。

在欧盟层面上，欧洲研究理事会于2007年设立了启动资助计划。启动资助计划对单个计划的资助额度为150万欧元，最高资助额度为200万欧元，资助年限为5年，受资助者通常是获得博士学位2～7年的博士后研究人员。7年中，该计划共资助了2332名青年科学家，其中有不少已经被证明取得了成功，如最年轻的诺贝尔物理学奖获得者康斯坦丁·诺沃肖洛夫。

（五）鼓励创新的教育体系和科研评价体系

纵观世界各国诺贝尔奖获得者经历可以看出，一方面是他们在基础教育初期就接受创新精神的熏陶，以及在世界一流大学接受过良好的高等教育环境，从而激发了他们的“好奇心”，使那些具有科研素质的好苗子能够脱颖而出；另一方面，是他们能够拥有充分的学术自由，而不受考核、评估等外界因素干扰，保证了他们能够从事自己“喜爱的事”，使最初的单纯研究动机能够继续保留下来。因此，鼓励创新教育体系和保证科学家潜心研究的科研评价体系是保证创新人才脱颖而出的外部环境。研究美国的基础教育会发现，他们往往都十分重视创新教育，重视发掘并培养学生的天赋。往往在小学阶段就开始开展课题研究，而论文有无创新点则成为他们的评价参考点。美国国家科学基金会主任在提及美国获诺贝尔奖的原因时曾说道，鼓励创新精神和向各种假设提出挑战是一个重要的因素。美国各大学所拥有的良好而开放的自由学术氛围、求实创新的科研传统等软环境对人才培养发挥重要作用。在美国，高校不受政府的行政管理，通常采取大学自治的制度，政府只是对高等教育进行宏观调控。衡量一个教师的学术成果，并不以他发表论文的数量以及发表论文的刊物水平为标准，而仅仅根据该校自身的学术鉴赏力。通常，对教师进行评价的评审委员会成员包括本领域的本校终身聘任教授，还包括校外专家。教授委员会的评价通常是比较客观而且公平的。一旦拥有终身教授的身份，就可以不用担心自己的生计与地位，从而充分保证了独立思考和学术自由，而不会因为希望得到好评而发表一些迎合一部分人的观点，从而发挥大学对于整个社会的批评功能。

日本也是采取大学自治和学术自由的原则。1984 年日本文部省颁布的《改正帝国大学令》中规定，大学自治作为大学的管理方针，并明确授予大学教授委员会人事权和学校事务决策权，大学自治与学术自由被视为确保日本学术发展的重要法宝，教师的评聘权由教授委员会全权掌管，大学拒绝进行外部评估，教师也拒绝他人通过评估对自己的学术研究进行干涉。

德国的科技人才评价和技术创新工作同样在西方发达国家中独具特色。在德国，许多大学都有一套行之有效的教师（教授）管理评价体系，包括相应的指标体系、数据库和组织机构，并且正在逐步同教师（教授）的选聘、评价工作相结合。大学和科研院拥有较高的自主权，围绕本校（院所）的教学和科研定位制定相应的评价指标，选择相应的评价方法，评聘各级人才，政府不过多干预；同时，对科技人才选聘和评价的标准与过程具有公开性，并且有着明确的评聘条件（指标）和严格的考核制度，通过相应的程序实现评价，以确保选聘教师的“名副其实”；并且这种评价和考核不仅适用于选聘教师（教授），而且贯穿于教师（教授）的日常管理、晋升评价等的全过程，同时，用于各级各类科研项目的申请中。德国的这套管理评价体系，主要依靠专业的管理部门，通过网络和计算机系统得以实现，而并非由院系或教师（教授）个人填报和认定。德国在科技人才评价当中秉持一个重要原则就是不搞“照顾”“平衡”“资历”性评聘，必须是学术水平和品德境界都达到一定高度的人才有可能进入精英层次；评奖少而精，由权威的学术机构评选，而非由政府评选；有比较完整、严格的评价监督机制，并体现在整个评价过程中。

（六）加强科技人才交流、沟通与合作

在推动全球科研人才的交流与合作方面，欧盟层面设立两个人才交流专门计划。一个是欧盟框架研发计划下专门设立的一项人力资源计划——玛丽·居里计划，该计划包括初级研究人员培训网络、欧盟内部职业发展奖学金、职业整合奖学金、国际出访奖学金、国际来访奖学金、国际研究人员交流计划等项目，为科研人员学习、交流提供资助；在2007—2013年间总预算47.5亿欧元，目前年度经费预算达到9亿欧元，接受过计划资助的研究人员已超过7万。另一个是促进大型高层次人才交流与合作的计划——伊拉斯莫计划。该计划不仅为留学生提供奖学金，还资助欧洲大学与第三国高等教育机构伙伴合作计划项目和欧洲高等教育促进计划项目，2004—2010年该计划共资助2449名世界各国访问学者到欧洲开展合作研究，包括美国429人，中国189人。

三、国土资源科技人才队伍发展战略重点

习近平总书记于2014年6月在中国科学院第十七次院士大会、中国工程院第十二次院士大会上指出，“我国要在科技创新方面走在世界前列，必须在创新实践中发现人才、在创新活动中培育人才、在创新事业中凝聚人才，必须大力培养造就规模宏大、结构合理、素质优良的创新型科技人才。”“我们要把人才资源开发放在科技创新最优先的位置，改革人才培养、引进、使用等机制，努力造就一批世界水平的科学家、科技领军人才、工程师和高水平创新团队，注重培养一线创新人才和青年科技人才。”

人才发展的规律告诉我们，人才的发展是遵循“一般人—准人才—潜人才—显人才—高端人才—领军人才”的阶梯循序渐进的，领军人才就是这个人才链上的终极人才，他们对社会的引领和贡献作用要远远超过一般人，他们对于科技的发展和社会的进步，具有先导性、方向性和高贡献性的特征。同时，对于每一个科技人才个体而言，从才能的积累到成才有一个滞后周期。就人才群体（或团队）而言，从培养、引进到形成满足需要的队伍，同样也有一个滞后周期。因此，国土资源科技人才队伍发展必须更加重视和践行“人才优先、高端引领”原则。特别是国土资源地质工作离不开跋山涉水、风餐露宿，离不开野外一线的艰辛和磨炼，国土资源科技人才成长往往在大地上，成才在山水间，这种行业的实践性特征决定了国土资源科技人才队伍发展必须更加重视高端人才培养，在战略上确立起人才优先其他资源发展的战略地位，加快建设一支协调发展、重点突出、衔接自然、依次递进的国土资源科技人才梯队，主要工作为以下几点。

（一）遴选和培养一批院士后备人才（创新型高端科技人才），提升国土资源行业竞争力和创新能力

两院院士作为一个行业或系统高层次创新型人才的突出代表，国土资源部本级在中科院连续9届院士增选中只有2人当选，在工程院院士增选中已连续多届无人当选；同时，当前中科院实施的率先行动计划和中央财政实行的各类科技计划（专项、基金等），以及实行统一管理给地学科技创新带来了新竞争新态势，国土资源高端人才在国家层面的竞争更加激烈。要提升国土资源行业的竞争力和创新能力，必须把院士后备人才作为国土资源科技人才队伍建设的战略重点。

当前，我们重点应在第一批、第二批国土资源高层次创新科技领军人才当中遴选10～20名首席科学家，作为院士后备第一梯队；同时遴选30～50名具有国内领先水平的优秀科技人才，作为第二梯队人才给予培养。国土资源部要创造各种条件，探索对院士后备人才在科研管理、事业平台、人事管理、考核评价、激励保障等方面制定落实配套政策措施；特别要把国家人才工程计划和制度平台作为加速推进国土资源院士后备人才育选、增强国土资源院士后备人才竞争力的有效途径，把国土资源院士后备人才培养放在与国际国内同行比较竞争视野范围内来考虑。重点利用“千人计划”“万人计划”、国家百千万人才工程、国家高技能人才振兴计划、“外专千人计划”和高端外国专家项目等人才工程来吸引和培养国土高端人才，持之以恒地把培养国家级人才作为一项战略举措来对待，主动与国家各申报平台保持经常性沟通和联系，将国家级人才政策信息及时传递给各个方面。更加重视利用政府特殊津贴制度、有突出贡献的中青年专家制度等来培育、激励、遴选国土资源院士后备人才；大力支持院士后备人才申报国家自然科学奖、技术发明奖、科技进步奖和李四光地质科学奖等，支持院士后备人才主持和参与“973”“863”重大科技专项、“国家自然科学基金”、国土资源重大科技项目，根据院士遴选标准和方向，组建高层次创新团队，开展科研攻关，为院士后备人才产生提供科技创新支撑。要做好国土资源高端人才“引进来”和“走出去”工作，进一步完善“李四光学者”特聘专家制度，更大力度地引进、用好急需紧缺高层次地质人才；进一步拓宽国际合作渠道培养国际型国土资源高端人才，通过举办国际会议、举荐国土资源杰出人才在国际组织任职、参加国际培训和开展国际项目合作等推进国土资源领域人才国际化，为国土资源院士后备人

才提供国际化人才培养环境。

（二）大力推进国土资源高端智库建设，为国土资源领域深化改革提供高端智库人才

习近平总书记在中央全面深化改革领导小组第六次会议审议《关于加强中国特色新型智库建设的意见》（以下简称《意见》）时强调，“要从推动科学决策、民主决策，推进国家治理体系和治理能力现代化、增强国家软实力的战略高度，把中国特色新型智库建设作为一项重大而紧迫的任务切实抓好。”当前国土资源领域改革进入深水区，改革涉及主体多元、利益关系复杂、事关经济社会发展全局，各项改革任务非常艰巨，迫切需要一批国土资源高端智库来支撑。“多士成大业，群贤济弘绩。”高端智库关键要有高端智库人才来支撑。根据《意见》，新型智库是以战略问题和公共政策为主要研究对象、以服务党和政府科学民主依法决策为宗旨的非营利性研究咨询机构，重点发挥新型智库咨政建言、理论创新、舆论引导、社会服务、公共外交等重要功能。目前部直属单位在国土资源经济研究、政策法规、战略规划、地质科技等方面已经形成比较好的智库基础，但总体来说，目前国土资源各相关智库决策咨询发挥作用还不够，各智库提供的拳头产品、战略研究、超前研究、储备研究还不多，智库的服务意识、问题意识、创新意识、合作意识、调研意识、时效意识还不够，特别是在阐释国土资源政策、引导舆论、分析社会舆情、疏解社会情绪、引导理性表达诉求方面还有比较大提升空间，领军人物和杰出人才比较缺乏，迫切需要加强国土资源高端智库人才队伍建设。

我们应抓住贯彻落实《意见》契机，顺应国土资源深化改革需求，积极参与国家智库规划建设，加大对国土资源智库统筹规划，一方面要在部属事业单位选择5～10个基础研究扎实、特色领域鲜明、专业团队稳定、经费来源有保障、数据信息采取畅通、对外交流合作条件良好的单位或团队进行重点支持，在国土资源战略研究、宏观调控、法治化、资源利用与管理、国土资源保护、国土资源科学技术等方面形成特色高端智库，特别注重把软科学研究实证、实时舆情分析、信息化建设、大数据分析技术纳入到智库建设当中，切实培养一批国土资源战略与公共政策研究部属高端智库人才；另一方面要加大与中央党校、中国社会科学院、高层院校等外部智库合作，特别要把中国地质大学（武汉）国土资源管理学院和浙江大学土地与国家发展研究院打造成特色发展、协同发展和开放式发展的国土资源新

型智库，切实在国土资源战略研究和高端人才培养方面发挥支撑作用。

（三）积极支持引导地质勘查专业技术人才队伍发展，持续为地质调查和找矿突破提供人才有效保障

地质勘查工作既是经济社会发展的基础性、先行性工作，同时又是一个知识密集型、对智力投入要求很高的工作，地质勘探工作从成矿、找矿理论研究开始，直至提交最终可供开发利用的勘探报告是一个连续复杂的劳动过程，地质科技人才的智力投入对物质生产增长的数量和质量起着首要的和决定性的作用，因此保持一支规模适度、素质优良、运行高效的地质勘查队伍始终是国土资源人才队伍建设的核心。特别在当前地质勘查新常态和地勘单位分类改革背景下，如何统筹公益性地质队伍和商业性地质队伍发展，如何推进不同所有制类型的地勘人才队伍发展成为亟须考虑的问题。对于中央和省级公益性地质调查队伍，随着新常态下地质调查的战略性调整，当前战略重点是建实建强建精公益性队伍，优化队伍的能力结构、业务结构和区域布局，通过队伍能力建设评估和地质调查项目与资金布局把中央、省级、高校和其他地质调查队伍建设统筹联动起来。对于从事商业性地质工作的地勘队伍建设来说，随着矿业经济周期性调整和地勘行业分类改革，地勘人才队伍发展呈现出多元发展趋势，特别是地勘技术人员按照市场规律“改行”“跳槽”将不可避免。但地勘行业与其他行业相比，不但行业萧条期长，而且人才成长周期也长，曾经地质人才的断层现象给我们地质工作造成的不良影响在今天依然存在，如何呵护、保留和激励新一代成长起来的地质人才必须作为战略问题考虑。

在当前形势下，必须采取多种措施加强对地勘行业人才资源调控，使之成为地勘行业转型发展的“引擎”。一是加大对地勘高端人才培养，特别是畅通、完善国际合作培养地勘高端人才的渠道，尽快培养一批具有战略思维和国际视野、深谙市场运行规则和现代企业管理制度的高端复合型人才，把地勘行业发展视角拓宽到“一路一带”等重大战略实施上来，强化地勘行业“战略引领”和“高端引领”，提高地勘行业核心的竞争力。二是强化对野外一线地质人才的激励保护，要研究借鉴发达国家野外一线地质人才职业发展的有效制度和激励模式，最大限度保留和激励地勘一线紧缺人才。三是顺畅公益性和商业性地质人才交流渠道，强化从事基础性地质和矿产勘查人才交流，提高地质类人才的协同创新能力。四是探索成立地勘行业卓越工程师计划战略联盟，推进国土资源领域卓越工程师培养

工作，始终要为地勘行业发展提供一直可靠的后备力量。

（四）以战略思维强化国土资源青年科技人才培养

从众多诺贝尔奖获得者的经历中可知，他们的标志性成果往往是在20～40岁的年龄区间做出的，地学杰出科技人才的标志性成果一般也是在30～45岁年龄段做出的。从世界各国人才培养来看，都把青年科技人才引进和培养作为人才培养战略重点加以实施。要借鉴国外培养青年科技人才开发经验，采取多种措施加大国土资源科技人才培养。一是进一步实施好国土资源杰出青年科技创新人才培养计划，加大科研项目资助；同时鼓励各单位、社会组织建立各种职业早期资助计划，鼓励青年科技人才潜心开展科技创新探索，注重在青年科技人才当中选拔培养青年领袖。二是加大与高等院校产学研合作培养青年科技人才的力度，鼓励国土资源系统和地勘行业各单位与高校共建实验室和工程中心，联合培养创新人才，特别要注重通过博士后科研流动站（工作站）培养青年科技人才。三是鼓励部分研究单位设立“青年研究员岗位”，遴选并破格聘用优秀的青年科技人才。四是设立“青年人才伯乐奖”，在部和各单位表彰和奖励一批在热情帮助青年科技人才全面成长、成才方面作出突出贡献的研究员。五是要为青年科技人才职业生涯建立完善的职业培训体系，及时为青年科技人才“灌注”知识动力，为其职业生涯发展不断充电，给他们提供培训机会，鼓励他们不断学习，更新知识结构，最大限度地发挥自己的智力。

四、创新国土资源科技人才体制机制

2015年9月24日印发的《深化科技体制改革实施方案》专门提出改革人才培养、评价和激励机制，提出改进创新型人才培养模式，增强科技创新人才后备力量；实行科技人员分类评价，建立以能力和贡献为导向的评价和激励机制；深化科技奖励制度改革，强化奖励的荣誉性和对人的激励。对于国土资源科技人才体制机制的创新重点应在以下五个方面。

（一）建立现代人才管理体制

20世纪80年代以来，在随着经济全球化和技术创新引致运作环境迅速变化从而竞争程度加剧的背景下，企业为提升绩效、维持和增强整体竞争力催生了战略人力资源管理。战略性人力资源管理将员工视为企业的战略性资源，认为要提升公司绩效首先应投资于组织员工，而人力资源管理策略没有优劣之分，其发挥作用的关键在于人力资源管理与组织系统要素及管理情景的匹配，如果一个公司没有建立战略性人力资源系统，或者制定组织战略时未考虑组织人力资源因素都可能损害其竞争优势（Gomez Mejia et a1.）。国土资源科技人才目前大都分布在事业单位，对人才管理大多还停留传统的人事管理上，人才能进不能出、能上不能下、领导职务终身制、论资排辈、人才部门或单位所有等，现代化人才资源管理实践活动偏少，Pfeffer 曾提出的 16 项创造企业竞争优势的最佳人力资源管理实践活动：以整体性的视角审视员工关系、工作保障、选择性招聘、领先的薪酬水平、激励性的薪酬制度、员工所有制、信息分享、参与授权、团队和工作再设计、培训和技能开发、跨职能使用和培训、消除地位差别、内部晋升、长远视角、减少薪酬差距、对管理实践的评估等；Delaney & HuseLid 调查提出的人员甄选、绩效评估、激励性报酬、工作设计、训练开发、基于能力的提升、申诉渠道、员工参与、信息分享、态度考核等关键人力资源要素。借鉴企业战略人力资源管理实践做法，推进各单位建立涵盖国土资源科技人才战略规划、职位管理、人员配置、绩效管理、薪酬设计、培训开发、员工管理、人员再配置等内容战略性管理体制，构建现代化战略性人力资源管理实践系统。

（二）完善国土资源人才评价机制

如何充分发挥创新人才的自主性、创造性，又使其能认同组织、融入团队，评价是一种良好的管理工具和手段，起着牵引、导向、纠偏的作用。华为集团的创新人才价值体系包括 3 个模块：以企业目标与使命为导向形成的绩效管理体系；以职位、流程以及组织为基础的评价体系；以任职资格、素质模型为核心的评价体系。同时，地调局在科研成果和人才评价方面提出了“四问、五不唯”原则。今后，国土资源人才评价机制创新方面，应重点在以下几个方面创新：一是建立国土资源科技人才通用素质模型和分类能力素质模型，形成衡量不同类型、不同发展阶段和不同层次国土资源科技人才胜任工作所需的基本技能、胜任素质和工作潜能的能力素质标准，重点在知识技能、创新特质、领导力、动机、人际能力、人格特质等方面建立胜任素质词典，为国土资源科技人才培训、评价提供基本支撑。二是分类建立以品德、能力和成果业绩为核心的评价指标体系。在品德评价方面，关键是看其是否道德高尚、品行端正、学风正派、廉洁自律；能力评价方面，关键是看其解决重大问题能力的高低，科技创新能力的强弱，培养人才的质量、数量以及能否承担重大工程、项目；成果业绩方面，关键是看其取得成果对经济社会发展的贡献程度和对国土资源事业的支撑程度、服务效率。切实引导国土资源科技人才将自我成长与国家需求紧密结合，面对亟待解决的国土资源重大科技问题，不断提高原始创新、集成创新和引进消化吸收再创新的能力，引导国土资源科技人才从过度注重发表论文、申报奖项向注重破解关键难题、实现成果转化应用和有效服务方向转变；同时，根据从事国土资源自然基础科学、工程技术和软科学研究人才分类建立评价指标体系，形成不同类型的科技人才评价导向。三是建立科学的国土资源科技人才评价方法，科学测评国土资源科技人才能力素质。受自然误差、评价者能力、客观环境等诸多因素的影响，单一的评价方法并不能满足衡量国土资源科技人才素质的现实需要。应采用定性与定量相结合的方式，上级、同事与同行、下级和个人相结合的方式，多个过程相结合的方式等，这样才能有效地避免和防止一些不必要的偏误出现，可以使衡量结果更准确、可靠。四是合理应用测评结果，提升国土资源人才管理水平。要善于通过应用测评结果指导科技人才科学地进行职业生涯规划、岗位管理、选拔招聘、薪酬设计、绩效管理等环节，指导科技人才培训项目设计及其培训需求的预测，不断提高国土资源科技人才评价工作效力。

（三）完善国土资源专业技术人员职称评定机制

职称评定制度是目前国土资源科技人才最重要评价制度，不仅承担着对每一个国土资源科技人才学术或技术水平、工作能力与工作成就进行评价的价值功能，并且承担着岗位聘用、薪酬福利功能，成为国土资源科技人才必须经历的成长阶梯。但从目前国土资源科技人才职称评审情况来看，主要存在着偏重论文、项目、奖项评价，而对专业实践能力和职业道德评价偏少；评价过程主要单向的业绩材料纸质评价、缺乏面试评价；职称评价指标体系模糊笼统，缺乏精细化评价指标体系，评委自由裁量权过大；评价技术手段比较落后等问题。今后应结合国土资源管理工作实际，对国土资源专业技术人员职称评价制度进行改革，目标是建立以能力和业绩为导向的重在社会和业内认可职称评审制度，主要措施：一是建立精细化的职称评价指标体系，综合考虑考核期内科研成果、获奖成果、论文专著、在研项目、工作业绩、能力水平、人才培养等内容，对每一项考核内容设立分项计分规则，根据不同专业类型、不同年龄阶段、不同层级合理划分不同评价内容权重，采用定性评价与定量评价相结合的方式对国土资源专业技术人员进行综合评定，提高国土资源专业技术人员任职资格评价科学化水平。二是建立国土资源职称评审信息系统，通过建立个人申报、资格审核、系统自评、专业组评审、评委会投票等功能模块，实现职称评审全程信息化管理，强化职称评审人员业绩和能力客观性评价，降低评委的自由裁量空间。三是进一步完善职称评审结果与岗位聘用相衔接的制度，改变目前“评聘分开”和“评聘合一”两者共存的“二元体系”，在聘用方式上实现“专业技术职称聘任制”向“以专业技术职称作为岗位准入的合同聘任制”过渡，建立更加促进科研人员成长的职称评审制度。

（四）进一步完善国土资源科技人才激励机制

知识管理专家玛汉·坦姆认为，激励知识型人才的 4 个因素分别为：个体成长（约占总量的 34%）、工作自主（约占 31%）、业务成就（约占 28%）、金钱财富（约占 7%）。相比其他类型的人才，知识型人才更加注重对其发展、成就和成长方面的激励。因此，对国土资源科技人才激励应遵循这一规律，实施更加全面激励机制。一是建立符合知识型人才需求薪酬战略，重点是立足于国土资源行业长期发展前景，建立符合国土资源事业单位特点、体现岗位价值与绩效、分级分类管理的国土资源科技人才薪酬制度，研究出台以知识、技术、管理、技能等要素按贡献参与分配的激励办法；支持地勘单位继续探索以知识、技术、管理等要素折股参与地质找矿风险投资、分享找矿成果收益的新机制，全面落实野外地质津贴新标准，充分调动地勘一线专业技术人员积极性；进一步完善收入分配激励制度，在单位内部分配上向科研关键岗位和优秀顶尖人才倾斜；对事业单位部分紧缺或急需引进的高层次人才，经批准探索试行协议工资、项目工资等多种分配方式；要通过薪酬要素评价，建立专业技术人才薪酬决定和增长机制；探索建立“将财政性资金项目所形成的知识产权授予项目承担者”的制度，实行对国土资源科技成果主要完成人、成果转化重要贡献人员和团队进行奖励不低于转化所得收益 50% 的制度，拓宽国土资源科技人才分享知识产权收益的方式和渠道，促进国土资源科技人才资源转化为人力资本；对高层次、紧缺型专业技术人才发放津贴，对促进经济社会发展有突出贡献的人才进行一次性奖励，让人才获得与贡献相匹配的荣誉、地位和实惠。二是进一步完善国土资源科技奖励制度改革，建立不同层级的国土资源科技奖励荣誉体系，提高“荣誉”制度对科技人才的“赏识”和

“认可”，体现其对业务成就的认可。三是不断完善国土资源科技人员使用机制。科技人才具有强烈的高度自信和自我实现需要，注重独立性、自主性，应充分发挥“充分授权、委与重任”在激励中的作用，给予高层次科技人员较高的项目研究自主权和资金、物资及人力支持；赋予高于个人能力的工作责任，特别是重视发挥青年科技人才在科研工作中的生力军作用，支持更多年轻科学家担任项目负责人、组建团队承担重点课题、成长为学术带头人，实施“小马拉大车”，发挥翁格玛利效应。四是为国土资源科技人才提供多样化的个人发展和职业机会。个人发展是指组织为人才提供有价值的培训和学习机会以提升他们的工作能力；职业机会指组织重视人才的内部培养，规划人才的职业发展，并在组织内部为其提供工作轮换和职业晋升的空间，确保优秀人才发挥作用。因此，应给国土资源科技人才提供多样化的学习机会（系统培训、专家研讨、脱产研讨）和资深专家或导师指导，促进科技人才知识和能力成长；同时注重为科技人才提供职位轮换、项目轮换与职业与发展机会，设计具有针对性的职业阶梯和发展通道，特别是重视身份制度激励作用，在科研人员成长过程中及时给予合适身份（包括职务、职称、项目负责等），维护科研人员个人品格完整的需要。

（五）积极打造良好的国土资源科研人才成长学术环境

良好的学术环境是培养优秀科技人才、激发科技工作者创新活力的重要基础。2015 年 12 月，国务院办公厅专门印发了《关于优化学术环境的指导意见》（国办发〔2015〕94 号），对优化我国学术氛围提出了明确规定，主要措施是：一是优化科研管理环境，落实扩大科研机构自主权。重点是优化国土资源科研管理流程，避免让科技工作者陷入各类不必要的检查论证评估等事务中，确保科技工作者把更多时间和精力用在科研上；探索改革现行科研管理中存在的“行政化”和“官本位”体制，实行有利于开放、协同、高效创新的扁平化管理结构，逐步推广以项目负责人制为核心的科研组织管理模式。二是优化学术民主环境，营造浓厚学术氛围。重点是倡导学术研究百花齐放、百家争鸣，鼓励科技工作者打破定式思维和守成束缚，勇于提出新观点、创立新学说、开辟新途径、建立新学派，不得以过多的社会事务干扰学术活动，不得用“官本位”“等级制”等压制学术民主。三是优化学术诚信环境，树立良好学风。完善国土资源科研机构学术道德和学风监督机制，实行严格的科研信用制度，建立学术诚信档案，加大对学术不端行为的查处力度，将严重学术不端行为向社会公布，并在项目申报、职位晋升、奖励评定等方面采取限制措施；广泛开展学术道德和学风建设宣讲工作，引导国土资源科技工作者严谨治学、诚实做人，秉持奉献、创新、求实、协作的科学精神，在践行社会主义核心价值观、引领社会良好风尚中率先垂范等。

国土资源科技人才创新能力建设研究

张天龙　彭　程　高　鹏　刘丽萍

摘要：党的十八届五中全会提出“坚持创新发展，着力提高发展质量和效益”的创新发展理念，并指出：“在国际发展竞争日趋激烈和我国发展动力转换的形势下，必须把发展基点放在创新上，形成促进创新的体制架构，塑造更多依靠创新驱动、更多发挥先发优势的引领型发展。”国土资源部党组历来高度重视国土资源科技人才创新能力建设，近年来组织实施了国土资源高层次创新型科技人才培养工程，遴选了两批国土资源科技领军人才、杰出科技青年人才和科技创新团队，国土资源科技人才创新能力建设出现了良好的势头。但是，当前国土资源科技人才创新能力在建设上还面对着严峻的挑战。本研究立足当前国土资源科技人才创新能力建设的现状与问题，借鉴国土资源创新团队建设的有益经验，为进一步提高国土资源科技人才创新能力建设提供意见建议。

一、国土资源科技人才创新能力建设的现状

（一）培育和产生了一批有代表性的科技创新成果，彰显了较强的国土资源科技创新能力

近年来，国土资源系统高度重视科技创新，集结科技资源，培育和产生了一批有代表性的科技创新成果。据《中国国土资源公报》统计，2012年，国土资源部获国家科技进步奖二等奖3项，中国优秀专利奖5项。68项成果获国土资源科学技术奖，其中一等奖12项。国土资源部登记科技成果345项，比2011年增加30.2%。22人获第七批“国土资源部优秀青年科技人才”称号；累计105人获得“国土资源部优秀青年科技人才”称号，157人获得“国土资源部青年科技骨干”称号。启动国土资源部高层次创新型科技人才培养工程，开展了首批科技领军人才开发培养计划、杰出青年科技人才培养计划和科技创新团队培育计划遴选工作。新批准建设46家国土资源部重点实验室。发布实施5项国家标准和3项行业标准。

2013年，获国家科技进步奖一等奖1项、国家科技进步奖二等奖2

项；德国的杨·哈弗教授经国土资源部推荐，获得中国国际科技合作奖；获中国优秀专利奖1项。69项成果获国土资源科学技术奖。国土资源部登记科技成果393项，同比增加13.9%。首批遴选科技领军人才开发和培养计划52人，杰出青年科技人才培养计划92人，科技创新团队培育计划37个。国土资源部1名专家入选国家“中青年科技创新领军人才”，1个团队入选“重点领域创新团队”。获得2013年度国家产业技术创新试点联盟——深部地质矿产勘查产业技术创新联盟。建成科技成果查询数据库，存储了1980年以来登记的万余项成果，面向社会提供免费服务。编制完成全球82个国家（地区）矿产资源风险勘查投资指南。

2014年，国土资源部组织牵头实施国家科技计划项目8项。其中，“973”计划2项，“863”计划、科技支撑计划和科技基础性工作专项各1项，科研院所技术开发研究专项3项。国土资源公益性行业科研专项立项36项。2014年，国土资源部登记科技成果408项，同比增加3.8%。获国家科技进步奖二等奖3项；澳大利亚富兰克·马尔科·佩拉诺教授和荷兰尼克·伦格斯教授荣获中国国际科学技术合作奖。68项成果获国土资源科学技术奖（其中一等奖11项，二等奖57项）。

以上具有代表性的国土资源科技创新成果的产生与优秀科技创新人才的涌现，彰显了当前国土资源科技创新能力的较高水平，是国土资源系统围绕国家及国土资源部的目标，集结科技资源，增强科学研究力量的重要体现。同时，国土资源科技创新成果的产生，也为科技人才创新能力建设提供了重要平台。

（二）培育了一批有优秀的领军人才和科研创新团队，为国土资源科技创新能力建设注入了活力

在努力培育科技创新成果的同时，近两年，国土资源部高度重视人才建设和科研创新团队建设，通过试点选拔、各地各单位推荐、资格审查、面向社会公示、专家两审遴选等程序，开展了两批次国土资源高层次创新型科技人才培养工程遴选工作，确定王静等82名同志入选第一批国土资源科技领军人才开发和培养计划，王洪波等141名同志入选第一批国土资源杰出青年科技人才培养计划，土地整治科技创新等46个科研团队入选第一批国土资源科技创新团队培育计划。入选的培养计划的科技人才与团队是新时期国土资源科技创新的重要力量，具有较强的使命感和责任感，热爱学习、勤奋工作、不断创新、奋发进取，在实际工作中积极争取和承担国

家科技计划、国家自然科学基金和国土资源有关专项项目，为国土资源事业发展作出了重要贡献。

当前，国土资源部已将国土资源科技领军人才开发和培养计划评选、国土资源杰出青年科技人才培养计划评选、科研创新团队评选纳入常态化机制，坚持每年度进行新批次的评选，形成了培育、推选和奖励突出创新人才和团队的良好机制。国土资源系统依托国家及部的人才培养计划，大力实施人才强部战略，不拘一格发现和培养科技人才，不断完善和优化创新人才培养机制及成长环境，切实做好创新科技人才队伍建设工作，锻造领军人才，造就学术带头人，培育了一批有优秀的领军人才和科研创新团队，为国土资源科技创新能力建设注入了活力，为国土资源事业发展提供有力的人才支撑。

二、国土资源科技人才创新能力建设存在的问题

当前，国土资源科技人才创新能力建设取得了较大成绩，在我国经济改革发展中发挥了重要作用，但也存在自身的一些困难和问题，有的还比较严重，必须引起我们的高度重视。

（一）创新氛围不足，创新机制缺位

一直以来，大多数国土资源科研单位都非常注重硬件基础的改善，包括充足的研究经费、先进的实验设备、良好的环境等，而对软环境的建设重视不够。部分国土资源科研单位片面追求科研资源的存量大小，而不注重对科研资源进行有效的配置与利用，这种机制的缺位使得投入与产出不匹配。国土资源科研单位的“财富”不应当仅仅表现在所拥有的物质平台，也不仅仅表现在所拥有的人才资源，重要的是要表现在能有效提升自主科技创新能力的机制及其相配套的政策体系上。

（二）创新动力不足，投入水平低

国土资源系统现行的科研体系主要是按照地域或学科建立起来的，个别科技成果在实验室诞生后，只是在各种级别的场合作展示，脱离生产实际，这些库存“成果”有一部分实际上没有太大含金量，对经济的推动作用也相当有限。目前我国创新投入，特别是国土资源科技创新投入水平虽然年年都在提高，但与发达国家相比、与其他行业相比，还有不小的差距。科技投入不足，造成我国国土资源科技创新的基础设施条件与发达国

家和其他行业相比差距较大，影响产生重大科研成果。

（三）尖端人才匮乏，科技力量分散

通过多项资助计划，国土资源系统已经聚集了一批科学研究领军人才和科研创新团队。但在数量和质量上与发达国家和其他行业相比仍有较大差距，与国土资源科技创新和事业发展的需求相比仍有较大缺口。科技进步和创新离不开高水平的科技人员和科研团队，而尖端人才，特别是大师级人才和领军人才的匮乏严重阻碍着国土资源自主科技创新能力的提升。部分研究单位采取单一地依靠优惠政策引进人才的方式，造成单位之间有恶性竞争的倾向。同时，拔尖人才的后续培养投入不足，人才成长评价体系、激励机制不完善等问题，导致国土资源单位自主创新能力乏力。

科技创新人才竞争主要是在高端的竞争，世界级领军人才、院士级领军人才匮乏和创新人才成长的体制机制不完善是制约科技创新能力的主要障碍。国土资源系统各研究单位作为国家国土资源领域科技创新主体的重要组成部分，对照科技目标需求，科技创新主体数量明显不足，创新主体参与科研人数太少以及缺乏核心科研团队。科研缺乏长远的研究方向，研究力量与目标过于分散，科技经费投入聚集于少数学科。科研人才对外学术交流活动不足，难以拓展创新视野。由于缺乏有效的调控手段和凝聚机制，国土资源的科研队伍缺乏有效的凝聚机制，单位与单位之间，团队与团队之间，实验室之间，单位、团队与实验室内部之间以及研究人员之间合作交流不够，队伍整合比较困难，不易形成合力。国土资源系统的科技资源有待进一步优化配置，巨大的人才优势有待进一步发挥。

（四）科技成果转化率低

首先，国土资源部分单位的科研工作仍未从“计划立项—科学研究—鉴定报奖”的旧模式中完全转变过来，在计划课题立项时，对预计产生的科技成果的实用性方面了解不够深入，部分科研成果被束之高阁。其次，科技创新社会服务支撑体系尚不健全，政策法规和风险投资等社会配套机制尚不完备。国土资源科技成果转化率尚有待提高，科技成果转化的服务平台尚不健全，包括专利转化、产权交易、资金与技术评估、法律服务、会计事务、成果展示等软环境的建设滞后，制约了国土资源科技成果转化潜力的发挥。

（五）前沿领域实质性国际合作进展缓慢

国土资源研究单位在国际合作与交流方面大多还停留在一般性人员交

流和学术互访，参与国际大型科学项目合作研究，特别是与世界著名研究机构的深层次合作有待进一步发展。在一些国际战略高科技前沿领域，缺乏明确的国际合作目标和必要的资金支持，这不仅不利于我国国土资源科研人员及时把握国际高水平科学研究的最新动态，而且在科技创新速度不断加快的今天，有可能使我国国土资源创新研究与发达国家之间的水平差距拉大。

（六）原始性创新难，难以产生重大原创性成果

原始性创新意味着在研究开发方面，特别是在基础研究和高技术研究领域做出前人所没有的发现或发明、开辟新的研究方向和研究领域。国土资源系统的原始创新能力还有待加强，科技成果产出还不能满足国家快速发展和全面深化改革的要求。另外，国际上普遍以各国科技论文发表状况作为衡量科研活动的产出状况、科技实力和水平的标志之一，但是我国国土资源领域的国际科技论文与发达国家还有一定差距。一是论文数量与先进国家相比相差较大，二是论文质量有待提高，三是我国科技期刊的影响力较小。

三、国土资源科技创新团队创新能力建设经验借鉴

根据《国土资源中长期人才发展规划（2010—2020 年）》，国土资源部制定的《重点人才工程和计划实施方案》中提出到 2020 年，要“培育 30 个高水平的国土资源科技创新团队，争取有 3 ~ 5 个国土资源科技创新团队进入国家科技创新团队”。2012—2014 年，国土资源部已先后启动两批高层次创新型科技人才培养工程首批遴选工作，第一批遴选，共有 37 个团队入选国土资源科技创新团队培育计划。这些科技创新团队在创新能力建设方面的成功经验主要为以下几点。

（一）所属单位为科技创新团队提供积极支撑

科技创新团队的建设和发展离不开所属单位的重视和支持，包括人员配置、基础设施保障、实验设备配置、经费保障、项目依托等。

以天然气水合物科技创新团队为例，广州海洋地质调查局拥有一支素质较高、成果丰富、专业齐全、技术基础深厚、调查经验丰富、敢打硬仗的海洋高科技队伍，为重点实验室的建设及今后的运作提供了很好的支撑；拥有用于海洋矿产资源和环境调查和研究的一套从野外资料采集、室

内资料处理、实验测试到报告编写的完整的装备和设施，这些设施的研究场所面向水合物团队开放；挂靠依托单位的国土资源部深水矿产资源重点实验室及中国地质调查局海洋油气中心为团队项目运作提供了管理平台和技术支持；除了依托一批项目经费的保证外，依托单位广州海洋地质调查局计划匹配一定的基本科研事业费为天然气水合物团队运作提供了经费支持；广州海洋地质调查局事业体制及项目，可以成为团队开展研究工作作保证和依托；同时，依托单位还利用自身的资源优势，有目的、有方向地选择一些特殊的研究方向和课题，进行国际性的合作，以提高天然气水合物研究团队的开放力度，进一步强化国际交流与合作。

（二）精英领衔与人力资源配置结构相对合理

团队负责人是科技创新团队建设核心，在很大程度上决定了团队的研究方向、科研水平、成果产出。团队负责人不仅要有精深的学术造诣，而且必须具有较强的前瞻意识，能够准确把握所在领域发展动态及国家战略需求，引领团队发展方向，要充分考虑学科梯队建设的重要性，提出创新团队的建设目标，并制定长远的团队发展总体思路。

天然气水合物科技创新团队负责人杨胜雄，博士，教授级高工，专业技术二级，新世纪百千万人才工程国家级人选、国土资源部“百名人才计划”首批入选人员。现为广州海洋地质调查局总工程师，兼任国家“863”计划海洋技术领域专家组专家、国家“973”计划“南海天然气水合物资源富集规律与开采基础研究”（2009CB219500）项目首席科学家。曾主持负责国家“973”“863”“126”、水合物调查专项等十多项项目课题研究，获得国土资源部科技进步二等奖2项、三等奖4项。

深海矿产资源科技创新团队负责人何高文，博士，教授级高工，中国地质学会第十届青年地质科技奖银锤奖获得者，获中国大洋协会成立二十周年“突出贡献奖”。长期奋战在深海大洋一线，1993—2012年间，先后13次随我国科学考察船（“海洋四号”“大洋一号”“海洋六号”）赴太平洋参加国家大洋专项调查，其中担任4个航次的项目负责人。

土地资源利用与生态管护科技创新团队负责人王静，研究员，长期致力于土地利用变化与生态状况遥感监测的基础应用和战略研究，入选国家“新世纪百千万人才工程”国家级人选，获“国务院政府特殊津贴”、国家“十一五”科技计划执行突出贡献奖、“国土资源科技领军人才”、国土资源部“百人计划”、“十一五”科技工作先进个人等荣誉称号，带领团队率先在土地资源与生态状况遥感地学分析与信息快速获取、土地质量高光谱反演、土地可持续利用评价与生态管护等理论和技术方法取得创新成果，获国家科技进步二等奖2次（分别排名第1和第2），获省部级科技进步一等奖2次（分别排名第1和第2）、二等奖6次（3次排名第1），在国内外核心期刊发表论文120余篇（其中SCI收录10篇，EI收录20篇），出版论著10部，主持研制行业规范多项，并成功应用于国家土地资源监测评价重大工程。

青藏高原地质与找矿科技创新团队负责人尹福光，博士，研究员，主持省部级等项目9项，其中4项为计划项目。完成科研报告15部，出版专著5部（第一作者），公开发表论文57篇（合著），其中第一作者26篇，核心刊物16篇。现担任"西南三江成矿带南段地质矿产调查"计划项目负责人、"西南三江有色金属资源基地调查"项目负责人。获国家科技进步奖特等奖（排名第36）、国土资源部科学技术奖二等奖（排名第1）、中国地质调查局调查成果奖一等奖（排名第1）、国土资源部2012、2013年优秀先进个人。

以上4个国土资源科技创新团队的负责人均具有较高学术水平，是所在科技领域的学术带头人，多为国家重大项目、重点实验室主持人或首席科学家，研究成果丰硕，善于多学科知识综合，具备战略眼光，学风严谨，勇于创新，甘于奉献，善于组织管理。广州海洋地质调查局在选拔项目负责人有自己的一套做法：①选苗：在日常工作中物色有组织能力、工作认真负责、有活力、敢于负责并有奉献精神的年青技术人员进行有针对性的培养。②培土：给培养对象施展的舞台——项目，让他们在做项目的过程中锻炼成长。③施肥：也就是传、帮、带，在培养对象成长的过程中，给予指导、鼓励、支持和关怀。此外，项目负责人在职称评审、人才培养计划人员、项目安排、专业技术岗位遴选方面给予优先考虑。

团队核心成员是实现团队研究目标的人力资源保障，而合理的团队人员结构是完成任务目标的重要保障，其中学历结构、职称结构是团队科研实力、业务经历的集中体现，年龄结构反映了团队的人才储备情况和可持续发展的潜力，专业结构则体现了团队的兼容性和处理复杂综合性问题的能力。以上4个国土资源科技创新团队在人员配置上结构相对合理，基本上为梯队式的研究团队，以中青年为主，多数人具有硕士以上学历，职称主要为中高级，专业涉及面较广，知识结构多元。

（三）引导和促进团队跨学科研究与人才培养

市场竞争归根到底是人才和技术装备的竞争，拥有人才的数量和质量已经成为评价核心竞争力的重要指标。因此，国土资源科技创新团队都积极引导和促进团队跨学科研究，十分重视人才培养。

天然气水合物科技创新团队和深海矿产资源科技创新团队的依托单位广州海洋地质调查局也高度重视人才队伍建设，坚持引进人才与培养人才两措并举。其主要做法如下。

（1）加强科技人才培养提升机制建设。①加强人才培训。将教育培育工作列入 ISO9001 质量管理体系的重要内容，对教育培训做到有计划、有组织实施记录、有培训结果的考核评价。建立人才培养基金，每年选拔管理、技术骨干到高等院校攻读博士、硕士学位；建立人才国际化培养机制，鼓励科技人员参加国际化人才外语考试（BFT），加强对科技人员的外语培训；狠抓一专多能岗位技能培训，定期组织岗位技能培训班或组织职工外送学习，请国内外专家进行学术讲座；组织特殊岗位（船员）人员培训，确保特殊岗位人员百分之百持证上岗；加强与高等院校合作，与中山大学进行联合培养。②大力提拔使用政治素质高，业务能力强，工作业绩突出的青年骨干，给他们压担子，在工作中锻炼培养，形成“想干事的给机会，能干事的给岗位，干成事的给地位”的良好氛围。③重视人才引进，面向社会公开招聘紧缺的专业人才，对新引进的具有博士以上学历的高级人才，提供优惠政策，筑巢引凤。

（2）青年学者国际国内学术合作探索。通过引进技术设备和项目国际合作等途径，把科技人员送到国外进行业务技术培训。2000 年以来，共送到国外进行业务培训有 400 多人次。实行出国科技人员交流汇报制度，不定期举行期间出国培训人员成果交流会，提高学习交流平台，开阔科技人员视野。

（3）深化单位青年学者之间的交流与合作。鼓励科技人员改进或自主开发勘查技术装备，加快进口设备附属部件的国产化进程；鼓励科技人员提高专业理论水平，积极发表学术论文；鼓励青年申报国土资源部深海矿产重点实验室开发基金，国家自然科学基金，省部科学基金，锻炼提升青年科研能力。

青藏高原地质与找矿研究团队以培养和稳定一支热爱青藏高原地质工作的高素质人才团队为目标，以重大科研生产项目为载体，重点加强项目负责人的培养，从地质问题梳理、资料收集、综合整理、工作质量、成果提升等方面加大对项目负责人的培养力度，尽量让年轻人承担大项目，聘请老专家、院士进行技术指导。同时，组织大型会议对工作成果进行交流和现场研讨，积极参加国内外相关学术会议，将工作成果与国内外同行进行广泛地交流，争取有多人次入选国土资源部优秀科技人才或中国地质调查局青年地质英才培养计划。成都地质调查中心对该团队的建设也高度重视，团队中的所有成员都被优先列入人才培养计划，中心加大力度支持其承担国家和部门重点科研任务，扩大经费使用自主权，优先支持团队成员的职称和岗位评定，定期派选团队中的科技人才到国家进行考察、进修和培训，依托国际合作平台培养和锻炼人才。

土地资源利用与生态管护科技创新团队注重营造良好的科研氛围和学术风气，积极创造条件，支持人员参加国际学术会议或国内外中短期培训和申请承担国家重大科研计划课题。国内外学术交流广泛，积极邀请国内外知名学者讲学开展内部交流和学术讲座。该团队还与武汉大学、河海大学等多个高校、科研院所联合培养博士和硕士，与香港理工大学建立联合实验室，并应国外知名高校邀请，开展研究人员学术合作交流和团队建设。团队人才培养卓有成效，团队成员中 1 人获国务院政府特殊津贴，1 人获“五四”青年奖章，1 人获中央国家机关“巾帼建功先进个人”和国土资源部“巾帼建功标兵”，3 人获国土资源部“百人计划”，1 人获“国土资源杰出青年科技人才”荣誉称号。团队 2013 年获“国土资源科技创新团队”，2012 年获人力资源和保障部等五部委联合颁发的“国家风沙源治理先进集体”，2011 年获国土资源部“十一五”科技工作先进集体等。

（四）注重产学研合作与团队科研成果的转化

产学研合作主要是指产（企业）、学（高校）、研（科研机构）三方以市场为依托，本着取长补短的原则，通过整合三方优势资源，促进三方共同发展，最终以实现共赢为目的的科技创新机制。加强产学研合作有利于促进科技创新团队科研成果的转化，从而使科研工作真正服务于国土资源建设。

天然气水合物科技创新团队近年来，承担或参与的与水合物相关的科研项目 20 余项，其中“863”计划课题 15 项，“973”计划项目（课题）3 项，国家自然科学基金课题 2 项，公益性行业科研专项课题 1 项，水合物专项配套科研项目 1 项，联合勘探配套科研项目 4 项，各项研究进展良好，部分项目成果突出。

深海矿产资源科技创新团队近几年来团队骨干成员正在承担项目或者课题共19项，总经费为6309万元。近5年，团队骨干成员共发表第一作者论文共21篇，其中SCI收录论文2篇，EI收录论文3篇，核心及公开发表论文16篇。

青藏高原地质与找矿创新团队以项目为依托，积极与中科院、地科院地质所、矿床所，北京大学、中国地质大学、成都理工大学等国内知名的实验室和科研机构保持长期的项目合作与成果交流；同时还与美国麻省理工学院、美国肯特州立大学、英国布里斯托大学、英国Oxford Films & Television公司、香港大学、台湾成功大学等国内外部分学员和研究机构建立良好的合作关系；团队成员多次到国外参加IGC、SGA、HKT等国际重要学术会议，通过学习和吸收国内外先进的工作经验和科研方法，不断提升团队的研究水平和综合科研实力。自地质大调查工作开展10余年来，青藏高原地质与找矿科技创新团队承担计划项目11个，近五年来承担科技部"973"课题2项、国家自然科学基金15项和国家专项与青藏专项项目20多项。各类研究和生产项目经费超过40亿元。研究团队在国内核心期刊发表130余篇科技论文，其中SCI论文31篇，公开出版专著16部。

（五）科学的绩效评估和高效的创新激励制度

建立高效的科技创新团队，需要一个系统完善的绩效评估机制和创新激励机制。科学的绩效评估和高效的激励机制能够充分整合各种资源，从而形成团队成员的需求点，调动团队成员的积极性、创造性和凝聚力，形成正面驱动作用，最大限度激发团队和个人的创造力，促使其创新行为的持续发生。

广州海洋地质调查局不断加强人才激励机制建设，采取一系列的政策和措施更好地调动广大干部职工的积极性、创造性，使人人有压力，人人有动力。具体做法如下：①实施内部经济责任制，确定量化指标，赋予各单位一定的生产指挥权、用工自主权、绩效工资分配权，年底考核，兑现奖惩，激励各单位保质保量完成任务。②实施船舶出海经济责任制，出海津贴伙食费与工作量挂钩，向下包底，上不封顶，极大调动了出海作业人员的生产积极性，海上工作效率大幅提高。③深化人事分配制度改革。2002年，针对职工收入水平与社会市场价位存在严重脱节，对吸引人才、留住人才极为不利，率先推行岗位管理改革，实施岗位聘用津贴，建立重实绩、重贡献的分配制度，合理拉开收入分配差距，向关键岗位、特殊岗位倾斜，向拔尖人才倾斜，极大调动了职工的工作积极性。2004 年进一步深化岗位管理改革，以“按需设岗、择优聘任”为基本原则，实行科学合理设岗，按岗聘任，以岗定酬，岗变酬变，注重岗位，淡化身份，打破了专业技术职务“终身制”，解决了职称评聘不分等问题。2010 年完成了首次专业技术岗位遴选及管理岗、工勤技能岗的定级和聘用工作。通过设立临时职务津贴制度的收入分配制度改革方案，不断破解妨碍单位科学发展和和谐的思想障碍和体制障碍。2011 年，为进一步调动广大干部职工的积极性，再次出台分配改革措施，本着向海上艰苦作业倾斜、向海洋地质主业倾斜的原则，把广东省政府有资金来源允许发放的新增物业（住房）津贴费与生产经营效益相挂钩，扩大收入结构中能浮动的部分，最大限度地提高激励机制的刺激量。④建立外语津贴。鼓励广大科技人员提高外语水平，给持有 BFT 高级证书发放者 80 元/月的外语津贴。把 BFT 证书作为技术岗位聘任的条件，规定教授级职务聘任外语必须达到 BFT 中级水平，副高级聘任外语必须达到 BFT 初级水平。同时，规定了 BFT 证书 3 ~ 4 年的有效期，促使科技人员持续学好用好外语。

（六）优良的学术传统与宽松的团队文化氛围

团队文化是指团队成员共同遵循的工作理念和行事风格，包括了团队学术氛围、工作准则、指导思想等内容，对团队成员具有较强的引导和感染作用。其价值在于其能够为其成员提供一种组织认同感。要致力于创造一种支持团队创新的文化氛围，重视创新、容许失败、民主管理、鼓励竞争，培育勇于创新、追求真理、崇尚科学、淡泊名利的科学精神，一支稳定的科技创新团队，在长期发展中必然会形成健康的团队文化，有浓厚的学术氛围和高效务实的工作准则，在保障团队业务能力建设的同时，也为团队的科研创新工作营造了良好的文化氛围。

土地资源利用与生态管护科技创新团队，在主管部门国土资源部和依托单位中国土地勘测规划院的大力支持和帮助下，团队按照“开放、流动、公平、竞争、协作”的运行机制，秉承科学求实、勇于创新、甘于奉献的团队合作精神，在产学研结合、资源共享、人才培养、国际合作等多方面均形成了健康成熟的工作机制，整体环境和谐、民主、团结、向上。

四、国土资源科技人才创新能力建设的意见建议

（一）积极完善国土资源创新型人才成长的政策体系

要按照整体规划、宏观管理、分类指导、加强服务的原则，根据科技人才成长的基本规律，制定有利于创新的科技人才队伍建设的政策体系。减少官本位对科技人才的影响。要真正打破官本位思想对科技人才的影响，需要积极落实人才政策，为科技人才发挥才能提供足够的空间。特别是要出台相关的政策，以保证科技人才的权益，规范他们的行为。选人不拘一格，用人用其所长，在人才使用上给予其充分的发挥空间。努力做到人尽其才，才尽其用，用当其时，使人才在最适当的岗位发挥其长，让人才在最佳的年龄段尽显其长；以打破专业技术职务终身制为重点，深化职称制度改革；鼓励学术冒尖，提倡学术民主，反对学术官僚主义。

同时，国土资源科技创新体系建设不仅依靠国土资源部自身，更需要国家各部委共同协作，确实发挥整合科技资源，推进国土资源人才科研创新建设的作用。当前，我国各部委之间大协作的平台已经初步构建，在现有的经费力度支持下，队伍整合和成果培养可取得一定成果。但是，是否能够长期得到支持，还需要国家通过法律法规的制定来保证，进一步通过立法规范国土资源科技创新体系建设。另外，当前创新体系过于强调服务生产实际，而对前沿技术创新不足的问题需要在政策层面予以改进。

（二）大力发展科研创新文化，营造宽容、尊重的氛围环境

创新的过程带有巨大的风险，对创新失败的宽容则是对有关人员很大的激励。目前，一些地方已经开始这方面的尝试，如，2005 年 11 月 17 日，被外界称作“试错条例”的《深圳经济特区改革创新促进条例》草案被提交至四届人大常委会三次会议审议。该条例带有很多新意，“行政机关是改革创新的主体”“公众参与”“宽容失败”等原则都是国内首创。国土资源科技人才创新能力建设可以汲取这方面的经验，大力发展创新文化，对科研创新中的失败给予充分的宽容与尊重。

要积极营造尊重人才的良好氛围。要给科研人员创造良好的科学研究和事业发展平台，为科研人才的研究工作提供优质的服务和充足的后勤保障。科研人员作为推动事业发展和科技创新的重要力量，理应得到所有人的尊重和敬佩，对于单位内部产生的忽视科研人才的负面情绪行为，要及

时予以引导和纠正。要让科技人才在从事科研工作中，感觉到自身价值，感觉到组织和单位的信任与支持，感觉到科研工作的美好前景和未来，增强坚持从事科研工作的信心。

要有尊重科学的态度，对科技人才要宽容失败。地质工作是探索性的工作，失败在所难免，甚至可以说，每一次地质工作成果的取得都是建立在多次失败的基础上。因此，应该用同理心和宽容的态度看待科技人才在工作的中失败，为科技人才创造宽松的科研环境，增加科技人才的心理舒适度，使其有更好的精神状态投身到科学研究和创新工作中。

（三）进一步加大对国土资源科技创新的资金支持力度

近些年，我部科技经费投入继续保持快速增长，在逐渐加大的经费支持情况下，国土资源领域科研成果推陈出新，这与我国良好的社会经济运行情况是分不开的。但与发达国家相同领域的科研投入相比，还有很大差距。科技创新离不开强大的资金支持，还需要进一步加大投入力度。同时，也有些成果处于培育阶段，有些研究处于探索阶段。这些尚未形成现实生产力的科研成果，需要持续得到国家的支持。而且随着我国社会经济的发展，对国土资源科研要求会越来越高，这需要国家继续加大支持力度，确保国家国土资源科研成果不断推陈出新。

（四）依托重大项目平台加强创新型科技人才培养与引进

要重视发挥高层次人才在创新能力建设中的作用。依托“863”“973”、国家自然科学基金等国家重大科研课题，整合高层次人才资源，培养锻炼队伍，努力形成创新团队，形成一边出成果、一边出人才的良好局面；在科技基础条件建设和国家重点科研基地建设中，加大学科带头人培养力度；系统内各单位，特别是科研型机构要适应人才需求新变化，坚持人才培养与创新实践紧密结合，增强高素质人才的培养能力；加强以人才培养为主线的国际合作交流，发展和完善各种形式的科技人才国际化培养模式。

要抓好科研学术技术带头人的梯队建设，做好领军人才和拔尖人才的选拔工作，充分整合利用现有各种资源，加强青年人才创新性思维和独立思考问题能力的培养，全面充实高层次创新型科技人才后备队伍。通过项目负责制的培养方式将高层次创新型科技人才盘活，有意识地将一些实践中的科研难题以及围绕事业发展所需要的研究项目拿出来培养科技人才，主导国土资源科研向有利于事业发展的方向走。摸清单位内部对人才的实际需求情况，制定科学的人才培养方案和规划，有力指导本单位科技人才队伍建设。依托地质科学院或部共建大学，由国土资源部提供一定的资金或其他形式的帮助，实现中外联合办学，为培养科技人才提供高端资源。

对于引进高层次创新型科技人才，必须注意消除其后顾之忧，消除其事业发展中的顾虑，要着眼于帮助他们成就事业，从事业发展的实际情况和未来需求出发，精心思考和设计人才的事业空间，为他们创造事业腾飞的条件。

（五）建立完善鼓励创新的国土资源人才评价和激励机制

科技人才的评价重在社会和业内的认可。要在国家和部政策的宏观指导下，开展以岗位要求为基础、创新能力为重要因素的科技人才评价工作，对基础研究、应用研究及工程技术开发的不同领域要有不同的评价标准。要建立科学的评价机制，要真正把握以人为本与能力主义的科学内涵，深刻认识以品德、创新能力、业绩作为主要职称评价标准的意义，以推动人才创新能力的有效发挥。应用型科技人才评价要以结果论英雄，要以质量论成败，而不是看名气，形成人才辈出的人才队伍，而不是一成不变的专家队伍。

公共财政应加大对基础研究、战略高技术研究及重要公益研究领域的分配扶持力度，应坚持物质奖励与精神奖励并重的原则，对为国家作出突出贡献的科技人才给予崇高荣誉。要加快对人才资本市场运营层面的机制创新和制度创新；按照按劳分配为主体、多种分配方式并存的社会主义初级阶段分配制度的要求，树立为科技人才创造之火添加利益之油的观念，让科技人才的创造性劳动、技术、管理等参与分配，得到应该得到的正当报酬。

（六）发挥创新团队的在创新能力建设中的示范引领作用

国土资源创新团队是我国国土资源领域创新的主体，优秀的国土资源创新团队是实现国土资源科研不断推陈出新，促进国土资源事业发展的重要力量。应进一步扶持创新团队建设，例如设立团队教育培训基金、团队骨干培养基金、团队发展基金等，支持团队带头人的培养，团队骨干素质的提升，团队管理水平的提高，为团队科研创新能力发展提供持续的科研支持。

要开展和谐团队建设。要正确发挥团队带头人的作用，营造合作发展的团队氛围，为团队成员设立宽松的成长环境并建立动态的团队关系。要培育创新能力强大的创新团队。要建设学习型团队，大力开展学术交流。国土资源科研创新团队必须长期扎根在实验室、田间地头等生产一线，这是科研创新的主战场。要鼓励团队成员积极参与各类学术交流活动，开阔视野，了解本领域发展动态，以避免做重复性的工作。这是把握方向，追踪前沿最直接和便捷的方式。要造就引进人才培养团队带头人。必须加强道德教育、科研培训、素质培养，并要求团队带头人具有良好的合作精神。要培养富有创新精神的普通团队成员。团队成员是构成团队的基本单元，也是团队可持续发展的原动力。要以教育培训提高业务素质，以自主权下放提升创新积极性，以创新能力为标准进行任务分工，将团队成员的培养作为团队保持持续创新的最重要因素常抓不懈。

创新国土资源人才培养机制研究

欧阳勋　杨洪涛

摘要：《国土资源中长期人才发展规划（2010—2020年）》提出了“创新人才培养开发机制”的要求。本文对国土资源人才培养现状进行了调查，重点讨论了高校共建培养、青年人才培养的成效与经验，深入剖析了当前国土资源人才培养存在的问题和不足，在此基础上提出了进一步创新国土资源人才培养机制的对策与建议。

一、国土资源系统人才培养实践与调查分析

（一）国土资源部共建院校人才培养

高校的人才培养是国土资源和地勘行业人才培养的起点，发挥重要的奠基作用，关系整个国土资源系统和地勘行业的人才投放和未来发展。国土资源部分别于2006年、2009年和2012年与教育部签署了共建中国地质大学（北京、武汉）、吉林大学地学部和长安大学的合作协议，于2010年与四川省人民政府签署了共建成都理工大学的合作协议，于2013年与江西省签署了共建东华理工大学的合作协议，与河北省签署了共建石家庄经济学院的合作协议。共建协议旨在支持共建院校充分发挥学科优势，促进共建院校的改革与发展，同时能够更好地为我国国土资源和地勘行业发展服务。

1. 共建协议框架下的高校人才培养工作取得明显成效

自2006年共建工作启动以来，在共建协议的推动下，共建高校通过加强学科建设，加强以国家、部、省重点实验室为主的科研平台建设，创新人才培养模式，提高人才培养质量，国土资源和地勘行业的人才培养优势得到巩固和加强，增强了国土资源和地勘行业的人才后备力量，为国土资源系统和地勘行业的发展提供了多样化人才支撑。

2. 近年来共建高校培养国土资源人才现状

2013年，共建高校由5所增加到7所，国土资源人才的培养力度进一步加强。中国地质大学（北京）招收国土资源、地勘行业相关专业本科生

1508 人，研究生 1568 人，合计 3076 人，分别占全校招生本科生、研究生总数的 70% 左右，其中 90% 以上的博士研究生为国土资源、地勘行业相关专业。中国地质大学（武汉）招收国土资源、地勘行业相关专业本科生 2199 人、研究生 1287 人，合计 3486 人，分别占全校招生本科生、研究生总数的 47% 和 57% 左右。吉林大学地学部、成都理工大学、长安大学、东华理工大学、石家庄经济学院 5 所共建院校招收国土资源系统和地勘相关专业的本科生数量分别为 1169 人、1898 人、1340 人、1305 人、2575 人，共计 8287 人，研究生数量分别为 493 人、1102 人、507 人、337 人、235 人，共计 2674 人；输送到国土资源系统和地勘行业就业的本科生数量分别为 472 人、630 人、647 人、578 人、583 人，共计 2910 人，研究生数量为 868 人、389 人、227 人、797 人、156 人、108 人、42 人，共计 2587 人。

3. 共建高校人才培养模式多样化

共建院校以国土资源系统和地勘行业人才需求为导向，通过开展“地学菁英班”“创新实验班”“卓越工程师计划”等多项培养计划，采取自主培养、定向培养、联合培养等多项途径，不断创新人才培养模式，提高人才培养质量，为国土资源系统和地勘行业输送人才。

（二）青年人才培养的模式与机制分析

1. 以项目为依托选拔培养青年人才是主要培养途径

从总体上看，在各地调中心人才培养和团队建设的具体过程中，依托项目培养人才是被多年实践所证明的甄别和培养人才的有效方式，也是目前地调中心乃至整个地质行业培养人才的主要途径。在依托项目培养人才的实践中，形成了有效的人才培养模式。一是通过在优势学科领域的重点项目中培养重点人才，实行“人才＋项目”的人才培养机制。二是启用青年项目团队，促进青年人才整体成长。

2. 地质行业传统的以老带新人才培养模式被广泛采用，仍发挥重要作用

“以老带新”是地质行业历史悠久的人才培养模式，目前仍然被各单位广泛采用，在多年实践中形成了特有的规则和方式，对青年人才培养发挥着举足轻重的作用。尤其在目前高校毕业生专业实践和动手能力普遍下降的情况下，“以老带新”的培养模式在促进青年人才成长方面发挥着关键作用，作为青年人从学校培养到单位培养的重要一环，实现从书本到实践的重要过渡，目前对于青年人成才仍然不可或缺。

3. “走出去”的国际化人才培养机制对促进青年人才成长效果显著

具备国际化的科研视野和接轨国际先进科研技术是青年科技人员成才的重要因素。调研专访了11位国土资源高层次创新型人才和杰出青年科技人才，受访者100%都具有国外学习交流经历，90%以上在国外学习交流时间超过半年以上，受访者100%参与过国际科研项目合作，100%的受访者认为国外的学习交流经历对于自身成才有积极作用，81.8%的受访者认为国外的学习交流经历对青年人才培养具有不可替代的作用。

二、当前国土资源人才培养机制存在的问题与不足

（一）国土资源系统人才培养顶层设计的组织实施需要进一步落实

《国土资源中长期人才发展规划（2010—2020年）》（以下简称为《规划》）作为国土资源系统宏观的人才战略顶层设计，《规划》的组织实施的还需要深入推进，完成所提出的创新国土资源人才机制的实施目标。一是由于人才培养的多方协作性质，覆盖面极广，涉及整个国土资源和地勘行业方方面面。二是由于人才培养存在一定的延后性，培育优秀人才需要较长的成长周期，人才培养成效短期并不明显。三是部门人才培养的持续性不够，容易受到政策和环境影响，造成了部门选人的随意性与随机性，国土资源人才培养机制的具体措施落实到一线单位还有难度。

（二）高校的人才培养机制需要进一步完善

（1）高校人才培养还需更积极地适应国土资源管理和改革形势。目前高校在跟进国土资源和地勘行业重大需求，服务国土资源和地勘行业事业发展上，还缺乏系统谋划、主动性、前瞻性。同时，由于多种因素，院校在获取国土资源人才培养、科研和社会服务相关信息的渠道还不够畅通。

（2）高校国土资源人才培养和输出的比例需要进一步优化。近年来共建高校地学专业招生总数逐年增加，但地学专业学生进入国土资源和地勘行业比例并未有明显的增长，培养和输出比例有所失衡。尽管我国地质教育已经基本形成了高校，科研机构与行业培养三位一体的培养方式，但是一线地勘行业高素质人才所占比例依然较小。

（3）高校人才培养亟须加强专业实践和动手能力。目前高校在培养学生野外地质实习，动手操作能力等方面呈现弱化趋势。野外勘测、地质填图等专业实践对于从事地质工作十分重要。野外实践能力不足，是高校培

养学生进入行业单位面临的一大问题。

（三）青年人才培养力度有待加强

（1）拔尖型青年科技人才不足。一是在国土资源部层面。目前国土资源系统的人才选拔和培养机制还缺乏连贯性，整体环境对于科研创新的鼓励支持还不够，部层面的青年人才培养计划后续支持和配套措施还不够完善。二是在单位层面。因为近年来各单位承担项目性质变化的原因，青年业务人员从事事务性工作占用了大量时间与精力，创新意识有所减弱，成果不够突出，拔尖型青年人才的培养近年有所停滞。将导致高层次人才的后续发展动力不足。

（2）青年人才的培养支持计划落实不到位。目前国土资源部和地调局都出台了相应的青年人才支持计划，选拔优秀青年人才。但这些人才计划都不同程度地存在后续支持措施落实不到位，支持优秀青年人才成长力度有限的问题。人才专访数据显示，100% 的青年受访者认为，各类人才工程的奖励保障措施还不到位，项目支持计划缺乏后续推动，目前较多地停留在授予荣誉的层面，真正的支持作用未能充分发挥。

（四）高层次领军人才的培养形势严峻

（1）缺乏具有核心竞争力的高层次专业技术人才。与清华大学、中科院等单位的高层次人才队伍相比，国土资源系统各科研单位具有核心竞争力的高层次专业技术人才呈现严重不足。特别是国家杰出青年科学基金获得者、长江学者、千人计划等，数量都相当少。这无论对于单位的科研实力提升还是将来系统内的院士增选，都是极为不利的。

（2）两院院士增选工作进展缓慢。国土资源系统的院士增选工作多年来进展缓慢，现有的两院院士队伍年龄结构老化，呈现青黄不接的态势，断层已经形成，传统优势已不复存在。这种现象的产生，一是由于我国历史原因所造成的人才断层。二是随着地学领域研究研究成果逐渐丰富，研究深度不断增加，地学领域创新难度也不断增加，导致了领军型人才培养难度的增加。三是系统内部选拔高层次领军人才的环境氛围需要改善。

三、创新国土资源人才培养机制的对策与建议

（一）以两部及部省共建协议为抓手，推进共建高校人才培养机制改革

充分发挥共建协议的导向作用，使高校人才培养更好地适应国土资源事业改革形势和行业重大需求。一是拓宽国土资源部与共建院校的联系交流渠道。国土资源部加强对完善地矿行业人才培养模式以及培养方案的指导，使共建高校了解国土资源人才需求状况，适时调整专业结构和培养方向，适度推进现有教学模式改革，提高人才培养质量。二是充分利用共建院校的专业优势和师资力量，积极开展专业技术培训，提升国土资源系统和地勘行业干部队伍素质。

（二）完善青年科技人才的培养机制

（1）加强拔尖型青年人才的培养。拔尖型青年人才是高层次领军人才的重要后备力量，是青年人才队伍的核心组成部分，是青年人才培养的重点目标。一是要完善优秀青年人才的选拔和培养机制。在项目培养模式中贯彻项目负责人竞聘制，选拔优秀青年人才；二是在以老带新培养模式中发挥高层次人才的引领作用，促进青年人才的快速成长。三是鼓励科研创新，激发青年人才的积极性。

（2）提升依托项目培养青年人才的效能。依托项目培养是青年人才培养的主要途径。调研结果显示，各单位都普遍存在青年科技人员从事项目中大量繁杂的事务性工作，难以投入时间精力在专业技术工作中的现象，这是造成青年人才难出成果和成长缓慢的重要原因。建议科学简化项目管理程序，对青年人才实行减负政策。合理简化项目申请、汇报、评审、验收等程序，切实保证科技人员的研究时间，为青年科技人才培养创造相对宽松的环境。

（3）加强青年人才的国际化培养。国际化培养是培养青年拔尖型人才的重要环节。一是在当前的政策环境下，积极探索“走出去”人才培养实施战略，减少政策紧缩对青年人才出国学习交流造成的影响。二是加强国际科研合作，实行“请进来”与“走出去”相结合，建立长效的国际合作交流机制。

（三）完善高层次领军人才的培养机制

（1）完善人才培养经费保障机制。国土资源人才培养的经费投入机制还存在问题，人才投入明显低于物质投入，与中科院系统和高校相比差距较大，导致人才队伍建设的基础资源不足，影响高层次人才的培养。一是保障用于基础研究的经费投入；二是保障重点实验室等大型科研平台的经费投入；三是保障专门用于人才培养的经费投入。

（2）完善高层次人才引进和单位内部培养机制。一是加强对国内外高端科技人才的引进。以地科院为例，通过实施“李四光学者”人才计划，面向国内外公开招聘学科带头人和重点实验室主任，创新用人机制、分配办法和激励措施，加快高层次人才的引进。二是注重单位内部培养，在单位内部建立完整的人才培养体系。对单位内部入选百千万人才工程和国土资源部、地调局科技领军人才计划的优秀人才，给予科研保障和重大项目倾斜支持。加快培育优秀创新团队，培养优秀中青年人才，增加高层次人才的后备力量。

（3）建立国土资源高层次人才库。建议由部层面设立高层次人才入选标准，收集整合国土资源系统高层次人才的资料信息，建立国土资源高层次人才数据库，实现统一查询，信息共享，与各单位的需要实时对接，为国土资源高层次人才的成长交流建立权威的平台。实行动态更新和退出机制，不断为高层次人才库注入活力。

（4）营造有利于高层次人才培养的氛围。改善高层次人才成长环境，推进科研和学术道德建设，增强人才培养的大局观和责任感，建立有效的激励和惩处机制，对于学术不端、恶意诬告等行为追究责任，加大查处力度。营造风清气正、和谐向上的内部氛围，提升高层次人才的培养和选拔的软实力和影响力。

（四）建立有利于人才培养的制度环境

（1）完善人才考核评价制度。一是实行人才针对性评价，建立多元化的考核评价标准。针对不同考核对象，不同工作岗位，包括基础研究、应用研究、生产项目等不同类型科研工作活动，确定不同的评价目标、内容和标准，分别采用针对性的评价方法和指标，避免评价过度量化和简单化，避免“一刀切”。二是建立符合人才成长规律的合理评价周期。对于科研工作而言，尤其是基础性研究项目，评价周期过短，次数过于频繁，不仅影响人才的培养成长，对科研项目进展也有较大的负面影响。

（2）健全人才分类管理制度。一是在系统层面，区分行政与科研人才的管理。对于国土资源系统以科技人才为主体的科研单位，在管理上要与主要承担行政管理职能的单位有所区分，避免针对行政单位的政策措施无限延伸到科研单位，对科技创新与人才培养形成束缚。二是在单位层面，区分行政部门与科研部门的工作界限，保证科技人才的有效使用，避免角色错位，充分发挥人才的效能。

国土资源党政人才胜任素质“山水模型”研究

杜新波　徐　斌　温　巍　西　楠

摘要：构建国土资源党政人才能力素质模型是加强国土资源干部队伍建设的重要路径和基础，2015 年部人力中心委托首都经济贸易大学开展了“国土资源党政人才能力素质标准体系与测评技术研究”项目。本文依托该项目，通过对党政人才胜任素质相关理论进行深入探讨，结合国土资源干部人才队伍建设实际，以国土资源系统处级党政人才群体为样本，通过行为事件访谈、问卷调查等研究方法，构建了国土资源处级党政人才胜任素质的“山水模型”。模型以 43 项通用素质、10 项鉴别性素质为核心，配套胜任素质词典，以期为国土资源系统干部的评价发现、培养开发、使用管理等提供新的思路和方法。

针对党政干部，习近平总书记问过三个问题：怎样算是好干部？怎样成为好干部？怎样把好干部用起来？首先，“怎么算是好干部”是有关优秀党政人才的标准问题。习近平指出好干部要做到：信念坚定、为民服务、勤政务实、敢于担当、清正廉洁。建立国土资源党政人才胜任素质标准体系，是将体现时代内涵的党政人才胜任素质找到、找准，将难以测量的模糊素质行为化、具体化。其次，“怎样成为好干部”是有关党政人才的培养问题。胜任素质标准体系可以延伸为一张学习地图，通过让人才从“实干”到“能干”，更高效地培养优秀党政人才。最后，“怎样把好干部用起来”是有关党政人才的选拔任用标准的问题。建立基于胜任素质的党政人才选拔任用标准，既是推进国家治理体系现代化课题中的应有之义，也是提高国家治理能力现代化的重要保证。

针对新常态和作风严管形势，一些同志存在的不敢为、不会为、不善为问题，国土资源部姜大明部长在 2016 年的国土资源工作会议上指出：深入开展“能力建设年”活动，着力提高各级领导干部履职担当、善作善为的能力和水平，并提出了四种能力建设：懂全局、管本行的能力，抓重点、破难题的能力，抓落实、求实效的能力，崇廉洁、拒腐蚀的能力，这充分体现了国土资源部党组对党政人才能力素质重视，这也为党政人才能力素质系统的构建和实施提供了广阔的前景。从岗位职责重要性角度来看，处级党政人才上要战略承接，下要贯彻执行，在国土资源系统党政人才队伍结构中扮演着承上启下的重要角色。

一、国土资源党政人才情况

（一）国土资源党政人才定义

党政人才指公务员、参照公务员法管理的群团机关工作人员[1]。本研究所指的国土资源党政人才，是拥有胜任岗位的素质、对国土资源机关单位及事业单位作出卓越贡献、从事公共管理的工作的领导干部。国土资源党政人才是人才资源重要的组成部分，是国家经济社会发展的重要组织者和推动者。

（二）国土资源党政人才情况

2014 年，全国国土资源行政机关年末实有人员 72083 人。其中，部机关及国家土地督察机构 651 人，省级及以下国土资源行政机关 71432 人；女性 15905 人，占 22.27%；具有研究生学历的 5408 人，占 7.57%；所学土地、地质地矿、测绘和信息科学等国土资源密切相关专业的 12798 人，占 17.92%；35 岁以下的 11112 人，占 15.42%。

国土资源部所属单位和省级及以下国土资源主管部门党政领导人才年末实有人数 20490 人。党政主要领导 4961 人，占比为 24.21%；班子其他成员 15529 人，占 75.79%。数据显示出国土资源党政领导具有 3 个特点：学历水平全系统领先、党政领导人才年龄结构偏大、专业结构以经济管理为主，地质地矿专业占比随单位级别增加而增加。

全国国土资源系统干部参加各类培训 340537 人次。其中，党校、行政学院级干部学院培训 69495 人次，占培训总人次的 20.38%；国土资源培训机构培训 144756 人次，占 42.44%。参加学历教育总人数 20941 人，其中研究生 1790 人，占参加学历教育总人数的 8.13%，博士 233 人，占 1.11%，硕士 1557 人，占 7.43%。2014 年 1002 人获得学位，其中，获得博士学位的 39 人，获硕士学位的 484 人，获得学士学位的 479 人。

---

[1] 定义参考《国家中长期人才发展规划纲要（2010—2020 年）》。

二、国土资源党政人才胜任素质界定

（一）国土资源党政人才胜任素质的概念

一般认为“胜任素质”是对“Competence”的翻译。管理学上关于胜任素质的最早研究可以追溯到“管理科学之父”泰勒对“科学管理”的研究，他通过“时间——动作研究”对胜任素质进行了分析和探索，成为最早运用工作分析方法系统地研究人的胜任素质的学者。

“Competence”这一概念引起人们广泛重视则要归因于美国著名的心理学家麦克利兰，他指出测试胜任素质比智商更能预测绩效[1]。在构成方面，几乎所有学者都认为胜任素质包含人格特质、职务内容和绩效表现等，如表1所示。

表1　胜任素质的构成

学者	年份	构成
Spencer& McClelland	1994	知识、技能、动机、特质、自我概念、态度、价值观
Mirabile	1997	知识、技能、能力
Parry	1998	知识、态度、技能
Sandberg	2000	知识、技能
王重鸣	2000	知识、技能、个性、动机、能力、价值观

G. Klemp认为胜任素质是一个人能有效或者出色地完成工作所具备的基本特点。Spencer认为胜任素质是指和参照效标（合格绩效或优秀绩效）有因果关联的个体的潜在基本特质。这种基本特质是个人个性中深层并稳定的部分，可通过了解个人的基本特质预期影响行为与绩效的表现。Spencer & McClelland认为胜任素质是指知识、技能、动机、特质、自我概念以及态度或价值观等，可测量并能区分高绩效员工与一般绩效员工的任何个体特征。Mirabile认为胜任素质是指与高工作绩效具有关联性的知识、技能、能力等特征。Parry提出胜任素质是包含知识、态度及技能等相关因素的集合，是影响个人工作绩效的主要因素，可通过一定的标准加以衡量。

---

[1] McClelland，David C. 1973. Testing for Competence Rather Than for “Intelligence” [J]. American Psychologist，28：1～14.

Green 认为胜任素质是指可测量的、有助于实现工作任务的个人技能和工作习惯。Sandberg 认为工作中的胜任素质是指在工作时人们所使用的知识和技能。

综合学者观点，本研究所认为，国土资源党政人才胜任素质是指特质、动机、自我概念、社会角色、态度、价值观、知识、技能等能够可靠测量，并可以把国土资源从事党政工作的优秀人才与一般人才区分开来的个体特征。

（二）国土资源党政人才胜任素质模型的概念

早期有学者认为，胜任素质模型反映了在既定工作中影响个体成功的重要的知识、技能和行为（Mansfield，McLagan，Mirabile，Sanchez）。以上几位学者的观点提到影响个体成功的重要素质，然而对于这个“重要”并没有做出明确的界定。观点很快得到了进一步发展：素质模型描绘了能够鉴别绩效优异者与绩效一般者的素质。这就很好地界定了什么是“重要”，绩效说了算。

然而上述观点依旧是孤立地看问题，而素质模型是一个整合体。于是有了这样的观点：素质模型描述了有效地完成特定组织的工作所需要的知识、技能和特征的独特结合（Richard S Williams，时勘，彭剑锋）。本研究所指的国土资源胜任素质模型是通过量化统计学知识构建的，用来描述国土资源机关单位及事业单位作出卓越贡献、从事公共管理的工作的处级干部胜任素质构成的直观呈现。可以是详细的文字说明，也可以是形象的图形描绘，或二者的结合。

三、模型构建与结构探索

（一）研究框架

研究采用文献综述、政策分析、行为事件访谈、问卷调查等的研究方法。研究的总体框架为胜任素质模型的构建框架。首先本研究的总体路径引导见图 1，分为横三、纵三两个维度展开。在横向 3 个维度，我们探讨时间线：过去、现在、未来。在纵向三个维度，分为探索战略与规划、组织与绩效、人才与发展 3 个层面，从上到下是宏观、中观、微观的延伸。

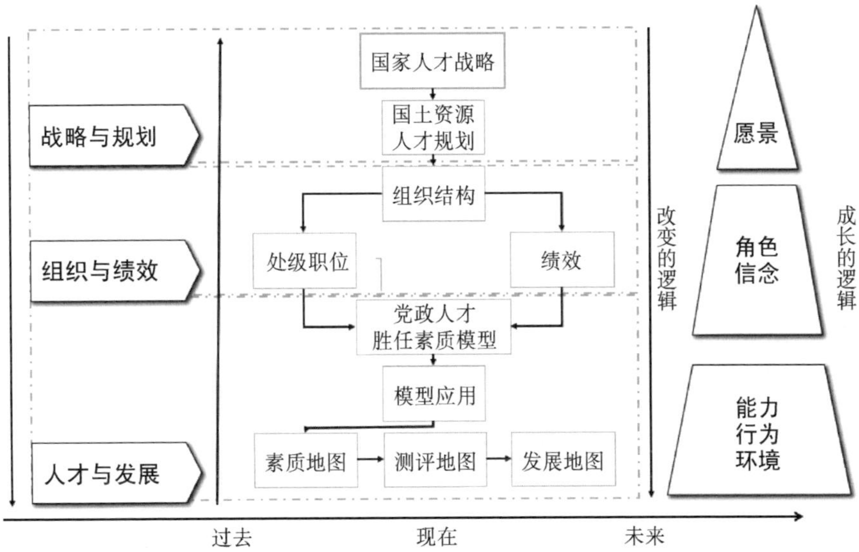

图1　研究的总体路径引导图

纵向的逻辑可以用右侧的冰山解释，3 层分别代表“愿景”“角色信念”、“能力、行为、环境”，强调了个人成才的逻辑、团队成长的逻辑、组织发展的逻辑。从上往下看，称作改变的逻辑，指导变革；从下往上可以指导如何了解一个人、一个团队、一个环境对人发展变化结果的影响。

其次，胜任素质模型的构建，通过标杆文献研究，政策分析，行为事件访谈以及问卷调查 4 种方法，总结提炼关键的能力素质维度，在此基础上构建区分绩优一般的处级党政人才胜任素质模型，最终得出一个国土资源党政人才胜任素质的综合模型结论。

（二）基于标杆文献的处级党政人才胜任素质模型构建研究

研究首先对人才开发、胜任素质模型、政府治理、学习型组织等经典理论进行综述，然后通过层层收窄研究方向，将研究聚焦到“国家/地方处级党政人才胜任素质要素”的研究，着重梳理近 10 年有关处级党政人才的文献后，从中选取如下标杆文献研究，这些研究形成的模型不仅有一级素质，还包含了二级指标，见表 2。大维度的划分差距不大，在 3 ~ 8 维之间，其中最多的是 3 维度和 4 维度模型。二级指标的个数差异较大，最少的仅有 10 个要素，最多的有 75 个要素，平均 27 个要素。

表 2　拥有二级指标体系的处级党政人才胜任素质模型

时间	姓名	通用/处级	对象	维度
2006	郑宝学，孙健敏	处级	广东省县级党委	4 维度 45 要素
2007	中国人民银行海口中心支行	处级	中国人民银行	3 维度 11 要素
2007	中国人民银行海口中心支行	处级	中国人民银行	3 维度 19 要素
2008	肖鸣政	处级	某中央部委	8 维度 75 要素
2010	张广科，陈芳	处级	湖北省政府	3 维度 10 要素
2010	黄宝凤，石盛林，吕江洪	处级	镇江市人口计生委	5 维度 25 要素
2015	谷向东，王璞	市直处级	国家	4 维度 11 要素
2015	谷向东，王璞	区县处级	国家	4 维度 11 要素
2015	孙显蔚，陈克	处级	国土资源部	8 维度 40 要素

限于篇幅，下面只选取 1 个标杆文献的大维度和二级指标进行展开分析。标杆：某中央部委中层党政人才胜任素质模型。

肖鸣政，陈小平以某中央部委中层党政领导干部为研究对象，综合使用文献分析法、访谈法和问卷调查法，最终得出胜任特征模型，包括政治素质、知识素质、能力素质、基本心理素质、品德素质、观念与理念素质、工作经历和学历 8 个维度[1]。模型的二级指标体系见表 3。

通过以上研究可以发现，对于党政人才能力素质的研究主要集中在通用能力模型的构建，即此模型对于党政人才具有普适性。

首先，目前研究中存在一些以中央部委为研究对象的胜任素质模型研究，但是能够使用规范的 BEI 区分绩优一般的研究较少。

其次，党政人才的能力素质要求随时代发展而不断升级，结合以上标杆文献的时代特征，本研究初步假设国土资源处级党政人才需要关注如下素质：依法行政意识，服务意识，绩效导向，战略思维，国际视野，廉洁自律，求真务实，政治鉴别力，调研能力，人才意识，岗位专业知识，行业业务知识与一线工作经历，经济管理知识，身心健康。

最后，众多研究在建立素质模型时，对于一些核心能力、道德品质、价值观等胜任素质是否列入有疑问，因为一些素质，如沟通协调能力、责任心等，并非通过几次短期培训就能明显提升，甚至有些学者认为这些素

[1] 肖鸣政，陈小平．2008．某中央部委机关党政领导人才素质模型的建构［J］．中国人才（7）：68－71.

表 3　某中央部委中层党政人才胜任素质模型

一级素质	二级指标
政治素质	政治理想、政治观念、政治立场、政治鉴别力、政治敏锐性、政治热情和政治使命感
知识素质	马克思主义理论知识、领导学知识、战略管理知识、人力资源管理知识、财务管理知识、经济学知识、政治学知识、历史学知识、危机处理知识、法律知识和外语知识、党和国家方针政策知识、业务专业知识
能力素质	战略规划能力、全局掌控能力、组织领导能力、人才管理能力、交往协调能力、开拓创新能力、危机管理能力、学习能力、表达能力、专业技术能力和自我控制能力、科学决策能力
基本心理素质	思路清晰、思维敏捷、心胸宽阔、意志坚强、明辨是非、积极进取、洞察敏锐、直觉和预见、谦虚谨慎、机动灵活和情绪稳定
品德素质	坚韧不拔、工作事业心、诚实守信、平易近人、民主集中、求真务实、忠于职守、乐于助人、自律严谨、顾全大局、自信果断和勇敢机智、公道正派、勤政廉洁
观念与理念素质	效率意识、服务意识、创新意识、法治意识、群众意识、人才意识、团队意识、追求卓越意识、领导别人意识、市场意识、效益意识
工作经历	基层工作经历、现岗位相似工作经历、大型企业单位工作经历、大型事业单位工作经历、多种工岗位工作经历和国外学习、工作经历
学历	大专以下、大专、本科、硕士、博士

质是无法改变的。根据国际和国内文献，学者们鉴于胜任素质模型的作用不仅是人才开发，还设计人才选拔，普遍将核心能力、道德品质、价值观归入胜任素质模型进行分析论述。本文据此假设国土资源处级党政人才胜任素质模型包含道德品格、能力、工作价值观、个性特征等方面。

（三）基于政策研究方法的国土资源处级党政人才胜任素质要求研究

研究首先对国家及各地区公务员通用素质进行了10年回顾，例如，人事部印发的《国家公务员通用能力标准》中规定了公务员应当具备九大能力。总体来看，我国各级政府对基层公务员能力素质的要求，都是在以标准框架为依据、结合九项通用能力的基础之上，体现出了明显的地方特色和层级特色。九大能力以及各地区的补充也将选为本研究的初步素质指标。本研究从2015年颁布实施的人才新政策和国土资源部中长期人才发展规划中，提炼国家对党政人才的新要求，如表4所示。

表4　2015年人才新政策对党政人才素质要求

日期	政策	素质要求
2015.3.23	《关于深化体制机制改革加快实施创新驱动发展战略的若干意见》	资源整合能力、学习更新能力
2015.5.28	《事业单位领导人员管理暂行规定》	政治素质、组织领导能力、公共服务意识、改革创新精神、专业素质、从业经历、熟悉有关政策法规、熟悉行业发展情况、业界声誉好、事业心、责任感、社会发展导向、求真务实、团结协作、遵纪守法、廉洁从业、公仆意识
2015.6.11	《关于大力推进大众创业万众创新若干政策措施的意见》	创新意识、敢为人先、敢冒风险、宽容失败、社会发展导向、成果导向、资源整合能力、抓重点的能力
2015.7.28	《推进领导干部能上能下若干规定（试行）》	公仆意识、责任感、紧迫感、谋事、干事、成事
2015.10.14	《干部教育培训工作条例》	理想信念坚定、党性修养、道德品行、执政意识、执政能力、政策法规、宪法法律、党内法规、政治理论知识、业务知识、科学人文素养、国家安全观
2015.10.29	《中共中央关于制定国民经济和社会发展第十三个五年规划的建议》	政治强、懂专业、善治理、敢担当、作风正、人才优先意识、国际视野、培养人才意识
2011.2.17	《国土资源中长期人才发展规划（2010—2020年）》	国土资源业务知识、经济管理通用知识、政治素质、领导力、创新能力、执法行政能力、勤政廉洁、求真务实、奋发有为、政策制度的制定能力

（四）基于质性研究访谈的处级党政人才胜任素质模型构建研究

在基于标杆文献，其中引用的标杆文献包括肖鸣政，陈小平，王登峰，崔红等，同时结合国家相关政策综合梳理后，获得了国土资源党政人才的胜任素质要素85项（略）。

通过小组座谈、问卷预调研、专家小组访谈等方法，将素质要素精简为41项。在此基础上，对国土资源处级党政人才进行行为事件访谈[1]，主

[1] 访谈按照1∶2的比例选取绩优与一般人员，总共有14人接受了行为事件访谈。

要目的是希望从绩效水平不同的两组任职者身上收集行为信息❶。通过统计分析❷，找出哪些胜任特征能够区分出两组绩效水平不同的国土资源党政人才，即为国土资源党政人才的鉴别性胜任特征。

1.《国土资源处级党政人才访谈提纲》

本研究运用行为事件访谈法，访谈提纲的核心部分设计如下：

访谈核心部分

问题一：请您向我们简单介绍一下您的基本情况（包括姓名、年龄、部门、职位、职责等）。

1 姓名　2 年龄　3 所在部门　4 职位名称

______

5 具体职责

______

1）

______

2）

______

3）

______

问题二：我们初步了解到，您在国土资源管理工作实践中取得了良好的业绩与成果，特邀您向我们具体地分享您在本职工作中最有成就，印象深刻，贡献最大的 3 件事。

事件 1：

______

______

______

事件 2：

______

______

______

---

❶ 行为事件访谈平均时间为 61. 8 分钟，最长 69 分钟，最短 52 分钟。访谈时间基本符合研究的经验要求，即基本达到 1 个小时的要求。访谈结束后由团队将访谈内容整理成逐字稿，共计 105000 字。

❷ 统计分析前先对信息进行编码，步骤为编码框架、定义编码、编码人培训、正式编码。

事件3：

问题三：在上述关键成就事件中，您表现出的最有价值的能力和品质都有哪些？这些能力和品质您会继续应用在今后的工作和学习中吗？

问题四：如果请您进行一个反思，关于本职工作中没有做到位的地方，或尚值得改进的地方，您能同样向我们分享3个事件吗？

事件1：

事件2：

事件3：

2. 编码描述统计结果

对14位被访者的行为事件访谈内容进行编码，首先进行描述统计，通过对编码素质频次及排名，分析哪些素质是国土资源处级党政人才在日常的工作行为中出现频次最高的素质。通过这一步的描述统计，我们有如下发现。

（1）前20项素质出现频次人均超过2次。综合前20项素质来看（图2），前10名素质的频次差异略高于后10名。排在第20名的素质被编码了28次，N＝14。也就是说，对于这20项素质，被试的每个人都平均出现了两次以上。

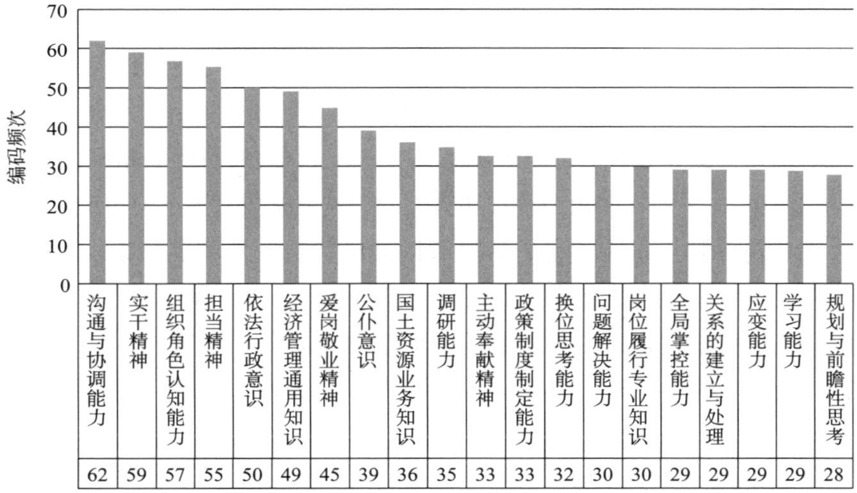

图2　编码频次柱形图

（2）“无意而为之”组织角色认知能力排名靠前。组织角色认知能力在所有的素质中被编码的频次排名前三。然而这项素质的出现不同于前三名中的沟通与协调能力、实干精神两项素质，后两者在访谈过程中，被访者经常直接说出这些素质的名称，而组织角色认知能力，在编码过程中，没有一位被访者直接说出这项素质。从定义来看，它代表党政处级人才能辩明谁是真正的决策者，并了解本组织或其他组织中的权力关系，又叫政治敏感度。这项素质的高频次可以说明在处级党政人才的日常工作中经常要看透事情的本质，或者人情世故。人们往往没有意识到自己在展现这方面的能力，可谓无意而为之。

（3）部委特色：做既懂国土资源业务，又懂法律、经济的复合型人才。在仅有的3项知识素质中，两项出现在了编码词频前10名的位置。可见在国土资源系统从事党政领导工作需要频繁地使用、更新各类知识。其中经济管理通用知识出现49次，是几项编码的汇总结果。在编码中经济管理通用知识分为人力资源知识18次、管理知识12次、财务知识11次、法律知识8次。国土资源业务知识出现36次，这反映了国土资源党政人才工作的专业性和特殊性，原国土资源部张少农副部长就对国土资源人才提出要求，要做既懂业务，又懂法律、经济和熟悉党建工作以及能带队伍的复合型人才。

3. 胜任素质模型的构建

对绩优组和一般组每一项胜任素质的平均值进行差异显著性检验，从而找出差异显著的指标。

10 个素质存在显著性差异，它们是：主动奉献精神、立场坚定、团队领导力、培养他人的能力、规划与前瞻性思考、调研能力、关系的建立与处理、国土资源业务知识、经济管理通用知识、岗位履行专业知识。

以上 10 个素质在两组中存在明显差异，这就构成了国土资源处级党政人才的鉴别性胜任素质，这是指能够区分绩优与一般的胜任素质。根据 20—80 原则，鉴别性胜任素质虽然只占很小一部分，但却可以带来关键绩效。国土资源处级党政人才的胜任素质模型包括 43 项素质，其中 10 个为鉴别性胜任素质，余下的素质构成了国土资源处级党政人才通用胜任素质。

（五）基于实证研究方法的国土资源党政人才胜任素质模型的结构研究

研究将探索 43 项素质的结构，即研究国土资源党政人才胜任素质结构模型。首先通过因子分析对素质模型的结构进行探索，然后对处级党政人才的素质重要性、有待提升程度作描述统计分析，得出相应的结论。

1.《国土资源处级党政人才胜任素质调研问卷》

使用上述研究保留的 43 项素质组成的问卷。该问卷从道德品格、工作风格、领导团队等 8 个维度设置 43 个具体指标，评价党政人才应具备素质的相对重要程度。问卷核心部分如下：请综合分析 43 项素质的重要程度，打（√）选择您认为这些素质在国土资源党政工作中的重要程度，并评价当下这些素质在国土资源党政工作中的现状水平（表 5）。

表 5　核心部分：胜任素质调查

分类	胜任素质词条	下列素质对优秀国土资源党政人才的相对重要程度（1～5 分别代表：不重要，不太重要，一般，比较重要，非常重要）					您认为当下国土资源党政人才在如下素质中的表现水平（1～4 分别代表：不合格，基本合格，合格，优秀）			
例 1	担当精神	1	2	3	4	√5	1	2	√3	4
道德品格	1. 爱岗敬业精神	1	2	3	4	5	1	2	3	4
	2. 廉洁自律精神	1	2	3	4	5	1	2	3	4
	3. 合作精神	1	2	3	4	5	1	2	3	4
	4. 实干精神	1	2	3	4	5	1	2	3	4
	5. 主动奉献精神	1	2	3	4	5	1	2	3	4
	6. 公正刚直	1	2	3	4	5	1	2	3	4
	7. 立场坚定	1	2	3	4	5	1	2	3	4
	8. 担当精神	1	2	3	4	5	1	2	3	4

续表

分类	胜任素质词条	下列素质对优秀国土资源党政人才的相对重要程度（1～5分别代表：不重要，不太重要，一般，比较重要，非常重要）					您认为当下国土资源党政人才在如下素质中的表现水平（1～4分别代表：不合格，基本合格，合格，优秀）			
领导团队	9. 影响力	1	2	3	4	5	1	2	3	4
	10. 授权能力	1	2	3	4	5	1	2	3	4
	11. 全局掌控能力	1	2	3	4	5	1	2	3	4
	12. 团队领导力	1	2	3	4	5	1	2	3	4
	13. 培养他人的能力	1	2	3	4	5	1	2	3	4
统筹协调	14. 沟通与协调能力	1	2	3	4	5	1	2	3	4
	15. 抓重点的能力	1	2	3	4	5	1	2	3	4
	16. 规划与前瞻性思考	1	2	3	4	5	1	2	3	4
	17. 资源整合能力	1	2	3	4	5	1	2	3	4
	18. 问题解决能力	1	2	3	4	5	1	2	3	4
职责履行	19. 文字综合能力	1	2	3	4	5	1	2	3	4
	20. 调研能力	1	2	3	4	5	1	2	3	4
	21. 政策制度制定能力	1	2	3	4	5	1	2	3	4
	22. 学习能力	1	2	3	4	5	1	2	3	4
人际能力	23. 关系的建立与处理	1	2	3	4	5	1	2	3	4
	24. 应变能力	1	2	3	4	5	1	2	3	4
	25. 组织角色认知能力	1	2	3	4	5	1	2	3	4
	26. 情绪管理能力	1	2	3	4	5	1	2	3	4
	27. 换位思考能力	1	2	3	4	5	1	2	3	4
知识	28. 国土资源业务知识	1	2	3	4	5	1	2	3	4
	29. 经济管理通用知识	1	2	3	4	5	1	2	3	4
	30. 岗位履行专业知识	1	2	3	4	5	1	2	3	4
工作风格	31. 公仆意识	1	2	3	4	5	1	2	3	4
	32. 成就导向	1	2	3	4	5	1	2	3	4
	33. 社会发展导向	1	2	3	4	5	1	2	3	4
	34. 危机意识	1	2	3	4	5	1	2	3	4
	35. 讲求策略	1	2	3	4	5	1	2	3	4
	36. 依法行政意识	1	2	3	4	5	1	2	3	4
	37. 人本管理意识	1	2	3	4	5	1	2	3	4
	38. 底线意识	1	2	3	4	5	1	2	3	4
	39. 创新意识	1	2	3	4	5	1	2	3	4
	40. 国际视野	1	2	3	4	5	1	2	3	4
	41. 党纪意识	1	2	3	4	5	1	2	3	4

续表

分类	胜任素质词条	下列素质对优秀国土资源党政人才的相对重要程度（1～5分别代表：不重要，不太重要，一般，比较重要，非常重要）	您认为当下国土资源党政人才在如下素质中的表现水平（1～4分别代表：不合格，基本合格，合格，优秀）
个性特征	42. 坚持	1　2　3　4　5	1　2　3　4
	43. 自信	1　2　3　4　5	1　2　3　4
在43项中挑出您认为最重要的5～10项素质并按照重要程度递减方式排序		填写您的排序（例如：25 >14 >23 >21 >36……）： ____。	

2. 胜任素质结构模型结果

本研究采用SPSS 22.0版本统计软件进行数据处理和统计分析：首先，检验问卷理想性效果❶；然后，以党政人才应具备素质为原始指标做主成分分析，建立胜任素质模型结构❷。8个主成分的素质维度及命名表如表6所示。

表6　素质维度及命名表

维度	素质
绩效导向	社会发展导向、成就导向、国际视野、危机意识、关系的建立与处理、沟通与协调能力
“国土人”精神	爱岗敬业精神、公正刚直、实干精神、廉洁自律精神、主动奉献精神、立场坚定、合作精神
学习更新能力	问题解决能力、学习能力、政策制度制定能力、调研能力、文字综合能力
领导力	授权能力、影响力、培养他人的能力、团队领导力、全局掌控能力、担当精神
工作创造力	自信、坚持、创新意识、党纪意识、底线意识
专业知识	国土资源业务知识、依法行政意识、岗位履行专业知识、经济管理通用知识
情商	情绪管理能力、组织角色认知能力、换位思考能力、应变能力
战略思维	规划与前瞻性思考、抓重点的能力、资源整合能力

❶　经检验问卷内部信度非常理想。问卷的内容效度良好。

❷　本研究对220份国土资源党政处级干部数据样本进行主成分分析。分析过程中去掉了公仆意识、讲求策略、人本管理意识这3项缺乏区分性的素质，最终对40项素质变量进行因子分析。

综上，国土资源党政人才群体胜任素质结构包含 8 个维度，这 8 个维度可以进一步归为 3 个层面：个人层面素质维度：专业知识，学习更新能力，工作创造力；团队层面素质维度：领导力，情商；组织层面素质维度：战略思维，“国土人”精神，绩效导向。三个层面进一步形象化，形成国土资源处级党政人才胜任素质“山水模型”（图 3）。

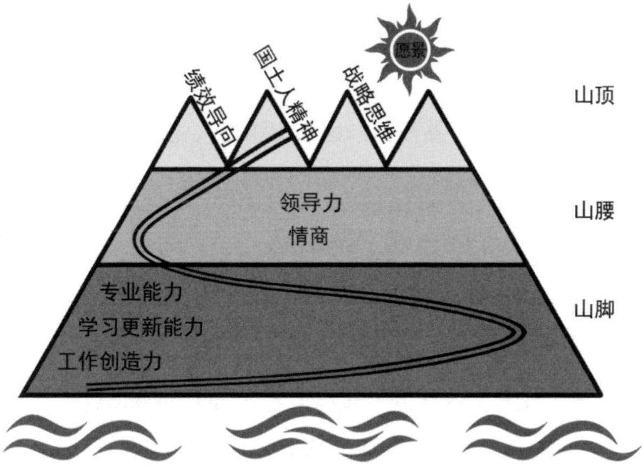

图 3　国土资源处级党政人才胜任素质“山水模型”

山水模型以“成长在山水间，成才在大地上”为寓，为组织创新发展出谋划策：山水模型的山脚代表个人的动力提升——个人成才；山水模型的山腰代表团队的管理能力——团队成长；山水模型的山顶代表组织层面的战略、愿景、使命、价值——组织发展。

山水模型的文化底蕴——山是形，水是魂：中国人最讲山水，修身养性。模型中山是形，水是魂。人往高处走，山代表了高处的挑战。人往高处走的过程受到诸多干扰因素的影响，例如：天气、食物、氧气、登山者身体状况、内在的偷懒懈怠情绪等，总结起来需要天时、地利、人和。国土资源人才要向不可预知的自然环境和自己内心的阻力发起挑战。水往低处流，向下流的水滋润着人。水代表流动，体现了模型的素质不断更新，国土资源人才的不断创新。

山水模型的内部效度。根据“用数据与理论的匹配度代表内部效度”的观点，检验模型的内部效度，本文用数据结论与曾格和福克曼提出的经典帐篷模型进行匹配（图 4）。

首先，帐篷模型揭示了领导者的五大支柱性素质：关注结果、个人能

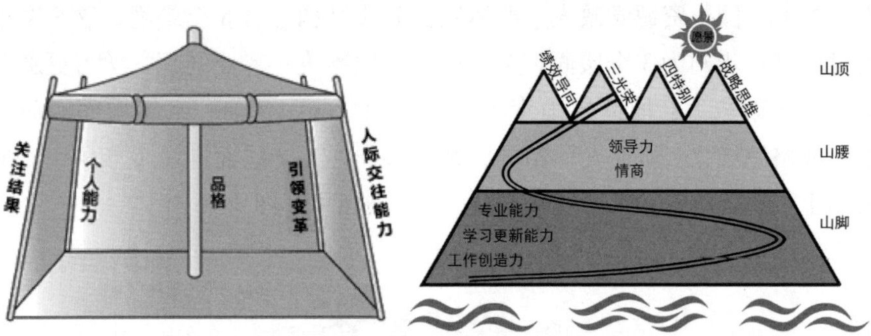

图4　曾格和福克曼帐篷模型与国土资源处级党政人才“山水模型”

力、品格、引领变革、人际交往能力。而山水模型探索了国土资源处级党政人才领导者的八大支柱性素质：绩效导向、“国土人”精神、战略思维、领导力、情商、专业能力、学习更新能力、工作创造力。具有很好的匹配性。

其次，帐篷模型用品格素质一以贯之。而山水模型用国土人精神一以贯之。因此模型一级素质具有良好的内部效应。

3. 描述统计分析结果

问卷的第一部分是对素质的重要程度进行调查，评价各项素质的重要性。第二部分是受访者对最重要的5～10项素质进行排序。通过左右表格的对比验证分析，筛选出重要程度较高的素质进行重点阐述。问卷第三部分，处级党政人才在这43项素质中的表现水平，并对有待提升的素质进行重点分析。最后将素质的重要程度和有待提升程度进行综合对比，筛选出重要并急需提升的素质类型。

对处级党政人才胜任素质重要程度分析结果。重要程度排在前3位的素质依次是：爱岗敬业精神、廉洁自律精神、沟通与协调能力。根据因子分析得出的维度，我们归类看这些重要素质的所属维度方面，处级党政人才最关注的维度是“国土人”精神，共出现6次。这说明国家各级机关、事业单位企盼既懂国土资源业务，又有岗位履行专业知识，还有依法行政意识的复合型人才。

对处级党政人才胜任素质中有待提升的素质分析结果。在有待提升的素质排名中，国际视野、创新意识、经济管理通用知识得分较低，亟待提升。这3种素质的表现水平不佳，反映出处级党政人才多角度看问题，创新，借鉴比较能力的不足与渴望。有待提升的维度分别是：战略思维、领导力和学习更新能力。

对处级党政人才胜任素质的综合比较分析结果。分析重要性和有待提升性中的特有素质、重要性素质的前十名中除了担当精神，均为出现在有待提升素质中。特有的紧急性素质：国际视野、创新意识、经济管理通用知识、授权能力、换位思考能力、公仆意识、调研能力。

既重要又有待提升的关键素质。分别在两个表中出现的素质有：主动奉献、合作精神、担当精神、政策制度的制定能力、培养他人能力、规划与前瞻性思考、创新意识、公正刚直。关键素质的维度，以“国土人”精神最为关键，其他维度均匀分布。重要且有待提升的重要胜任素质综合排名见表 7 所示。

表 7　重要且有待提升的胜任素质排名

排名	素质词条	重要性排名	有待提升排名	所属维度
1	创新意识	18	2	工作创造力
2	主动奉献	17	6	国土人精神
3	培养他人能力	16	7	领导力
4	规划与前瞻性思考	11	10	战略思维
5	公正刚直	13	13	国土人精神
6	政策制度的制定能力	15	14	学习更新能力
7	担当精神	4	15	学习更新能力
8	合作精神	14	20	国土人精神

四、胜任素质模型的应用——三张地图的构建

在胜任素质标准体系的基础上，应用领域拟论述模型在国土资源党政人才的管理与开发全流程中的应用。研究建立了以 43 项通用素质、10 项鉴别性素质为主要内容的素质地图，建立了“一测 + 一评”的人才测评地图、6D 培训体系和 IDP 人才发展地图，初步构建了国土资源党政人才胜任素质的词典框架，为研究成果转化与实际工作的开展打下坚实基础。

胜任素质模型得到国土资源部党政人才的《素质地图》，随后研究将深入到能力素质标准体系的应用中，为构建《测评地图》及《发展地图》做好铺垫，如图 5 所示。

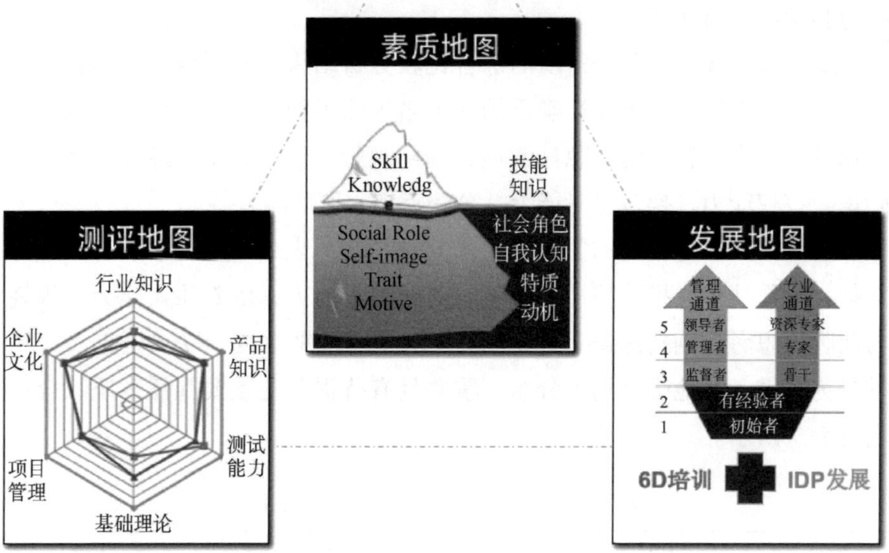

图5　三张地图的构建

上述的研究得出素质地图，能力地图包括了胜任素质模型。模型内部为能力、知识和价值观。整个模型的描述也是符合国土资源部特点的。测评地图是在胜任素质标准体系的基础上，指出模型在测评应用的明确方向，使用的方法为评价中心技术，包括情景模拟、公文筐和个性特征测试等。发展地图将测评延伸到人才的发展与培养，使用教练技术助力员工发展，包括建立人才梯队和对接国土资源人才信息系统。

（一）素质地图

1. 胜任素质词典

胜任素质词典可以让国土资源处级党政人才加深对胜任素质模型的理解和认识。限于篇幅，现拿43项中的3项素质进行举例，见表8～表10。

表8　人本管理意识

编号	胜任名称	所属类别	定义	来源
6	人本管理意识		根据组织文化，以部门工作制度为抓手，做到爱人之心、识人之智、容人之量、用人之艺❶，营造用事业留人、用感情留人、用待遇留人❷的人才管理良好氛围	王登峰、HAY、BEI

❶ 引自2013年3月29日张少农同志在国土资源人才工作协调小组第三次全体会议上的讲话。

❷ 引自2013年6月4日姜大明同志在中国地质科学院调研座谈会上的讲话。

续表

等级	等级定义
1	能按照职业基本道德标准对待员工与服务对象，运用统一的模式管理员工
2	有爱才之心，能够尊重人性，将员工视为不同的个体对待，在工作中求同存异，倡导共赢。充分考虑到员工的需要以及心理感受
3	有识才之智，有容才之量。包容与尊重差异，尊重、欣赏每一个人的不同风格，把合适的人放在合适的岗位上，视员工为共同发展的资源与伙伴，并能为员工提供适合自身发展机会的空间
4	有用才之艺，倡导共赢理念，为员工创造价值。提倡教练式的管理方式，针对每个个体采取有针对性的目标设置、评估反馈等方式，从组织结构，工作流程等方面以人性化的标准再造

表 9　发展他人的能力

编号	胜任名称	所属类别	定义	来源
22	培养他人的能力		根据国土资源中长期人才发展规划，以组织规章制度为抓手，有帮助青年人成长、成才的倾向，展现促成他人学习或发展的真实意图，通过激发下属的意愿和潜力，达到让下属做事情、出成果、体现人生价值❶的效果	肖鸣政、HAY、Spencer
等级	等级定义			
1	指导少数青年下属，将焦点放在做好自己的工作，成为良好的典范，间接影响他人做事			
2	指导较多青年下属，表达对他人的正面期待，为他们创造机会，对他人的能力或潜力的提升提供指导或示范			
3	培养或指导较多青年下属及少数同级同事，将培养他人放在更加突出的位置❷，为青年下属搭台子、压担子、铺路添石❸。提供理论方面和实际的支持或协助，为了工作更顺利开展，义务提供额外的资源、工具、信息、专家建议			
4	培养或指导同级同事及少数上级，基于培养的目的锲而不舍地抓好班子、带好队伍❹，进行长期的教练式辅导，在日常工作中考察他们，关键时刻考验他们❺，让下属自己设法找出问题的答案，而不是仅仅提供答案，促成他人的学习与发展，实现人生价值			

❶ 引自 2013 年 6 月 4 日姜大明同志在中国地质科学院调研座谈会上的讲话。
❷ 引自张少农同志关于国土资源人才工作协调小组第一次全体会议上的讲话。
❸ 引自 2014 年 1 月 10 日姜大明同志在武警黄金指挥部调研时的讲话。
❹ 引自 2014 年 1 月 10 日姜大明同志在武警黄金指挥部调研时的讲话。
❺ 引自 2014 年 1 月 10 日姜大明同志在武警黄金指挥部调研时的讲话。

表10　团队领导

编号	胜任名称	所属类别	定义	来源
23	团队领导		根据组织管理层级设置，在部门分工协作基础上，通过搭班子，定战略，带队伍，提高国土资源人才队伍“质”的建设❶	肖鸣政、HAY、Spencer
等级	等级定义			
1	能够领导部门内小型团队接受并基本完成管人、管事、管权❷等管理式任务			
2	能够领导部门内中小型团队，付出超出平常的努力，公平运用职权，有策略地提升团队士气，达到对队伍管理、激励，推进队伍结构调整❸，合理提升任务难度，从而提高团队绩效			
3	能够领导中型跨部门团队，督促他人采取非例行公事的态度完成工作，以身作则，率先垂范，照顾群体士气，建立队伍目标，有效落实目标和计划，真心关心领导班子和团队成员，获得团队认可			
4	能够领导大型跨组织团队，促使他人积极工作，提出令人折服的远见式问题，激发团队愿景和工作热情，使之能够成为团队发展的原动力			

2. 素质地图

将研究得出的一级素质、二级指标、三级行为完整呈现在一张图中（限于篇幅仅呈现一级素质和二级指标），见图6。

（二）测评地图

胜任素质标准体系的应用——“一测加一评”人才测评标准体系。在能力素质标准体系的基础上，采取“一测加一评”的人才测评标准体系。

（1）一测：开发胜任素质360°测量量表。开发符合心理测量学要求的“国土资源党政人才能力素质标准自评问卷”，用于国土资源党政人才的管理与开发。研究拟采用360°反馈评估方式，探讨能力素质标准体系在人才测评的应用。

（2）一评：建立以情景模拟为基础的评价中心体系。国土资源部门党政人才情景模拟测评体系。根据美国 Training House 公司研制 MAP 管理职能评鉴的思路，国土资源部门党政人才情景模拟测评体系也将透过管理情

❶ 引自张少农同志关于国土资源人才工作协调小组第一次全体会议上的讲话。

❷ 引自2013年6月4日姜大明同志在中国地质科学院调研座谈会上的讲话。

❸ 引自2014年3月18日汪民同志在全国地质调查工作会议上的讲话。

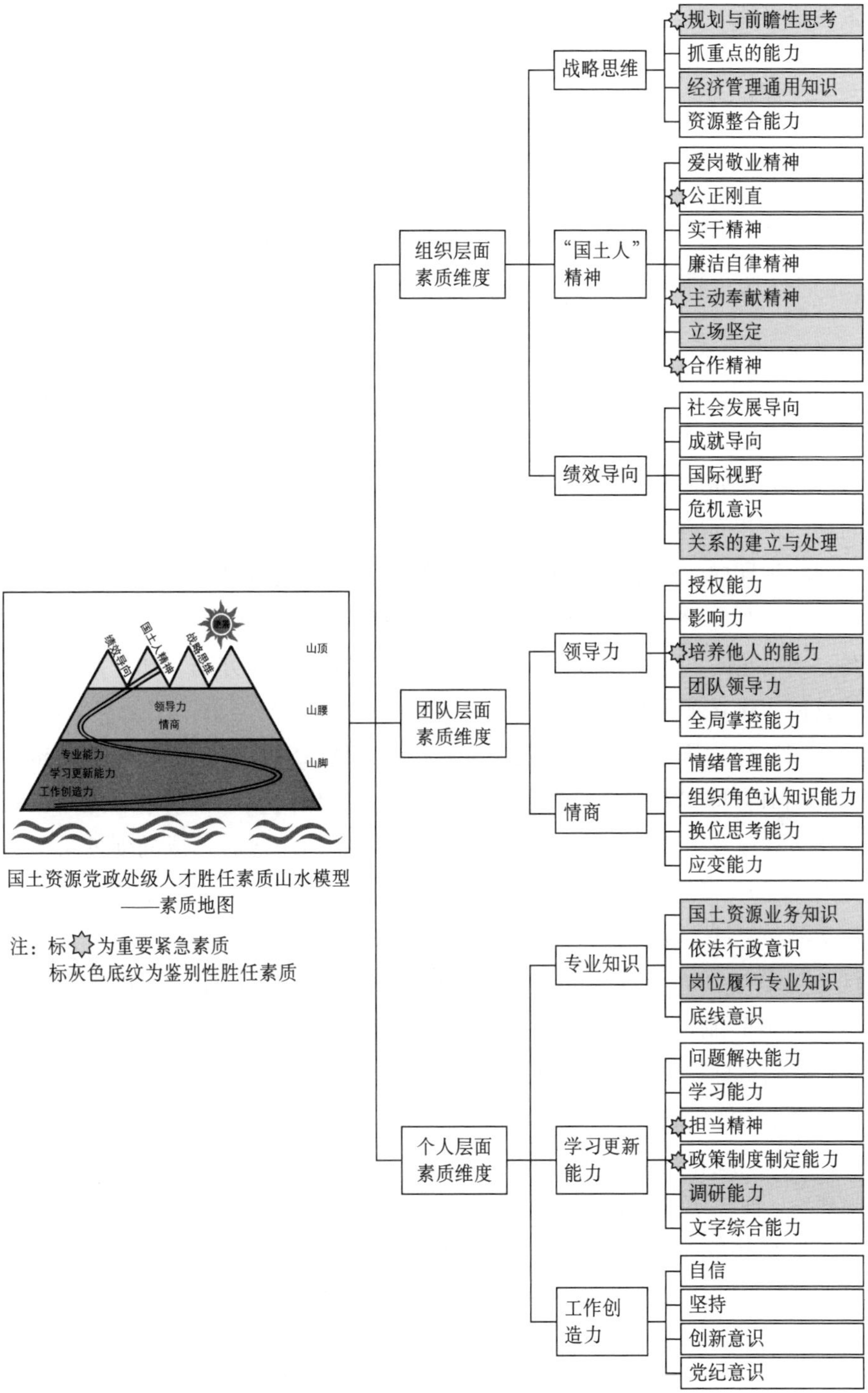
战略思维
规划与前瞻性思考
抓重点的能力
经济管理通用知识
资源整合能力
组织层面素质维度
“国土人”精神
爱岗敬业精神
公正刚直
实干精神
廉洁自律精神
主动奉献精神
立场坚定
合作精神
绩效导向
社会发展导向
成就导向
国际视野
危机意识
关系的建立与处理
团队层面素质维度
领导力
授权能力
影响力
培养他人的能力
团队领导力
全局掌控能力
情商
情绪管理能力
组织角色认知识能力
换位思考能力
应变能力
个人层面素质维度
专业知识
国土资源业务知识
依法行政意识
岗位履行专业知识
底线意识
学习更新能力
问题解决能力
学习能力
担当精神
政策制度制定能力
调研能力
文字综合能力
工作创造力
自信
坚持
创新意识
党纪意识
绩效导向
国土人精神
战略思维
山顶
领导力
情商
山腰
专业能力
学习更新能力
工作创造力
山脚
国土资源党政处级人才胜任素质山水模型
——素质地图
注：标 为重要紧急素质
标灰色底纹为鉴别性胜任素质

图6　素质地图

景模拟影片、精心设计的问题，以及计算机化的计分方式进行人才胜任力评鉴。具体的胜任素质是通过国土资源部门党政人才行为事件访谈研究得出的。情景模拟由国土资源部门党政人才鉴别性11项胜任素质为典型情景进行开发，每个情景拟采用一个故事。党政人才根据实际故事场景进行模拟决策，评价出鉴别性的胜任素质。这有助于国土资源相关组织落实教育训练成果，以前瞻性的管理才能发展架构，提供具体与组织职涯发展相结合的个人发展计划IDP。

（三）发展地图——组织层面培训与开发胜任素质

（1）建立以业绩为导向的国土资源党政人才培训发展体系。6D认为组织培训首先要考虑项目能为组织带来的业务收益是什么，以及如何衡量这些收益。如何区分学习目标和业务需求，以及如何确定目前存在的绩效问题，绩效问题能否通过培训来解决，如何建立领导梯队。基于胜任素质模型的领导梯队建设。以胜任素质模型为标准，选拔高潜人才，通过胜任素质模型对高潜人才进行测评，发现优势与不足，制定个性化的培养方案，采用轮岗、分配挑战性工作、教练式导师等培养方法，加速高潜人才的成长，建立领导梯队。

（2）建立国土资源党政人才个人发展计划IDP（Individual Development Plan）。IDP即实践型个人发展计划，指结合所任岗位职责要求、上年度绩效评估情况及个人职业发展目标，经与本人导师沟通后达成的促使员工自身素质提升、绩效改进的年度发展计划。其本质是公司为员工搭建的个性化学习与发展平台。2013年，国家核电技术公司（以下简称国核）大力推行P－IDP（Practical Individual Development Plan）计划，全员制定率达100%。IDP制定五步法：第一步，选定导师。第二步，分析需求。第三步，明确目标。第四步，设计活动。第五步，制定计划。

国土资源党政人才IDP实施建议：第一，以“学习－实践－反思”为核心，强调实践和反思，坚持以绩效改进、行动学习等岗位实践活动为主，导师辅导、课程学习等为补充。第二，以在线学习发展平台为契机，支撑组织一体化人才培养。平台与IDP紧密结合，能为选拔培养优秀人才夯实基础，提供重要参考依据。第三，将IDP作为一个学习发展项目。第四，将IDP纳入绩效考核体系。第五，计划实施管理流程化。第六，秉承以人为本的管理理念，注重人才职业发展规划，结合岗位要求和人才自身优势、兴趣。第七，利益相关人范围全面化，充分地利用组织内部优质的人才资源。

高职地勘类专业学历教育与职业资格认证对接研究

——以安徽工业经济职业技术学院为例

孙中义　刘仁三　吕　达　周守东　徐　洁

摘要：近年来，在“学历证书与职业资格证书”教育进入了全面实施阶段的大背景下，安徽工业经济职业技术学院围绕如何实现地勘类专业“学历证书与职业资格证书”对接教育顺利实施，进行了有效的探索并积累了成功的经验。徽工业经济职业技术学院课题组结合课题研究实际，提出了学历教育与职业资格认证对接存在的一些问题，从强化校企合作、加大教学方式改革力度、优化教学管理制度环境、系统进行实验实训条件建设等方面明确了深化改革的方向和措施。

我国职业教育在分析国外职业教育就业培训鉴定的基础上，结合我国特定背景提出了“学历证书与职业资格证书”的教育。从1993年党的十四届三中全会《关于建立社会主义经济体制若干问题的决定》首次提出“要制定各种职业资格标准和录用标准，实行学历文凭和职业资格证书制度”，2002年劳动部和社会保障部、教育部、人事部三部委联合发出《关于进一步推动职业学校实施职业资格证书制度的意见》（劳社部发〔2002〕21号），我国的“学历证书与职业资格证书”教育进入了全面实施阶段。在具体实施过程中大部分专业多围绕如何在宏观层面加强和实施“学历证书与职业资格证书”教育，还没有形成具体的“学历证书与职业资格证书”教育实践方案，尤其是地勘类专业。近年来，安徽工业经济职业技术学院围绕如何实现地勘类专业“学历证书与职业资格证书”对接教育顺利实施，进行了有效的探索，积累了成功的经验，取得了较好的成效。

一、“学历教育与职业资格认证对接”内涵阐述

所谓“学历教育与职业资格认证对接”就是将职业资格证书内容与相关的专业课程相融通，将某专业课程体系中与国家职业标准规定的一个或

几个有相关职业（岗位）的能力直接对接，具体到高职地勘类专业，在专业建设方面通过深入调研，邀请企事业单位领导、业务精英参加“校企对接暨专业建设研讨会”“教学方式改革交流会”，与企事业单位深度合作，促使学院分析和了解相关职业和岗位群所需的职业能力，修订人才培养方案，创新人才培养模式；开发双证课程；夯实实验实训基地；建设双师型教师队伍。

二、“学历教育与职业资格认证对接”过程内容

（一）“学历教育与职业资格认证对接”过程中开发创新人才培养模式

在“学历教育与职业资格认证对接”过程中创新人才培养模式，高职地勘类专业具有鲜明的行业特色，同时该专业的职业资格认证离不开行业需求，职业资格认证离不开行业检验，职业资格认证过程也离不开行业参与，“科教结合、五方对接”的人才培养模式正是在“学历教育与职业资格认证对接”过程中开发的具有创新性、可持续发展的人才培养模式。

1. “科教结合、五方对接”人才培养模式内涵

“科教结合”是指科研与教学的相互结合、相互转化，通过产学研互动、校企合作的形式，以项目为依托，把课堂教学、学生实训和教师参与企业问题研究等有机结合，为企业提供高质量的人力资源和技术支持，实现人才培养、科技开发和社会服务三大职能目标，使人才培养模式无论在内容还是在形式上都更加丰富。“五方对接”是指课程对接技能、教学过程对接生产过程、教师对接工程师、学历证书对接职业资格证书、校园文化对接企业文化。总之“科教结合、五方对接”人才培养模式就是将科研思想、科研成果、科研方法等引入整个教学过程中。根据学业的不同阶段，以项目为依托，传授相应的专业知识，逐级训练专业技能，培养可持续发展创新型高技术技能人才。

2. “科教结合、五方对接”人才培养模式实践

安徽工业经济职业技术学院地勘类专业较多，例如：宝玉石加工及鉴定技术专业、区域地质调查与矿产普查专业、钻探技术专业、工程测量技术专业等，现以区域地质调查与矿产普查专业为例进行说明。

（1）合作共赢，搭建校企合作平台。搭建校企合作平台是“科教结合、五方对接”的创新型人才培养模式的首要任务，基于此项目学院做了大量的工作，除了进行行业、企业调研以外，还召开了由学院主要领导和

部门及行业、企业、高校等22家单位参加的校企合作研讨会，参会企事业单位分别是：安徽省地勘局；安徽省地勘局311地质队；安徽省地勘局312地质队；安徽省地勘局313地质队；安徽省地勘局321地质队；安徽省地勘局324地质队；安徽省地勘局325地质队；安徽省地勘局326地质队；安徽省地勘局327地质队；安徽省地勘局332地质队；安徽省地勘局核勘总院；安徽省地勘局第一水文工程地质勘查院；安徽省地勘局第二水文工程地质勘查院；安徽省地质环境监测总站；安徽金联地矿科技有限公司；安徽省地质调查院；安徽省地质实验研究所；安徽省地质测绘院；安徽省地球物理地球化学勘查技术院；马鞍山长江地质公司；合工大土木与水泥工程学院。

为了持续高效推进校企合作，成立了校企合作理事会，并订立了理事会章程，建立了校企合作的组织机构。通过校企合作理事会对本专业进行了职业岗位分析、职业能力分析，在分析职业岗位能力的基础上，提出了“科教结合、五方对接”模式下的培养目标，并制定了专业人才培养方案。

（2）课程对接技能，开发项目课程。以职业岗位的知识与技能需求为出发点，进行系统分析和规划，将主要课程进行项目化或模块化处理，设置成类似于生产过程的项目，使得课程对接技能、教学过程对接生产过程。职业技能与项目及现有课程体系的关系（图1）。其中，“地质作用与岩矿鉴定基本技术”“沉积构造、地层及地质构造”“矿产勘查方法及原始地质编录”“实测地质剖面、地质填图与地质制图”为主要项目课程。“岩矿鉴定技术”及“地质构造及野外识别”为本专业的核心课程课程。

（3）教学过程对接生产过程，科研引入课堂。依靠校企合作平台，将科研项目引入课堂，使教学过程对接生产过程。例如在开展安徽省地勘局“庐枞盆地及其周缘中晚三叠世地层含矿性研究”项目中，学生接受项目任务后，在教师的指导下，以个体或团体独立完成。教学使用的器材、工具与生产单位的实际相一致或基本一致。有关技术标准，按照现行的国家、行业标准或企业标准执行，相关的文献均采自于行业或企业成熟的文献，并形成相关的实训文字图纸或实物。在这个平台上，学生接受项目任务，组织项目研发团队，召开项日团队研讨会。在研讨过程中，教师对学生的想法和观点不作任何评论，学生在和谐愉快的氛围中，让自己的思维驰骋，让头脑风暴起来，并将闪光的观点记录下来后，再度研讨、归纳、总结、决策，最后实施。这个过程（图2）是学生彻底释放自己创新思维

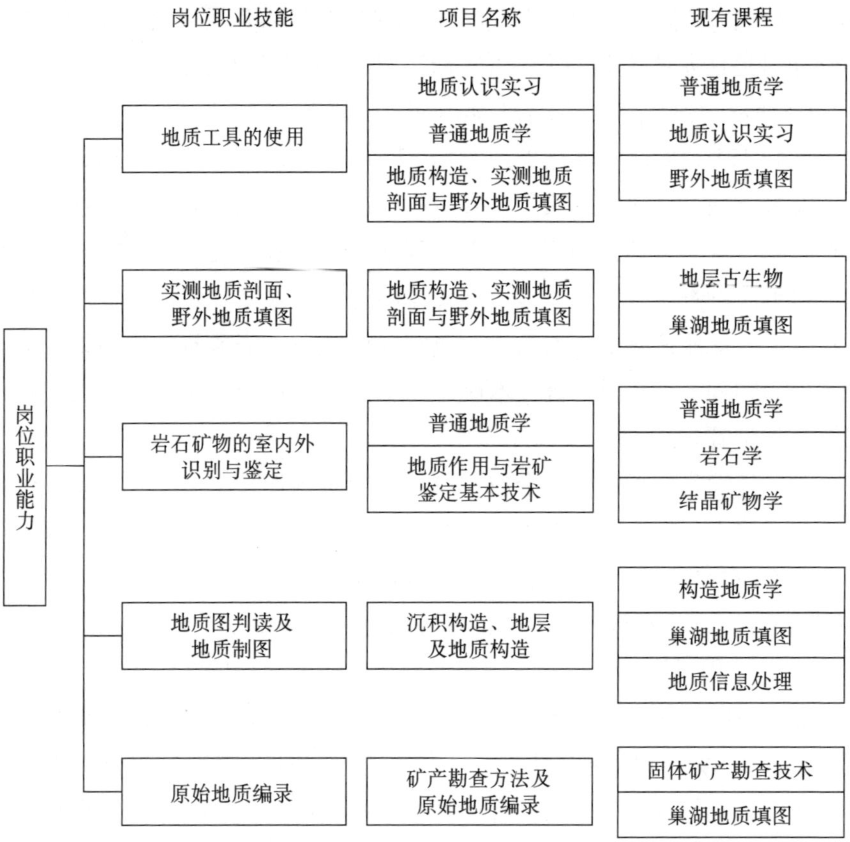

图1　“科教结合、五方对接”课程体系架构

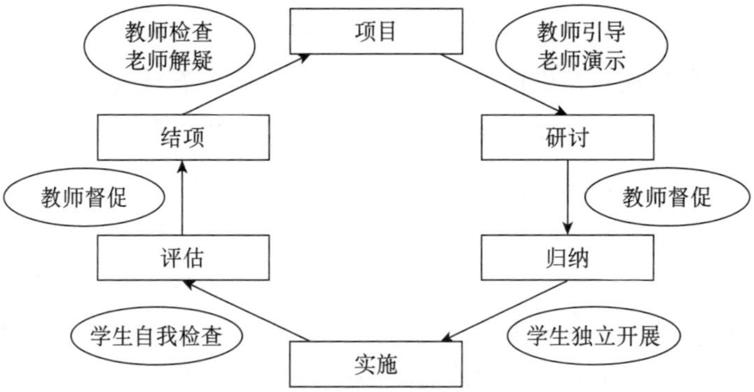

图2　教学过程对接生产过程

的过程，这也是学生创新能力提升的过程。在这个过程中教师可以向学生传递当前国内外科技开发的新技术、新工艺、新知识，教师主要担任适当引导、演示、指导、督促、解疑、检查等工作。这个平台给学生提供自主

研究、自主探索、自主实践创新的学习方式，在科教结合过程中，学生积极参与技术开发、产品开发、成果转化等科研项目，并取得较好成效。

（4）教师对接工程师，参与企业科技研发。“科教结合、五方对接”创新型人才培养模式要求教师不仅要承担人才培养任务，还要开展科技开发和社会服务。要求教师参与企业相关研发工作，帮助企业克服技术难题，开展应用型研发活动。要求教师对接工程师，实现智力优势互补，提高实践能力。学院与企业双方签订《教师参加专业实践锻炼合作协议》《企业兼职教师互惠合作的协议》。建立了教师实践创新基地，让教师参与企业技术应用，参与生产技术革新，参与成果咨询等科研活动，例如教师参与的安徽省地质调查院“1:5 万主簿原幅、官庄幅区域地质矿产调查”项目，学院以此为平台，聘请安徽省地质调查院贾十军、钱辉等工程师为学院师生进行项目讲座与培训，并且野外指导找矿采样工作，从而完全实现了“教师与工程师对接”。在对接过程中，教师不仅获得了新知识、新技能，而且科研能力、实践能力也获得了很大提升。

（5）学历证书对接职业资格证书，提升职业技能。学历证书对接职业资格证书，在教学方案中实现“双证”融通，即将相关专业知识和职业资格证书内容相融通。做到学历证书与资格证书对接，要求学生既拿到学历证书，还要拿到一个或多个职业资格证书。在课程设置上、实习实训教学中，开发了双证课程，以学生就业岗位（群）所需获得的职业资格证书及完成专业教学的工作任务为目标，以此作为质量考核标准，主要采用课堂讲授，实训模拟，校外实训基地方式来完成。本模块的教学任务以任务驱动、以项目为导向，加大实训教育教学模式，特别重视实训教学环节，将基于工作过程和行动导向应用于实训教学中，将科技开发应用于实训教学中，做到科教结合。从而培养学生的技能，提高他们的职业能力和职业素质，提升了人才培养质量，由于学历证书与职业资格证书的对接，学生获得双证率达到 100% 。

（6）校园文化对接企业文化，提升综合素质。校园文化与企业文化对接是“科教结合、五方对接”创新型人才培养模式的重要组成部分。这种对接为高职学生和企业人员的交流、学习、提升、成才搭建了很好的平台。通过“走出去”“请进来”的方式使校园文化与企业文化实现无缝对接。

“走出去”，就是要求学生利用野外实训基地训练期间，向野外地质队职工学习、请教；到野外地质队“职工书屋”参观、学习，陶冶自己的情操。还可以利用节假日积极参加安徽地矿艺术团，将自创、自编、自演的《地矿青春之歌》《地质丰碑》《快乐地质队员》《最炫地质风》等节目奉献给野外地质职工。学生通过一次次进入角色的演出，传递正能量，使思想受到熏陶，获得一次次正能量的飞跃，综合素质得到了潜移默化的提升。

“请进来”，就是多次请野外地质队的老专家、劳动模范、优秀共产党员来安徽工业经济职业技术学院讲座，他们用自己30多年的野外地质工作的经历，为师生描绘了一幅幅穿行在崇山峻岭和幽谷险涧之间的画面，一幅幅怀揣罗盘寻找岩石失落的记忆画面，一幅幅手拿放大镜品味着岁月痕迹的画面，一幅幅紧握地质锤叩问亿万年秘密的画面。师生被那地矿人秉承的“地质三光荣”传统、将行业精神内植于心、外践于行而震撼，被融入新时代内涵、铸成与时俱进的“先行、创新、和谐、奉献”的安徽地矿精神而激励。通过对接，学生深深了解新时期地质人风采，综合素质得到了提升。

“科教结合、五方对接”创新型人才培养模式的实践（见图3），紧跟职教发展的新形势，打破学校封闭办学的固有思维模式，大胆创新，开放办学，开放建专业。依靠行业成立校企合作理事会，积聚了用人单位和社会的智力资源，深入浅出地将科研引进教学，让科研走进学生心灵，实现了“课程对接技能、教学过程对接生产过程、教师对接工程师、学历证书对接职业资格证书、校园文化对接企业文化”的“五对接”，使专业建设更“接地气”，人才培养规格更加贴合社会的需求。

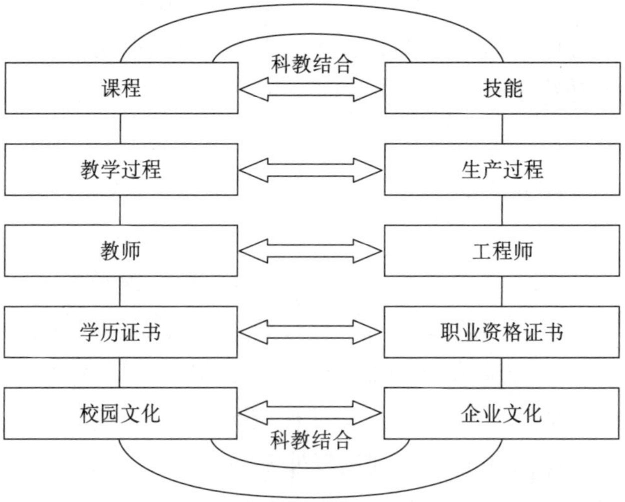

图3 “科教结合、五方对接”创新型人才培养模式

"'科教结合、五方对接'创新型人才培养模式实践"项目成果获得2013年度安徽省教育厅振兴项目教学成果二等奖。

（二）"学历教育与职业资格认证对接"过程中夯实实验实训基地建设

实验实训条件的建设是"学历教育与职业资格认证对接"过程中的重头戏，也是提升办学水平和人才培养质量的非常关键的一环。在已有的实验实训教学的基础上，通过认真分析人才的培养规格，特别是人才技能的培养规格，对校内外的实验实训条件进行了认真地梳理，对新老实验实训基地及实训项目进行了统筹规划和设计。

对基础性的实验实训、综合性实训和生产性实训进行了整合配套，形成了统一协调的实验实训体系。如由于巢湖实习基地岩石类型比较单一、自然地理及环境条件较差，因此新开辟了肥东四顶山地质认识实习基地。使得岩浆岩、变质岩、沉积岩类型比较齐全，现代地质作用类型较多，较好地满足了地质认知实习的要求。构造地质是本专业的一门核心课程，过去一直没有实验室，通过新建的构造地质及制图实训室，保证了核心课程的教学质量。

（三）"学历教育与职业资格认证对接"过程中双师型教师队伍建设

双师型教师队伍的建设是提升人才培养水平的核心问题。教师队伍建设实行内部培养、招聘与外部聘用相结合的形式，优化教师队伍的知识结构和能力结构。

加强教师队伍的培训，积极参加有针对性的教师岗位培训，开阔眼界，提升教师的职业教育理论水平，参加地质找矿技能培训，提升教师的业务能力；聘请一批地质队具专业能力的专家为安徽工业经济职业技术学院客座教授；引进一批高学历的年轻教师填补地勘专业教师不足；积极实行"青年教师导师制"，为每一个新引进的青年教师配备导师，制定培养计划，并按计划实施。"青年教师导师制"使一大批青年教师顺利完成角色转换，科研水平及驾驭课堂的能力得以提升，成长为适应高校教育的合格教师。

以项目支撑锻炼教师队伍，期间开展了多个省级生产科研项目及教研项目（表1，表2）。

表1　生产科研项目一览表

项目名称	项目来源	项目起止时间	项目费用	参与教师
庐枞盆地及其周缘中晚三叠世地层含矿性研究	安徽省地质矿产勘查局（科信便〔2009〕01 号文）	2009—2012 年	50 万元	钟华明　陈时亮　吕达
皖北地区前寒武纪地质研究	安徽省国土资源厅和安徽省财政厅（〔2009〕59 号文）	2009—2011 年	80 万元	钟华明　陈时亮　吕达
安徽省池州九华玉资源调查评价	安徽省观赏石协会	2010—2011 年	18 万元	钟华明　陈时亮　吕达
1:5 万主簿原幅、官庄幅矿产地质调查	安徽省地质调查院	2012—2014 年	349 万元	陈时亮　吕达　孔为伦　范小倩
合肥市城市化进程中生态承载力计算与分析	安徽省教育厅	2011—2014 年	0.9 万元	吕达
新合肥城市圈生态环境与经济发展关系研究	安徽省教育厅	2011—2014 年	0.9 万元	吕达

表2　教学研究项目一览表

项目名称	项目来源	项目起止时间	项目费用	参与教师
产学研结合培养安徽工业发展和地质行业需要的紧缺人才	安徽省教育厅	2008—2013 年	2 万元	黄世华　陈时亮　吕达　陈永芳
区域地地质调查及矿产普查特色专业建设	安徽省教育厅	2009—2014 年	25 万元	陈时亮　吕达
地勘类高职专业基于工作过程的课程体系改革研究	安徽省教育厅	2010—2014 年	2 万元	黄世华　陈时亮　吕达　陈永芳
区域地地质调查及矿产普查示范专业建设	安徽省教育厅	2010—2015 年	150 万元	陈时亮　吕达
中央财政支持高等职业学校提升专业服务能力项目	中央财政厅	2011—2013 年	270 万元	陈时亮　吕达　范小倩
实训教学课程体系对接职业技能大赛——以区域地质调查及矿产专业为例	安徽省教育厅	2013—2015 年	1 万元	吕达　陈时亮　范小倩

续表

项目名称	项目来源	项目起止时间	项目费用	参与教师
地质专业教学团队建设	安徽省教育厅	2013—2016 年	2 万元	吕达　陈时亮 范小倩
宝玉石专业教学团队建设	安徽省教育厅	2013—2016 年	2 万元	赵建刚　李孔亮 吕达　陈时亮
宝玉石实训中心建设	安徽省教育厅	2013—2016 年	3 万元	赵建刚　李孔亮 吕达　陈时亮
地勘实训中心建设	安徽省教育厅	2010—2014 年	20 万元	黄世华　朱光喜 吕达　陈时亮
工程测量综合改革试点专业	安徽省教育厅	2012—2015 年	3 万元	黄世华　王新鹏 吕达　陈永芳
钻探技术示范专业建设	安徽省教育厅	2010—2015 年	150 万元	黄世华 罗仕伍　吕达

（四）“学历教育与职业资格认证对接”过程中课程体系建设

课程是知识和技能培养的载体，对照培养目标，合理构建以能力为主导的课程体系。以地勘类专业区域地质调查及矿产普查专业为例，通过对就业市场的调查，学生和用人单位的反馈意见，进一步厘清关键知识和技能培养重点的所在，在对原有的课程体系进行了认真剖析基础上，对课程体系进行了重构。

重构的课程体系主要培养的是学生的“心智技能”——表现为主要运用地勘类理论知识，对工作对象进行观察、分析，其成果不是物质成果，而是报告和图件等信息成果。该课程体系由专业学习领域、基础学习领域和拓展学习领域构成。

1. 专业学习领域课程

经过专业定位与岗位群论证，对相关企事业单位的区域地质调查地质员岗位、矿产勘查地质员岗位、水文地质勘查地质员岗位、工程地质勘查员岗位等进行调研，列出主要工作任务，确定典型工作任务，分析完成典型工作任务必须具备的职业能力，将行动领域转化为学习领域，划分出 7 个专业学习领域，对应 12 门项目课程，分别是：地质基础、矿物岩石肉眼鉴定、构造地质与野外识别、地球物理探矿、地球化学探矿、古生物鉴定与地层划分、矿床类型识别、水文地质及工程地质、工程测量技术、地质信息处理、原始地质编录、地质填图。专业学习领域课程中除设置上述项目课程外，还设置了地质认知实训、原始地质编录实训、地质填图实训、校外顶岗实训4门实践课程。

2. 基础学习领域课程

基础学习领域课程包括文化基础学习领域课程和素质教育学习领域课程。文化基础学习领域课程主要培养学生职业能力之外的方法能力和社会能力。划分出3个专业基础学习领域：公共英语、高等数学、计算机应用基础。

素质教育学习领域课程包括：思想道德修养与法律基础教育、形势与政策教育、毛泽东思想和中国特色社会主义理论体系教育、安全教育、军事理论教育、身体健康教育（体育）、职业素养和职业生涯规划与就业指导等。

3. 拓展学习领域课程

根据典型工作所需要的能力，开发出4个拓展学习领域（即4门课程）：采矿与选矿、钻探工程、区域大地构造、应用文写作。

三、对接成果丰硕，辐射引领作用显著

安徽工业经济职业技术学院地勘类专业在学历教育与职业资格认证对接的过程中对专业人才培养目标、人才培养模式、课程设置、实训基地建设、师资队伍建设等方面进行整合和改革，进一步确保“学历证书与职业资格证书”教育质量，真正实现地勘类专业学历教育与职业资格认证对接。经过几年的探索与实践，除了基本形成“学历证书与职业资格证书”的教育实践方案以外，同时建设成果丰硕，不仅专业教师队伍技术水平过硬，而且学生职业技能得到提升。

（一）师资队伍建设成果

（1）2011年陈时亮、吕达获得院级专业带头人称号。

（2）2011年年底本专业教师团队：陈时亮、吕达、黄昕霞、范小倩参加安徽省地勘局地质找矿技能大赛，取得了团体二等奖的优异成绩，同时陈时亮、吕达两位教师还荣获了个人三等奖，并授予安徽省地勘局技术能手称号。

（3）2012年陈时亮、吕达、黄昕霞老师参与的“庐枞盆地及其周缘中晚三叠世地层含矿性研究”项目分别获得安徽省地勘局科技进步二等奖

和安徽省国土资源科技进步二等奖。

（4）2012 年王新鹏、王德高等老师组成的测绘代表队参加安徽省地矿局地质测绘技能大赛，获得团体第六名的成绩，王新鹏获“水平角观测”单项三等奖，并被授予“安徽省地勘局技术能手称号”。

（5）2012 年吕达主编的《结晶矿物学》网络课程获得第十二届全国多媒体课件大赛高职组优秀奖。

（6）2013 年“科教结合、五方对接创新型人才培养模式建设”获得安徽省教育厅教学成果二等奖。

（7）2013 年陈时亮获得院级教学名师荣誉。

（8）2013 年吕达获得安徽省教育厅教坛新秀荣誉。

（9）2014 年王德高获得安徽省优秀教师荣誉。

（10）教师发表公开论文 22 篇，其中核心刊物 10 篇。

（二）学生职业技能提升成果

2009 年，在区域地质调查与矿产普查学生在全国高职高专资源勘查类专业职业技能大赛中，2007 级区域地质调查及矿产普查专业徐干干同学荣获区调组“阅读分析区域地质图及图切剖面项目”银奖、“矿物岩石标本鉴定项目”银奖以及综合项目银奖；2007 级区域地质调查及矿产普查专业陈茜同学荣获区调组“矿物岩石标本鉴定项目”铜奖。

2010 年，在区域地质调查与矿产普查学生在全国高职高专资源勘查类专业职业技能大赛中，2009 级区域地质调查及矿产普查专业荣获“区域地质调查与矿产普查专业（岩芯编录）”团体三等奖、“区域地质调查与矿产普查专业（野外探槽编录）”团体二等奖；2009 级区域地质调查及矿产普查专业马玉娟同学荣获“区域地质调查与矿产普查专业（岩矿鉴定）”个人项目三等奖；2009 级区域地质调查及矿产普查专业徐大伟同学荣获“区域地质调查与矿产普查专业（阅读分析地形地质图并作剖面图）”个人项目三等奖。2012—2014 年在数字化测图、矿产勘查、测绘、工程造价等方面获得教育部、人社部、安徽省教育厅职业技能大赛奖项达到 22 人次。

四、结语

本课题研究工作在课题组所有成员的共同努力下，在有关方面的大力支持下，取得了预期的效果，在“学历教育与职业资格认证对接”研究中进行了大胆有效地探索，结合安徽工业经济职业技术学院地勘类专业实际，研究提出了富有建设性和可操作性的结论和建议，课题研究成果丰硕。与此同时，在研究过程中，课题组也发现学历教育与职业资格认证对接还存在一些问题与不足，有待进一步完善，主要表现在学历教育与职业资格认证对接过程中教学方式改革力度还不够大，改革仍需要相关的教学管理制度有效支持，教学资源开发力度不大，师资力量建设需进一步加强。针对以上的问题与不足，从安徽工业经济职业技术学院地勘类专业实际出发，课题组认为下一步应重点做好的工作是在学历教育与职业资格认证对接过程中进一步强化校企合作，进一步发挥社会智力在专业建设中的作用；加大教学方式的改革力度，进一步整合教学资源，优化教学管理的制度环境；系统进行实验实训条件建设，进一步调动专业教师参与的积极性和创造性。

地勘单位探矿工程专业人才问题研究

江西省地矿局九一二大队课题组[1]

摘要： 本研究以江西省地矿局九一二大队探矿工程专业人才问题为研究对象，阐述了探矿工程人才队伍在单位经济发展中所发挥的巨大作用，通过调查该单位探矿工程人才队伍的现状、存在的问题，对比分析了存在问题造成的影响，归纳总结了存在问题的根源，论述了加强探矿工程专业人才队伍建设的必要性，提出了探矿工程专业人才队伍急需的人才类型、建设思路和措施，认为应加强地勘单位探矿工程专业人才队伍建设，提高地勘单位在市场中竞争能力，为实现地质找矿的重大突破提供技术和人才的保障，以期对相关地勘单位具有借鉴和指导意义。

探矿工程包括钻探工程、坑探工程、矿产管理、安全技术等多方面的技术，其中以钻探工程的工作量为最大，作业范围最广。钻探工程是获得地下蕴藏的真实地质资料（如岩、矿、地温、地下水等）和直接信息的一种技术。探矿工程专业是地质勘查工作的主要技术手段之一，特别是深部找矿，对探矿工程专业要求更高，但地勘单位探矿工程专业现状令人堪忧，主要表现在探矿工程市场不规范、质量不高、效率低，成本高、事故率高、新技术推广应用难、人才严重短缺、技术队伍不稳定等。本研究通过解剖江西省地矿局九一二大队地质岩心钻探的探矿工程专业人才队伍基本现状，经过全面了解和分析当前探矿工程专业发展中存在的问题，以期达到促进各级领导和有关单位、部门转变观念，提高认识，努力实现探矿工程专业与其他专业协调发展的目的。同时通过不断加强地勘单位探矿工程专业人才队伍建设，提高队伍在市场中竞争能力，为实现地质找矿的重大突破提供技术和人才保障。

[1] 课题组负责人：曾水龙；课题组主要成员：唐光伟、韩毅昌、黄忠高、王艳萍、肖茂章、张红艳、李志强、熊柏槐、张明权。

一、探矿工程专业在地勘经济发展中发挥重要作用

九一二大队是个综合性地勘单位，1965 年建队以来找矿成果显著，创造了“两个之最”，一是探明了亚洲最大银矿——冷水坑银矿，二是发现了世界最大钨矿——浮梁朱溪钨铜矿。探矿工程专业在该队实现了“三次飞跃”，为国家经济建设和单位的经济发展以及探矿工程专业的技术进步发挥了重要的作用。

市场经济初期，由于地质任务减少，在地勘单位最困难时期，钻探工程技术为地勘单位调结构、转方式发挥了积极的作用，在工程建设、工程地质勘查、地质咨询服务、找水成井等领域发挥了重要作用，为地勘单位摆脱困境，突出重围大显身手、屡立战功，为单位的经济和队伍生存发展作出了重大贡献，实现钻探技术第二次飞跃。2010 年以来，岩心钻探技术找矿在攻深找盲，摸边探底中发挥了重要的作用，主要是在浮梁朱溪矿区外围深部钻探中，实现了岩心钻探孔深 2222. 8 米创全省最高纪录，并应用液动螺杆钻在朱溪矿区深部 1300 米孔段中进行定向纠斜获得成功，为深部密集勘探线网钻探找矿打分支孔、集束空和深孔绕障技术奠定了基础，实现岩心钻探技术第三次飞跃。

二、探矿工程专业和人才队伍现状分析

本研究以江西省地矿局九一二大队探矿工程专业人才问题为主要研究对象，主要采取队内和队外调研相结合，被调研单位有综合性地勘单位也有专业性地勘单位。按照个别走访和案例分析相结合，召开座谈会与专家研讨相结合，数据统计和问卷调查相结合的方式进行。共召开了用人单位和专家学者等不同层面的座谈会 5 次，参加座谈人员 100 余人次，发放问调查表 200 余张。通过调研发现地勘单位探矿工程队伍存在的主要问题非常相似，人员结构基本类似，都存在探矿工程专业队伍建设薄弱、管理不规范，产业上规模难、技术进精深难等问题，为此就以江西省地矿局九一二大队为研究对象，对其探矿工程专业发展及队伍状况进行分析研究。

（一）九一二大队专业技术人员结构

九一二大队是一个综合性地质勘查单位，有在职职工 674 人，各类专业技术人员 315 人，其中地矿类专业技术人员 126 人，占全队专业技术人员总数的 40%；实验测试专业技术人员 15 人、占全队专业技术 5%；探矿

专业技术人员4人，仅占全队专业技术总量的1%；测绘专业技术人员21人，占全队专业技术人员总量的7%；水工环专业技术人员29人，占专业技术人员总量的9%；工程施工类专业技术人员30人，占全队专业技术总量的9%；管理类专业技术人员46人，占全队专业技术人员总量的15%；其他非主体专业的技术人员44人，占全队专业技术人员总量的14%；从以上各类专业技术人员构成来看，主体专业的技术人员人数与其产业配比相对合理，唯独探矿工程专业的技术人员人数最少，这对一个综合性地勘单位而言是极不相称的。

（二）探矿从业人员分布

探矿工程从业人员共计243人，其中管理人员20人，占从业人员总数的8%；专业技术人员4人，占从业人员总数的2%；钻探工220人（其中在职职工10人，占从业人员总数的4%；临时工（农民工）210人，占从业人员87%。从以上人员构成看出“二少一多”即单位职工少、专业技术人员少，临时工多。这对一个具有钻探甲级资质地勘单位而言，是及不对称的。

（三）探矿工程专业从业人员受教育情况

本科2人，占从业人员总数1%；大学专科2人，占从业人总数的1%；技工学校毕业生18人，占从业人员总数的7%；高中毕业生35人，占从业人员总数的15%；初中及以下185人，占从业人员76%。探矿工程专业从业人员受教育程度较低，而且大多没有受过专业培训。

（四）探矿经营管理型人才构成

九一二大队工勘院下设一分院、二分院和钻探分院。三个分院共有9名中层管理者。

表1　九一二大队3个分院探矿经营管理型人才情况　（单位：人）

单位	人数	技术职称			学历		年龄（岁）		备注
		初级	中级	高级		高中	大专	36—46	47—55
一分院	3	/	1			3	1	2	
二分院	3	/	/	/	1	2	/	3	
钻探分院	3	/	/	1		2	1	2	
合计	9	/	1	1	1	7	2	7	

（五）临时用工年龄构成

该单位探矿工程从业人员中，原单位培养的钻探工屈指可数，现钻探技能人才主要以临时工为主体，临时工人数达 210 人。30 岁以下 35 人，占钻探工总数的 16%；31 ~40 岁 45 人，占钻探工总数的 21%；41 ~50 岁 49 人，占钻探工总数的 23%；51 ~60 岁 68 人，占钻探工总数的 32%；61 岁以上 13 人，占钻探工总数的 8%。总体来讲，临时工、农民工年龄偏大，从事钻探工作的时间也不长。

通过以上数据分析可以看出，该单位探矿经营管理型人才年龄偏大、人数多、专业技术职称低；探矿专业技术型人才数量少、职称低，专业基础理论知识不够丰富，难以担负起诸如新工艺、新技术、新材料应用研究和推广工作；技能型人才主要为近几年的技校毕业生和农民工，难以从事深层次的探矿工程技术，理论知识和实践经验都需进一步丰富和提高，技能人才队伍不稳定。

四、探矿工程专业人才队伍建设存在的问题

尽管该调查单位探矿工程专业为该队经济发展和队伍的生存与发展发挥了重要的作用。但是对探矿工程的重要性认识不到位，人才队伍建设滞后，使得当前探矿工程专业人才队伍现状令人堪忧，主要表现为人才数量少、结构不合理、队伍不稳定等问题，是显而易见的，也是亟须改变的情况。

（一）探矿工程专业地位下降

探矿工程专业所涉及的学科领域十分广泛，是实现地质找矿重大突破的重要技术手段，实践性很强，理论基础要求很高。曾经为地质找矿重大突破立下汗马功劳，当地勘单位面临生存危机的时候，又挺身而出，是为地勘单位生存与发展做出重要贡献的专业，现如今却像一个无爹无妈的孩子一样，无人问津，探矿工程专业成了一个名副其实的“民工队伍”，有随其自生自灭之势。从上至下无主管业务部门，导致各单位探矿工程专业放任自流、专业技术人才引不进、难留住，钻探技术更新难、超越难，致使探矿工程专业力量削弱，地位下降。使得诸如探矿工程专业没有什么技术含量、钻探施工队伍可有可无、发展无力等观念日益流行。

（二）专业技术人员严重不足

探矿工程专业是地质勘查工作的主要技术手段之一，特别是深部找

矿，对探矿工程专业要求更高。改革开放30多年来，地勘单位探矿技术不是加强了，而是削弱了，主要表现在探矿专业技术人员严重不足。从调查单位可以看出实际从事一线的探矿技术人员只有屈指可数的3名钻探技术人员，现有的探矿专业技术人员远远不能满足生产和管理的需要。

（三）人才结构不合理、技术骨干少

首先从经营管理人才看，虽然工作经验还算丰富，但年龄偏大，且人数偏多。专业技术人员严重不足，技能人才中技术骨干少。钻机班长是单位技能骨干人才，应具备熟练掌握专门知识和技术和精湛操作技能，并是在工作实践中能够解决一定技术和工艺难题的核心骨干技术工人。从调查中可以看出，技术工人大都为农民工或近几年的技校毕业生。农民工大都没有经过专门的培训，而且从事钻探工作时间较短，“旺季打钻、淡季种田”，谈不上工作经验积累，技校毕业生虽然经过专业培训，但转行多，稳定性差，缺乏实际工作经验。技能人才队伍结构无论是从年龄结构，还是专业结构来看，都不尽合理。

（四）管理制度不健全

粗放管理，以包代管现象普遍，只注重经济效益。在计划经济时代，探矿工程管理比较规范，也严格，矿区开钻前有技术人员编写设计，并召开钻探施工技术交底会，在施工过程中如遇到事故，有专业技术人员一同进行技术攻关，钻探完成后编写施工报告。进入市场经济时代以来，忽略了专业性基础管理工作，简单施工现象普遍，加之技术人员匮乏，未建全技术、质量资料档案、开孔验收等制度，矿区钻探施工组织设计没人编，开工无技术交底会，施工方案随意性大，经验性倾向比较典型，出了孔内事故，没有事故分析报告，钻孔报废了移孔重打，处理问题简单。管理方式的滞后粗放，在一定程度上决定了探矿工程的发展的局限性。

（五）人才队伍不稳定

由于时代变迁，人们的价值观和就业观念随着社会发展产生了深刻的变化。由于地勘单位规模小，工资收入低、工作环境艰苦、发展前景不明，动力不足等原因，探矿专业对人们没有什么吸引力。许多技工学校钻探专业毕业的年轻人，未到单位即转行，工作时间最长的也不超过6年，流动性大，变数大，加之事业单位改革在即，可吸引人才的编制优势不再。再者地勘行业作为一个特殊行业，是由其工作特点所决定，具有工作地人烟稀少、环境单调、枯燥，自然条件恶劣、野外作业时间长等特点，与其他行业相比形成鲜明对比，基本上没有什么优势可言，如没有吃苦耐劳、甘于寂寞的奉献精神和相当的毅力，是很难坚持下来的。长此以往，探矿专业发展从何谈起，技术队伍稳定与发展又靠什么去保证呢？

五、探矿工程队伍建设存在的主要问题

（一）探矿工程专业被“边缘化”

地质、实验测试、探矿三大专业构成了地质勘查工作，缺一不可，在计划经济时期由于同属一个单位，不存在利益关系，因此三大专业得到均衡发展，进入市场经济以来，地质、实验测试、探矿分成3个独立的经济实体，实验测试、探矿变成了地质附属专业，从经济角度上来看成了甲、乙双方的关系。再者探矿工程专业作为地质找矿工作的一种技术手段，探矿工程无法直接取得找矿成果，只能为别人“做嫁衣”。探矿工程缺乏统一的专业管理机构，各地勘单位如散沙各自为战，市场混乱，无序竞争，且有愈演愈烈之势。探矿工程专业没有什么技术含量、地勘单位钻探施工队伍可有可无、发展无力等观念日益流行。如今探矿工程专业已被“边缘化”甚至弃“专业化”，处于如此境地的探矿工程专业的发展又从何谈起呢？

（二）人才引进难、留住难

由于探矿专业地位下降，工作环境艰苦等原因造成人才“两难”，这是当前探矿工程专业队伍建设主要矛盾，加强才队伍建设是解决这一矛盾的关键所在。人才队伍建设加强了，人才队伍的素质和技术水平就会提高，事故率就会降低，劳动劳动生产率就会提高，地勘单位在市场中的竞争力也就得到增强，职工收入水平就会增加，就能吸引人才、留住人才。形成一个良性循环。反之就将形成恶性循环，造成探矿工程专业逐步消减退化的不良后果。

（三）探矿工程市场不规范、影响到探矿专业的发展

探矿工程市场化程度高，不同形式的经济实体纷纷进入探矿工程施工市场，既有民营钻探公司又有个体钻机，力量迅猛增大，如同潮水般涌向市场，形成激烈竞争态势。由于施工队伍过剩，施工方为了队伍生存、追求投资回报，相互压价、低价竞标已成惯例。钻探工程单价远远低于中国

地调局颁布的定额标准，低时只是定额价的百分之四十至五十。这对于地勘单位来说是个严峻的挑战、生存的压力很大。因为地勘单位管理成本高、个体管理成本低，往往个体能接的工程项目而地勘单位不敢接。再加上现在外部施工环境不好，青苗补偿、机台平整等费用受到当地村民的制约，漫天要价，又大大增加了施工成本和管理难度。

探矿工程是个高风险行业，如单价过低，不利于这个产业发展。探矿工程市场现处于无序竞争的态势，造成这种无序竞争的根本原因是没有进行行业主管门规范管理。如工程勘察、建筑行业的市场竞争也很激烈，但相对规范，这主要得益于其行业主管部门的规范管理。探矿工程市场有别于建筑、工程勘察市场，首先地质条件的复杂性决定了探矿工程专业是一项高风险行业，再者也是地质科学探索性的工作，服务于地质勘查业，因此有别于建筑、工程勘察工作，如果不规范探矿工程市场，最终将影响探矿工程专业的技术进步与发展，势必就会影响到地质找矿成果。

（四）钻探工程资料不完全、档案管理不完善

由于从业人员素质差，又没受过专业培训，除地质上必要的岩心实物资料，六项质量指标测量记录，班报表填写不规范，钻孔资料质量差而且不完备，除此之外就没有其他钻探资料，非常简单，探矿工程档案柜找不到什么资料，档案资料不全。

（五）个体钻机挂靠分包，影响资质单位生存

钻探施工项目合同一旦签订，施工周期短，时间紧、任务重。为按时完成任务不得不分包给民营钻探公司或个体钻机，由于地勘单位技术人员少，基本上“以包代管”，个体钻机以利润最大化为目的，往往是简单化生产，管理粗放，容易产生安全、质量责任问题，一旦发生质量和安全事故，易发生纠纷，影响到单位声誉，往往是得不偿失。

六、探矿工程专业队伍存在问题的成因分析

（一）对探矿工程专业队伍建设认识不足、重视不够

在我国地学界历来就有“重科学、轻技术”的现象，这个观念问题已严重影响和制约着探矿工程专业的发展。从行业管理上来看，目前我国探矿工程从上到下没有明确的主管业务部门，也没有相应的技术标准或规范。从地勘单位内部组织机构来看也是如此，在计划经济时期还设立了探

矿科，负责全队探矿技术的管理和指导工作，分队还设立了探矿组，现在不但没有了这一机构，连专职的探矿技术人员也都没有了。特别是近几年，随着矿业经济的复苏，民营和个体钻机也进入钻探市场，为此有关部门和管理者认为地勘单位钻探力量可有可无，由于管理层认识上的偏差，是造成当前探矿工程市场不规范，技术人才引进与培养得不到重视的关键所在，必须转变思想观念，把探矿工程技术提高到应有的地位。

（二）薪酬水平低

钻探人员的工资分配实行的是项目承包制，因此钻探人员的工资收入水平直接与项目经济效益相挂钩，钻探人员的收入水平高低取决于单价和生产效率。本研究所调查单位钻探人员近几年来的年收入水平远远低于地质专业人员的收入水平。机长年收入8万~10万元，一般钻工年收入在5万~6万元，这与他们的工作时间及劳动强度是不相适应的，这也是造成钻探工岗位没有吸引力的主要原因之一。

（三）探矿专业技术人才严重短缺，职业环境等影响人才队伍稳定性

探矿工程专业是高危行业，安全风险大，工作地域高度流动分散，工作环境较差。不论春夏秋冬，长年野外露天工作，远离单位和亲人。在这种环境下工作，人的思想压力大，工作状态极不稳定。工作和生活单调乏味，特别是年轻人很难适应这样的工作环境，难以长期坚持下去。现如今深孔钻探或者复杂地层找矿工作十分普遍，这就更需要一批高素质专业技术人才，然而由于探矿专业技术人才没有引进与培养，探矿专业技术人才严重短缺，青黄不接的现象较为突出。现在探矿专业人才引进存在大学毕业生难招、技能人才留不住的问题。原地质类院校都没有设置这专业，相近专业的大学生因工作环境艰苦不愿到野外地勘单位从事这项工作，因此很难招到人才。由于地质勘查单位现仍属事业单位，新进人员需经上级主管部门和省人社厅审批，特别是技能人才引进受到严格控制，无法落实钻探技校生事业编制，再加上工作环境艰苦、工资待遇不高的因素，技能人才难留住。

调查数据发现，从业人员以临时工、农民工为主，大都没有受过专业培训，从业人员的文化低，素质普遍不高，流动性大，稳定性差。探矿工程专业是要求具有一定的专业知识和较强操作技术相结合的一门专业，而且需要不断地积累工作经验，这就需要从业人员有一定的文化素质和专业

知识，而现实聘用的临时工、农民工大多年纪偏大，从事这项工作时间也不长，因此也谈不上工作经验，完全是为靠卖苦力赚钱，一旦收入水平减少，或家中有事，或者有其他赚钱门道时，就溜之大吉。因此大量使用农民工，是造成钻探施工队伍不稳定的主要原因。

七、加强探矿工程专业及人才队伍建设的必要性与紧迫性

（一）当前地质勘查工作前景分析

由于受国内外经济形势影响，矿产品价格下降传导到地质勘查领域，社会资金热情减弱、投入减少。有专家认为，根据矿业繁荣的10年周期规律，尤其在受当前全球经济持续衰退的大背景影响下，我国矿业发展已经临近“拐点”，但对地勘单位而言是“危中存机”，因为探矿工程市场缩小，民营钻探公司和个体钻机也就难以生存下去，见势不好纷纷转行。再者随着地质工作的不断深入，矿产勘查逐渐集中到深部和复杂地区找矿，这也是一般民营和个体钻机难以适应的。从该队实际情况来看，虽然也感觉到外部形势不容乐观，本研究认为只要国土资源工作在国民经济和社会发展中的基础性、重要性和战略性地位不变，隶属国土资源部门的地勘单位主要承担国家基础性和公益性地质调查及战略性和市场性矿产勘查工作职责不变，钻探矿工程是获得地下蕴藏的真实地质资料（如岩、矿、地温、地下水等）和直接信息的一种重要技术手段的本质不变，那么，探矿工程在国家经济社会可持续发展中不可缺少的基础支撑作用，必将毫不动摇。因此，地质勘查单位要敢于担当，苦练内功，更需要造就一支攻坚克难的，敢打硬仗的钻探施工队伍，勇敢承担起地质找矿主力军的作用，这也是地勘单位社会责任之所在。

（二）探矿专业人才培养的必要性

地质找矿向深部进军的号角已吹响，固体矿产钻探技术正朝着更好、更快、更深的方向发展，实现地质找矿工作的重大突破，要实现攻深找盲和地质找矿突破战略目标，不仅需要在找矿理论上有所突破，钻探工艺方法的突破更是关键，而先进的钻探设备和钻进工艺方法的应用，就需要有一大批有知识、高素质的专业型技术人才、技能型人才，所以培养探矿专业技术人才的任务已迫在眉睫。

（三）资质建设的需要

资质已经成为一个单位参与市场竞争活动的入场券，是一个单位竞争

能力的标志，也是单位的无形资产，资质等级高低对单位生存和发展的会产生重大的影响。如今地勘单位一般都具有钻探甲级证书，钻探甲级资质门槛还是较高的，一般民营钻探公司是很难取得这个等级的资质的。调研发现，大多数单位探矿专业技术人员原本就不是很充足，近几年又没有及时引进和培养，现有专业技术人员人数就达不到甲级钻探资质的需要，甲级资质也就难保，这就需要地勘单位加快探矿专业技术人员引进和培养。

八、探矿工程专业急需的人才类型与规模

本研究主要是探讨探矿工程专业建设和探矿工程专业人才队伍建设问题，涉及探矿工程专业延伸产业人才问题，随着国家经济形势的发展和地勘单位队伍生存的需要，探矿工程专业人才队伍建设就显得特别重要。

（一）复合型管理人才培养

所谓复合管理型人才，是既懂技术又懂管理，还熟悉法律、政策，具有驾驭市场、掌控全局的能力。市场经济运行瞬息万变，竞争激烈，谁顺应市场经济规律，谁抓住机遇，谁就能生存，就能发展。只有复合型人才才能操控。所以地勘单位从现在起，高度重视，努力培养，造就更多质量更高的复合管理型人才。复合人才不在于多，而在于精。

（二）专业技术型人才的培养

为适应全国“358”地质找矿战略和找矿突破战略行动目标和任务，重点以“攻深找盲”“摸边探底”、危机矿山接替资源战略为平台，以第一空间找矿（地下0～600米）转向第二空间（1000～2000米）至第三空间（3000～4000米），甚至以更深找矿为契机，大力培育深部钻进方法、钻进工艺技术、深部钻探冲洗液技术、深部复杂地层钻探护孔的综合治理技术、深钻管理、深部各类仪器探测技术六方面的人才。因此需要培养一批高素质的专业技术人才队伍，队伍规模控制在10人左右。

（三）钻探技能人才的培养

随着钻探科学技术的飞速发展，我国的钻探装备现代设计技术具有国际先进水平，全液压动力头岩心钻机钻深能力已达4000～5000米，以朝自动化、智能化、精确化技术方向发展。因此传统钻探工人已适应不了现代装备的施工要求，需引进、培养一批经过专业学习的大中专毕业生或职业学院毕业生的新型技能人才队伍。技能人才队伍规模控制在150人左右，

其中50名主要是指单位正式职工，100左右的临时用工，临时工也需要进行上岗前的岗位培训，并保持相对稳定。

九、加强探矿工程专业人才队伍建设思路与措施

（一）基本思路

通过加强队伍建设，提升综合素质，立足找矿，拓展领域，由内向外发展，做大做强做深探矿工程专业。做大，就是把钻探技术继续扩展到找矿、房建、公路、铁路、桥梁、市政、生态环境、地灾防治、新能源、煤炭等领域，发挥更大作用，使钻探产业经济形成新跨越，越做越大，越做越有影响。做强，就是在十三五期间，钻探队伍总人数保持适度规模，工程技术人员按比例增长。技术装备在原有基础上，重点增加深部钻探设备和深部探测设备。除此以外，还应拓展页岩天然气、煤炭、新能源钻探业务，走出省外国外，逐步打造探矿强队的目标。做深，就是要在深部岩心钻探，深部地热、深部页岩气、深部油气层钻探、深部煤层钻探领域加大技术研究，培育人才，提高技能素质水平，向深度3000~4000米目标发展。

（二）主要途径与措施

1. 提高认识，转变观念，尊重人才

探矿工程专业人才的形成是建立在深厚的理论知识和丰富的实践经验和良好的责任意识，优良的职业道德基础之上，探矿工程专业技术涉及的知识面非常广泛，其人才的发挥形成的技术力量是推动国家经济发展和社会文明进步的重要力量，毋庸置疑，探矿工程专业在国民经济建设中占有重要地位。各级领导、各级政府、社会各界要充分认识探矿工程专业技术的重要性，真正建立尊重知识，尊重人才的意识，要从思想深处充分认识探矿工程专业人才在生产力诸要素中的核心地位。打破只要钻机一转圈就能打钻的观念，钻探专业没有技术、不要人才的观念，要积极营造吸引人才、留住人才、用好人才的环境与机制，广开渠道吸纳人才。

2. 队伍建设实行梯队跟进，适度规模，均衡发展

从激发探矿工程专业人才队伍积极性创造性角度出发，既要补充新生力量，但又不能盲目发展。规模发展要与地质找矿、国家经济发展形势、资质等级和单位产业发展方向等相适应。要建立既有专业技术型，又有技能型、经营管理型，还有自主创新型，比例协调，结构合理的人才队伍。

实行梯队跟进，规模适度，均衡发展，符合队情，钻探力量的配置采取内外相结合的办法，以自身队伍为主力，临时工（农民工）作补充，每年适度按比例增加探矿工程专业技术人员、生产骨干（机班长）和钻工、经营管理人员。专业技术型、经营管理型、创新型3方面人才来源主要从高等院校引进，技能型人才从技工学校引进，还可从农村、城市待业青年中择优聘用。

一个综合性地勘单位为确保甲级钻探资质，应组建市场化的钻探院（或者公司）。收紧“拳头”，“抱团”发展，减少非生产性人员，保持精干力量。人员规模控制在50~80人左右，人员结构：经营管理型占10%~15%、专业技术型占10%~20%，技能型50%~60%，临时工根据生产需要进行配置。形成这种配置相对科学，符合地勘单位发展，具有战斗力强，敢打硬仗，敢于技术创新，攻坚克难的特点。

3. 多渠道引进、培养人才，提升队伍整体素质

（1）大专院校培养。专业技术型、经营管理型、创新型人才主要依靠大专院校培养。尽快解决专业技术人员严重不足的矛盾，加大人才引进力度。

（2）技工学校培养。钻探技能型人才主要靠技工学校和职业应用技术学校培养。这种培养形式，使学生有理论知识，有实际操作技能水平，专业基础好，分配到单位上，成长快，单位用起来得心应手，加强与职业技术学院（技工学校）的合作，培养的方式可采取定向或委托培养方式。长期临时用工可从农村、城市待业知识青年中择优选用，先培训再上岗。

（3）立足本单位、培养留得住的人才。由于受探矿专业客观环境的影响，人才引难、留住人才难，这是不争的事实，因此着眼现有人员，着力培养现有人才。从现有钻探技校生选拔一批能吃苦耐劳、爱岗敬业、扎根一线满足生产需要的专业技术人才和技能型人才。

（4）加强技术培训，提高现有人才素质。按照“实际、实用、实效”的原则，有针对性地强化对紧缺人才培养，主要是对生产一线机班长予以重点培养。

（5）组织培训或送外培训。定期组织开展先进管理知识、技术的培训学习，即“四新”：探矿工程新技术、新工艺、新材料、新设备。培训的方式以“请进来送出去”为主。所谓请进来，就是请大学教授学者专家讲

座，厂家技术人员上门讲座；所谓送出去，就是组织人员参观考察，互相交流，学习先进经验。

（6）鼓励自学成才。单位职工热爱探矿工程事业、工作责任心强、工作成绩显著、职业品质好、文化基础好的年轻技工，鼓励其参加成人学历教育，取得文凭后返回单位工作，其考试费用、差旅费单位支出，学习期间的费用单位报销80%，这样有利于调动职工的学习积极性。

4. 改善待遇，留住人才

（1）改善技能人才（技校生、临时工、农民工）待遇。技能型人才构成主要是由技校生、临时工、农民工3类人员组成。为了稳住“主力军”，应采取以下政策：一是对钻探技校生工资待遇与单位职工同工同酬，与单位职工享受同等的福利待遇，主要是“五险一金”。在适当的时候，给予其中优秀者“入编”的机会，使其更加稳定。二是临时工，是指年纪轻连续在单位工作满三年以上的人员，工资分配实行岗位工资，参与机台效益奖的分配。对工作表现好的，可以享受加薪、提升学历等方面待遇。对有志于长期从事钻探工作，且工作表现好，操作熟练的临时工签订聘用合同，工资分配及福利待遇与技校生同等对待。三是农民工，是指年龄偏大只从事简单劳动的人员，根据机台经济效益，提高其岗位工资标准。办理意外伤害保险。虽然说农民工素质低，但由于钻探工程市场不稳定，工作量时多时少，因此在很长一段时间内农民工仍是地勘单位所依靠的主要劳动力资源。

（2）关注青年人才培养。新进探矿专业的本科生，列为单位重点培养的对象。要在政治上重视他们，帮助其成长进步；在工作上重用他，让其感受到组织的信任；在生活上关心他们，让其感受到组织的温暖。对于工作业绩明显、技术成果显著的专业技术人员，单位应给予奖励：评优、评先、提升技术职称或委于重任。

（3）解决技校生事业单位编制。地勘单位青年技能人才严重短缺，如不加快青年技能人才的培养，势必会影响到探矿工程专业在市场中的竞争能力。被调研单位前些年招收了一部分技校生，现仍有18名技校生在队工作。经过几年的培养现能独立带班作业，已成了单位技能骨干人才，也受用人单位欢迎。在处理技校生问题上管理层要克服思想的偏见，各级领导要关心、爱护技能人才，支持技能人才队伍的建设，应逐步解决技校生事业编制问题。技能人才也是单位发展不可缺少的人才，现地勘单位钻探技能人才已为数不多了，今后技能人才主要来源于职业技术学院或技工学校毕业生，如果“人难招、招难留”，5 年以后探矿专业还真成为“民工队”了。

5. 加强制度建设、规范管理、重在执行

（1）加快探矿工程管理法律、法规制度顶层设计。探矿工程管理法律、法规制度顶层设计，也就是针对探矿工程施工问题，首先从法规层面上立下规矩制度，以便有章可循。如定额问题无执行力，定额形同虚设，政府无监控制度，无监管机构，随着深部钻探技术的发展，无深部钻探运行规则，无深部钻探定额，无深部钻探技术规范标准。随着形势的发展，都应根据客观规律办事，尽快制订相关定额、标准、规范、监控制度，政府有关部门、协会应该设立相关机构，组织专家学者研究这些问题。探矿工程施工临时占地涉及的相关补偿（如青苗赔偿、坪地基、修路等问题）通过相关政策、规定，使当事人有法可依，有章可循，这对于社会稳定，探矿事业的推进大为有力。在制订相关标准、规范、定额、监控等有关规定时，组织专家、学者考察住建保障部关于建筑工程相关法律、法规、标准、条例等经验做法。

（2）探矿工程专业人才队伍建设应建立人才引进、人才管理、人才使用相关制度。人才引进制度应具体明确人才引进的原则，目的、标准、规则、规定、待遇条件等。人才管理制度应具体明确管理机构、管理岗位、管理职责、管理内容、劳动纪律、人事组织纪律等，人才使用管理应具体明确工资标准、奖励制度、劳动时间、计件计时计量工资标准，制订人才晋升晋级晋职标准与实施办法。

（3）建立和健全探矿工程施工与技术质量管理制度。严格施工管理与质量管理是保证工程质量的重要措施，是关系到队伍生存与发展的重大问题，必须高度重视制度建设。探矿工程专业施工应该建立一套完备的施工管理、技术管理、质量管理办法，从地勘单位层面应配置探矿工程管理机构，设立管理岗位配置，配备专业技术人员，明确工作职责，确保院及分院设有专职探矿专业技术人员和资料统计、资料管理人员，建立探矿工程档案。

只有建立一整套完备的人才人事管理制度，施工与质量管理制度，建立完备的专业人才管理机构，才能从根本上解决探矿工程施工存在的问题，才能从根本上解决人才队伍建设问题。

6. 建立激励机制，充分调动人才的积极性

（1）建立精神激励机制。其内容就是社会主义核心价值观和“三光荣”教育。“三光荣”精神是地矿人的传统精神，“三光荣”精神是指以艰苦奋斗为荣，以地质找矿立功为荣，以献身地质事业为荣。发扬“三光荣”精神，是地质几代人的精神支柱，为国家经济建设作出重大贡献的法宝。提出“三光荣”教育是从20世纪80年代开始，它经历计划经济过渡到市场经济时代，至今天仍有十分重要的意义。

（2）建立薪酬加绩效奖励工资激励机制。对于新引进的专业技术人才和技能人才，经营管理人才，明确年薪工资标准，作为稳定人才的基本条件，年度考核时，突出工作成绩，根据对单位的贡献大小，重在绩效奖励工资、调动积极性，发挥人的聪明才智。

（3）建立荣誉激励机制。对于工作成绩显著，贡献较大的职工，或在创新上有明显的技术成果，应该在评优评先上给予表彰鼓励。

（4）建立工作激励机制。有工作能力，有创新能力，工作表现积极，对单位的发展贡献较大，可在职称、职务上给予晋升。

国土资源人才数据库信息系统设计与规划研究

杜新波　韩洪涛　宋　毅　胡利哲

摘要：为加快实现国土资源领域人才治理工作科学化和人才集聚能力现代化目标，切实为各级国土资源人才形势分析、人才发展战略制定和各类人才培养开发、评价发现、吸引引进、选拔任用和激励保障提供信息化辅助决策支撑，根据《国土资源中长期人才发展规划（2010—2020年）》关于“加快推进国土资源人才工作信息化建设，建立国土资源人才信息网络和人才数据库”的任务要求，2015年国土资源部人力资源开发中心与北京金益康新技术有限公司共同开展了国土资源人才数据库信息系统设计与规划工作。本报告重点立足当前国土资源人才数据库信息系统建设需求与现状，借鉴国内外人才管理、人才数据库建设、人才评价等理论、经验及做法，提出了国土资源人才数据库信息系统的建设思路和部署思路。

现代化的国土资源人才资源管理不仅要对人才资源进行统计分析，还要做到对人才资源要素特征、培养开发和流动配置做到即时把握，更要做到“人适其事、事适其人、人尽其才、才尽其用”。目前国土资源人才信息分散在组织人事、科技及有关行业协会等当中，国土资源人才信息数据应用分散、重复建设、重复上报、共享困难、信息化水平低等问题突出，人才资源管理处于初级水平，无法满足现代化人才治理工作的需要。要实现国土资源人才治理工作科学化和现代化建设，实现对人才资源进行有效开发、合理配置、流动监控，必须顺应信息化发展潮流，特别是借助云计算、大数据等新一代信息技术，系统整合各个层级、各个单位的人才数据资源、应用与服务，建立起“统一领导、分级实施、统一建设、资源共享、统一管理”的国土资源人才公共信息平台和服务平台，形成功能强大、互联高效、安全便捷的国土资源人才数据库信息系统。

一、国土资源人才数据库信息系统建设目标与原则

按照“国土云”总体架构和现实需求，国土资源人才数据库信息系统

建设以现有成果为基础，根据国土资源人才工作的实际需求和长远发展，建立以“一库三功能系统”为架构的国土资源人才数据库信息系统，“一库”即建立国土资源人才基础信息库，“三功能”即构建国土资源人才管理服务、国土资源人才评价辅助决策、国土资源人才规划实施监测3个功能模块，形成支持全国不同层级、不同服务对象的综合性国土资源人才数据库信息系统。具体目标和建设原则如下。

（一）建设目标

依托“国土资源云”技术框架，建立以“一库三功能服务系统”为核心的国土资源人才数据库信息系统。利用国土资源云计算节点无缝扩展，实现国土资源人才信息系统在应用服务、应用性能、大数据存储方面的无限扩展。依托“国土云”建设的网络设备和硬件设施，建设国家级和省级国土资源人才数据中心，实现数据、服务、业务应用的国家级集中部署或部省两级集中部署；全面推进国土资源人才业务应用与服务的统一部署与开发，实现国土资源系统与地勘行业及共建高校、相关职业院校等各单位国土资源人才数据纵向互联互通，实现国土资源人才数据与国土资源业务数据业务协同，实现国土资源人才数据与组织、人社、科技等党政部门数据共享交换，最终实现国土资源人才数据库的动态管理和开发运用，构建形成国土资源人才资源信息的实时跟踪、预测预警机制，形成高效便捷的国土资源人才信息网络和功能强大、安全可靠的国土资源人才信息管理系统和辅助决策支持系统，建成全国唯一权威的国土资源人才网和国土资源人才云中心，并以此为基础建成国土资源人才社会公共服务体系。

（二）建设原则

（1）标准化和开放性。系统的标准化和规范化是信息系统建设基本而又关键的一步，要实现信息通讯与共享，必须规范信息技术标准。在业务方面，必须符合相应的政策、国家标准、行业标准及省级标准；在技术方面，必须采用IT行业标准的技术体系和设计方法，使系统最大程度地实现平台无关性和兼容性。

（2）先进性和超前性。应依托“国土资源云”技术框架，融合大数据、云计算等先进的、成熟的计算机软硬件技术、信息技术及网络通信技术，使系统具有较高的性能价格比；坚持技术选用开放性系统，使系统和将来的新技术能平滑过渡。

（3）实用性和方便性。系统建设要以满足业务需求为首要目标，采用稳定可靠的成熟技术，保证系统长期安全运行；同时为各级业务和管理节点提供智能化的网络信息环境，以提高管理水平和工作效率。

（4）安全性和保密性。系统建设应遵循有关信息安全标准，确保数据永久安全；同时，系统应提供多方式、多层次、多渠道的安全保密措施，防止各种形式与途径的非法侵入和机密信息的泄露，保证系统中数据的安全。

（5）稳定性和可靠性。系统作为支撑国土资源人才信息系统平稳运转的运行平台和开发新业务系统的搭建平台，必须在成本可以接受的条件下，从系统结构、设计方案、设备选型、厂商的技术服务与维护响应能力、备件供应能力等方面考虑，使得系统故障发生的可能性尽可能少，影响尽可能小，同时对各种可能出现的紧急情况有应急工作方案和对策。

（6）灵活性和可扩充性。系统要充分考虑联网用户增加和业务扩展，具备良好的系统扩充及接口扩展能力，对不同业务流程和管理方式的适应能力要强，软件维护方便；特别是要贯彻面向最终用户的原则，建立友好的用户界面，使操作简单、直观、灵活，易于学习掌握。

（7）跨平台性和可移植性。由于电子政务建设的复杂性要求，系统在设计时，应充分考虑系统的跨平台、跨系统、跨应用、跨地区性应用，确保在各种操作系统、不同的中间件平台上可移植。

（8）可维护性和可扩展性。系统应用软件在开发过程中应严格按照软件工程规范进行，应用系统设计做到信息内容统一、数据结构统一、编码规则统一、处理方式统一、界面风格统一、操作方法统一，以便日后的系统维护；应用业务规则技术，在业务变化时，确保只修改规则配置，不用改动程序；同时，在架构上采用基于组件的设计开发思想，保证系统可以根据国土资源人才业务发展的需要，及时、方便地升级和扩展系统功能。

二、国土资源人才数据库信息系统建设基本思路和功能框架内容设计

（一）国土资源人才数据库信息系统基本思路

按照“国土云”总体架构和现实需求，国土资源人才数据库信息系统建设以现有成果为基础，按照统一数据中心、统一后台管理、统一对外门户、统一服务提供的四统一原则进行建设，基本建立以“一库三功能系

统”为架构的国土资源人才数据库信息系统，基本建设框架图如图 1 所示。

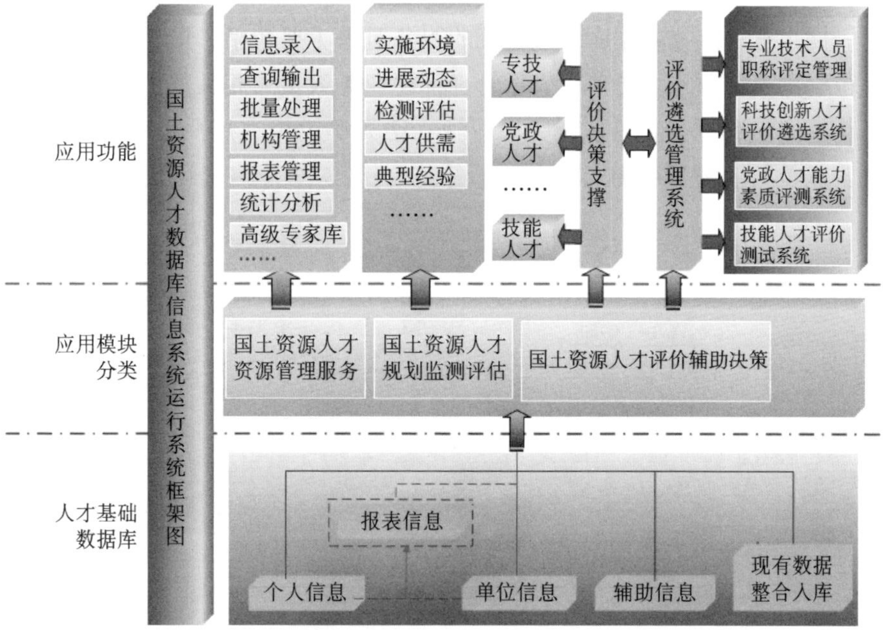

图 1　国土资源人才数据库信息系统基本框架

1. “一库三功能”系统设计

（1）国土资源人才基础数据库（一库）：由于国土资源人才数据库信息系统存在典型的业务应用，如职称评审、素质测评等，因此国土资源人才相关数据是不断变化与堆积的，传统的关系型数据库适于对动态变化的数据持续存储，而目前主流的大数据存储应用更适合一次存储、多次查询的场景。国土资源人才基础数据库建设采取两者结合方式建设，总体以传统关系型数据库实现业务数据存储，而对大量积累的人才数据外部检索服务的需求，则采用大数据存储方式，充分利用国土资源云平台提供快速的大数据查询、统计、检索服务。

（2）实现国土资源人才管理服务、评价和监测功能方面，建设思路重点是基于人才基础数据库，采用开放技术平台 J2EE 技术体系实现具体功能的业务实现。具体服务内容包括：提供多种数据采集方式进行数据的采集；提供数据校验工具，保障数据的有效性；提供开放数据接口，灵活实现人才数据的共享服务；支持人才库的动态扩展，支持人才信息的持续维护；支持人才评价方案的灵活扩展，支持人才规划和人才监测跟踪的灵活调整。

2. 服务对象设计

国土资源人才数据库信息系统的服务对象主要包括：国土资源系统各单位、国土资源系统各单位人才管理部门业务人员、相关政府机关、地勘单位、国土资源类高校、有关行业独立法人等及个人用户、系统管理员，基本涵盖国土资源行业人才范围（图2）。

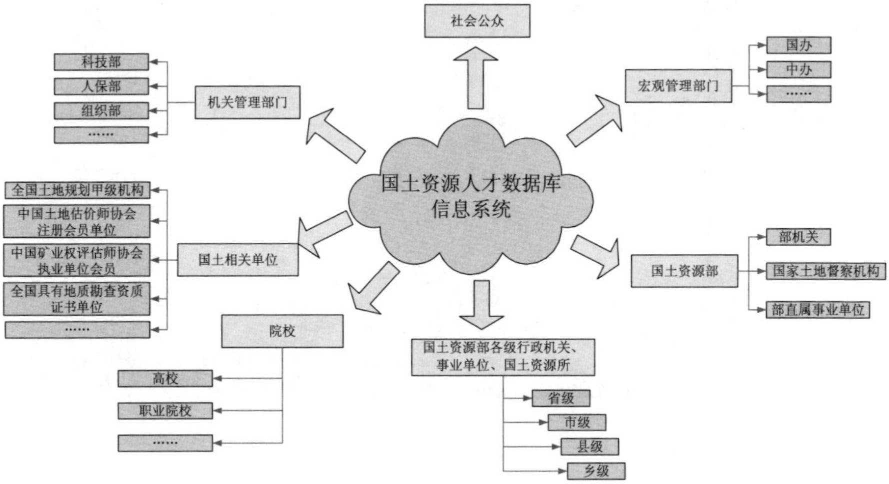

图2　国土资源人才数据库信息系统服务对象

主要服务对象应用：

（1）国土资源系统各级主管部门领导。国土资源系统各级主管部门领导通过系统了解国土资源人才规划、人才评价、人才数据库建设运行状况，依托信息系统部署和推动国土资源人才发展工作，从而达成国土资源人才队伍建设目标。

（2）国土资源人才管理部门业务人员。这是国土资源人才数据库信息系统的主要管理和使用者，通过系统参与人才数据维护、人才评价与分析、人才规划与监控。

（3）国土资源相关的政府部门、企事业单位、有关国土资源高等院校和职业院校及个人用户。这部分用户主要根据系统开具的账号及权限进行本单位、本人的信息维护、人才评价分析工作，并获取人才政策法规等信息。有关国土资源高等院校和职业院校形成国土资源后备人才数据库，实现后备人才数据的采集与共享。

（4）系统管理员。系统管理员是国土资源人才数据库信息系统的运维人员，为系统正常运行提供保障服务。对系统登录账号进行认证与授权，保障系统使用者的合法性。对数据进行日常备份恢复、监控系统性能，及时处理系统运行故障。

3. 人才管理划分设计

国土资源人才数据管理总体应分为两类进行管理：

（1）国土资源人才基础信息库。可以包括现有的国土资源人才基础信息，主要包括党政人才、专业技术人才和技能人才 3 种类型，同时设立高级专家库。

（2）国土资源后备人才库。主要涉及国土资源高等院校和职业院校的学生，这部分人才属于国土资源潜人才。

4. 数据共享服务设计

国土资源人才数据库信息系统可以提供多种数据服务技术实现，能够方便地导入、导出数据，提供数据共享服务。既能保证与其他政府职能部门的数据交换和共享，如与组织部、人社部、科技部等人才信息交换，也能保障与国土资源部内部其他相关系统的人才数据交换。

5. 国土资源人才数据采集方式

全国国土资源人才数据采集对象一般以中高级人才信息为主，具体由不同的使用主体来确定。例如，国土资源人才工作协调小组办公室主要采集部属各单位的高级人才和各省高级人才信息；各省和部直属单位在具体应用数据库系统时，可根据需要采集本单位全部人才资源信息进行管理。在数据采集方式上，可采取强制性数据采集和自愿性数据采集两种方式。强制性数据采集方式，主要针对参加人才评价、遴选、评选和参与部项目申报、论证、咨询的人才，必须按照要求向国土资源人才数据库信息系统录入个人信息并定期更新，主要包括：参加国土资源高级职称评审的专业技术人员，参加两院院士、万人计划、政府特殊津贴、百千万人才工程等国家级人才遴选，参加国土资源高层次创新型科技人才等国土资源重点人才工程计划遴选，参加国土资源部各类项目论证评审的科技人才等。对现有的国土资源系统人才数据库，采取数据整合工具、软件接口等方式进行数据整合入库。同时，鼓励社会各类人才自愿加入国土资源人才数据库信息系统。

（二）国土资源人才数据库信息系统功能实现框架

基于国土资源人才数据库信息系统基本设计思路，可设计为7个层面的功能设计框架（如图3）：

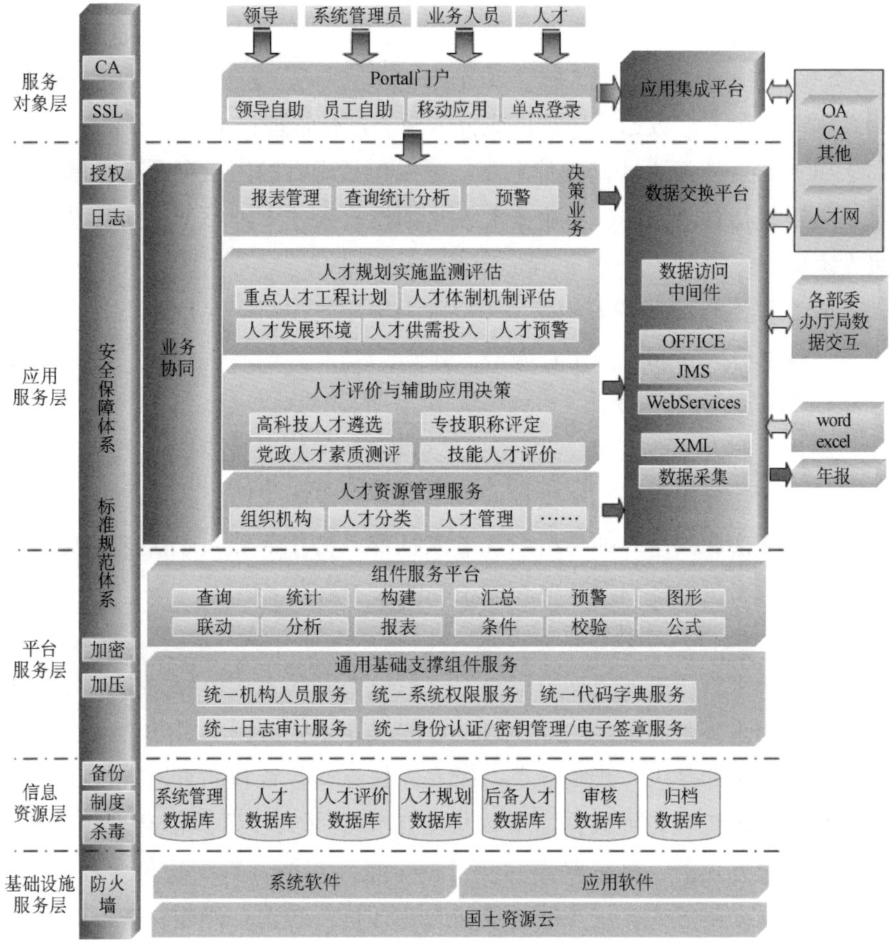

图3　国土资源人才数据库信息系统功能实现框架设计图

1. 基础设施服务层

基础设施服务平台是支撑应用系统运行的基础平台，利用国土资源云管理平台已有网络、扩展计算、大数据存储及虚拟化管理与服务，构建可动态扩展、灵活配置的基础支撑平台。

2. 信息资源层

整合国土资源主管部门、所属单位及各相关人才数据，利用各种技术手段实现信息资源共享，如可以导出相关部委办厅局需要的人才汇总统计数据文件（excel、xml、txt 等），可以利用 webservice 技术或数据库视图技术与国土资源部门其他应用系统交互人才数据。在人才基础数据库基础上建立业务应用数据库，如人才评价数据库、人才规划数据库、系统管理数据库、后备人才数据库、审核数据库等。

3. 平台服务层

为应用系统开发提供所需的各类构件化服务，为各类用户提供通用的基础性服务。如提供统一的机构人员编码服务、统一的身份认证服务、预警服务、统计分析服务等。

4. 应用服务层

通过政务内网、国土资源业务网、互联网向国土资源各级主管部门、企事业单位、政府相关部委办厅局、涉及国土资源高等院校和职业院校与公众等不同对象提供不同密级与敏感程度的人才数据库信息服务。

（1）国土资源人才资源管理服务平台。主要实现国土资源人才信息的基础性管理，总体功能框架如图 4 所示。

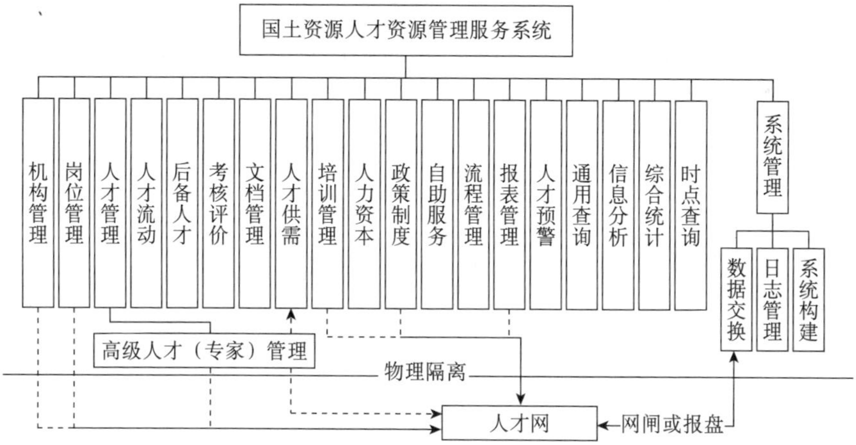

图 4 国土资源人才资源管理服务系统设计图

（2）国土资源人才评价与辅助应用决策平台。主要实现国土资源高层次创新型科技人才遴选、专业技术人才职称评定、党政人才素质测评、地勘行业技能人才评价等业务功能，其基础数据来源于人才资源管理服务平台，整个功能框架如图 5 所示。

（3）人才规划实施监测评估平台。主要实现国土资源重点人才跟踪及

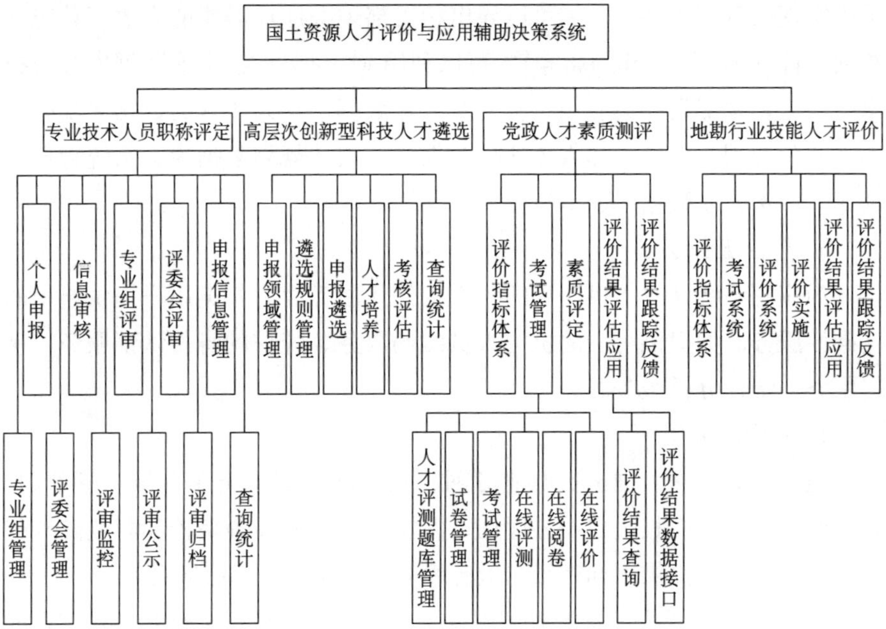

图5　国土资源人才评价与应用辅助决策系统设计图

人才体制、人才发展环境、人才供需、人才投入等跟踪评估，并生成国土资源人才信息总账和人才资本总账，从而实现对国土资源人才规划进行预警评估。整个功能框架如图6所示。

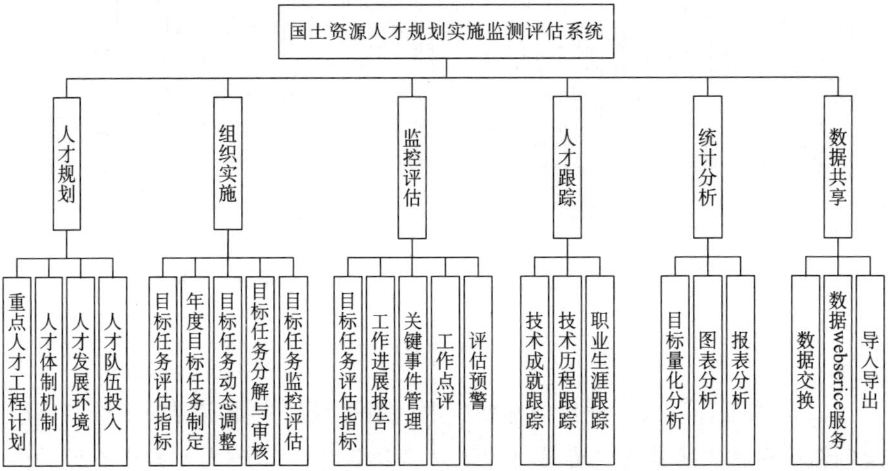

图6　国土资源人才规划实施监测评估系统设计图

（4）决策业务平台。主要实现数据挖掘钻取、汇总、统计分析和报表功能。

（5）数据交换平台。主要实现现有应用系统间的数据及应用集成，是各个系统数据交互的中心；外部系统主要包括国土资源主管部门现有与人才数据库信息系统相关的业务系统，例如OA系统、CA系统以及国土资源部科技成果登记系统、地调局人事管理系统现有应用业务系统等；可以充分与各个系统交换信息，可以和各部委办厅局实现数据充分共享，解决数据孤岛、信息重复建设等问题。

（6）业务协同平台。主要实现业务的功能流转，贯穿于业务系统和组件平台开发中。

5. 服务对象层

通过政务内网、国土资源业务网、互联网、移动终端等渠道向各级国土资源主管部门、企事业单位、政府各部委办厅局、大专院校与公众等不同服务对象提供限定服务，实现与各类第三方系统的应用集成。

6. 安全保障体系及标准规范体系

信息安全体系及标准规范体系是国土资源人才数据库信息系统的重要组成部分，贯穿项目建设始终，包括网络安全互联、系统安全、应用安全、业务系统整合集成、服务与接口、应用部署、数据共享方面的标准规范，部门协同、安全运维的管理标准规范等。

7. 人才网

人才网主要基于人才数据库提供公共信息发布、政策法规、人才动态、人才评价等公共服务；基于互联网，与涉密网或业务网通过网闸或报盘进行数据同步，在网络不通畅的情况下，应提供数据导出功能，以平面文件形式交换数据；人才敏感数据应该根据安全要求由系统管理员对外发布。人才网功能框架如图7所示。

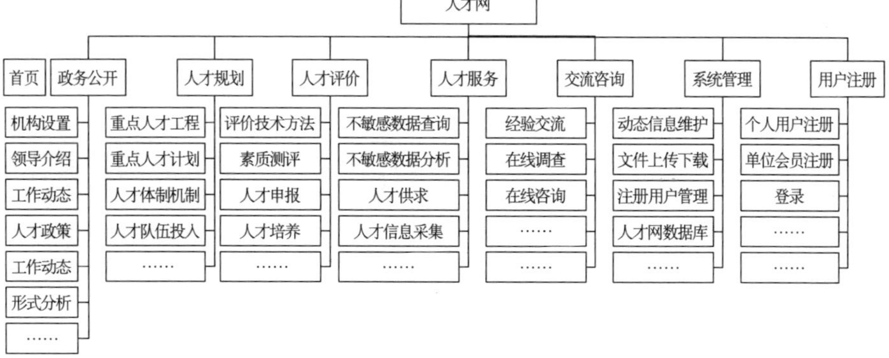

图7 国土资源人才网功能框架设计图

（三）国土资源人才数据库系统部署建设框架

国土资源人才数据库建设依托国土资源云分为两层，国家级数据库和单独建设的省级数据库，如图 8 所示。

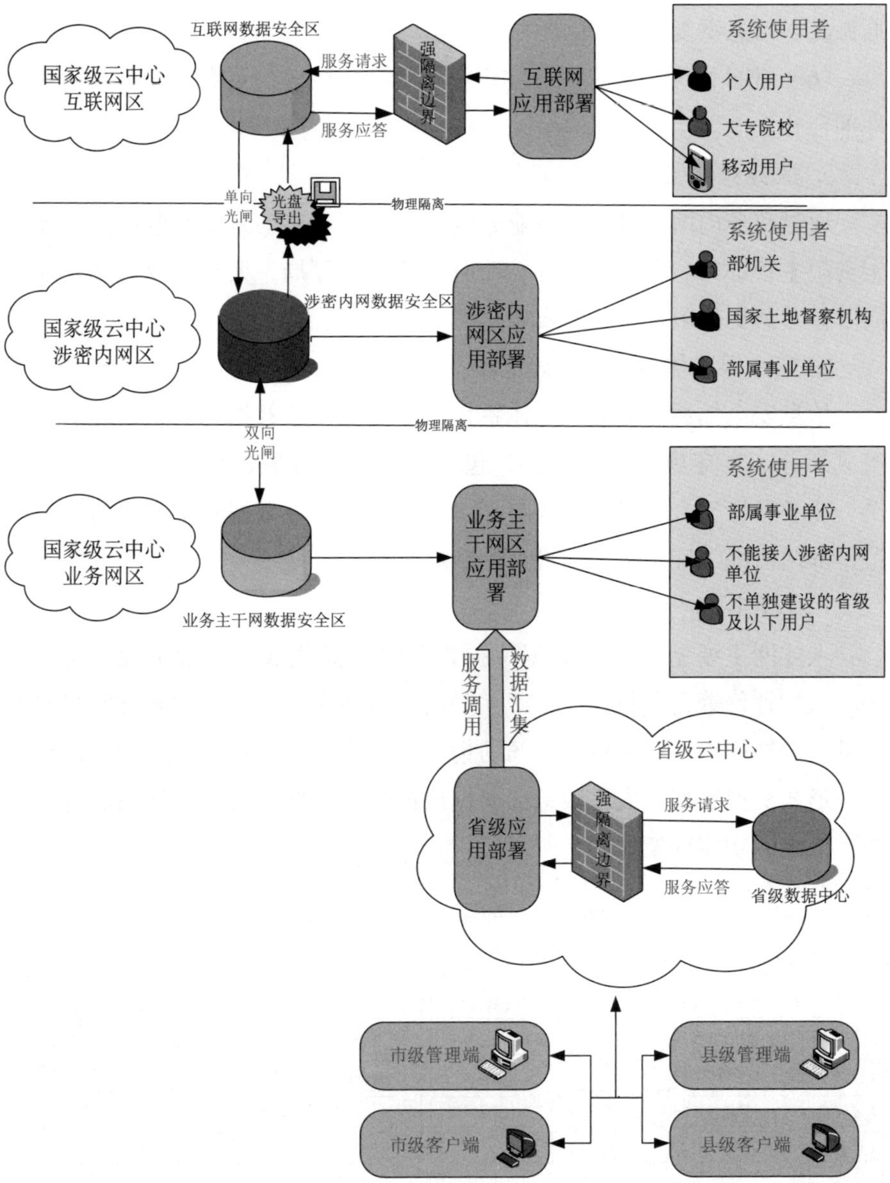

图 8　国土资源人才数据库系统部署方案设计

根据访问层级和安全要求的不同，国土资源云网络逻辑上分为互联网区域（互联网或电子政务外网接入用户使用）、涉密内网区域（电子政务内网接入用户使用）和业务主干网区域（业务主干网接入用户使用）3个区域。物理上3个区域为物理隔离状态，在数据交互时可利用网闸开关或利用报盘方式进行数据同步。

省级数据库结构原则上和国家级数据库结构保持一致，但是允许在此基础上进行个性化扩展，扩展内容不需要同步到国家级数据库；同时，省级数据库通过业务网利用国土资源云平台的数据同步功能定时同步数据到国家级数据库。

国土资源部机关、国家土地督察机构和地调局及部其他直属事业单位通过涉密内网或业务网录入人才数据，各省及以下行政机关、事业单位、国土资源所利用涉密内网或业务网录入人才数据。不具备网络条件的单位可以报盘到相应层级的数据库中。

利用国土资源云平台的数据备份服务进行国家级数据库的本地和异地双备份，省级数据库进行异地备份。

国家级数据库直接服务于国土资源部机关、国家土地督察机构、直属事业单位对数据的使用需求；同时，也可支持不具备省级数据库构建条件的地勘单位、有关国土资源高等院校和职业院校及其他用户。省级数据库直接服务于省级及以下行政机关、事业单位、国土资源所对数据的使用需求。

利用数据挖掘、数据交换等技术，为国土资源系统和地勘行业相关单位、有关国土资源院校及个人用户建立起统一数据存取、综合查询统计分析、决策支持的数据中心。数据中心系统架构如图9所示。

（四）国土资源人才数据库信息系统部署规划

依托国土资源云的可扩展计算节点，根据国土资源人才工作服务对象，国土资源人才数据库信息系统采取国家级、省级（单独建设）两级部署相结合的方式进行，形成国家级、省级、市级、县级四级管理端和应用端，即形成两级部署，四级应用模式。

单独建设的省级国土资源人才数据库管理权限在省、市、县级，实施分级管理；同时为省、市、县各级提供数据交换接口，便于各级单位及时共享使用权限范围内的数据。省级数据库开发部署形式参照国家级执行，总体数据建设框架如图10所示。

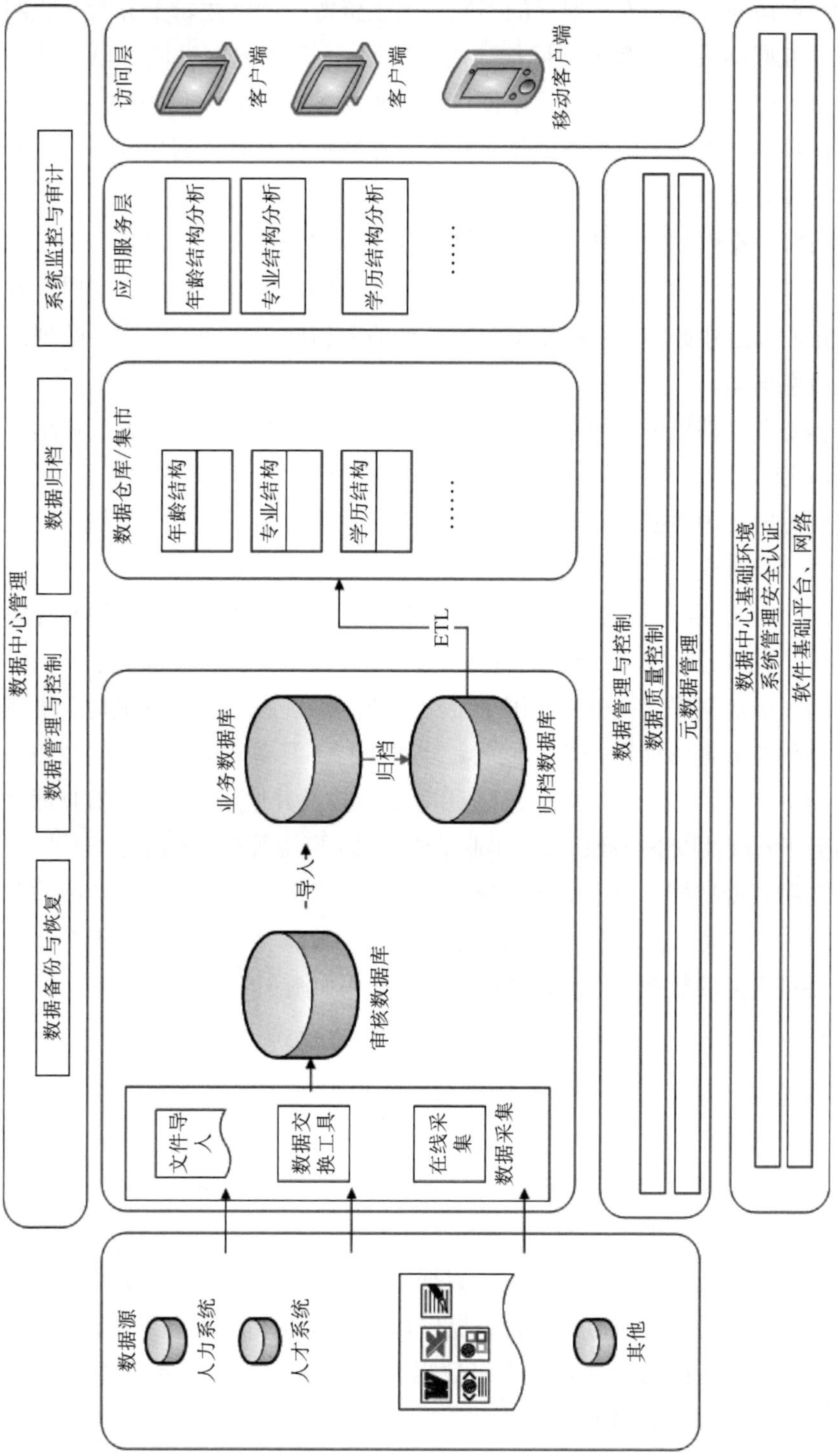

图9 国土资源人才数据库数据中心架构图

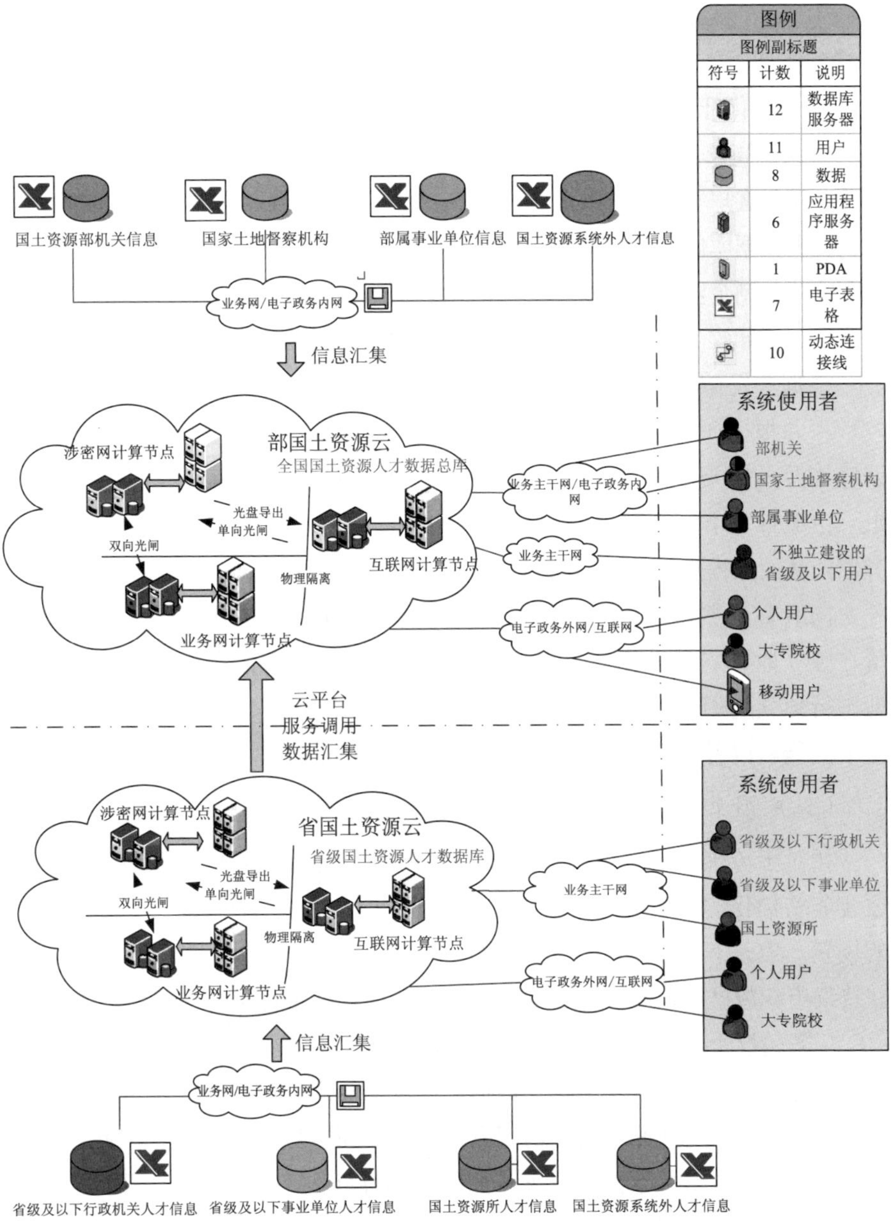

图 10 国土资源人才数据库信息系统数据建设总体框架

国家级和省两级用户根据不同目标需求可实现相对独立应用。各省可在国家级数据库平台上实现人才数据管理，或在省（区域）级单独建设部署，进行个性化开发，进行独立管理，并定时与国家级数据同步数据。

国土资源部机关、国家土地督察机构、部属事业单位，可依托国家级数据中心的网络、计算和存储资源，利用国家级数据库提供的管理端和客户端，实现对本部门、本单位人才数据资源的集中管理；同时，经授权可以实现个性化开发，实现对本单位、本部门人才个性化管理的服务支持。

各共建高校、国土资源类职业院校等独立用户，可利用国家级数据库提供的管理端和客户端，进行国土资源后备人才、专家和团队信息录入、维护等操作，拥有数据库使用和查询的相应权限，并按照权限共享相应的数据资源。为集聚非公有制企业国土资源人才资源，可在国家级数据总库和建立数据节点的省级数据库开放一定数量的客户端，通过账户录入相关专家和团队信息。

根据并发访问用户的多少，评估国土资源云中每个计算节点支撑的并发数，并根据评估结果进行计算节点的扩展，即可以在多个计算节点上部署应用及访问端口，实现多实例部署，使性能压力均摊到每个计算节点上。由于计算节点众多，所以对计算节点的硬件性能要求就不会高于专用服务器。从而在提高性能的同时节省经费，避免各级单位对硬件的持续投入。

同时要注意到，国土资源人才业务应用存在独立应用场景（如人才评价在独立地点空间进行），因此国土资源人才数据库信息系统应能够方便地进行独立应用部署，并拥有强大的数据共享工具，在网络无法连接的情况下，能够以各种平面文件报盘方式实现数据同步。

（五）国土资源人才数据库信息系统服务器应用规划

相对于传统关系型数据库，NoSQL 数据库是为集群环境而设计的，更适合非结构化的大数据应用、对外提供公共服务（一次写入、多次读取）的场景。但是 NoSQL 数据库并不会取代关系型数据库，因为关系型数据库在持续更新数据方面有优势，而日常的业务处理通常都是多次读写数据库。

一般情况下，国土资源人才数据库建设内容既有结构化数据，也存在非结构化数据。既存在人才结构化数据及业务的管理，又存在大量数据对外提供服务的场景。对外服务由于访问人数较多，而且数据量较大，因此存在展示速度慢、搜索难、数据集成度不高等可用性问题。因此，建议采用 Oracle 架构与 Hadoop 架构相结合的混合架构，采用云技术实现对外服务的可用性，采用传统技术实现日常业务应，即采用混合应用的方式。既能保证关于结构化业务及数据操作的稳定应用，又能够保证对外服务的快速及时，保证可用性。基于国土云，可采用目前较为主流的开源 Hadoop 生态系统环境搭建大数据云计算应用平台；当然，由于技术发展很快，也可以采用其他类似的大数据处理与计算框架，如 spark 生态环境。混合应用部署框架，如图 11 所示。

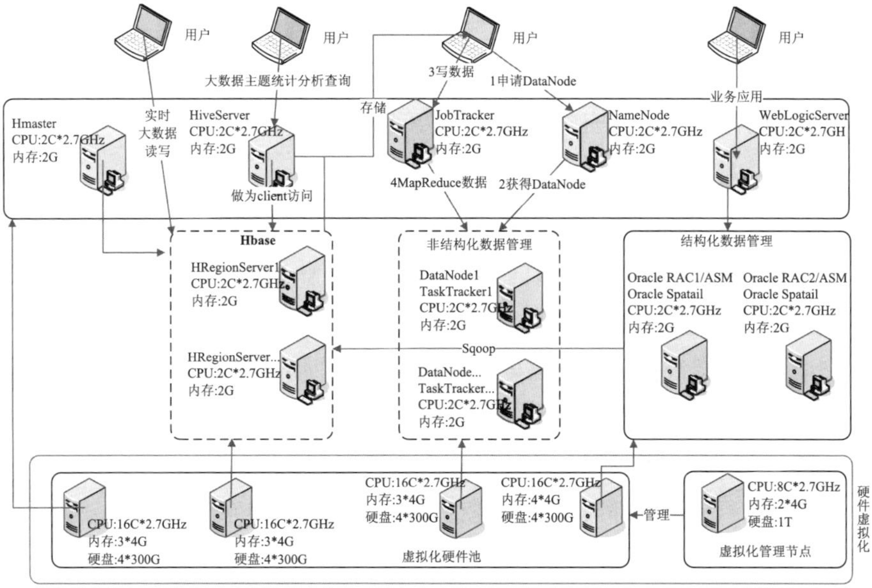

图 11　国土资源人才数据库信息系统混合应用部署框架

三、国土资源人才数据库信息系统建设安全设计

（一）安全框架

在进行国土资源人才数据库信息系统安全方案设计时，应遵循需求、风险与代价平衡的原则，可从物理层、网络层、系统层、应用层、安全管理5个方面，选择科学合理的安全解决方案，从不同层面保证应用系统、网络传输及数据库访问的安全（图12）。

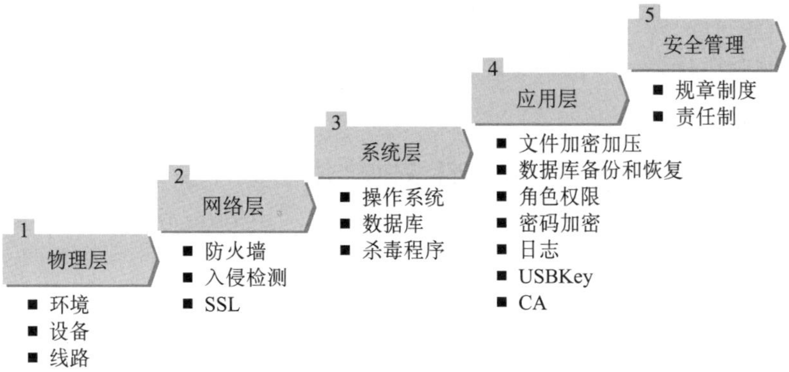

图 12　国土资源人才数据库信息系统安全框架

（二）基于角色访问控制模型

基于角色的访问控制减少了大量的用户和权限之间的匹配工作。用户获得不同的角色，就具有角色拥有的访问权限。

（三）用户认证

认证是系统确定用户身份有效性的过程。一般采用用户 ID 加密码方式。用户密码采用不可逆的 HASH 加密算法，避免密码泄露；同时采用 3 次以上登录失败就锁定用户的策略。

国土资源系统内部人员需要由各级系统管理员开户、授权实现实名制访问系统，避免非法登录。主要是访问公共服务、个人信息维护、参与职称评定、参与人才评价以及单位进行人力资源自我管理等业务操作。

国土资源系统外部人员必须进行注册后才能实现系统访问。分为个人注册用户和单位注册用户。

个人注册用户具有默认访问权限（只能访问公共服务）。通过注册信息可以检索到相关人才信息，并进行维护。

单位注册用户需要系统管理员审核并赋予相关权限后，才能访问系统。除具有默认访问权限外，还具有本单位组织、人员数据访问权限，如可以录入本单位人才数据等。

（四）角色权限

最小权限用户通过角色获得功能权限、指标权限和条件权限，利用最小权限原则解决权限冲突，使用户获得最小的权限。

（五）审计

利用日志进行用户登录行为的审核，实现用户操作的不可抵赖性，包括功能操作日志、数据更改日志及系统运行日志。

（六）机密

采用非对称加密算法 RAS 进行数据文件的加密，传输过程中采用 SSL 协议避免数据被篡改或盗取；在 web 访问中利用 Https 协议进行加密传输访问。

（七）数据安全

系统提供数据库备份功能，可结合国土资源云平台存储和备份服务，进行本地或异地数据备份。

（八）用户管理

能够灵活设置整个应用系统的用户权限及用户状态。权限可分为：①组织机构权限。用户可以根据组织权限浏览或维护组织相关数据；②指标权限，用户可以根据指标权限浏览或维护具体信息项；③功能权限，用户可以根据功能权限使用相应的功能；④条件权限，用户可以根据条件进行相关数据的维护，如只管理副高或处级以上人才信息。

可以按照管理权限进行分组、分级授权。系统提供唯一的超级管理员账号，超级管理员可建立各级管理员。管理员在自己的权限范围内建立各级普通用户和领导查询用户账号，新建的账号权限不能超越管理员权限。账号密码均以加密方式存储，保证了密码的安全性。

（九）三员管理

根据管理员设置了3个管理员，分别是系统管理员、安全管理员和日志审计员。三员身份鉴别策略为：①系统管理员权限不可更改删除。负责对用户、下级管理员开户、修改基本信息和销户。②安全管理员权限不可更改删除。负责对用户、下级管理员赋权，对已禁用的用户进行解锁。③日志审计员权限不可更改删除。负责查询审计系统管理员、安全管理员及用户对系统进行的各种操作。

四、国土资源人才数据库信息系统集成设计

（一）集成框架设计

国土资源人才数据库信息系统不是孤立系统，人才数据既是其他相关系统关于人才的数据源，同时需要在其他系统提取人才数据源。因此，国土资源人才信息系统不但能支持与第三方系统如与OA系统、与移动办公、门户网站等集成，而且支持与各相关部委司局等单位人才相关数据的共享与交换。根据集成对象的不同，可以采用不同技术手段进行整合，集成框架如图13所示。

（二）数据共享

数据共享实现国土资源人才数据库信息系统与国土资源部内部其他相关系统、国土资源外部其他相关系统的人才数据共享。由于各种系统的异构性，系统应支持多种数据交换方式。主要数据交换方式包括：

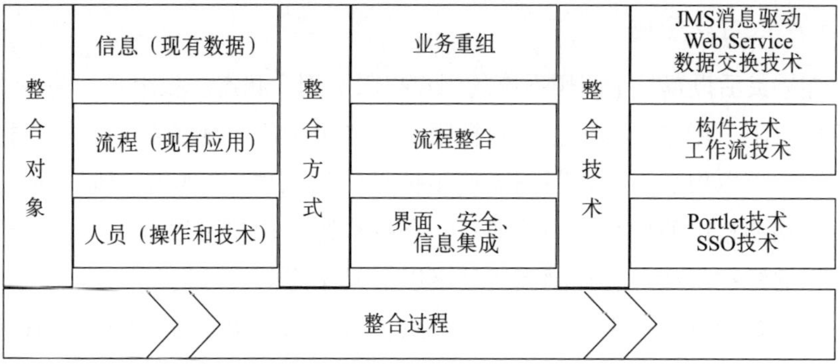

图13　国土资源人才数据库信息系统集成框架设计

1. 文件导入、导出

提供 excel、txt、xml 格式的数据导入导出接口，适用于不开放接口的系统交互，如图 14 所示。

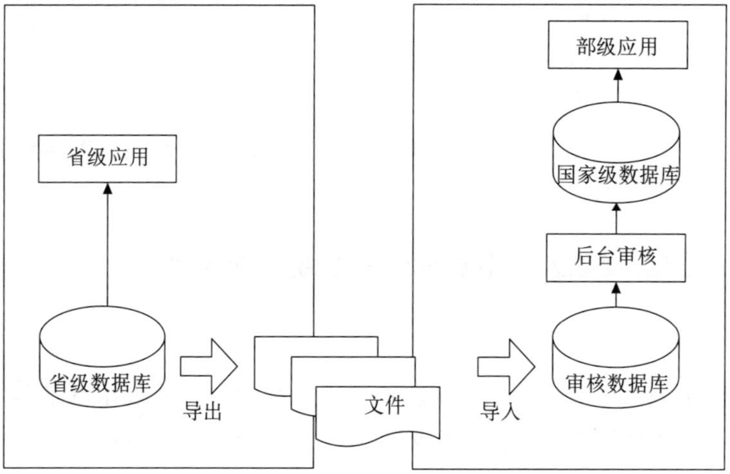

图14　国土资源人才数据库文件导入、导出模式

2. WebService 数据交换

可以随时访问数据，数据交换格式采用 XML 格式。适合异构系统的数据交换，如图 15 所示。

（三）界面集成

界面集成包括单点登录、界面集成、OA 接口、CA 接口，具体为：①单点登录，利用国土资源云平台中的统一身份认证等技术实现与其他应用系统的单点登录，实现一次登录，处处运行。②界面集成，以 URL 形式调用

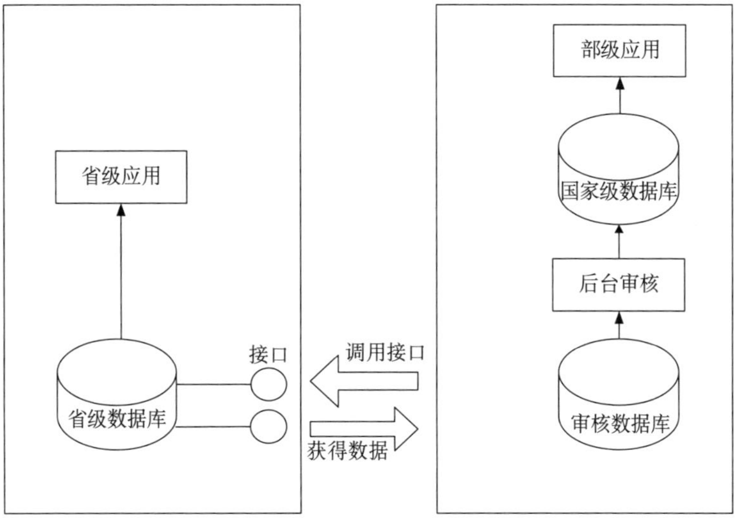

图 15　国土资源人才数据库 WebService 数据交换模式

web 界面，进行功能的界面集成，直接进入相关业务功能进行业务处理。③OA 接口，利用界面集成方式在 OA 中嵌入需要办公系统处理的页面，进行相关数据的审批、浏览等工作。④CA 接口，利用单点登录技术实现 CA 认证，确保访问人才业务系统用户身份的合法性。

五、国土资源人才数据库信息系统建设部署设计

国土资源人才数据库信息系统按照“实用为主，急用先行，以应用促发展；分层部署、分类推进、分步实施”的开发原则，采取“研发、应用、测试、完善协同推进；先开发数据库总体架构，后开发具体功能模块；先开发现有人才评价遴选工作急需功能模块，后开发功能齐全支撑模块；先部署服务部属各单位人才和省级特殊人才的应用系统，后部署服务整个国土资源系统、地勘行业和社会人才的应用系统”的动态研发思路，并充分考虑财力支持、人才评价技术创新支撑等条件，在开发阶段上可作如下几点安排。

（一）国土资源人才数据库信息系统基础开发和试运行阶段

重点是结合“国土云”建设框架，选择有实力的软件开发公司，按照“一库三功能”的开发设计架构，重点研发国土资源国家级人才数据库管理服务系统和职称评定管理信息系统。国土资源国家级人才数据库的建设重点包括两个方面建设内容：一是制定国土资源人才数据库建设标准规

范，以对在下一步省级数据库构建发挥规范指导作用。二是推进国土资源部机关、国家土地督察机构及部直属事业单位数据库的建设。建立国土资源国家级人才数据库，要考虑到未来数据库的可扩充性。对国土资源部机关、国家土地督察机构以及部直属事业单位的人才数据进行采集，通过国土资源系统涉密网或业务主干网进行数据传输。在这个过程中，对数据库建设的维护与完善，为第二阶段省级国土资源人才数据库的建设打下良好的基础。

研发国土资源专业技术人员职称评定管理信息系统包括两项工作：一是建立精细化的职称评价指标体系，综合考虑考核期内科研成果、获奖成果、论文专著、在研项目、工作业绩、能力水平、人才培养等内容，对每一项考核内容设立分项计分规则，根据不同专业类型、不同年龄阶段、不同层级合理划分不同评价内容权重，形成国土资源专业技术人员职称评定指标体系。二是根据职称评审流程，开发个人申报、资格审核、系统自评、专业组评审、评委会投票等功能模块，实现职称评审全程信息化管理。

（二）国土资源人才数据库信息系统全面推进和二次开发部署阶段

重点是按照国土资源部制定的总体实施计划和规范标准推进国土资源系统省级及以下行政机关及所属单位的数据采集或数据库建设。针对独立建设的省级数据库，省级以下行政机关、事业单位、国土资源所通过国土资源系统业务主干网或者磁盘传输等方式将信息上传至省级数据库，再由省级人才数据库同步更新到国家级人才数据库。各省地勘局、共建高校等主要通过授权应用端认证使用国土资源国家级人才数据库信息系统，有条件的地勘单位、共建高校也可授权进行数据库建设，独立部署运行国土资源人才数据库信息系统。推进“国土资源高层次创新型科技人才评价管理系统”“国土资源党政人才素质测评系统”“地勘行业技能人才评价系统”“国土资源人才规划实施监测系统”功能模块，最终通过部和省级节点互联互通，形成国土资源人才信息网络，并对社会提供公共服务。

深化国土资源干部管理体制改革研究

杜新波　温　巍　胡利哲　宋　毅

摘要：2004 年党中央、国务院作出省以下国土资源干部管理体制改革决策部署，经过 10 年运行，我国形成了具有行业特色的国土资源干部管理体制模式。2015 年国土资源部人力资源开发中心承担了《国土资源干部管理体制改革研究》软课题，重点对现行国土资源干部管理体制运行成效进行了评价，分析了现行体制存在的问题及深层次原因，对系统干部对体制改革期望模式进行了分析，对新形势下影响国土资源干部管理体制改革的各项战略因素进行分析和预判，并运用制度变迁理论提出深化国土资源干部管理体制改革战略的考虑和相关建议。

党的十八届三中全会把“完善和发展中国特色社会主义制度，推进国家治理体系和治理能力现代化”作为全面深化改革的总目标，并对加快建设系统完整的生态文明制度体系、健全自然资源管理制度等改革作出一系列重要部署。国土资源干部管理体制作为自然资源制度重要组成，对深化自然资源制度改革发挥着重要驱动和保障作用。深化省以下国土资源干部管理体制改革不仅是贯彻落实全面深化改革目标的重要保障，也是推进依法治国和加强新时期干部人事制度改革的内在要求，也是完善现行国土资源干部管理体制的根本之策。在本研究中，重点采取问卷调查和调研方式开展研究，其中问卷调查分两次进行，包括：643 名省级国土资源主管部门干部和 2695 名以市、县国土资源干部为主的国土资源干部，并召开了不同层面的座谈会，听取国土资源系统干部的意见和建议。

一、省以下国土资源干部管理体制改革总体情况

2004 年 4 月，国务院、中组部分别印发了《关于做好省级以下国土资源管理体制改革有关问题的通知》（国发〔2004〕12 号）和《关于调整省以下国土资源主管部门干部管理体制的通知》（组通字〔2004〕22 号），启动了省以下国土资源干部管理体制改革。进行体制改革十年以来，地方

各级党委、政府认真贯彻落实党中央、国务院的决定，积极推进省以下国土资源干部管理体制改革，基本形成了具有行业特色的国土资源干部管理体制。

据统计，全国29个省（区、市）各级国土资源主管部门按照国发〔2004〕12号文件和组通字〔2004〕22号文件完成了干部垂直管理体制改革任务，其中部分地区结合实际还对干部双重管理体制进行了不同程度的创新：天津市实行国土资源干部编制由天津市国土资源房屋和管理局统一管理；福建省规定市、县国土资源主管部门领导班子的调整任免由市、县党委事先与上一级国土资源主管部门沟通协商后，双方共同进行考察，由市、县党委研究提出任免意见，报上一级国土资源主管部门审批；广东省明确规定市、县国土资源部门领导干部的管理，除任免工作由上一级国土资源部门党组负责外，干部管理的其他工作由地方党委负责；新疆、青海、贵州、云南、陕西、江西、湖北、安徽、江苏、浙江、吉林、内蒙古12个省（区、市）规定县级国土资源主管部门党政正职任免需要省一级国土资源主管部门党组做出同意、审核或备案要求。

另外，北京市与其他省（区、市）不同，在国土资源系统实行了人、财、物全部垂直管理体制；上海市继续保持原有的干部管理体制模式，没有执行干部体制改革文件规定。此外，全国副省级城市本级国土资源主管部门领导干部管理体制也维持不变，但所辖县（区、市）国土资源主管部门实行了干部双重管理体制；同时，哈尔滨、杭州、宁波、武汉市本级国土资源领导干部由所在省厅党组协助管理。

二、省以下国土资源干部管理体制改革运行成效

省以下国土资源干部管理体制改革10年以来，在保障国土资源部门职责履行、健全国土资源组织机构体系、加强领导班子和干部队伍建设等诸多方面成效明显，体制所释放的制度“红利”已经惠及到了国土资源领域的各个方面。

从问卷调查来看（表1），省级国土资源主管部门干部对当前干部体制的满意度为73%，以市、县国土资源干部管理为主的国土资源系统干部对干部体制的满意度为58%。具体成效为以下几点。

（一）国土资源管理职能职责履行得到加强

在调研座谈中，65%的同志提到现行干部体制在促进国土资源职责履

表1　省以下国土资源干部对现行干部体制满意度评价

评价	省级国土资源主管部门干部	以市、县国土资源干部为主国土资源系统干部
非常满意	11.6%	5.2%
比较满意	29.8%	21.4%
一般（满意）	31.2%	26.8%
不太满意	21.5%	33.2%
很不满意	5.9%	9.9%

行、业务建设方面成效明显，部门形象提升；32%的同志认为体制改革以来地方政府干预减少，国土资源部门依法行政的主动性增强；26%认为国土资源参与宏观调控、服务地方经济社会发展能力增强。应该说，在现行干部双重管理体制下，国土资源主管部门借助“条条”管理优势，话语权提升，敢于碰硬，公正执法，在一定程度上改变了过去“块块”制约“条条”的机制，在保护资源、遏制地方政府国土资源违法、维护法律尊严方面发挥了重要作用。同时，20%的同志也认为，地方政府依法管理国土资源意识得到提高，贯彻落实国土资源政策法规得到强化，国土资源执法环境得到改善，省级人民政府保护土地资源的责任得到强化。

（二）国土资源组织机构和人员保障更加有力

从调研座谈来看，24%的同志提到市县国土资源机构和人员编制有了较大增加，工作力量得到增强；30%的同志认为国土资源执法监察机构进一步健全，执法监察职能得到强化。从全国来看，省级国土资源管理部门大都设立了执法监察总队，绝大多数实行公务员管理或者明确为全额拨款事业单位，市、县级执法监察机构普遍升格或者实行干部高配，国土资源执法队伍、职能和装备等普遍得到强化。统计显示，2013年省以下国土资源系统机构总数、人员编制、实有总人数、国土资源所人员人数较2007年分别增加了15%、9%、12%、7%；2013年本科以上学历所占比例比2007年提高了12.5%，达到了43.1%；2013年国土资源系统所学土地、地质矿产、测绘和信息科学等与国土资源密切相关的专业人员为20.4%，人才专业化有所提高；省以下国土资源系统老中青比例为1:4:2，队伍呈现出年富力强特征。

（三）国土资源行政协调更加顺畅

在调研座谈中，46%的同志认为，干部体制调整后，国土资源系统内上下级的沟通联系更加顺畅，业务指导更加便捷。应该说，在新体制下，国土资源工作在“条条”管理上的领导关系更加明晰、人事管理层次更加紧密、业务流程更加便捷、人员互动更加频繁，土地调查、节约集约用地、地质环境保护等各项国土资源业务基础得到有力保障，工作效率普遍提高，国土资源系统执行力明显加强。同时，随着国土资源工作在地方经济社会发展全局中的重要性逐渐增强，13%的同志认为在当前这种干部体制下，地方政府也往往对国土资源部门“高看一眼，厚爱三分”，与国土资源部门开展工作更多地采取协商等方式，而不是原来的行政命令方式，部门地位和社会影响力有所提升。

（四）国土资源干部队伍建设得到强化

调研座谈中，20%的同志认为自体制改革以来，国土资源市、县领导班子建设增强，年龄结构、专业结构进一步优化；39%的同志认为省以下国土资源领导干部职数增加或高配，职级待遇提高；15%的认为国土资源系统领导班子特别是“一把手”保持了相对稳定，领导协调能力和话语权增强；20%的同志认为国土资源优秀干部在系统内得到提拔重用，选拔任用更加符合国土资源工作实际；37%的同志认为系统内干部轮岗交流明显增加。据统计，近3年以来省以下国土资源主管部门党政领导人才超过70%在国土资源系统内部产生。应该说，体制改革以来，国土资源主管部门作为干部双重管理的主管方，充分发挥干部双重管理的体制优势，主动与地方党委政府部门沟通协调，积极协调推荐和鼓励系统内干部参与地方开展的互挂、交流、基层锻炼、公开选拔等活动，加强国土资源系统后备干部选拔培养管理工作，努力拓宽干部发展空间，不断完善干部教育培训方式和途径，有效促进了干部队伍能力和业务素质提升，国土资源干部队伍凝聚力和归属感增强。

（五）国土资源干部从严管理扎实推进

体制改革以来，各级国土资源主管部门积极落实党风廉政建设和反腐败工作责任制，从严加强干部监督管理，特别是通过加强对“一把手”和重要岗位干部的监督管理，建立勤政廉政绩效考核平台和制度，完善全过程廉政风险防控机制，推进廉政文化建设，强化巡视和审计等，树立了国土资源部门公正透明、运转协调、行为规范、廉洁高效的良好形象，形成了风清气正、团结向上的良好氛围，促进了国土资源管理事业健康发展。

（六）基层国土资源所建设得到加强

体制改革以后，各省（区、市）主管部门高度重视基层国土所建设，通过进一步理顺管理体制、落实编制人员和经费、明确工作职责、下移工作重心夯实事权职能、健全工作规章制度、改善工作和生活条件、提高队伍素质等多个方面的有效建设，从根本上解决了国土所无机构设置、无人员编制、无经费保障办法等状况，实现了基层国土资源所的新突破，切实强化了基层国土资源所在贯彻落实国土资源管理方针政策、维护基层群众合法权益、保障农村改革发展稳定中的基础地位。2013 年，全国 25630 个国土资源所中，属行政性质占 11.75%，属参照公务员法管理的事业单位占总数的 21.52%。浙江省还结合简政放权，推进国土资源所扩权改革，全面部署推进“一乡一所”建设工作，进一步夯实乡镇党委政府国土资源管理共同责任。

围绕职能履行、组织机构、行政协调、领导班子和干部队伍建设 5 个方面的 18 项成效，对省级国土资源主管部门干部进行问卷调查显示（表 2），现行干部体制成效在行政协调方面成效最大，其次是职能履行、领导班子建设、干部队伍和组织保障；通过对以市、县国土资源干部为主的国土资源干部进行问卷调查显示（表 3），职能履行成效最大，其次是行政协调、领导班子建设、组织保障、干部队伍建设，这显示出省级国土资源干部和市、县国土资源干部在国土资源运行成效评价方面存在着差异性。

表 2　对现行国土资源干部管理体制运行成效的评价（省级部门干部）

成　效	均值	合计均值
（1）国土资源参与宏观调控、服务地方社会经济发展能力增强	2.18	职能履行（2.08）
（2）省级人民政府保护土地资源的责任得到强化	2.17	
（3）各级国土资源主管部门履行国土资源规划、管理、保护和合理利用职能得到强化，业务建设和基础得到加强	2.14	
（4）国土资源主管部门借助“条条”管理优势，敢于碰硬，公正执法，在保护资源、遏制地方政府国土资源违法、维护法律尊严方面发挥重要作用	1.96	
（5）地方政府依法管理国土资源意识提高，贯彻落实国土资源政策法规得到强化，国土资源执法环境得到改善	1.99	

续表

成 效	均值	合计均值
（6）地（市）、县（市）国土资源机构和人员编制总体增加，工作力量普遍增强	1.85	组织保障（1.9）
（7）市辖区国土资源分局职能建设得到保障，履行国土资源管理职能更加有效	1.93	
（8）基层国土资源所机构、人员编制更加有保障，履行国土资源管理和服务职能更加有效	1.83	
（9）国土资源执法监察机构进一步健全，执法监察职能得到强化	2.02	
（10）与上级国土资源主管部门联系沟通更加顺畅，对下级国土资源部门业务指导更加便捷	2.25	行政协调（2.14）
（11）地方党委政府更加关注国土资源工作和国土资源部门，国土资源部门工作地位得到提升	2.11	
（12）国土资源主管部门与地方党委政府联系更加紧密，协同开展工作的意识和机制不断强化	2.06	
（13）市、县国土资源主管部门领导班子年龄结构、学历结构、专业结构进一步优化，领导干部综合素质明显提高	1.99	领导班子建设（2.02）
（14）国土资源主管部门领导班子配备专职纪检书记（纪检组长），党风廉政建设明显增强	2.1	
（15）国土资源主管部门领导干部获得更多的职数增加或高配，领导干部职级待遇提高	1.91	
（16）市县国土资源主管部门“一把手”保持相对稳定，“一把手”领导能力和协调能力明显增强，在地方政府的话语权增强	2.08	
（17）国土资源系统内干部提拔比例明显增加，干部选拔任用机制更加符合国土资源工作实际	1.92	干部队伍（1.99）
（18）国土资源干部在系统内不同岗位、不同县（市）轮岗交流明显增加，国土资源干部队伍活力增强	1.87	
（19）国土资源业务培训效果显著增强	2.14	
（20）国土资源系统干部队伍凝聚力、归属感增强	2.04	

注：1 表示成效不明显，2 表示有一定成效，3 表示成效突出。

表 3　对现行国土资源干部管理体制运行成效的评价（以市县干部为主）

成效	均值	合计均值
（1）国土资源参与宏观调控、服务地方社会经济发展能力增强	2.42	职能履行（2.31）
（2）省级人民政府保护土地资源的责任得到强化	2.46	
（3）各级国土资源主管部门履行国土资源规划、管理、保护和合理利用职能得到强化	2.41	
（4）国土资源部门依法行政主动性明显增强，地方行政干预减少，国土资源依法行政环境明显改善	1.98	
（5）地（市）、县（市）国土资源机构和人员编制总体增加，工作力量普遍增强	1.88	组织保障（1.98）
（6）市辖区国土资源分局职能建设得到保障，履行国土资源管理职能更加有效	2.08	
（7）基层国土资源所机构、人员编制和经费更加有保障，基础设施和能力建设普遍提升，履行国土资源管理和服务职能更加有效	1.90	
（8）国土资源执法监察机构进一步健全，执法监察职能得到强化	2.09	
（9）与上级国土资源主管部门联系沟通更加顺畅，对下级国土资源部门业务指导更加便捷	2.37	行政协调（2.24）
（10）地方党委政府更加关注国土资源工作和国土资源部门，国土资源部门工作地位提升	2.18	
（11）国土资源主管部门与地方党委政府联系更加紧密，协同开展工作的意识和机制不断强化	2.18	
（12）市、县国土资源主管部门领导班子年龄结构、学历结构、专业结构进一步优化，领导干部综合素质明显提高	2.22	领导班子建设（2.17）
（13）国土资源主管部门领导班子配备专职纪检书记（纪检组长），党风廉政建设明显增强	2.39	
（14）国土资源主管部门领导干部职数增加或高配，领导干部职级待遇提高	1.90	
（15）市县国土资源主管部门“一把手”领导能力和协调能力明显增强，在地方政府的话语权增强	2.18	
（16）国土资源系统内干部提拔比例明显增加，干部选拔任用机制更加符合国土资源工作实际	1.89	干部队伍建设（1.94）
（17）国土资源干部在系统内不同岗位、不同县（市）轮岗交流明显增加，国土资源干部队伍活力增强	1.83	
（18）国土资源干部教育培训机制进一步完善，大规模干部教育培训力度增大	2.11	

注：1 表示成效不明显，2 表示有一定成效，3 表示成效比较突出，4 表示成效非常突出。

三、省以下国土资源干部管理体制改革存在的主要问题

2004 年启动的省以下国土资源干部管理体制改革作为我国特定历史时期的一种制度选择，在运行 10 年当中取得重要成效的同时，也引发了一些问题。根据调研访谈来看，主要表现为以下 6 个方面。

（一）国土资源管理职责全面履行受到干部双重管理体制制约

在调研访谈中，21% 的同志认为现行国土资源干部体制在强化国土资源系统“条条”管理职责的同时，“块块”监管责任有所弱化，特别是部分地方党委政府以国土资源领导干部主管方在上一级国土资源主管部门为借口，把国土资源保护职责推卸给上一级国土资源主管部门，仅对用地审批和国土违法问题曝光处理等涉及保障和干部违法处理的事项关注，主动履行国土资源管理职责的意识有所削弱。同时，在现行领导职数、机构编制、人员工资、工作经费等由地方管理的“半垂直”体制下，56% 的同志认为国土资源干部处于“夹心层”两难尴尬困境，履职尽责“腰杆不硬”，存在顾虑，普遍感到压力很大。另外，7% 的同志还谈到国土资源主管部门“一把手”任免决定权实际在地方党委政府，上一级国土资源主管部门话语权不够，这也表明在现行干部管理体制下国土资源部门职责履行受制于地方党委政府的局面没有得到根本性转变。

（二）国土资源干部出路特别是“一把手”发展空间变窄

在当前干部双重管理体制下，地方党委把国土资源干部视为“条管干部”，干部调配由改革前的“一个面”变为“一条线”，较大程度上制约了领导干部提升发展的空间。特别是对于国土资源主管部门“一把手”，61% 的同志谈到市县一把手面临“天花板”问题，许多同志在同一岗位超过 10 年。在国土资源系统内部交流中，21% 的同志也谈到受编制、人事管理等因素影响，特别是交流干部越来越受住房、家庭、交通等问题的制约，国土资源干部在系统内上下交流、跨地区交流也受到严重制约。此外，为解决干部出路问题，上级国土资源部门“一把手”不得不花费大量时间与地方党委政府进行组织人事协商，甚至干部交流要进行“一对一”或“一对二”的妥协交换，造成国土资源系统优秀干部出去了，同时其他部门一般水平的干部交换进来，造成国土资源领导干部业务能力下降。

（三）国土资源干部队伍活力和能力素质受到限制

75%的同志谈到，由于当前国土资源系统干部成长交流呈现闭路循环特征，工作经历单一，缺少综合岗位和多元环境的锻炼磨砺，视野不开阔，部门观念浓厚，全局视野、队伍活力和能力素质受到较大影响。与此同时，10%的同志谈到，在现行体制下，地方党委政将国土资源系统干部排斥在地方干部教育培训范围外，科级干部和后备干部教育培养成为突出问题，制约了干部成长发展。此外，基层干部混编混岗现象突出，部分事业编制身份的优秀干部难以进入公务员队伍，干部队伍稳定性和成长发展也存在问题。

（四）国土资源干部监督管理不到位

由于干部管理权限的改变，当前地方党委主要重视对国土资源部门服务保障职能履行情况的监督，而对国土资源部门领导干部的思想动态、工作作风、执行党风党纪等方面的监督相对弱化；地方人大机构对国土资源部门也缺乏质询、调查、撤职和罢免等刚性措施。在国土资源系统，随着国土资源系统干部管理责任（干部上访、离任审计、纪检监察、档案管理）不断增大、管理链条不断增长，再加上国土资源系统组织人事干部工作力量又非常薄弱，国土资源系统干部监督管理制度又不健全，省级国土资源部门越来越难以胜任“抓班子、带队伍”的责任，干部考察、监督经常流于形式，“两个责任”难以有效落实；此外，国土资源干部由于横向交流困难，长期在一个岗位上工作，也不利于降低岗位廉政风险、杜绝职务犯罪和保护系统干部。调研访谈中，35%的同志认为国土资源干部的监督管理以及党风廉政建设处于薄弱环节；另外，有些同志还谈到在干部问责方面，地方往往把国土资源干部作为问责重点，借此保护地方党委自己管理的干部，以此推卸地方党委责任，这一点值得我们重视。

（五）国土资源干部双重管理制度还不健全

各地普遍反映，现有干部管理体制只注重领导干部任免权限上收，而没有对干部管理的其他权限进行合理配置或明确权限，在档案管理、任免调动、考核评价等方面出现脱节，造成国土资源干部选拔交流周期长、环节多，干部动议周期长，人事工作不规范，出现扯皮、效率低下现象。对于一般干部，虽然人事档案、工资关系、组织关系、编制职数、干部管理等由当地组织人事部门管理，但地方党委认为国土资源系统干部以上一级国土资源主管部门党组管理为主，造成普通干部的年终考核、教育培训、提拔任用、挂职锻炼等也受到影响。此外，在领导干部任免方面，国土资源主管部门作为地方政府工作部门，其主要领导干部是否要列入通过人大任免范围，一些地方也存在疑虑。

（六）双重模糊管理体制也给国土资源所建设带来众多问题

在现行国土资源干部双重管理体制下，国土资源所职能不完整，陷入“既不能代乡镇政府行使权力，也不能代县（市）国土资源部门行使权力”的两难困境；现行不少地方采取的“中心所”设置的模式，客观上造成了基层国土资源所与乡镇党委政府的脱节，形成了“两张皮”，造成了权力和责任不对等、站所“机关化”不接地气、群众办事不便、国土资源管理职责履行不到位、基层国土资源所干部工作积极性不高等问题，不利于发挥乡镇党委政府和村民组织的积极性，造成部门协调联动、齐抓共管的国土资源管理共同责任机制难以真正落实。同时，部分地区存在着国土所人员编制在乡政府、但管理在上级国土资源部门，或部分地区国土所人员编制在上级国土部门、但年终考核评比归地方政府管理的情况，产生了“头和身子分离”的状态。此外，基层国土所人员力量短缺、人员老化、能力素质低、工作经费及装备不足等仍是突出问题，加之工作任务繁重，国土资源管理职责难以落实到位，国土资源所人员近年“失职”“渎职”问责风险明显增大，干部交流人事困难，不利于干部队伍的稳定和发展。

从对省级国土资源主管部门干部所涉及的11个问题进行回应性问卷调查来看（表4），比较突出问题是“国土资源干部成长出现闭路循环和天花板现象，干部整体发展特别是市县局一把手交流选拔空间受到较大限制”“国土资源干部双重管理具体制度不健全，造成干部选拔交流环节多、周期长；国土资源干部系统内外、上下交流存在诸多现实问题”“国土资源部门受制于地方党委政府的局面没有得到根本性改变，国土资源执法监管存在‘屈从’于地方党委政府的情况”；对市、县干部为主的国土资源系统干部问卷调查来看（表5），突出问题也主要集中在干部成长交流方面。

表 4　国土资源干部管理体制改革存在的问题的回应性调查评价（省级部门干部）

	存在问题	均值
职能履行	(1) 在现行体制下，地方政府及其相关部门主动履行国土资源管理的责任意识有所淡化，重点关注用地审批和国土违法问题曝光处理，对保护资源、节约集约用地等其他国土资源职责履行关心不够，国土资源管理共同责任机制难以真正落实	1.44
	(2) 国土资源所和国土资源分局机构上收一级削弱了基层构建国土资源管理工作新格局的组织支撑，国土资源“块块”监管责任弱化，不利于发挥基层地方党委政府和村民组织的积极性	1.21
	(3) 由于经费、编制在地方，国土资源部门在履行国土资源保护监管职责时存在顾虑，受制于地方党委政府的局面没有得到根本性改变，国土资源干部履职尽责实际“腰杆不硬”，国土资源执法监管存在“屈从”于地方党委政府的情况	1.83
行政协调	(4) 与地方党委政府进行组织人事、工作保障等问题的协商，大量依靠国土资源主管部门“一把手”协调或机制探索来实现，而不是通过规范化的制度来解决，造成国土资源部门主要负责人大量时间花费在工作协调上	1.65
干部管理	(5) 国土资源主管部门领导班子形式上由上一级国土资源党委（党组）管理为主，实质是同级地方党委管理为主，国土资源主管部门领导班子选拔任命主要还是地方党委说了算	1.15
	(6) 地方党委在选拔、交流干部时，往往把国土资源干部视同为垂直管理部门干部，不把国土资源干部列入地方交流、提拔名单，国土资源干部成长出现“闭路循环”“天花板”现象，国土资源干部队伍整体发展特别是“一把手”受到限制	2.03
	(7) 国土资源干部双重管理具体制度不健全，同时编制、经费在地方，造成干部选拔交流环节多、周期长，人事效率低下；同时交流干部面临的住房、家庭、交通等问题目前也难以解决，国土资源干部系统内外、上下交流存在诸多现实问题	1.88
	(8) 国土资源普通干部组织人事关系全部由地方组织人事部门管理，但地方组织人事部门对普通干部往往“只管不用”，基层国土资源部门对普通干部“只用不能管”，普通干部的后备管理、教育培训、挂职锻炼、提拔任用等在地方受到限制	1.78

续表

	存在问题	均值
干部管理	(9) 由于干部交流晋升难度大，来源单一、经历单一，国土资源系统领导干部大局观念、沟通协调和工作视野较为缺乏，国土资源干部工作积极性、主动性受到限制，国土资源干部队伍活力不足	1.6
	(10) 上一级国土资源主管部门“抓班子、带队伍”压力大、链条长、责任大，党委主体责任和纪委监督责任难以有效落实，干部考察、监督不全面、不深入，人员力量缺乏，同时地方党委弱化了对国土资源部门领导干部思想动态、工作作风、执行党风党纪等问题的监督管理，国土资源干部管理责任和廉政风险加大	1.54
	(11) 在现行国土资源干部管理体制下，国土资源部门开展工作业务经费保障存在突出问题	1.2

注：1 表示存在问题，但问题不大；2 表示存在问题，问题还比较突出；3 表示存在问题，并且问题非常突出。

表 5　国土资源干部管理体制存在问题回应性调查评价

（市县干部为主）

存在问题	均值
(1) 国土资源领导干部在处理上级部门和地方党委政府关系处理中存在“夹心层”的尴尬顾虑困境，国土资源部门领导干部往往是“顶得住的站不住，站得住的顶不住”	1.65
(2) 地方党委在选拔、交流干部时，往往把国土资源干部排除在外，造成国土资源优秀干部对外交流和提拔的空间受到限制，特别是国土资源主管部门“一把手”发展进步空间受到限制	1.95
(3) 地方党委弱化了对国土资源部门领导干部思想动态、工作作风、执行党风党纪等问题的监督，地方人大也缺乏质询、调查、撤职和罢免等措施；上级国土资源部门由于监督手段和监督方式缺乏，监督不全面、不深入，造成国土资源干部监督管理不到位，权利运行制约和监督体系不健全	1.09
(4) 现行国土资源领导干部人事管理体制与干部管理体制机制出现脱节，领导干部的任免、档案在上级国土资源部门，但国土资源领导干部的行政关系、考核登记、工资福利待遇、行政奖惩仍在地方人事部门，给领导干部人事管理造成不便	1.68
(5) 国土资源部门作为地方政府工作部门，国土资源主管部门主要领导由上级国土资源部门任命后，是否需要本级人大任免在法理上存在困惑	1.13

续表

存在问题	均值
（6）国土资源普通干部组织人事关系全部由地方组织人事部门管理，但地方组织人事部门对普通干部往往“只管不用”，基层国土资源部门对普通干部“只用不能管”，普通干部的后备管理、教育培训、挂职锻炼、提拔任用等在地方受到限制	1.91
（7）与地方党委政府进行组织人事、工作保障等问题协商，大量依靠国土资源主管部门“一把手”协调或机制探索来实现，而不是通过规范化的制度来解决，造成国土资源部门负责人大量时间花费在工作协调上	1.71
（8）地方党委政府主动履行国土资源监管的责任意识淡化，国土资源监管在实际中出现了由“块状”负责为主变成了以“条状”负责为主的现象	1.43

注：1 表示存在问题，但问题不大；2 表示存在问题，问题还比较突出；3 表示存在问题，并且问题非常突出。

四、省以下国土资源干部管理体制改革期望模式分析

为全面了解国土资源干部对深化国土资源干部管理体制改革期望，我们设置了 3 种国土资源干部管理体制模式：以地方党委管理为主、维持现行干部管理体制、省以下“人、财、物”完全垂直管理模式。我们重点对省级国土资源主管部门干部进行问卷调查进行摸底，我们主要分析省级国土资源主管部门干部问卷调查情况（表 6）。

表 6　对国土资源干部管理体制 3 种主要模式的选择（省级部门干部）

3 种主要模式	有效百分比
（1）继续保持现行以上一级国土资源主管部门党组（党委）管理为主、地方党委协助管理的双重管理体制，不需要对当前干部体制进行调整	20.44%
（2）实行以地方党委管理为主、上一级国土资源主管部门党组（党委）协助管理的双重管理体制	33.70%
（3）省以下国土资源系统实行“人、财、物”全部垂直管理，由省级国土资源主管部门统一管理	45.87%

同时，我们还对省级国土资源管理部门干部选择理由和选择时机进行调查，从省级国土资源主管部门干部问卷调查单一选择来看有以下两点。

（1）选择省以下“人、财、物”垂直管理模式排在第一位。①从选择

理由来看，约91%的认为实行干部垂直管理以后，部门履行国土资源管理职责将更加有力，71%的认为系统内部干部交流管理更加顺畅，62%的认为系统内部业务沟通交流将更加便捷，55%的认为垂直体制将更有助于加强国土资源经费保障力度的加大，55%的认为垂直体制有助于增强各级地方政府依法管理国土资源的意识，这显示出国土资源部门职责履行和国土资源干部内部交流是主要选择因素。②对于实行垂直管理体制模式的时机来看，61%的干部认为应在3年以内，21%的干部认为是在1年以内，11%认为应在5年内，这表明大家对改革时机把握存在很大疑虑。

（2）选择以地方党委管理为主模式排在第二。①从选择理由来看，92%的认为这种体制更有利于推动地方党委积极履行国土资源职责，构建共同责任机制；86%的从促进系统干部培养使用、选拔交流和干部人事管理的角度来考虑；72%的认为实行地方管理为主后，国土资源系统党风廉政建设的主体责任和监督责任能够得到切实加强；65%的认为国土资源部门与地方党委沟通交流更加顺畅协调；58%的认为国土资源经费保障更加有力，这表明强化地方党委政府职责履行、促进干部成长交流和加强党风廉政建设是主要选择决定因素。②对于实行以地方党委管理为主的国土资源干部管理体制的改革时机的把握，68%的认为当前各项环境因素已经具备，改革正当其时；24%的认为自然资源管理制度基本确立时，应当把握干部体制改革的有利时机；18%的认为要把握3年以内的改革时机；13%的则认为是1年以内，这表明大家对干部下放地方管理的时机共识性比较强，认为当前可以下放。

从国土资源干部对体制单一选择来看，大家对维持现行干部管理体制排在最后，这表明国土资源干部对现行国土资源干部管理体制改革期望很大，同时对实行国土资源“人、财、物”全部垂直管理似乎期望更大。为进一步把握省级国土资源部门干部对干部管理体制改革模式期望，我们根据实践总结提出了7种主要的干部管理模式进行偏好次序选择（表7），研究发现33.6%的第一偏好选择实行国土资源系统全部垂直管理模式；19%的第一偏好选择以地方党委管理主管、上级协管模式，11.7%选择完全以地方党委管理，合计为30.7%；12.5%的第一偏好选择继续维持现行干部体制、无需调整，17%的选择维持现行体制、但需要调整，合计为29.5%。这可以看出，从第一偏好来看，选择完全垂直、以地方党委管理为主、继续维持现行干部管理体制的改革诉求差距不大。进一步考虑选择“什么样的国土资源干部管理体制模式并不重要，关键是深化国土资源领域深化改革，实现地方国土资源部门责、权、利一致，人、财、物配置合理”的累计达到48%。

表7　对国土资源干部管理体制改革各种模式的偏好次序评价

（省级部门干部）

模式选择	第一偏好	第二偏好	第三偏好	偏好合计
（1）继续保持现行以上一级国土资源主管部门党组（党委）管理为主，地方党委协助管理的双重管理体制，不需要对先行干部体制作调整	12.50%	11.66%	9.12%	33.28%
（2）继续保持现行以上一级国土资源主管部门党组（党委）管理为主、地方党委协助管理的双重管理体制，重点与地方党委政府建立顺畅的国土资源干部选拔培养与人事管理的协同解决机制	17.03%	23.10%	13.15%	53.28%
（3）完全返回2004年以前的国土资源干部管理体制模式，上一级国土资源主管部门主要对下一级国土资源主管部门负责业务领导	11.66%	8.45%	8.11%	28.22%
（4）实行国土资源主管部门领导干部以地方党委管理为主、上一级国土资源主管部门党组（党委）协助管理的双重管理体制	19.06%	9.27%	4.38%	32.71%
（5）省以下国土资源系统实行“人、财、物”全部垂直管理，由省级国土资源主管部门统一管理	33.56%	13.32%	11.47%	58.35%
（6）对现行国土资源干部双重管理体制作出适度调整，上一级国土资源主管部门仅负责下一级国土资源主管领导干部的任免工作，后备干部管理、教育培训、档案、工作调整、政审、退休等其他干部工作由地方党委负责	3.04%	7.59%	13.49%	24.12%
（7）对现行国土资源干部双重管理体制作出调整，实行地（市）、县（市）国土资源主管部门领导干部以地方管理为主、上一级国土资源主管部门协助管理模式，市设区和县（市）以下继续维持现行国土资源干部管理体制不变	3.88%	9.11%	10.79%	23.78%
（8）选择什么样的国土资源干部管理体制模式并不重要，关键是深化国土资源领域改革，实现地方国土资源部门责、权、利一致，人、财、物配置合理	11.13%	10.29%	26.14%	47.56%

从以市、县国土资源干部为主问卷调查中（具体见表8），51%也认为具体国土资源管理模式选择并不重要，这反映出国土资源干部管理体制模式并不是保障国土资源职责履行和国土资源干部合理发展的决定性因素，国土资源系统干部更希望深化国土资源领域改革，使自己能够比较顺畅的履行“尽心尽力保护国土资源，节约集约利用国土资源，全心全意维护群众权益”国土资源职责。

表8　对国土资源干部管理模式期望选择（多选）（以市县干部为主）

干部管理体制模式	百分比
（1）维持现行国土资源干部管理体制模式，重点与地方党委政府建立顺畅的国土资源干部选拔培养与人事管理的协同解决机制	42.0%
（2）返回原有干部管理体制，实行省以下国土资源干部地方管理为主，上级国土资源部门协作管理	25.0%
（3）省以下国土资源主管部门领导班子成员任免、编制、档案、工资等均由省级国土资源主管部门管理，实行地（市）、县（市）领导班子垂直管理，其他干部管理仍由地方管理为主	26.8%
（4）省以下国土资源主管部门干部实行“人、财、物”全部垂直管理，由省级国土资源主管部门管理	65.6%
（5）省以下国土资源干部实行地方管理为主，上级国土资源部门协助管理，但国土资源执法部门的干部任免、编制、档案、工资等全部实行省以下垂直管理，实现国土资源执法系统的全垂直管理	26.7%
（6）选择什么样的国土资源干部管理体制模式并不重要，关键是深化国土资源领域深化改革，实现地方国土资源部门责、权、利一致，人、财、物配置合理	50.8%

五、国土资源干部管理体制改革驱动因素分析

从国土资源干部对干部管理体制模式期望选择分析来看，大家对现有体制改革的意愿很大，但在改革路径选择上并没有形成一致共识，这进一步凸显出国土资源干部管理体制改革的复杂性，这给我们当前干部体制改革模式选择带来了很大挑战；同时考虑相当比例的干部认为只要国土资源领域深化改革到位，选择什么样干部体制模式并不重要，这实际折射出国家及国土资源领域总体改革实际是国土资源干部管理体制模式选择的最终决定因素，深化国土资源干部管理体制改革必须从全面深化改革当中分析

驱动因素。

回顾2004年省以下国土资源干部管理体制改革的背景，可以认为，这次干部体制改革实质是中央为应对当时国土资源管理严峻形势，试图通过强化对省以下国土资源主管部门干部的领导权来控制地（市）、县（市）政府在国土资源管理上的利益博弈力量，并通过严格的国土资源执法监察来监控地（市）、县（市）政府和个人的国土资源利用行为，以达到强化国土资源宏观调控、资源保护和地方政府国土资源利用与利益管控的一种策略选择目的。因此，决定省以下国土资源干部管理体制模式选择的关键因素可总结为4个方面：国土资源安全形势、中央与地方以及地方各级政府在国土资源利益上的整合、地方政府国土资源管理责任机制构建、国土资源事权与干部人事权组合。一般来说，国土资源安全形势越严峻越需要强化对干部任免权和国土资源事权管控；如果不同层级政府在国土资源利用与管理利益关系上能够保持和谐均衡，地方政府和政府人员责任机制比较健全，干部管理则以地方党委管理为主比较合适。国土资源事权与干部人事权组合中，在地方政府国土资源专管事项中，干部人事权由地方管理比较合理；在共管事项中，如果国土资源共管事项事权已经由上级政府主要决定，则干部人事权可以适当下放，但如果共管事项事权以下级政府为主，则干部人事权可适当上收，或主要干部人事权在地方，建立起决策权、执行权和监督权既相互制约又相互协调的权力运行机制。

随着我国经济发展进入新常态，行政体制改革、干部人事制度改革、自然资源管理制度改革和国土资源治理能力现代化建设也已经进入加速发展阶段，全面从严治党进入新的发展阶段，我国土地督察和国土资源执法监察制度效应进一步发挥，这些都对国土资源干部管理体制改革的决定因素产生影响，实际也就为我国下一步深化国土资源干部管理体制改革指明了方向。为此，我们主要总结了9个改革驱动环境影响因素（表9）。

从分析结果来看，除了维护国土资源安全形势对现行干部双重管理体制形成驱动支持因素外，深化自然资源制度改革、国土资源行政管理体制改革、新一轮税制改革、公务员职务与职级并行制度、构建国土资源管理工作新格局、全面提高党的科学化水平、土地督察制度、国土资源执法监察八个方面的改革或环境实际都倾向于支持国土资源干部以地方党委管理为主的模式，这就为现行国土资源干部管理体制改革方向提供了基本思路。

表9　全面深化改革对国土资源干部体制选择驱动分析

驱动因素	驱动因素未来发展特征	干部体制模式选择
国土资源安全形势	能源资源相对不足、生态环境承载能力不强也已成为我国的新的基本国情。未来10—15年我国将进入资源保护环境最艰难的相持和转型过渡时期，资源安全形势依然严峻；同时经济发展进入新常态，经济发展由高度消耗能源资源环境向低碳循环发展方向转变，国土资源工作更加注重资源环境保护、资源结构优化、资源节约集约利用和共同治理，对国土资源战略安全提出更高要求，这既要更加发挥中央和省级政府在统筹国土资源保护、规划和宏观调控作用，也需要建立适应新常态要求的国土资源管理体制（包括干部管理体制），切实发挥地、市政府在推进国土资源节约集约利用、推进国土资源节约集约利用中的作用	强化中央和省级政府对国土资源管理有效控制，需要更加科学配置国土资源事项和干部人事权合理组合
深化自然资源制度改革	根据十八届三中全会精神，我国自然资源制度改革方向是以建立统一确权登记为重点的自然资源产权制度、以建立产权约束机制为基础的自然资源资产管理体制、以建立国土空间管制为核心的自然资源监管体制和健全后果严惩的生态文明制度体系为目标，逐步建立健全集中统一与分类分级管理相结合的自然资源管理体制。预计今后在组织体制上，将整合住建、农业等部门涉及资源保护、空间规划制定审核、用途管制、资源配置及监管等相关职能，形成自然资源综合管理部门，同时建立自然资源资产管理部门和自然资源综合执法部门。根据“自然资源空间规划制定主要由当地人民代表大会批准”“对领导干部实施实行自然资源资产离任审计”的明确要求，预示着今后国土空间与自然资源管理、自然资源资产管理主要由地方政府负责，同时中央和省级政府对自然资源资产管理将采取集中统一管理下的督办性模式，即在现有土地督察制度基础上建立自然资源督察体制，形成新型自然资源管理体制架构	自然资源管理干部队伍总体应以地方党委领导为主；考虑自然资源资产管理和执法监管特殊性，自然资源资产管理和综合执法部门负责人以上一级部门党组管理为主比较合适
国土资源行政管理体制改革	根据中央行政体制改革要求，当前和今后一段时期重点是不断加大取消下放行政审批事项的力度，加强和改进事中事后监管，优化行政程序，有效促进中央与地方国土资源事权进一步合理划分，形成中央管总量、管规模、管空间布局，通过政策法规、行业标准、监督检查等加强宏观调控；省以下地方政府重点管项目、管指标，强化政策执行，合理配置地方不同层级政府之间的国土资源事权；同时，部分国土资源权责向市场和社会分散，呈现出政府、市场与社会协同共治的“善治”模式	干部管理实行以地方党委为主的管理模式，更能有效保证政府职能履行，完善国土资源治理体系

续表

驱动因素	驱动因素未来发展特征	干部体制模式选择
新一轮税制改革	新一轮税制改革重点是调整中央和地方之间的财政关系，适当强化中央的事权和支出责任，适度下放部分财权，稳定地方财源。在国土资源领域，将全面推进资源税从价计征改革，逐步将资源税扩展到水流、森林、草原、滩涂等自然生态空间；建立环境保护税制度，发挥税收对生态环境保护的促进作用；推进房地产税改，使之逐步成为地方财政持续稳定的收入来源。资源税、环境税和房地产税预计将成为地方财政的重要税源，并弱化地方政府对“土地财政”“资源财政”的依赖，强化资源保护、节约集约利用，减少资源违法行为	干部管理实行以地方党委管理为主模式，有利于实现国土资源“财权、事权、人事权”三者统一
公务员职务与职级并行制度	根据《关于县以下机关建立公务员职务与职级并行制度的意见》，今后在针对基层公务员建立主要依据任职年限和级别晋升职级的制度，实行职级与待遇挂钩，实现职务与职级并行，形成了使职务和职级成为党政干部相互独立、互不干扰的职业发展双阶梯，这一制度实施将有效解决基层国土资源系统干部“晋升难、待遇低”的问题	干部管理实行以地方党委管理为主模式，更加有利于职务与职级并行制度的落实
构建国土资源管理工作新格局	根据中央领导关于建立健全“党委领导、政府负责、部门协同、公众参与、上下联动”的工作格局要求，在一些地方通过成立国土资源党委领导机构、强化领导干部考核和加强干部队伍建设，建立政府耕地保护目标责任考核体系，不断健全国土资源共同责任机制，进一步畅通群众诉求渠道、把公众参与纳入国土资源管理的行政活动，建立上下连通的业务工作平台、探索“下有总结，上有推广”的制度创新模式，形成了推进地方党委政府有效履行国土资源管理责任的各种制度安排，提高了地方政府的国土资源治理能力	新格局构建降低了国土资源领导干部以上一级部门管理为主的重要性，也对干部以地方党委管理为主提出了需求
全面提高党的科学化水平	根据十八大战略部署，全党深入开展以为民务实清廉为主要内容的党的群众路线教育实践活动，落实八项规定反“四风”，开展三严三实专题教育，大力推进和加强党的执政能力建设、先进性和纯洁性建设；同时，习近平总书记提出了新时期好干部标准，强调从严治党，重在从严管理监督干部，作出“全面推进从严治党”的重大战略。充分发挥巡视和审计作为监督领导干部的两大利器，狠抓“两个责任”的落实，促使地方党员干部的执政素质和担当意识不断提高，为国土资源领域打造良好的政治生态发挥了重要作用。此外，《中国共产党党组工作条例（试行）》中规定，“党组必须服从批准其设立的党组织领导。”地方党委在今后履行对国土资源主管部门党组监督管理的职责明显增大，对“两个责任”的落实提出新要求	全面从严治党降低了国土资源领导干部以上一级部门管理为主的重要性，同时实行以地方党委为主干部管理模式有利于落实主体责任和监督责任

续表

驱动因素	驱动因素未来发展特征	干部体制模式选择
土地督察制度	土地督察经过八年多的实践和完善，目前已经形成了以监督检查省级及计划单列市人民政府土地利用和管理情况为主线，以监督检查省级及计划单列市政府耕地保护责任目标落实、贯彻中央关于运用土地政策参与宏观调控要求和推进土地政策完善情况为重点，不断建立健全发现机制，合理运用调查权、审核权、纠正权和建议权，不断完善专项督察、例行督察和审核督察等核心业务。这既对地方与中央进行利益博弈形成约束，确保国家资源利益，同时，通过土地督察问责，直接对地方党委政府国土资源管理履职尽责形成压力，在落实两个最严格土地管理制度方面发挥了重要作用	土地督察作为针对地方政府的监督和制衡的权力，降低了国土资源领导干部以上一级部门管理为主的重要性
国土资源执法监察	随着我国国土资源执法监察工作不断推进，特别是以打造监管平台和信息平台为抓手，形成了“全国覆盖、全程监管、科技支撑、执法监察、社会监督”为一体的执法监管体系，构建了“天上看、地上查、网上管、群众报、视频探、挂牌督、约谈警、问责震”的立体监管方式体系，对国土资源违法行为形成了强大震慑。同时，部分地区根据十八届四中全会精神探索将国土资源执法纳入乡镇综合执法也成为趋势，这也就为解决国土资源执法难、处理难提供破解路径，为进一步加强地方政府监管提供了技术和制度支持	国土资源执法监察不断完善降低了国土资源领导干部以上一级部门管理为主的重要性

此外，通过对国土资源主管部门与现行实行干部双重管理部门进行比较（表10）。

表10　实行干部双重管理体制的部门比较

部门	管理体制	领导干部管理体制	干部管理主要内容
公安部门	分级管理	双重领导 以地方党委为主	正职领导提名，应当事先征得上一级公安机关的同意。副职领导职务的任免，应当事先征求上一级公安机关的意见
司法部门	分级管理	双重领导 以地方党委为主	党组（党委）书记和行政正职必须事先征得上一级司法行政部门党组（党委）的同意；任免调动党组（党委）副书记和行政副职，地方党委必须事先征求上一级司法行政部门党组（党委）的意见
纪检监察	分级管理	双重领导 以上级领导为主	上一级纪委对下一纪委领导具有领导权和提名权

续表

部门	管理体制	领导干部管理体制	干部管理主要内容
检察部门	分级管理	双重管理 以地方人大为主	人事任免基本上由本级地方党委提名经本级人大及其常委会决定，但检察长还需上一级检察机关的检察长提请该级人大常委会批准。
统计部门	分级管理	地方党 委管理为主	地方各级机构负责人由地方党委管理，上级政府统计机构党组协助管理
审计部门	分级管理	双重领导 以地方党委管理为主	地方各级审计机关正职、副职由地方党委决定，但任免需征求上一级审计机关意见
工商部门	垂直管理 （1998—2011 年）	双重领导 以上级部门党委管理为主	地方各级工商行政领导班子由上一级工商行政管理局做出决定并办理任免手续
	分级管理 （2011 以后）	双重管理 以地方党委管理为主	地方各级机构负责人由地方党委管理，上级工商机构党组协助管理
质监部门	垂直管理 （1999—2011 年）	双重领导 以上级部门党委管理为主	地方各级质监部门领导班子经征求地方党委意见后，由上一级质监部门做出决定并办理任免手续
	分级管理 （2011 以后）	双重管理 以地方党委管理为主	地方各级质监机构负责人由地方党委管理，上级质监党组协助管理
食品药品监管部门	分级管理	双重管理 以地方党委管理为主	地方各级食品药品监督管理机构领导班子由同级地方党委管理，主要负责人的任免须事先征求上级业务主管部门的意见，业务上接受上级主管部门的指导
气象部门	垂直管理	双重管理 以上级部门管理为主	地方气象部门负责人由上级党委管理，地方党组协助管理
国土部门	分级管理	双重管理 以上级管理管理为主	地方国土资源主管部门的领导干部实行双重管理体制，以上一级国土资源主管部门党组（党委）管理为主，地方党委协助管理

可以看出，在同属分级管理部门中，公安、司法、监察、审计、工商、质监、环保、食品药品监管8个部门，目前都采取的是地方党委为主管理、上级部门协助管理模式，只有国土和纪检监察部门领导干部属于以上级部门管理为主的模式；在完全实行垂直管理部门中，领导体制一般采取以上一级党委（党组）管理为主的模式；进一步分析纪检监察部门与国土资源部门，可以看出纪检监察部门承担着对同级党委特别是常委会成员的监督，在职能上显然不是一个层次，纪检监察部门领导干部由上一级纪委管理更具有法理基础。因此，从我国干部管理体制运行比较来看，省以下国土资源主管部门领导干部以地方党委管理为主的模式符合我国现行行政管理体制和干部管理体制。同时，十八届五中全会提出“实行省以下环保机构监测监察执法垂直管理制度”，下一步环保体制改革模式也将为国土资源干部管理体制提供新的借鉴思路。

六、深化省以下国土资源干部管理体制改革战略考虑和建议

从长远来看，省以下国土资源干部管理选择以地方党委管理为主的模式既符合全面深化改革的要求，也与我国现行党政管理体制相融合。然而，现行省以下国土资源干部管理体制在保障国土资源职责履行和干部队伍建设方面发挥了巨大的效能，从国土资源干部对未来干部模式选择来看，选择实行以地方党委为主的干部模式也并不占优势，这更加凸显了深化国土资源干部管理体制改革的复杂性。特别是省以下国土资源干部管理体制改革是一项复杂的系统工程，是国土资源领域各项改革工作的基础性改革，对各项改革的推进和实施有重大影响，必须进行全面战略考虑。我们试图通过运用制度变迁理论提出深化国土资源干部管理体制改革战略考虑，并提出推进改革的相关工作建议和改革建议。

（一）制度变迁理论对深化国土资源干部管理体制改革的启示分析

制度变迁就是制度创立、变更及随着时间变化而打破的方式，分为诱致型制度变迁与供给主导型制度变迁，制度变迁存在路径依赖性新制度经济学的制度变迁理论作为一个研究从制度均衡到不均衡，再到均衡的不断演变的历史过程的理论体系，可为我们研究国土资源干部体制改革提供以下几点思路启迪：

（1）深化国土资源干部管理体制改革的根本原因在于现行省以下国土资源干部管理体制度非均衡，也就是大家对现行制度不满意。但制度变迁

的主体是多元的，包括政府、团体和个人，并且包括诱致型制度变迁和供给制度型制度变迁类型，其改革动力源泉是不一样。国土资源干部管理体制改革总体属于供给主导型制度变迁，但包含着诱致型制度变迁的内容；国土资源干部体制变迁的主要主体是中央和省级党委政府，只有中央和省级党委政府认为选择新的省以下国土资源干部管理体制模式预期收益高于现有的模式，才会选择制度改革，也就是中央和省级党委政府对现行制度不满意、不满足才能起到决定性作用，而国土资源系统干部对现行干部体制的不满意并非是主导作用。从中央和省级政府选择国土资源干部体制模式的决定性因素为新的体制能否更加有效保证国土资源职责的履行，而不是国土资源干部个人收益最大化。

（2）深化国土资源干部管理体制改革既要考虑制度变迁的潜在收益，更要考虑制度变迁成本。应该说，随着党的十八大、十八届三中、四中全会作出的一系列重大改革部署不断落实，我国经济发展进入新常态，现行国土资源干部体制有赖于产生的环境正在发生重大变化，“四个全面”战略布局全面推进，行政体制改革、干部人事制度改革、自然资源管理制度改革和国土资源治理能力现代化建设进入加速发展阶段，我国土地督察和国土资源执法监察制度效应进一步发挥等，这为构建中央与地方和谐的利益关系、强化地方党委政府的国土资源管理责任提供了重要保障，也为国土资源管理工作重心下移提供了条件。在这种形势下，实行以地方党委为主的国土资源干部管理模式，理论上既可以使地方政府更好地全面履行国土资源职责，同时也可以解决国土资源干部的“闭路循环”问题，这对于现行国土资源干部管理体制来说就是潜在利润。但由于地方政府“自利性”特征或地方保护主义行为客观存在，中央和省级党委政府必须付出一定的监督成本，特别在目前各种改革尚不到位的情况下，中央和省级政府的监督成本是非常高的；同时，制度创新过程中也面临着各种交易成本，特别是“一放就乱”可能造成不可逆成本。因此，深化国土资源干部管理体制只有当潜在利润超过预期的成本时，国土资源干部管理体制创新才能实施。

（3）深化国土资源干部管理体制改革必须考虑国家政治体制，同时必须要有科学的理论实践支撑。推进国土资源干部管理体制改革必须与整个国家宪政体制、国土资源管理体制改革等相协调，我国作为单一制历史特征的国家，中央统一领导下的地方分级管理体制是我国基本的行政管理体制，“党管干部”始终是干部体制核心，完善和发展中国特色社会主义制度、推进国家治理体系和治理能力现代化成为我国政治体制改革重要内容，这些都为国土资源干部管理体制改革提供了制度创新的边界。同时，推进国土资源干部管理体制创新必须有相应的科学知识作支撑，当前对国土资源干部体制理论和实践研究都非常缺乏，特别需要依据一定的科学理论系统研究国土资源干部管理体制改革的制度供给与需求、制度变迁收益与成本、制度变迁方式、制度变迁动力与过程等，进一步明晰深化国土资源干部管理体制改革的目标与方向、改革的原则、路径选择、策略与方法等，为深化国土资源干部管理体制改革提供理论指导。

（4）深化国土资源干部管理体制改革必须重视意识形态的作用。诺斯的制度变迁意识形态理论认为意识形态具有确认现行制度的合法性或凝聚某些团体的功能；减少制度实施的成本费用；能有效解决“搭便车”的问题。深化国土资源干部管理体制改革成功的必要条件就是改革主导者、发动者和改革参与者有一致的意识形态。目前各地对深化国土资源干部管理体制改革模式还没有形成共识，中央和省级政府要确保国土资源干部体制创新成功，我们应该借鉴诺斯的意识形态理论，重视意识形态的特殊作用，要通过向改革参与者进行意识形态的灌输，让改革参与者相信即将发生的制度变迁能给他们带来预期的收益，从而有效进行国土资源干部管理体制改革；同时，我国几千年浸染的专制传统和官本位思想影响着干部体制改革，一些陈腐理念也对国土资源干部体制改革造成影响，需要进一步通过意识形态强化，促使国土资源系统干部进一步树立正确的权力观。

（5）路径依赖理论为分析我国当前国土资源干部管理体制改革困境、突破改革阻力提供了有益的理论指导。2004 年省以下国土资源干部管理体制改革其目标是明确的，10 年的体制改革运行也产生了良好的结果，但同时也出现了许多问题。路径依赖理论为我们理解深化国土资源干部管理体制改革未能取得理想效果、陷入困境的原因提供了一个非常有用的分析视角，这个启示就是我们要将国土资源干部管理体制改革置于一定的制度环境和历史存在之中来分析它的历史渊源和时代特征，追寻它的路径依赖轨迹，包括地方政府分级管理体制路径依赖、垂直管理体制路径依赖、双重干部管理体制路径依赖，以及长期存在的国民的官本位意识、专制主义意识、官场潜规则等文化依赖。路径依赖理论无疑可为 10 年深化国土资源干部管理体制改革困境提供理论指导和分析框架。与此同时，深化国土资源干部管理体制10年当中，一些地方党委政府充分利用这一体制优势，既解决了国土资源职责履行困境问题，又为国土资源干部成长发展提供了空间，形成了明显的报酬递增特征和良性路径依赖特征。在省以下国土资源干部管理体制改革实践中形成良性路径依赖和非良性路径依赖并存的现实，给国土资源干部管理体制改革带来了更为复杂的利益格局，这无疑为深化国土资源干部管理体制改革的整体性带来更为复杂的局势。运用路径依赖理论，从历史、动态角度分析当前国土资源干部管理体制改革的困境，并剖析国土资源干部管理体制克服路径依赖的途径，从而深化对国土资源干部管理体制改革规律的认识，进而为打破国土资源干部管理体制改革的路径依赖、路径闭锁的途径，推动国土资源干部管理体制改革创新提供思路和办法。

（二）深化国土资源干部管理体制改革的建议

现行省以下国土资源干部双重管理体制作为我国特定历史发展阶段的一种制度选择，在国土资源实践管理当中已经展现出了其强大的体制优势，但同时也出现了一些弊端。深化国土资源干部管理体制改革是一项复杂的系统工程，与整个国土资源管理体制的系统改革密切相关，需要采用战略思维、底线思维来考虑与国土资源干部管理体制改革相关问题，并以实际行动来回应基层国土资源干部的反映和诉求，切实为国土资源管理改革提供强有力组织保证和人才支撑。

1. 深化国土资源干部管理体制改革的原则

改进和完善国土资源干部双重管理体制，应该坚持以下基本原则。

（1）坚持把履行国土资源管理职责作为首要原则。干部体制改革要坚持围绕中心不动摇，服务国土资源事业发展大局，以提高国土资源干部管理体制对深化国土资源领域改革的组织保障和人才支撑能力为目标。

（2）坚持与各项制度改革协同推进、相互配套的原则。国土资源干部管理体制改革必然存在制度变迁动因，同时存在一定的制度约束。充分借鉴国家行政管理体制改革和自然资源管理制度改革等有关研究和实践成果，结合新时期干部人事制度改革总体部署，超前寻求引致国土资源干部管理体制创新的制度的诱因和相关体制约束，提出国土资源干部管理体制创新的可能方向和空间。

（3）坚持循序渐进、统筹兼顾原则。双重管理体制是我国经济社会转型的特殊时期出现的一种制度安排，改革必须既积极又稳妥，要遵循循序渐进的原则，使之平稳顺利地推进。既要充分考虑干部管理体制中面临的各种利益关系的调整，妥善处理好地方国土资源管理部门与地方政府之间、独立执法与权力监督之间、干部双重管理上下级部门之间的关系，为完善干部双重管理体制提供保障。

（4）坚持有利于打造信念坚定、为民服务、勤政务实、敢于担当、清正廉洁的国土干部队伍建设原则。不论是全面深化自然资源管理制度改革，还是全面履行新时期国土资源工作职责定位，都离不开国土资源干部队伍的支撑保障，离不开高素质的国土资源干部队伍去调动人民群众的创造性和自觉性。干部体制改革要顺应新时期好干部标准的各项要求，完善促进干部成长发展的各项体制机制，为国土资源事业科学健康发展集聚大批高素质优秀干部人才。

2. 以地方管理为主的国土资源干部管理体制改革工作建议

从长远来看，省以下国土资源干部管理选择以地方党委管理为主的模式既符合全面深化改革的要求，也与我国现行党政管理体制相融合，并且能够得到相关公共管理理论和经验支持。然而，现行省以下国土资源干部管理体制在保障国土资源职责履行和干部队伍建设方面的成效有目共睹，同时目前全面深化改革还没有到位，对国土资源干部管理体制改革的驱动机制还没有完全形成，以国土资源干部对地方党委管理为主的模式也没有形成共识，国土资源事后监管机制还不健全，国土资源干部管理体制改革研究支撑也非常薄弱，因此目前推进实行以地方党委管理为主的干部体制改革面临着较大的风险，我们建议，当前应在继续保持现有国土资源干部双重管理体制基础上，加快统筹谋划，把握时机，尽快做好国土资源干部管理改革的准备，为此提出如下建议。

（1）广泛凝聚深化国土资源干部管理体制改革的共识。要把推进省以下国土资源主管部门领导干部以地方党委管理为主模式作为深化改革干部管理体制改革目标，广泛听取地方党委政府、理论界和中央相关部门的意见和建议，发动深化国土资源干部管理体制改革的大讨论，深化对国土资源干部管理体制改革的研究，促使社会各界理性、深入思考深化国土资源干部管理体制改革的模式、路径和方法，逐步凝聚改革共识。

（2）在推进国土资源领域各项改革当中，要注重在改革设计中把深化国土资源干部管理体制改革因素纳入其中，使各项改革与国土资源主管部门领导体制下放相衔接、相配套；特别是要统筹考虑国土资源管理事权与国土资源干部人事权合理配置，积极为深化省以下国土资源干部管理体制改革和营造创造时机。

（3）主动与中组部等相关部委联系，及时报告现行国土资源干部管理体制运行的相关问题，提出下一步深化国土资源干部管理体制改革设想，尽快在推进国土资源干部管理体制改革上达成共识，制定深化国土资源干部管理体制改革方案。

（4）针对当前省以下国土资源干部管理体制运行问题提出相应策略。例如，进一步明确国土资源干部主管方与协管方职责，完善沟通机制；建立国土资源干部纳入地方干部选拔交流的畅通机制；建立地方党委与上级国土资源管理部门对国土资源领导干部党风廉政建设的共同责任等。

3. 继续完善现行国土资源干部管理体制改革建议

目前从全国整体情况来看，调整省以下国土资源主管部门领导干部管理体制模式时机尚不成熟，当前重点任务是为改革创造各项环境和条件，同时要树立问题导向，解决现阶段干部管理体制运行中存在的问题。

（1）完善干部双重管理体制的制度规范。对现行的干部双重管理所规定的主、协管双方的职责已作了大体的规定，明确了主协管方该做什么，但未明确具体该做什么，以及如何做。对双方的权限未明确，出现越权越位时的处理办法也无明确规定。要结合国土资源双重管理工作的实际，出台一项干部双重管理的具体规定。新规定应严格规范程序，明确主协管双方的职责权限，对职责权限、程序作一个科学的界定。要在干部考察、酝酿、任免、考核上，在干部教育、监督上，在干部交流等方面做进一步细化阐述，增强干部双重管理规定的可操作性，使之进入制度化、规范化、科学化的轨道。要避免干部管理过程中主管方与协管方不协作、越权协管、征求意见走形式、任用干部欠商量以及监管机制制度缺乏等问题的发生。

（2）积极推进国土资源管理工作新格局建设，推动建立国土资源管理共同责任机制。针对调研座谈系统中干部普遍反映的在国土资源职责履行、处理与地方关系时的“夹心层”尴尬处境问题，建议部党组继续推动中央加快出台关于构建国土资源管理工作新格局的有关文件，推动构建国土资源管理共同责任机制，完善促进政府落实国土资源管理责任有效履行的各种制度安排，解除职能履行的后顾之忧，为省以下国土资源干部管理体制改革提供必要的运行环境。一是要依法规范国土资源各责任主体的监督权力和责任，特别是要落实地方政府国土资源管理的主要责任和党委政府各部门的共同责任，突出工作中的协调与合作，建立横向的沟通协调机制，加强各监督主体之间的联系与配合。二是完善国土资源保护权利制约权力机制，重点通过健全土地违法举报体系、发挥新闻媒体作用等形式明确各方面力量参与国土资源工作的监督权利和实施程序。三是建立完善的责任追究机制，重点是强化上级政府对下级政府国土资源的管理问责，形成自上而下的国土资源管理责任追究机制，逐步形成包括地方党委、地方人大、司法部门、人民政协及新闻媒介、社会公众代表等的责任监督和追究网络。四是推进行政人员伦理构建，加强各级党政干部教育培训和职业道德规范建设，实现公共权力服务于国土资源管理公共利益的本质目标。五是突出对各级政府国土资源保护考核评价和监督检查。充分发挥和运用考核机制的引导作用，建立国土资源保护考核评价体系和有效机制，积极营造严格耕地保护，集约节约利用国土资源的法制环境。

（3）坚持问题导向，积极探索创新，理顺国土资源干部管理体制机制。要重点关注国土资源系统干部反映的现行干部管理体制存在的突出问题，坚持以问题为导向，加强改革创新，运用战略思维和底线思维，提出健全体制、完善机制的有效措施。一是拓宽国土资源系统干部成长发展空间，统筹解决干部出路问题。建议部党组协调中组部等有关部门，督促各级地方党委及其组织部门加强对国土资源系统干部协管工作，着眼全局、长远运筹，牢固树立“一盘棋”思想，在干部选拔配备和沟通交流工作中，将系统干部纳入统一考虑，切实加大干部双向选拔交流力度。建议国土资源部和各省国土资源主管部门与各级地方政府在开展国土资源业务沟通交流时，把国土资源系统干部队伍保障作为重要议题加以考虑。建议适当增加省、市两级主管部门非领导职数，分别用于解决工作业绩突出、任职时间较长的市县两级部门领导干部的待遇问题，创造条件增加优秀市县干部多岗位交流、提拔和落实相应职级待遇的机会。二是针对当前国土资源系统干部人事管理出现的脱节和矛盾现象，要建立与管理改革需求相一致的人事管理制度规范。结合各地实际情况，完善制度设计，研究提出与现行双重管理体制相适应的后备干部管理、教育培训、档案管理、工资调整、出国（出境）政审、退休等各方面的工作规定，推动干部人事管理规范化、常态化。三是主动适应干部管理和廉政建设责任加大的新形势新任务，建立健全国土资源廉政风险防控体系，完善干部监督管理制度和权力运行制约监督体系，全面促进“两个责任”的有效落实。一方面，上级主管部门要创新监督手段和方式，加强组织人事和纪检监察队伍建设，对干部思想政治素质的动态变化建立动态有效的跟踪监控机制。建议驻部纪检组、监察局协调中纪委、监察部等部门，出台相关政策，建立有效工作机制，进一步发挥国土资源部门纪检监察机构在干部监管、案件查处中的主导作用。另一方面，地方党委要加强对系统干部监督管理，地方人大要强化对国土资源部门的质询、调查等的各项监督制度，有关部门要以高度的政治责任感和大局意识，强化对国土资源系统干部思想动态、工作作风、执行党风党纪等方面的监督。

（4）贯彻落实全面推进依法治国要求，深化国土资源执法监察体制改革。建议加快研究国土资源专门执法与政府部门综合执法改革的衔接机制，创新基层国土资源执法“购买服务”方式，继续保持国土资源执法监管的高压态势。国土资源执法机构和队伍要逐步实现重心下移，区、市国土资源执法机构和队伍着重负责监督检查和加强监管，县（市）基层国土资源执法机构要进行整合，努力推进将基层国土资源执法工作纳入地方政府综合执法的体制。建议从顶层设计层面加以协调，将目前这种全额拨款性质甚至是自收自支性质的市、县国土资源执法队伍纳入公务员管理或者参公管理，进一步强化国土资源执法力量，为国土资源管理法律法规的落实提供坚强有力的组织保证。国土资源部门为行政执法和宏观调控部门，工作职责和任务很重，且履行的是行政管理职能。

（5）进一步加强和改进基层国土资源所建设工作。规范乡镇国土管理机构，进一步理顺目前乡镇国土管理所的干部管理体制。一是解决双重模糊管理体制下国土资源所地位权力不明确、人员身份性质不一、工作统筹协调难度大等问题。二是结合经济社会发展和国土资源工作实际情况，各地在国土资源所设置形式上积极探索创新。国土资源主管部门要主动融合、积极衔接，强化乡镇党委政府履行国土资源管理的共同责任。三是坚持整合力量、优化结构、提高效率、强化素质、精简成本的原则，加强国土所工作能力保障建设。建议协调解决国土所工作人员身份性质问题，增加基层所编制，保障财政拨款到位，切实解决基层国土所力量薄弱问题，解除基层干部后顾之忧。可参照公安派出所、司法所建设模式经验，统一出台基层国土资源所的基础建设标准、进度要求和资金安排规定，明确将建设经费列入财政年度预算，强力推进基层国土资源所基础建设经费的落实到位。

比较视野下的国土资源绩效管理的实施与发展

白　皓　易荪欣怡

摘要：政府绩效管理是在西方新公共管理运动中产生发展起来的一种新型行政管理模式。近些年来，中央对于转变政府职能、创新管理方式、严格绩效管理提出了一系列新要求。在此背景下，本文借鉴当前国内外政府绩效管理工作的主要经验，梳理了近几年国土资源绩效管理的实践探索，系统分析了当前国土资源绩效管理的主要做法及特点，以对比分析的视角，指出国土资源绩效管理组织实施面临的问题挑战，对下一步绩效管理工作发展方向提出了思考和建议。

绩效管理作为推动政府改革和管理创新的重要工具，自 20 世纪 90 年代进入中国以来，与政府管理工作实际相结合，不断更新理念和方法，在实践中得到了积极应用和探索[1]。2013 年新一届中央政府成立之后，绩效管理写进了国务院工作规则，十八届三中全会进一步明确了“严格绩效管理，突出责任落实，确保权责一致”。2014 年十八届四中全会提出的“依法全面履行政府职能”明确了严格绩效管理是政府依法全面履行职能的有力保障。2015 年，十八届五中全会通过的《中共中央关于制定国民经济和社会发展第十三个五年规划的建议》进一步指出要转变政府职能和提高政府效能，强调完善绩效考核评价体系。

国土资源部自 2011 年开始参与了国务院政府绩效管理试点工作，笔者结合近几年的实践探索，借鉴国内外政府绩效管理的典型经验，对国土资源绩效管理的挑战与发展进行了分析与思考。

一、当前政府绩效管理的主要经验

（一）国外政府绩效管理主要经验

现代政府绩效管理深受新公共管理思潮的影响，最先发起于西方等发

[1] 范柏乃．政府绩效管理［M］．上海：复旦大学出版社．2012：4，67.

达国家，因此笔者选取了具有代表性的国家，梳理了国外政府绩效管理的主要经验。

1. 以制度为引领，推进绩效管理法治化进程

英国1983年颁布《国家审计法》，规定国家审计署从经济性、效率性、效益性3方面检测政府部门公共资金的使用情况❶。2001年国家审计委员会开发了地方政府全面绩效评价体系（CPA）❷，统一制定了考评框架结构，成为英国绩效评价发展历程中历时最长、成效卓著的评价形式。美国1993年颁布《政府绩效与结果法案》；2010年继续完善后颁布《政府绩效与结果法案修正案》，进一步加强组织建设，目标导向和透明性大大增强❸。德国在考察公务员工作绩效方面，颁布了《公务员考核及晋升条例》，明确了10个考核标准。每年一次的政绩考核，直接影响公务员的晋升加薪。对于考核为“不佳”的公务员，严重的要被辞退。日本在2001年颁布了《关于行政机关实施绩效评价的法律》，对日本政府的绩效评估做出了总的规划和布局，由总务省统领绩效工作，负责审查和评估各部门的绩效评估计划，统筹协调跨部门的绩效评估工作❹。

2. 绩效管理与财政预算的有机结合

英国财务预算与绩效管理在工作的各个环节中深度结合：一是以绩效目标分配预算资金，各政府部门获得预算资金的同时签订公共服务协议❺；二是对预算绩效完成情况进行监督，财政部每季度收集一次各部门绩效任务的进程信息，定期发布，并向内阁委员会报告，对完成绩效任务过程中存在的风险进行定期检查和监控；三是各部门每年两次向议会提交绩效报告，春季的部门年度报告说明部门绩效任务的最终完成情况，秋季的绩效报告报告预算进程；四是进行绩效审计，每预算年度结束后，各部门的绩效报告由隶属于议会的国家审计署进行绩效审计并对外公布；五是绩效结果运用在预算安排上，如果地方政府绩效良好，将得到财政利益奖励或扩大地方自治权奖励，而对于绩效不好的部门，内阁委员会会给该部门提供

---

❶ 陆明宪．英美政府绩效管理的实践及其启示［J］．法治与社会，2008（03）．

❷ 唐志敏．英德两国政府绩效评估及启示［J］．第一资源，2011（03）．

❸ 祁凡骅，张璋．政府绩效管理——国际的潮流与中国的探索［M］．北京：中国方正出版社．2013：5，21，22，157，188．

❹ 袁娟，沙磊．美国和日本政府绩效评估相关法律比较研究［J］行政与法，2009（10）．

❺ 李慧．英国的绩效预算改革及启示［J］经济导刊，2008（05）．

支持和建议，帮助其分析原因、找出改进方法和措施。美国年度绩效报告和下一周期预算直接关联，为奖励性的资源分配提供合理性基础。预算不再仅仅依照法律规定的份额进行编制，而是考虑各部门工作实际工作质量、效率和效果，因此绩效预算成为测量政府行政目标是否达到以及公共职责实现程度的一种机制❶。

3. 第三方的参与成为推动绩效管理不断改进的重要力量

美国的地方政府绩效的第三方评估积极地引入民间机构参与，其中坎贝尔研究所是美国民间机构评估政府绩效的中坚力量，建立了一套完善的绩效评估体系，对州政府开展了普遍测评，并将评估结果与排名全部向社会公开，引起了政府和民众的广泛关注，推动政府绩效工作不断改善。英国的第三方评估主要是引入服务对象的评估。1991 年推出“公民宪章”改革计划，通过宪章（服务承诺书）的形式，将政府公共部门的服务内容、项目、对象、目标和标准向社会公民做出承诺，每年核算其服务绩效并向全社会公布，政府每年会颁布“公民宪章奖”，对服务成绩卓越的单位和个人予以表彰。1998 年在各部委推行了公共服务协议制度，各部与财政部签订未来三年公共服务协议，内容包括各个部委的目标与任务，绩效目标与效率，以及每一年具体的资源使用情况等。对协议书中的绩效指标考核，由财政部在网站上向全社会公开。这些制度大范围地引入了服务对象对政府部门的评估，使公共服务提供部门能够有效地调动起来，协同合作，共同改善公共服务的质量。

（二）我国政府绩效管理主要经验

20 世纪八十年代开始，我国地方政府绩效管理逐渐在目标责任制、干部人事考核制度、政府审计制度和效能监察制度的基础上发展起来，形成各具特色的政府管理实践模式。在对河南、安徽、浙江、广西、广东、福建等一批开展较早、成效明显的地方政府绩效管理工作进行梳理后，现行国内地方政府的主要经验及特点可概括为以下 6 个方面。

1. 发挥理念先导作用，突出“四个导向”

我国地方政府在设计、推进、持续优化绩效管理的过程中，以管理理念的转变带动管理方式和职能的转变，使绩效管理发挥“风向标”和“指挥棒”的作用。一是战略导向，突出对重大决策部署的落实和发展战略的

❶ 王丽平．政府绩效管理研究［M］．北京：人民日报出版社，2014：1，132.

分解落实和考核，实现绩效导向下的目标管理，确保总体战略目标的实现；二是职责导向，突出各项目标任务的责任主体，使工作落实与部门履职尽责紧密结合起来；三是群众导向，凡是群众要解决的问题，群众关注的方面，要由群众参与评议；四是创新导向，树立优质高效的标准，以标杆管理引导责任主体主动作为。

2. 围绕大局强化责任，目标设定差别化

一是评估考核内容突出重点、围绕大局。通过实践探索，各地在绩效评估考核上达成共识：抓住了职能监管，就抓住了管理工作的“牛鼻子”。因此，聚焦职责职能工作，突出评估考核重点，成为各地开展绩效管理的首要原则。二是指标体系设计体现了“同一考试、不同试卷”。根据部门、单位和区域的实际情况，设置了差异化考核指标，不搞“一刀切”。三是以目标责任分解促进“千斤重担人人挑，人人身上有指标”。通过绩效目标的设定，达到压力逐级传达、责任层层落实的目的。

3. 督查与过程管理相结合

一是自我检查分析机制与外部纠错机制相结合。一方面推动责任主体对照年度目标自查，另一方面以督查督办、察访核验、社会评议等形式从外部发现问题，把过程中发现的问题变成任务清单，及时改进纠偏，以评促改，以改促效。二是引入标准化理念。一些地方研究制定了绩效管理的程序规则、技术规范、工作标准等，对政策制定、执行、监控、评估、整改等进行全流程再造。三是依托信息系统实现动态监管是提升管理效率的重要手段。建立绩效管理与政务督查的信息化平台，实时采集和处理工作进展情况，甚至通过自动诊断分析绩效变化趋势与轨迹，实现横向纵向比较，为改进政府工作提供重要依据。

4. 内外结合，增强评估的客观性、公正性

各地根据评估内容和评估主体的不同，评估方式主要有三种：一是对部门履职、工作目标及成效等业务性工作的内部评价；二是对为民服务、工作作风等整体表现的内容的第三方评价；三是对政府部门服务质量或专项工作的内外结合的评价。

其中，第三方评估是近些年来各地逐步引入的一种评估方式，表现为三种形式。一是委托式评估。目前开展第三方评估的地区，多数采用此类模式，以服务外包的形式，通过电话、问卷、网络评议等方式开展满意度调查。二是非委托式评估。由独立第三方专业机构主动开展绩效评价。

“广东试验”开启了第三方评价地方政府整体绩效的先河，建立了“公众参与动力——政府感受压力——产生改进绩效需求”的激励与驱动机制。三是多元评估。一些地方积极推动第三方评估，从规模大、影响面广向专业性、规范化转变，组建多方参与的绩效专家库，第三方的范围覆盖了业务骨干、专家学者、社会公众等，对目标制定、年终考核、专项工作进行评价，构建多元参与的治理格局。

5. 重视创优创新，突出质量效益

在通用性考核的基础上，不少地方突出创优创新对绩效管理发挥的正向激励作用，其中以指标设定和标杆管理鼓励创新最为突出。一是指标设定鼓励挑战创新，如“基本分 + 创新分”的形式，在完成既定任务基础上，鼓励超额完成或创造性地完成，解决了有意淡化目标、避重就轻、降低工作标准等问题。二是标杆管理，借鉴现代西方发达国家企业管理的经验，以领先水平作为标杆来评价和比较，体现进步和创新。

6. 注重结果运用，重在总结改进

结果运用是绩效评估考核可持续发展的重要保障。在公务员考核、干部考核的大框架下，各地按照“奖优、治庸、罚劣”的原则，进行了多种形式的探索，体现为“五个挂钩”的结果运用。一是与公务员考核、领导干部选用挂钩。如提高公务员考核优秀等次比例；规定绩效评估年度结果未达到良好以上档次的单位主要负责人不得评为优秀。二是与机构编制动态管理挂钩。依据考评结果增编、减编，考评结果作为党政机关职能配置、机构设置、领导职数核定、人员编制增减的重要依据。三是与绩效奖金挂钩。有的省市已在一定范围内实现绩效奖金与考核结果直接挂钩，不同评估等次实行差别化奖励。四是与财政经费预算挂钩，绩效评价结果作为调整下一年各单位财政预算的重要依据。五是与问题整改挂钩，将整改情况纳入下一年度绩效指标体系，建立绩效结果反馈与改进成效的再考评机制，强化发现问题、改进工作的作用。

二、国土资源部绩效管理的主要做法及特点

（一）国土资源部绩效管理实施背景

2011 年开始，我部作为国务院机构机关绩效管理 3 个试点单位之一，在部党组的统一部署下，由人事司牵头全面开展了绩效管理试点工作，坚持“准备、攻关、建制、试行、实施、总结”六步走的总体思路，建章立

制、探索推进。贯穿一条主线，部党组将绩效管理试点作为一项重要政治任务，把“简便易行、全员参与、信息化管理”的总体要求贯穿始终。形成两个机制，在制度方面，建立了以《国土资源部绩效管理试点办法》和《国土资源部绩效管理试点实施细则》为核心的制度体系；实际操作方面，把部属44家单位全部纳入试点范围，选择6家部属单位开展全员绩效管理试点，既铺开面，又突出创新点，形成上下联动的工作合力。推进3个融合，把绩效管理与业务、队伍和党务深度融合，把党中央、国务院各项重大决策部署以及党风廉政建设和领导班子建设等内容转化成定量、定性的考评指标体系，突出绩效管理在围绕中心、服务大局方面发挥的重要作用，使绩效管理成为推进工作的“总抓手”。

2013年，部际联席会议对我部绩效管理工作进行了评估验收，给予了高度评价，指出为国务院各部门起到了很好的示范带动作用。以此为新起点，在认真总结试点经验基础上，推动我部绩效管理工作向常态化、制度化和规范化方向有力有序发展成为深化管理工作的新方向。

2014年8月研究决定，部绩效管理工作牵头部门由人事司调整到办公厅，要求围绕中心、服务大局，与督查工作紧密结合，突出考评重点工作和重要事项的落实，突出调动上下两个积极性，创造性地落实各项重点工作任务。按照部党组要求，新修订了《国土资源部绩效管理暂行办法》，2015年正式出台并实施。

（二）当前国土资源部绩效管理主要做法

相较于试点阶段的绩效管理工作来说，2015年出台的办法突出了以保障党中央、国务院和部党组的重大部署落实为目标，以促进履职尽责为基础，以增强执行力为核心，与督查工作紧密结合，构建科学的绩效计划、过程管理、评估考核、结果运用机制，充分发挥绩效管理工作的目标激励作用，积极防止为官不为、“懒政怠政”问题，引导各单位主动作为、奋发有为，创造性地完成各项重点工作任务。

在绩效目标设定与分解上，突出履职尽责主线，既立足完成党中央和部党组的部署，又要着眼长远谋划基础性工作。评估内容突出了“职责履行”和“创优创新”两部分内容，“职责履行”反映各单位工作完成“量”，“创优创新”反映各单位工作完成“质”，引导各单位不仅要重视工作完成了没有，更要重视工作完成得好不好。

在绩效评估与具体实施上，一是强化了绩效实施过程中的沟通、协调和监控过程，把年初明确的绩效目标及年度推进中的新增工作纳入督查督办，过程管理以督查督办作为促进目标任务落实的重要手段，年底评估以督查工作结果作为必要依据，加强了督查工作与绩效管理各环节的有效对接，把抓得紧不紧、干得好不好、协调顺不顺，作为衡量各单位绩效管理的重要标准。在此基础上，增强评估的客观性和公正性，首次在目标设定环节和年度评估环节中引入了第三方评估，这是国土资源部在推进绩效管理工作的一个创新性举措。在结果运用上，强化考评结果运用，同时淡化打分排名，一方面与人事考核挂钩，另一方面强调分析与改进，以绩效管理作为推动各单位持续改进工作的抓手（图1）。

（三）当前国土资源部绩效管理的特点

新办法的实施集中体现了“四个理念”：依法履职，突出依法全面履行职责，把严格绩效管理作为各单位依法全面履行职能的有力保障；创优创新，激励创优创新，突出工作的质量效益，最大程度发挥绩效管理正面效用；简便易行，强调工作过程即绩效实现过程，坚持于法周全、于事简便，力求务实管用；以评促改，以考核评估作为发现问题、优化改进的重要手段。在绩效管理具体组织实施过程中体现为以下特点。

1. 聚焦履职尽责，考评内容体现围绕中心、服务大局的要求

新办法实施以来，在绩效管理评估考核内容的设计上，重点突出了“职责履行”和“创优创新”两部分内容，“职责履行”反映各单位工作完成的“量”，“创优创新”反映各单位工作完成的“质”，引导各单位不仅要重视工作完成了没有，更要重视工作完成得好不好。新办法实施后，对于各单位职责履行的考评，主要体现以下3个新特点。

（1）把职责纳入一级指标，引导各单位从履职尽责出发谋划工作。各单位把“三定方案”主要职责作为指标体系的一级指标，将党中央、国务院重大决策部署和部年度重点工作任务分工，与主要职责一一对应，全部纳入，充分落实了围绕中心、服务大局的总体要求。通过绩效目标设定过程，引导各单位从职责职能出发来计划全年工作，突出以履职尽责作为管理工作的基础，突出以保障党中央、国务院和部党组重大决策部署为目标。

（2）建立了开放性指标体系，实现动态考评。突出履职尽责主线，重点工作层层分解，新增工作即增即入，主要考核各单位完成党中央、国务院和部党组的重大决策部署、重点工作任务、领导交办事项、本单位基础性工作的情况，以及各单位围绕中心、服务大局的创优创新工作成果。

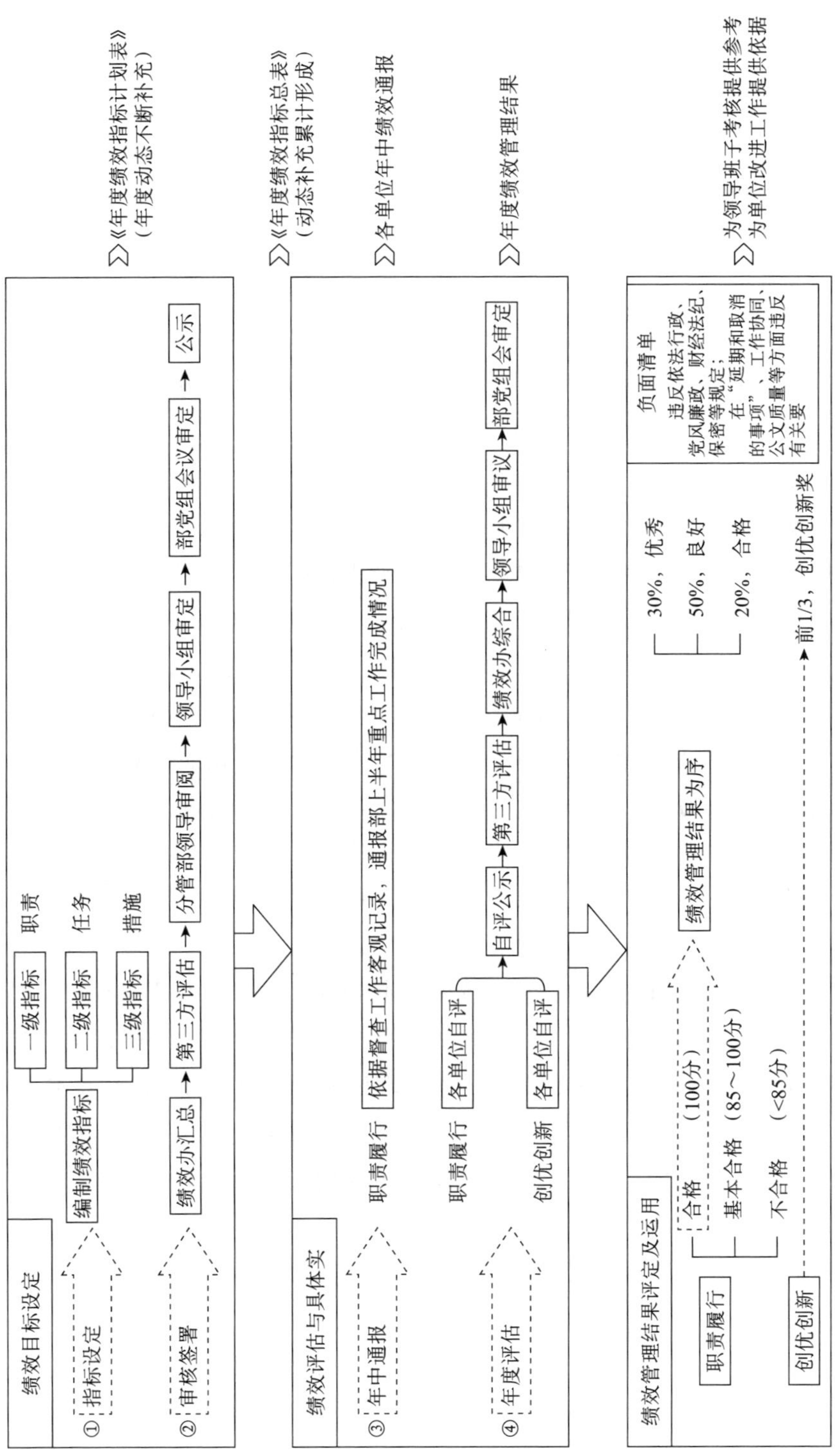

图1　国土资源部绩效管理流程框架图

（3）建立“负面清单”，纳入一票否决机制。从绩效管理内容中剥离了基础建设方面的内容，把依法行政、党风廉政、财务管理等日常管理内容的结果体现在“负面清单”中，作为“一票否决”，使绩效指标体系更加突出职责履行的重点，内容更加精简集中，避免“绩效管理是个筐，什么都往里面装”，同时又科学统筹了与其他考评机制的关系。

2. 引入第三方评估，增强考评方式的客观性和公正性，构建多元结构的治理体系

2015 年，首次在目标设定环节和年度评估环节都引入了第三方评估，这是我部推进绩效管理工作的一个创新性举措。引入第三方，是基于以下的考虑：从宏观趋势来讲，2014 年至今，“第三方评估”多次被李克强总理在国务院常务会议上提到，国务院层面已经在对重点政策的评估上纳入了第三方，这是给全社会的一个信号，是推进政府管理改革、构建多元治理结构的一个重要举措。从具体实践工作来讲，第三方更加独立客观，有利于增强评估考核的公平性、公正性和公信力；第三方发挥专家的作用，更加深入细致地对各单位工作完成情况进行二次审核把关，发挥“预诊断”和“后评估”的作用。在做法和成效上包括以下几个方面。

（1）第三方评估专家库，用好系统内外专家资源。按照部党组“第三方评估要合理用好系统内外有关力量，确保客观公正，实现预定目的”的要求，部绩效办调动系统内外的专家资源，建立了绩效管理第三方评估专家库。目前入库专家 150 人，其中系统内专家 110 人，主要来自于各司局、各督察局、各直属单位“三支队伍”以及省级国土资源主管部门，以总规划师、总工程师和研究员为主；系统外专家 40 人，主要来自于高校和科研院所，以教授为主。专家库全面覆盖了党务、政务、财务、法律、土地管理、矿政管理、信息化等方面具有扎实的理论和实践功底的专家型人才。

（2）目标设定第三方评估，从工作谋划开始加强把关。第三方专家对部机关司局、督察局、事业单位的绩效指标计划表进行了集中审核。在专家选择上，30 位地政、矿政、综合管理类的专家组成 5 个组，实现了对口专家评对口单位。在具体实施上，本次绩效目标设定第三方评估确定了对各单位的《计划表》逐项对照，逐条指标审核，既有专家独立进行的“背对背”评估，又有集中论证研究的小组评估。在评估效果上，提出了 168 条指向清楚、可参考修改的具体意见，相当于是给各单位做了一个全面、深入、细致的“CT”，开出了具体明确的“诊断书”，提供了专业性强、

指向性明确、改进方向清晰的“意见指南”，起到“事前诊断”和“审核把关”的重要作用。在结果运用上，各单位根据专家意见进行了一一对照修改，保障了年度目标计划重点突出、内容细化、围绕中心、服务大局。

（3）年度结果第三方评估，突出专业性、独立性、客观性。52位来自省级国土资源主管部门、部机关司局、各派驻地方的国家土地督察局和直属事业单位的评估专家全程参与，按照“一把尺子量到底”的原则，对各单位职责履行落实情况和创优创新成效进行全面审核把关。职责履行评估，逐一对照检查两千多项绩效指标，从工作措施是否落实、工作成效与预期成果是否契合、完成状态是否客观真实、证明材料是否充分4个维度进行复核。对于自评按期完成的事项，均落实了关键性工作措施并形成相应工作成果；对于延期和取消的事项，均按要求提交了证明材料。同时，专家组对下一步改进工作提出了改进建议。创优创新评估，按照专家投票定档打分的原则进行，对照重大、较大、一般的标准进行评估认定。经评估，对约2/3的创优创新项目给予确认，评估对于各单位聚焦新工作、新举措、新成果，提升各单位工作水平、围绕中心发挥服务支撑作用具有明显成效。评估结果为领导小组和部领导提供参考，为各单位改进工作绩效提供重要依据。

3. 强化与督查督办结合，过程管理重在推动工作落实

按照部党组“绩效管理要与督查工作紧密结合”的要求，绩效管理把年初明确的绩效目标及年度推进中新增工作纳入督查督办，过程管理以督查督办作为促进目标任务落实的重要手段，年底评估以督查工作结果作为必要依据，加强了督查工作与绩效管理各环节的有效对接，突出党中央、国务院和部党组重大决策部署、重点工作，把抓得紧不紧、干得好不好、协调顺不顺，作为衡量各单位绩效管理的重要标准，强化过程管理，有力推动重点工作有效落实。从年中通报情况来看，各单位积极履职、加快推进工作，能够通过过程管理的自我检查和自我评估，及时发现和解决问题，促进各项部重点工作基本上都得到了有效落实，取得了预期成效，为全年目标实现打下基础。

4. 引入标杆管理理念，设立创优创新标准，发挥引领示范作用

创优创新评估改变了以领导批示和奖项多少决定分数排名的做法，建立了“重大、较大、一般”3档创优创新标准，强化标杆管理的概念，从工作创新性、成果重要性、影响范围等角度进行衡量。采取单位自行申

报、第三方评估的方式进行，引导各单位围绕中心、服务大局，把精力聚焦到优质高效地完成重点工作上来，突出工作质量和效益，积极开拓创新、攻坚克难、主动作为、敢于担当，树立创优创新的标杆，创造性地实现绩效目标。

5. 增强结果运用，最大程度发挥绩效管理正面效用

新办法以各单位“职责履行”完成率作为划定合格线的标准，年度工作任务全部完成的，即职责履行分数为100分，才具备评选优秀和良好的资格，淡化打分排名的作用，强化各单位履职尽责意识。同时，强化考评结果运用，绩效管理结果一方面作为各单位领导班子综合研判和年度考核的重要依据，作为年度考核干部工作业绩评定的重要内容；另一方面绩效办每年综合各单位绩效管理情况，分析指出存在问题，督促有关单位改进工作，对绩效管理不合格的单位，要下发通知，督促整改，针对存在的问题，各单位要研究具体改进措施，积极推进优化改进，以绩效管理作为推动各单位持续改进工作的抓手。

三、比较视野下的国土资源绩效管理的挑战与发展方向

经过五年的实践，目前国土资源部绩效管理工作已初具基础。借鉴国内外政府绩效管理，结合国土资源绩效管理组织实施中的实际情况，我们对国土资源绩效管理面临的问题挑战，以及下一步发展方向进行了分析思考。

（一）国土资源绩效管理工作面临的挑战

在国土资源绩效管理实际工作中，如何最大程度地发挥绩效管理工作的正面效用，体现创新管理方式、提高行政执行力、围绕中心服务大局的要求，是一直在探索和研究中的问题。对比国内外绩效管理的典型做法和经验，我们认为国土资源绩效管理工作需要集中解决以下几方面问题。

（1）指标设计在保障依法履职尽责上还有一定难度，存在考与被考的博弈、差异化与统一性的矛盾。政府绩效管理面临的考核对象职责职能有别、责任轻重不一、任务多少不等，如何制定科学、全面、操作性强的考核指标，准确衡量各单位工作质量和效益，确保考核结果公平公正，是实施绩效评估考核中普遍存在的问题。国土资源部绩效管理在制度设计上，重点突出了“职责履行”和“创优创新”两部分内容，职责履行没有统一的指标设计，重点关注三级指标完成率，年度评估中，单位自评再由第三

方评估进行复核，部绩效办审定。但实际工作中，各单位在实际设置自身指标时有的故意降低标准，避重就轻，使目标易于达成、便于加分；有的任务越重、责任越大的，考核结果可能暴露的问题越多；因此，如何兼顾统一性和差异性，使评估考核更加科学，结果更有公信力，更好地以绩效手段确保履职尽责，需要继续探索完善。

（2）强化外部过程管理和激发内生动力之间还存在一定难度。过程管理是督促工作落实的关键环节。目前国内政府的过程管理多采用自评自查、督办提醒、定期通报等软性方式，缺乏刚性约束；相较于国外一些国家的典型经验，缺乏严格的审查监督机制。具体推进过程中，有的把绩效管理作为目标管理的新名词，只是按部就班地提交材料，缺乏积极主动开展绩效管理的动力，开拓创新和主动担当意识不够，没有充分发挥出绩效管理在推动工作、发现问题和改进提升方面的功能。因此，如何更好地把外部管理压力与内部改进提升动力相结合，强化自我管理意识，促进被动接受考评到主动参与管理的转变，是要考虑的长远问题。

（3）引入第三方的意识逐步增强，但参与作用有待发挥。实践表明，第三方机构的参与是促进政府绩效设计和改善的不可或缺的重要力量。20世纪90年代开始，以美国坎贝尔研究所为典型代表的第三方评估对政府行为开展了大规模的绩效评估活动，共同推动了美国各州和地方政府的绩效评估的积极实践。目前国内各地政府绩效管理第三方评估工作的开展不均衡，评估效果上也有待提升。国土资源部自新办法修订以来，2015年度连续在目标设定和年度评估引入了外部专家作为第三方，但在评估实施过程中，由于政务公开不够、信息不对称等原因，外部专家存在缺乏对实际工作的深入了解的问题，难以对职责职能、目标任务、工作成效等有全面认识，会在一定程度上影响评估结果的客观性、准确性和权威性，不能完全实现“知情人评知情事”。因此，提高第三方的参与度，健全参与机制，是下一步需要努力的方向。

（二）国土资源部绩效管理工作的发展方向

绩效管理在当代不仅仅是一项管理制度，更是政府现代化和精细化的发展方向。结合近几年中央对于转变政府职能、推进依法履职、严格绩效管理的总体要求，我们认为，进一步优化国土资源部绩效管理工作，应该从以下几方面进行思考：

（1）从增强绩效管理规范性的角度，推进顶层设计的连贯性和稳定性。自20世纪90年代起，绩效管理起步较早的一些国家，纷纷开启了政府绩效管理的法制化进程，从国家政府的层面颁布全国性的政府绩效管理相关法律，以立法的形式保证绩效评估的主张得以顺利实施。我国自2004年开始，绩效评估概念第一次出现在中央政府官方文件中[1]，自此之后加强政府绩效管理的导向不断得到明确，成为加强政府行政管理创新的导向。近两年，十八届四中、五中全会，进一步强调了严格绩效管理是依法全面履行职责的有力保障。国土资源部下一步要持续推进制度建设，确保顶层设计的连贯性和稳定性，从制度层面保障绩效管理的常态化。一是注重制度的评估和优化，随着绩效管理制度的修订和完善，要注重对于制度实施效果的事后评估，注重收集各单位对于绩效制度组织实施的反馈，不断明确改进的重点和方向；二是加强考评制度衔接，在现有干部管理和人事制度的大框架下，在评估方式和结果运用上与绩效评估考核有效对接，避免制度冲突，减少多重考核；三是加强与督查工作的深度融合，我部绩效管理工作的指导思想是以保障重大决策部署落实为目标，这与督查督办的工作重点和方向是高度一致的，只有充分发挥绩效评估考核的多种手段，才能更好地与督查工作实现多点融合，强化过程管理，有力推动重点工作有效落实。

（2）从保障依法履职的角度出发，增强绩效管理的职责导向。目标导向是西方政府绩效管理发展的重要特征，通过绩效评估来审查各级政府实现目标的情况，以提升政府效率、促进政府履职。十八届四中全会提出的“依法全面履行政府职能”明确了严格绩效管理是政府依法全面履行职能的有力保障。因此，国土资源部在绩效管理工作的源头上需要进一步突出目标导向，绩效管理体系的设计要紧密围绕核心职责职能，提炼关键绩效指标。绩效指标和评估要根据政府的长期使命、战略规划和年度计划来进行，确保围绕中心、服务大局，力求重点突出、简便易行、有效管用。针对评估考核中职责划分模糊等情况，要明确责任主体及任务清单，确保职责明确、任务清晰，倒逼责任主体高效尽责、依法行政，加强职能监督，避免推诿扯皮，推动管理精细化和差别化。

（3）探索实施绩效预算，增强绩效管理的动力机制。英美等国家在实施绩效管理时，绩效预算成为目标设定、过程管理、绩效评估中的重要桥

[1] 周志忍．我国政府绩效管理研究的回顾与反思［J］．公共行政评论，2009（1）．

梁和信息来源，绩效预算成为测量政府行政目标是否达到以及公共职责实现程度的一种机制。相较而言，我国预算绩效体系已经初步建立。在国土资源绩效管理工作中，暂时还未把预算绩效纳入到评估考核中。建议：一方面，牢固树立“花钱必问效，无效必问责”绩效理念，英国在签订公共服务协议时明确规定预算资金与对应的绩效结果，我部可以考虑将预算绩效的结果逐步纳入政府绩效管理考核指标中，既全面覆盖又不重复设置；另一方面，将预算绩效执行情况作为绩效评估的重要参考，完善“负面清单”对于财务管理的要求，对于未完成预算绩效目标的分析原因，提出支持和建议，找出改进方法和措施，促进绩效管理的改进。

（4）用好第三方评估专家库资源，增强评估的独立性和专业性。从国内外开展绩效评估的实践探索来看，多元主体、内外结合是提高评估专业性、客观性和公正性的可行之道，让“知情人评知情事”，提高评估结果的公信力和权威性。建议基于我部已组建的第三方评估专家库，动态调整专家库资源，完善专业结构，吸纳服务对象等第三方评估主体。

同时，逐步开展重点专项工作的绩效评价，对部重大政策的贯彻落实情况、与群众利益紧密相关的民生项目等重点工作，引入服务对象、社会公众、有关部门的第三方评价，合理利用第三方机构的支持，通过吸纳大学、研究机构、咨询公司等非官方机构提供的独立分析，能够帮助我们更加清晰、客观地认识自身绩效，构建多方参与、监督制衡、公开透明、结果公认的考核评价工作机制，更好地落实国土资源工作定位。

（5）加强绩效结果运用，突出绩效持续改进。从国外政府绩效管理的经验来看，绩效结果的运用主要体现在3方面：一是向服务对象或上级管理部门的反馈；二是预算安排、财政利益奖励等奖励性措施；三是对于绩效不佳的，给予绩效诊断，提出改进方向。目前国土资源部绩效管理结果运用主要为人事考核提供了参考，为改进工作提供依据。下一步，一方面是要建立结果反馈与持续改进的再考评机制，提高绩效评价的回应性，使各单位根据评价结果及时调整和改进，激发绩效管理的内在生命力；另一方面，借鉴提高公务员优秀比例、与绩效奖金挂钩、预算调整等做法，在有条件的情况下试行推广，进一步加大激励机制的探索，建立有效的结果运用链条，为绩效评价价值的实现提供保障。

附录

国土资源部党组认真贯彻落实中央部署和要求，科学把握国土资源工作新常态，对国土资源人才工作也作出了一系列重要安排和举措。与此同时，国家和国土资源部一系列重要人才政策的出台，也给国土资源人才工作带来了前所未有的发展机遇。本部分主要收录了2015—2016年国土资源部领导关于人才工作的讲话论述、国家和国土资源部重要人才政策措施。

附录一 2015—2016年国土资源部领导关于人才工作讲话摘录

姜大明同志关于国土资源人才工作讲话摘录

姜大明同志对国土资源人才工作协调小组第五次全体会议的批示

近年来，国土资源人才工作围绕中心，服务大局，积极推进国土资源人才规划的组织实施，国土资源人才总量不断扩大、结构布局逐步优化、能力素质持续提升，有效支撑了国土资源各项工作。当前，我国经济发展进入新常态，实施创新驱动发展战略进入关键期，各级国土资源主管部门和地勘单位要更加重视人才工作，深入学习贯彻习近平总书记关于人才工作的重要指示精神，以“四个全面”战略布局为统领，坚持党管人才原则，把人才作为第一资源，把科技作为第一生产力，把创新作为第一动力，推进人才和科技体制创新，为国土资源事业改革和创新发展提供坚强有力的人才保障和智力支持。

（2015年5月11日）

姜大明同志在国家土地督察机构干部整训班上的讲话

三、用“三严三实”打造绝对忠诚、为民奉献、实干担当、廉洁干净的督察干部队伍。

在去年整训班上，我对大家提出了四句话要求，这与“三严三实”要求是一致的。要通过这次专题教育，真正使我们严起来、实起来，努力打造绝对忠诚、为民奉献、实干担当、廉洁干净的督察干部队伍。

（一）将“三严三实”作为修身之本，坚持绝对忠诚的政治品质

忠于党、忠于国家、忠于人民，是督察干部最基本的政治素质、最起码的政治品格。总体上看，督察机构绝大多数党员干部对党忠诚，是经得起考验的。但也有个别党员干部理想动摇、信念模糊、信仰缺失；有的对

中央精神学习掌握不全面、理解不深透，不能用以指导工作，规范言行；有的对部党组的决策部署评头论足，执行中打折扣、做选择，打“擦边球”；有的擅自离开督察区域不请示、不报告，“天马行空”；有的在民主生活会上对别人放礼炮，对自己放空炮，避重就轻、文过饰非；有的申报个人事项打“马虎眼”，瞒报、漏报、缓报。这些都是不忠诚的表现，要通过专题教育切实加以解决。要忠诚于党，坚定理想信念“主心骨”。补好精神之“钙”，加强理论学习，坚定马克思主义信仰、共产主义理想、中国特色社会主义信念，增强道路自信、理论自信、制度自信，固本培元、树根立魂，打牢思想政治基础。要强化党的意识，加强党性锻炼，牢记自己的第一身份是共产党员，严守党的纪律特别是政治纪律，在党爱党、在党为党，心系人民、情系人民，忠诚一辈子，奉献一辈子。要忠诚于国家，当好耕地红线的“守护神”。督察机构代表国务院履行对地方土地利用和管理情况的监督检查职责，体现的是国家形象，维护的是国家利益，必须牢记“为国督察”的职责使命。要坚持国家利益至上，正确处理好国家利益与地方利益的关系；要局部服从全局，坚持在大局下做好督察工作。要忠诚于事业，保持干事创业的精气神。不忘初心，方得始终。每位督察干部都要经常问问自己，当初为什么要当一名督察干部？为什么要选择土地督察事业？要深化对督察工作性质、职责和作用的理解，增强对国家土地督察制度的认同感，保持对督察事业的执着追求和饱满热情，计利天下，勤奋工作。

（二）将“三严三实”作为从政之道，坚持为民奉献的精神追求

从群众路线教育实践活动整改情况看，在少数干部身上还存在群众观念淡漠、奉献精神不足等问题。有的同志愿意和政府、部门打交道，不注重甚至不愿意深入基层听取群众的意见和呼声；有的同志以“监督者”自居，对地方颐指气使，口大气粗，以势压人；有的同志安于现状、不思进取，讲理想、讲奉献少，讲待遇、讲利益多，等等，这些问题也要在专题教育中认真解决。要发扬奉献精神。习近平总书记引用过印度诗人泰戈尔的一句话：“花朵的事业是美丽的，果实的事业是尊贵的，但我愿做一片绿叶，绿叶的事业是默默地垂着绿荫的”。督察工作长期在外，比较辛苦，越是如此，越需要像绿叶一样的奉献精神，坚守并热爱自己的岗位。要正确认识苦与乐、得与失的关系，在立足岗位奉献中成就自我，在推动事业发展中实现价值。要站稳群众立场。民之所望，施政所向。要牢记群众观

点，时刻把群众放在心中最高位置，想万家灯火、念百姓忧乐，始终保持与人民群众的血肉联系。对群众关心关切的国土工作要热心去做，对群众反映的土地违法问题要认真去查，对群众的信访投诉要耐心去办，着力解决群众最关心、最直接、最现实的利益问题。要把握用权标尺。牢记权力是一把“双刃剑”，只能用来为党和人民服务，不能谋取任何私利。要依法履行职责，坚持有法必依、执法必严、违法必究。要正确行使权力，平等待人，将心比心，力戒简单粗暴，绝不以势压人。要建立健全监督制度，自觉接受群众监督、基层监督、社会监督和舆论监督，让权力在阳光下运行，赢得各方面信任与尊重。

（三）将“三严三实”作为成事之要，坚持求真务实的责任担当。目前，一些督察干部在工作中还存在服务大局不够、担当担责不够、化解矛盾能力不强的问题，影响了工作质量和效能。要按照谋事要实、创业要实的要求，认真解决这些问题。要深入调查研究。对如何适应经济发展新常态谋划好“十三五”工作？如何围绕国土资源工作定位履行好监督检查职责？如何按照督察工作特点抓好党风廉政和干部队伍建设等问题，深入实际，调查研究，摸实情、出实策，使我们的工作更加符合实际情况、符合客观规律、符合发展要求。要抓好工作落实。千忙万忙，不抓落实都是瞎忙；千条万条，不去落实都是“白条”。国务院在第二次大督查工作中，督查组对我部狠抓稳增长、促改革、调结构、惠民生等政策措施落实给予充分肯定，同时也提出了需要注意和改进的问题。各督察局要结合土地管理领域专项整治行动，重点抓好闲置土地处置整改等工作。要勇挑工作重担。敢于担当是共产党人的政治本色，有多大担当才能干多大事业。要勇挑重担，主动承担起部党组交给的重大任务，发挥一线优势，积极参与国土资源领域重大改革，当好部党组的参谋助手。要主动作为、奋发有为，不断创新工作思路方法，提高土地督察工作水平。

（四）将“三严三实”作为廉政标准，坚持干净干事的底线要求。从巡视反映情况看，督察机构党风廉政建设还存在主体责任不落实，业务和党建一手硬、一手软，个别干部甚至发生违法违纪问题。有的借督察之机，擅自向地方提非分要求；有的对“打招呼”“说情风”抹不开面子，在督察中“放水”；有的单位执行中央八项规定精神还不坚决，办公用房、财务收支、外协项目等管理不够规范。“打铁先要自身硬”。督察机构必须用严于监督别人的标准来监督自己，用高于要求别人的标准来要求自己，才能有资格去督察别人。要筑牢道德防线。“欲影正者端其表、欲下廉者先之身”，要加强党性修养和道德养成，培养健康情趣和高尚情操，远离享乐主义和奢靡之风，自觉净化朋友圈、社交圈，自觉抵制各种不良风气和腐朽生活方式的侵蚀。要不踩法纪红线。“须知香饵下，触口是锯钩”，要敬畏、严守党纪国法，守好公与私、情与法、权与利的分界线，克服麻痹思想和侥幸心理，知所避、知所守、知所止。要坚守廉政底线。严格执行廉洁自律各项规定，严格要求自己和家人。不准超标准配备办公和生活用房，不准违规配备公车，不准超标准进行公务接待，不准违反规定超标准享受待遇。守住这4条防线，我们就能够想干事、能干事、干成事，并确保不出事。

（2015年8月30日）

姜大明同志在全国国土资源管理系统先进集体和先进工作者表彰暨第十四次李四光地质科学奖颁奖大会上的讲话

学习和弘扬先进，要在传承李四光精神、推动科技创新上抓机遇、求突破

要营造有利于促进国土资源科技发展的良好环境。坚持在实践中发现人才、吸引人才、培养人才、凝聚人才，形成具有竞争力的国土资源科技人才成长机制，打造一支素质优良、结构合理、善于创新的高水平国土资源科技队伍。加快国土资源科技体制改革，推动科研院所和地勘单位一体发展。打破限制人才流动的各种壁垒，充分释放人才、资本、信息、技术等创新要素活力。完善科技成果转化激励政策，充分调动科技人员的积极性、主动性和创造性。

学习和弘扬先进，要在加强作风建设、锻炼干部队伍上提素质、树形象

要努力践行“三严三实”作风，加强党性锻炼，坚定理想信念，坚守共产党人的精神家园；坚持实干担当，勇于面对新常态下国土资源工作出现的新情况，着力破解制约国土资源改革发展的重点难点问题；坚持依法行政，正确用权、谨慎用权、干净用权，做到党纪红线不触碰、法律底线不逾越。

要努力提高干事创业能力。观大势、谋大事、懂全局、管本行，把党中央国务院重大决策部署和国土资源工作实际紧密结合，提高立足全局谋划工作的能力。要发扬“钉钉子”精神，扭住重点工作，善始善终、善作善成，提高抓好落实的能力。要坚持问题导向，尊重基层首创，总结新鲜经验、加强分类指导，提高解决实际问题的能力。

要努力做到清正廉洁。持之以恒抓好中央八项规定落实，深入学习贯彻党章和新修订的《准则》《条例》两部党内法规，把政治纪律和政治规矩挺在前面，运用好监督执纪的“四种形态”，使正风肃纪、高压反腐永远在路上。强化各级党组织管党治党、从严治党的责任，落实党风廉政建设主体责任和监督责任，层层传导压力，着力构建不敢腐、不能腐、不想腐的体制机制，坚决遏制土地出让、矿产开发领域腐败案件易发多发势头。

（2015 年 12 月 26 日）

姜大明同志在全国国土资源工作会议上的讲话

在持续抓好作风建设的同时，深入开展“能力建设年”活动，着力提高各级领导干部履职担当、善作善为的能力和水平。一是要提高懂全局、管本行的能力，把握全局，做好本职。二是提高抓重点、破难题的能力，坚持目标导向和问题导向相统一，坚持尊重基层首创和加强顶层设计相统一，坚持精准施策和宏观谋划相统一。三是提高抓落实、求实效的能力，持续发扬“钉钉子”精神，凝聚抓落实的合力，完善抓落实责任制。四是提高崇廉洁、拒腐蚀的能力，巩固延伸“三严三实”专题教育成果，保持反“四风”、正党风，反腐败、倡清廉的战略定力，把“三严三实”专题教育取得的经验应用到经常性党建工作中去，做到标准不降、要求不松、力度不减。姜大明部长号召全系统各级领导干部都要强化担当意识，敢于担当、善于担当，带动形成积极向上、敬业奉献的浓厚氛围。树立正确用人导向，为在改革创新中攻城拔寨、在大事难事中勇挑重担者加分，激发广大干部想干事、能干事、干成事的热情。要重视正面激励，完善容错纠错机制，旗帜鲜明地为勇于干事者撑腰，为敢于担当者担当。

（2016 年 1 月 7 日）

姜大明同志在全国测绘地理信息工作会议上的讲话

深化“三严三实”教育成果，强化干部队伍能力建设。加强培训锻炼，着力提高履职担当、善作善为的能力。要通过学习培训、实践锻炼、交流轮岗、调查研究等多种方式，着重增强4种能力。一要提高懂全局、管本行的能力。要把握全局，自觉做到小局服从大局，小道理服从大道理；要做好本职，业务上成为行家里手，工作上做到得心应手。二要提高抓重点、破难题的能力。要坚持目标导向和问题导向、尊重基层首创和加强顶层设计、精准施策和宏观规划相统一，加快建设一支敢打硬仗、善打硬仗的坚强队伍，锤炼一批敢于担当、不怕困难的攻坚高手，及时破解制约事业发展的突出矛盾和问题。三要提高抓落实、求实效的能力。领导干部要有“功成不必在我”的胸襟和高度自觉的协同意识，凝聚抓落实的合力，发扬“钉钉子”精神，善始善终、善作善成；要完善抓落实责任制，确保各项任务分工明确、责任落实，促进干部在其位谋其政、任其职尽其责。四要提高崇廉洁、拒腐蚀的能力。强化党章党规党纪意识，绷紧纪律和规矩这根弦，为党员干部套上“紧箍咒”、系上“安全带”，永葆共产党人本色。特别是要强化担当意识，注重正面激励引导，完善容错纠错机制，旗帜鲜明地为勇于干事者撑腰、为敢于担当者担当，营造人人都能主动作为、奋发有为的创业环境。

（2016年1月11日）

姜大明同志在全国地质调查工作会议上的讲话

要全面落实创新驱动发展战略，加快推进地质科技体制改革。一是探索建立自然资源与能源安全国家实验室，创建国家级开放式协同创新平台，为自然资源可持续利用和能源安全提供技术保障。推动深部地下实验室立项工作。二是加快推进地调局、地科院一体化改革，整合局院力量，理顺局院关系，实现地质调查与科学研究深度融合，构建现代地质调查和科学研究新体制。三是积极研究提出地质领域国际大科学计划，组织申报并实施一批国家重大科技项目，加强重点领域和关键环节科技攻关，促进矿产勘查开发新理论、新技术、新方法、新工艺、新装备的研发、推广和应用。四是大力倡导创新思维，深刻把握颠覆性创新带来的机遇和挑战，坚持以创新论英雄，充分调动和发挥广大地质工作者的积极性、主动性和创造性，形成人人谋创新、处处求创新的生动局面。五是把人才队伍建设摆上突出位置，把适应国家需求作为衡量人才的根本标准，培养造就一支在国内地学界有影响力、在国际地学界有话语权的地质科技人才队伍。

（2016年1月15日）

汪民同志关于国土资源人才工作讲话摘录

汪民同志在全国国土资源工作会议结束时的讲话

强化科技创新驱动。一是出台专门文件，召开科技创新大会，深化体制机制改革，营造良好政策环境与工作氛围，加快释放科技创新的活力和动力。二是创新科技项目管理，改革人才评价体系，加快科技人才培养，强化激励机制，塑造良好学风，加强重点实验室建设，打造一流科技团队。三是面向重大需求，围绕重大科技问题，落实重大项目，开展科技攻关，尽快取得一批重大成果。四是全面深入应用对地观测技术、物联网和云计算等现代信息技术的新理念、新方法，加快构建基于大数据、“国土云”、贯穿四级管理主体业务的数字化、网络化、智能化国土资源管理服务系统。

全面加强干部队伍建设。一是加强干部教育、培养和管理。按照习近平总书记“严以修身、严以用权、严以律己，谋事要实、创业要实、做人要实”和李克强总理“信念坚定、勤政专业、廉政奉公”的总要求，从严治吏，加强培养，关心爱护，坚定广大干部理想信念，提高素质，增强能力，切实建强国土资源干部队伍。切实加强老干部工作，要把对老同志的敬重之心和关爱之情，落实在工作中，体现在服务中，真正把工作做到老同志的心坎上。二是持之以恒加强作风建设。以铁的纪律，常抓不懈，深入落实中央八项规定精神，持续反对“四风”，严防反弹。加强教育引导，增强广大干部职工对不正之风的免疫力。建立有效预防机制，早提醒、早纠正，防止小毛病发展成大问题。建立有效监督机制，强化查处问责，真正形成风清气正的良好局面。三是加强党风廉政建设和反腐败工作。，全面落实“两个责任”，严肃责任追究，切实发挥党委的主体责任和纪委的监督责任。落实“一岗双责”、实施“一案双查”，健全责任分解、监督检查、责任倒查的完整链条，确保有案必查，有责必问。开展全国土地管理和矿产资源领域两大专项整治行动，加大整改查处力度、监督管理力度和改革创新力度，把权力关进制度的笼子里，从根本上遏制国土资源领域腐败多发易发势头。

（2015 年 1 月 16 日）

张德霖同志关于国土资源人才工作讲话摘录

张德霖同志在国土资源人才工作协调小组第五次全体会议上的讲话

关于 2014 年国土资源人才工作

2014 年，国土资源系统和地勘行业各单位认真贯彻落实中央和部党组各项决策部署，围绕中心，服务大局，以落实国土资源人才规划为主线，积极推动国土资源重点人才工程计划的实施，国土资源人才工作取得了新的进展。部党组对当前国土资源人才工作取得的成绩给予充分肯定。2014 年人才工作总结大家已经审议通过，我再讲几个方面。

一是各级领导更加重视人才工作。国土资源系统和地勘行业各级领导深入学习贯彻落实习近平总书记系列重要讲话精神，结合业务工作推动人才工作，积极落实人才优先发展战略。部人事司组织部局处级干部开展习近平总书记系列讲话精神集中学习培训；地调局把人才成长目标作为建设世界一流地调局的首要目标和核心任务；法规司启动了国土资源法治人才培养工程；土地督察系统按照“五个坚持”、“三严三实”要求，努力打造“对党和国家绝对忠诚，对人民群众满怀深情，对本职工作一丝不苟，对言行举止严格要求”的土地督察干部队伍，各级领导抓人才资源的意识得到了进一步加强。

二是各类科技人才脱颖而出。2013 年以来，我部 4 人入选国家“万人计划”，3 人入选国家百千万人才工程，1 个团队入选国家“重点领域创新团队”，引进了 4 名国内外知名专家学者；国土资源高层次创新型科技人才工程实施成效突出，目前已经分两批遴选出 82 名科技领军人才、142 名杰出青年科技人才和 46 个创新团队；推选了 9 人在国际地学组织任职，增强了我国在国际地学界的话语权。同时，各单位通过访问考察、国际会议、合作研究等方式拓宽人才国际化培养渠道；2014 年，地调局与 13 个国家和国际组织新签署了 15 项合作协议。

三是各类培训培养工作进一步加强。2014 年，部属各单位举办各级各类培训班 57 期，培训干部 18 万余人次（含视频培训）。地科院与大区地调中心相继建立了"8 +6""6 +1"战略联盟，积极推动地调科研和人才培养一体化。部支持中国地质大学（武汉）成立了国土资源管理学院，支持浙江大学成立了土地与国家发展研究院。地质教育研究分会组织编制了国土资源卓越工程师等8个专业行业标准，我部还与教育部联合印发了《关于实施国土资源领域卓越工程师教育培养计划的意见》（教高〔2014〕6号），为国土资源领域卓越工程师培养提供了制度保障。

四是地勘人才队伍发展取得新进展。中央和各省级地勘单位重点把引进地矿专业高校毕业生作为稳定地勘队伍的重要手段，同时注重与高校开展产学研协同培养人才，广泛开展继续教育、学历培训和举办各类高级研修班，不断提高地勘人才队伍素质。2014年部7所共建高校为国土资源系统和地勘行业输送本科生、研究生6636人，与地勘行业有关单位新签署合作协议20多个。同时，部在全国地质勘查行业也开展了"寻访最美地质队员"大型宣传活动，进一步弘扬了地勘行业"三光荣""四特别"精神，不断为地勘行业人才发展营造良好氛围。

五是各类人才为国土资源事业做出了新贡献。部党组审时度势提出了"尽职尽责保护国土资源，节约集约利用国土资源，尽心尽力维护群众权益"的新定位，国土资源系统各类人才紧紧围绕新定位和中心工作，在岗位上贡献才智，在创新中推出成果，人尽其才、才尽其用，以人才成长进步推动事业发展，以事业发展促进人才辈出，两者相辅相成、相得益彰，共同为国土资源事业发展作出了新贡献。

在肯定成绩的同时也要看到，目前国土资源人才工作与中央要求、行业需求、人才期待还有不少差距；现有国土资源人才队伍数量、质量、结构和分布还不能完全适应新时期国土资源事业发展需求；国土资源重点人才工程计划实施进展不平衡，部分协调小组成员单位抓人才工作的意识和手段还有待改进；国土资源人才成长的制度机制有待完善，基础工作有待加强等。对这些问题，我们要认真研究加以解决。

关于切实做好2015年国土资源人才工作

2015年是"十二五"规划收官之年，也是国土资源人才规划实施中期之年。《2015年国土资源人才工作要点》已经对全年人才工作作出具体部署，并经审议原则通过。在这里再强调几点。

（一）深入学习贯彻习近平总书记关于人才工作的重要讲话精神。我们党历来高度重视人才工作，始终把人才问题作为关系党和国家事业发展的关键问题。党的十八大以来，习近平总书记更是站在党和国家事业全局高度，着眼于实现“两个一百年”奋斗目标和中华民族伟大复兴的中国梦，对人才工作的重要意义、目标要求、基本任务和具体举措作了一系列重要讲话。这些讲话既有思想理论创新，又有管用务实的思想方法、工作方法和工作要求，极大地丰富了中国特色社会主义人才理论的内涵，是我们扎实做好各项人才工作的遵循和指南。中央政治局委员赵乐际在中央人才工作协调小组 41 次会议上指出，“我们做人才工作的，最根本，就是要不断跟进学习、贯彻落实好总书记的重要指示精神。”为此，国土资源系统和地勘行业各单位各部门特别是一把手要以“四个全面”战略布局为统领，继续深入学习贯彻好习总书记关于人才工作的重要指示精神，把“择天下英才而用之”付诸实践，把“建设规模宏大创新型人才队伍”落实于行动，把“遵循社会主义市场经济规律、人才成长规律”作为基本要求，把“深化人才体制机制改革”作为内在动力。要按照姜大明部长关于国土资源人才工作的重要批示要求，进一步在国土资源事业中找准人才工作的位置，进一步在国土资源人才工作中增强创新意识和责任担当，扎实做好各类人才的引进、培养、使用、激励、服务工作，为国土资源改革发展提供人才支撑。

（二）做好国土资源人才规划实施中期评估和“十三五”规划工作。根据国家人才发展规划和国土资源人才规划实施安排，今年都要部署开展中期评估工作。我们已经开展过国土资源人才规划实施 3 周年评估工作，这次规划中期评估重点是对国土资源 4 项重点人才工程和 7 项重点人才计划开展评估，人才工程计划牵头单位和参与单位是这次评估的责任主体，人才办重点做好统筹协调。各成员单位一定要把规划中期评估作为推进业务工作和人才工作协同发展的重要手段，认真总结评估“十二五”期间重点人才工程和计划进展成效，分析本单位所负责业务领域的人才支撑情况如何，看看人才工作的“短板”在哪里，哪些工作需要进行调整完善，特别是通过评估进一步明晰我部履行国土资源人才管理职责的关键手段和有效措施，理顺协调小组成员单位、各省级国土资源主管部门及地勘单位、用人单位在人才工作中的职责，完善党管人才管理体制和运行机制，科学谋划好“十三五”国土资源人才工作。

（三）加快集聚国土资源高层次人才。高层次人才是提升行业竞争力和创造力的关键。今年部党组决定召开全国国土资源科技大会，将对国土资源科技创新进行全面部署。当前我们重点要在科研管理、事业平台、考核评价、激励保障等方面加快研究推进国土资源高层次科技人才发展的支持政策，特别是加快构建以能力、业绩和贡献为核心的科技人才评价标准体系，积极探索岗位设置向高层次人才和工程负责人倾斜的人事管理制度，形成科研人员潜心从事科学研究的激励导向；要积极配合做好院士申报工作，争取今年在院士遴选方面有所突破；要加快推进地科院科研体制改革和人才人事制度改革，积极应对中科院率先行动计划和当前中央财政实行各类科技计划（专项、基金等）实行统一管理带来的地学科技创新竞争新态势。同时，要适应当前全面深化国土资源领域改革的迫切需求，积极参与到国家新型特色智库建设中去，主动与社科院、党校、行政学院和有关高校的研究机构合作，切实为国土资源领域深化改革集聚一批高端人才，加强部属单位国土资源战略研究和公共政策研究人才培养，为建立健全国土资源管理体制、国土资源创新驱动机制和国土资源法律制度体系提供人才支撑。

（四）统筹推进各类国土资源人才队伍发展。世上没有没用的人才，只有低效的人才错位配置。因此，人才需要统筹规划，系统管理。履行好国土资源职责，不仅需要高层次人才来引领，更需要国土资源系统和地勘行业各类人才的支撑。因此，国土资源人才规划确定的15支人才队伍都要抓好，都应该抓出成效，这也是履行行业人才宏观管理职责的重要体现。与此同时，今年还要关注3个方面。一是在地质勘查新形势下，研究如何加强地勘行业战略人才、高层次复合人才和国际化人才培养，如何激励保障野外一线地质人才，完善公益性和商业性地质人才交流渠道，持续为地质调查和找矿突破提供人才有效保障；二是按照法治国土建设的要求，统筹考虑国土资源党政人才、执法人才、督察人才和基层国土所人员队伍发展，研究为国土资源立法、普法、执法、司法、守法提供人才支撑的总体性方案；三是持续加强国土资源干部法治教育培训，特别是抓住领导干部这个“关键少数”，切实加强各级国土资源干部法治知识、法治思维和法治能力培养培训，促使各级干部遵法于心、学法于脑、守法于纪、用法于行，打造一支执法严明、勤政廉洁、权威高效的国土资源管理队伍。

（五）努力营造重才聚才用才的良好氛围。为政之道，唯在得人；为事之要，贵在用人。引才聚才、留才用才，关键是环境，根基是文化。我们一定要把培育国土资源人才生态环境作为固本培元之策，积极营造重才用才的工作环境、政策环境和生活环境，积极为各类人才成长搭建事业平台，为各类人才职业生涯发展拓宽渠道。当前，我们要进一步树立现代人力资源观，建立完善国土资源各类人才畅其流、得其位、尽其用的有效机制，积极探索人才投入与项目投入相融合，真正把人才优先战略落到实处。国土资源人才成长在大地上，成才在山水间，国土资源工作尤其是地质工作离不开跋山涉水、风餐露宿，离不开野外一线的艰辛和磨炼，特别需要坚定的理想信念和职业操守来支撑，这就要求我们把打造国土资源人才先进文化放在突出位置，进一步传承和发扬地质工作“三光荣”“四特别”精神，大力弘扬在全国第二次土地调查实践中形成的“二调精神”，积极展示国土资源优秀人才践行社会主义核心价值观的时代风采，为落实人才优先发展战略提供思想保证、精神动力和舆论支持。

（六）坚持党风廉政建设与党管人才同部署同落实。党的十八大以来，以习近平为总书记的党中央作出了全面从严治党的重大战略部署，开创了党的建设新局面。人才工作与党风廉政建设都是党建工作的重要任务，两者密切相关。特别是在当前国土资源领域党风廉政建设和反腐败斗争的严峻形势下，国土资源优秀人才都是各条战线上的“精英”，都处在关键岗位、承担着重要项目，“不生锈”的人才才是真正的人才。廉政风险防控必须作为每个人才成长发展的“底线”甚至是“生命线”。在近几年的项目审计中，每年都有优秀的科技人才、管理人才因为项目资金违规使用受到处理，给个人前途、单位声誉造成了影响，教训非常深刻。各个单位或部门的党政一把手，在党风廉政建设方面肩负着主体责任，必须牢固树立“抓好党建是最大的政绩”“不抓党风廉政建设就是严重失职”的意识，切实担负起“抓班子、带队伍”的政治责任，把党风廉政建设与党管人才同谋划、同部署，重点是把主体责任分解落实与人才队伍建设有效结合，不仅要把主体责任和反腐败任务层层分解到各个部门、重要环节和关键岗位，更要加强对人才的理想信念教育和党性党风党纪教育，完善制度，使主体责任在每个人才心里扎根，使我们的优秀人才时刻都能保持着坚定的政治方向、政治纪律和勤政廉政作风，始终为国土资源改革发展事业提供可靠稳定的人才支撑。

同志们，2015 年中央将召开全国人才工作会议，这将是人才工作的一件大事。我们要深入学习贯彻习近平总书记系列重要讲话精神，以“四个全面”战略布局为引领，严格落实“三严三实”要求，从国土资源工作新定位出发，扎扎实实地共同做好 2015 年国土资源人才工作。

（2015 年 5 月 13 日）

钟自然同志关于国土资源人才工作讲话摘录

钟自然同志在全国地质调查工作会议上的讲话

人才一流是建设世界一流地调局的关键。扭转地质调查能力不足与经济社会发展和国土资源中心工作需求不适应的局面，关键靠人才。扭转地质科技创新能力不强、难以破解重大能源、资源、环境和灾害难题的局面，关键靠人才。扭转中国地质调查局在国内、国际影响力不强的局面，关键靠人才。没有一流的人才，就没有一流的科技，更没有一流的成果和一流的服务。

实施三大战略。科学技术是地质调查事业发展的第一驱动力。人才资源是推进地质调查事业发展的第一资源。地质调查事业发展的关键在科技进步，科技进步的关键在人才。科学配置科技、人才、装备资源，促进成果形成，提供优质服务，关键靠管理。落实职责定位，实现总体目标，必须实施科技兴局战略、人才强局战略、依法治局战略。

要充分发挥科技创新与进步的引领、支撑和驱动作用，通过科技创新与进步破解能源、资源、环境、灾害和地球系统科学重大问题。要把人才工作纳入全局工作的主要议事日程、贯穿地质调查事业的各领域和全过程。要把人才培养作为地调局党组的头等大事、作为各单位领导班子的头等大事，下大力气实施卓越地质人才计划、杰出地质人才计划和优秀地质人才计划。要把人才队伍建设与地质调查和科学研究同步规划、同步实施、同步考核，作为对各单位领导班子及其成员进行考核的主要指标之一。要健全完善管理制度，强化制度执行，全面推进依法治局。

（2015 年 1 月 27 日）

钟自然同志在全国地质调查工作会议上的讲话

四、加大推进地质科技创新的力度

部党组极为重视科技创新工作。姜大明部长提出，要召开国土资源科技创新大会，出台关于实施科技创新驱动发展战略的若干意见以及相关规划、政策，并亲自指导协调地质科技体制改革和国家实验室筹建工作。在上周召开的全国国土资源工作会议上和刚才的讲话中，姜大明部长又对大力推进科技创新提出了明确的要求。

局党组认为，“科技创新是地质调查事业的核心、灵魂和第一驱动力”“地质调查的过程就是科技创新的过程”“没有科技创新的调查不是地质调查，是伪调查”“不解决能源、矿产、环境、灾害或基础地质问题的科技不是地质科技，是伪科技”。在2015年全国地质调查工作会议上，局党组提出将科技一流作为地调局建局目标的“六个一流”之一，提出实施“科技兴局”战略和“人才强局”战略。2015年，局党组要把加快推进地质科技创新当成头等大事，抓紧、抓实、抓出成效。

一是地质科技创新的目标。通过加快提高地质科技创新能力，破解重大资源环境问题和地球系统科学问题。

二是地质科技创新的基础。依托、指导、支撑、服务九大计划50项工程300多个项目。

三是地质科技创新要立足解决五个突出问题。第一，地质科技创新能力不强，难以破解重大资源环境难题和地球系统科学问题。第二，地质调查与科学研究严重脱节，在工作部署、项目实施、成果转化上难以形成合力，存在“两张皮”现象。突出表现在区域和专业地调机构忽视科技创新作用，地质科研机构偏离解决重大资源环境难题和基础地质问题的主战场。第三，地质科技成果转化力度不够，效果不好。第四，地质科技创新体制存在障碍，管理层次多、效率低。第五，地质科技管理职责和组织领导不到位，缺乏统筹协调和激励约束机制，目标不明确，措施落实不到位。

六、探索推进新时期地质文化建设

文化是一个团队、一个单位、一个系统的灵魂。我们要加大地质文化建设的力度，抢占地质事业的精神高地。

（一）传承地质工作者“三光荣”精神

老一辈地质工作者以献身地质事业为荣、以艰苦奋斗为荣、以找矿立功为荣，为国家经济社会发展做出了重大的贡献。我们要继承和发扬“三光荣”传统，为新时期地质事业再立新功。

（二）弘扬李四光精神

姜大明部长在李四光学术思想研讨会上全面总结了李四光精神。我们要认真学习和发扬李四光矢志不移的爱国情怀，坚持真理的科学品格，强烈执着的创新意识，诲人不倦的师表风范，严谨务实的工作作风，为新时期地质事业再创辉煌。

（三）确立新时期地质工作者的核心价值观

我们初步研究提出，新时期地质工作者的核心价值观：责任、创新、合作、奉献、清廉。

一是责任。全力支撑能源资源安全保障，精心服务国土资源中心工作，是新时期地质工作者肩负的神圣使命。我们要履职尽责、敢于担当，抓住机遇、迎接挑战，全力服务政府、企业和社会公众的重大紧迫需求。

二是创新。适应形势和任务的变化、推进六项改革和六项调整都需要改革创新。我们要把创新放在地质工作的核心位置，以科技创新为引领，加快推进理论、制度、文化的全面创新。

三是合作。解决资源环境和基础地质难题，形成满足国家重大需求的重大成果，需要成千上万的地质工作者协同配合、合力攻关。我们要充分发挥团队精神，心往一处想，劲往一处使，聚焦目标，攻坚克难，团结协作、求同存异。

四是奉献。地质调查工作是科学探索工作，特别需要科学奉献精神。地质工作者是科学家，不是闯市场的商人，不能以经济利益最大化为目标，要耐得住 寂寞，守得住清贫。

五是清廉。遵法守规。不该拿的，一分不拿。干干净净做人，踏踏实实做事。

（四）增强创造力、凝聚力、战斗力

衡量地质文化建设成效的标准是看创造力、凝聚力、战斗力是否增强。在去年全国地质调查工作会议上，我提出通过实施十项措施，切实增强全国地质调查队伍的创造力、凝聚力和战斗力，2015 年要进一步落实这十项措施。

（2016 年 1 月 15 日）

附录二　2015—2016年国家重要人才政策选编

关于深化人才发展体制机制改革的意见

人才是经济社会发展的第一资源。人才发展体制机制改革是全面深化改革的重要组成部分，是党的建设制度改革的重要内容。协调推进“四个全面”战略布局，贯彻落实创新、协调、绿色、开放、共享的发展理念，实现“两个一百年”奋斗目标，必须深化人才发展体制机制改革，加快建设人才强国，最大限度激发人才创新创造创业活力，把各方面优秀人才集聚到党和国家事业中来。现就深化人才发展体制机制改革提出如下几点意见。

一、指导思想、基本原则和主要目标

（一）指导思想

高举中国特色社会主义伟大旗帜，全面贯彻党的十八大和十八届三中、四中、五中全会精神，以邓小平理论、“三个代表”重要思想、科学发展观为指导，深入贯彻习近平总书记系列重要讲话精神，坚持聚天下英才而用之，牢固树立科学人才观，深入实施人才优先发展战略，遵循社会主义市场经济规律和人才成长规律，破除束缚人才发展的思想观念和体制机制障碍，解放和增强人才活力，构建科学规范、开放包容、运行高效的人才发展治理体系，形成具有国际竞争力的人才制度优势。

（二）基本原则

（1）坚持党管人才。充分发挥党的思想政治优势、组织优势和密切联系群众优势，进一步加强和改进党对人才工作的领导，健全党管人才领导体制和工作格局，创新党管人才方式方法，为深化人才发展体制机制改革提供坚强的政治和组织保证。

（2）服务发展大局。围绕经济社会发展需求，聚焦国家重大战略，科学谋划改革思路和政策措施，促进人才规模、质量和结构与经济社会发展相适应、相协调，实现人才发展与经济建设、政治建设、文化建设、社会

建设、生态文明建设深度融合。

（3）突出市场导向。充分发挥市场在人才资源配置中的决定性作用和更好发挥政府作用，加快转变政府人才管理职能，保障和落实用人主体自主权，提高人才横向和纵向流动性，健全人才评价、流动、激励机制，最大限度激发和释放人才创新创造创业活力，使人才各尽其能、各展其长、各得其所，让人才价值得到充分尊重和实现。

（4）体现分类施策。根据不同领域、行业特点，坚持从实际出发，具体问题具体分析，增强改革针对性、精准性。纠正人才管理中存在的行政化、“官本位”倾向，防止简单套用党政领导干部管理办法管理科研教学机构学术领导人员和专业人才。

（5）扩大人才开放。树立全球视野和战略眼光，充分开发利用国内国际人才资源，主动参与国际人才竞争，完善更加开放、更加灵活的人才培养、吸引和使用机制，不唯地域引进人才，不求所有开发人才，不拘一格用好人才，确保人才引得进、留得住、流得动、用得好。

（三）主要目标

通过深化改革，到2020年，在人才发展体制机制的重要领域和关键环节上取得突破性进展，人才管理体制更加科学高效，人才评价、流动、激励机制更加完善，全社会识才爱才敬才用才氛围更加浓厚，形成与社会主义市场经济体制相适应、人人皆可成才、人人尽展其才的政策法律体系和社会环境。

二、推进人才管理体制改革

（四）转变政府人才管理职能

根据政社分开、政事分开和管办分离要求，强化政府人才宏观管理、政策法规制定、公共服务、监督保障等职能。推动人才管理部门简政放权，消除对用人主体的过度干预，建立政府人才管理服务权力清单和责任清单，清理和规范人才招聘、评价、流动等环节中的行政审批和收费事项。

（五）保障和落实用人主体自主权

充分发挥用人主体在人才培养、吸引和使用中的主导作用，全面落实国有企业、高校、科研院所等企事业单位和社会组织的用人自主权。创新事业单位编制管理方式，对符合条件的公益二类事业单位逐步实行备案制管理。改进事业单位岗位管理模式，建立动态调整机制。探索高层次人才协议工资制等分配办法。

（六）健全市场化、社会化的人才管理服务体系

构建统一、开放的人才市场体系，完善人才供求、价格和竞争机制。深化人才公共服务机构改革。大力发展专业性、行业性人才市场，鼓励发展高端人才猎头等专业化服务机构，放宽人才服务业准入限制。积极培育各类专业社会组织和人才中介服务机构，有序承接政府转移的人才培养、评价、流动、激励等职能。充分运用云计算和大数据等技术，为用人主体和人才提供高效便捷服务。扩大社会组织人才公共服务覆盖面。完善人才诚信体系，建立失信惩戒机制。

（七）加强人才管理法制建设

研究制定促进人才开发及人力资源市场、人才评价、人才安全等方面的法律法规。完善外国人才来华工作、签证、居留和永久居留管理的法律法规。制定人才工作条例。清理不合时宜的人才管理法律法规和政策性文件。

三、改进人才培养支持机制

（八）创新人才教育培养模式

突出经济社会发展需求导向，建立高校学科专业、类型、层次和区域布局动态调整机制。统筹产业发展和人才培养开发规划，加强产业人才需求预测，加快培育重点行业、重要领域、战略性新兴产业人才。注重人才创新意识和创新能力培养，探索建立以创新创业为导向的人才培养机制，完善产学研用结合的协同育人模式。

（九）改进战略科学家和创新型科技人才培养支持方式

更大力度实施国家高层次人才特殊支持计划（国家“万人计划”），完善支持政策，创新支持方式。构建科学、技术、工程专家协同创新机制。建立统一的人才工程项目信息管理平台，推动人才工程项目与各类科研、基地计划相衔接。按照精简、合并、取消、下放要求，深入推进项目评审、人才评价、机构评估改革。

建立基础研究人才培养长期稳定支持机制。加大对新兴产业以及重点领域、企业急需紧缺人才支持力度。支持新型研发机构建设，鼓励人才自主选择科研方向、组建科研团队，开展原创性基础研究和面向需求的应用研发。

（十）完善符合人才创新规律的科研经费管理办法

改革完善科研项目招投标制度，健全竞争性经费和稳定支持经费相协调的投入机制，提高科研项目立项、评审、验收科学化水平。进一步改革科研经费管理制度，探索实行充分体现人才创新价值和特点的经费使用管理办法。下放科研项目部分经费预算调整审批权，推行有利于人才创新的经费审计方式。完善企业研发费用加计扣除政策。探索实行哲学社会科学研究成果后期资助和事后奖励制。

（十一）优化企业家成长环境。遵循企业家成长规律，拓宽培养渠道

建立有利于企业家参与创新决策、凝聚创新人才、整合创新资源的新机制。依法保护企业家财产权和创新收益，进一步营造尊重、关怀、宽容、支持企业家的社会文化环境。合理提高国有企业经营管理人才市场化选聘比例，畅通各类企业人才流动渠道。研究制定在国有企业建立职业经理人制度的指导意见。完善国有企业经营管理人才中长期激励措施。

（十二）建立产教融合、校企合作的技术技能人才培养模式

大力培养支撑中国制造、中国创造的技术技能人才队伍，加快构建现代职业教育体系，深化技术技能人才培养体制改革，加强统筹协调，形成工作合力。创新技术技能人才教育培训模式，促进企业和职业院校成为技术技能人才培养的“双主体”，开展校企联合培养试点。研究制定技术技能人才激励办法，探索建立企业首席技师制度，试行年薪制和股权制、期权制。健全以职业农民为主体的农村实用人才培养机制。弘扬劳动光荣、技能宝贵、创造伟大的时代风尚，不断提高技术技能人才经济待遇和社会地位。

（十三）促进青年优秀人才脱颖而出

破除论资排辈、求全责备等陈旧观念，抓紧培养造就青年英才。建立健全对青年人才普惠性支持措施。加大教育、科技和其他各类人才工程项目对青年人才培养支持力度，在国家重大人才工程项目中设立青年专项。改革博士后制度，发挥高校、科研院所、企业在博士后研究人员招收培养中的主体作用，有条件的博士后科研工作站可独立招收博士后研究人员。拓宽国际视野，吸引国外优秀青年人才来华从事博士后研究。

四、创新人才评价机制

（十四）突出品德、能力和业绩评价

制定分类推进人才评价机制改革的指导意见。坚持德才兼备，注重凭

能力、实绩和贡献评价人才，克服唯学历、唯职称、唯论文等倾向。不将论文等作为评价应用型人才的限制性条件。建立符合中小学教师、全科医生等岗位特点的人才评价机制。

（十五）改进人才评价考核方式

发挥政府、市场、专业组织、用人单位等多元评价主体作用，加快建立科学化、社会化、市场化的人才评价制度。基础研究人才以同行学术评价为主，应用研究和技术开发人才突出市场评价，哲学社会科学人才强调社会评价。注重引入国际同行评价。应用型人才评价应根据职业特点突出能力和业绩导向。加强评审专家数据库建设，建立评价责任和信誉制度。适当延长基础研究人才评价考核周期。

（十六）改革职称制度和职业资格制度

深化职称制度改革，提高评审科学化水平。研究制定深化职称制度改革的意见。突出用人主体在职称评审中的主导作用，合理界定和下放职称评审权限，推动高校、科研院所和国有企业自主评审。对职称外语和计算机应用能力考试不作统一要求。探索高层次人才、急需紧缺人才职称直聘办法。畅通非公有制经济组织和社会组织人才申报参加职称评审渠道。清理减少准入类职业资格并严格管理，推进水平类职业资格评价市场化、社会化。放宽急需紧缺人才职业资格准入。

五、健全人才顺畅流动机制

（十七）破除人才流动障碍

打破户籍、地域、身份、学历、人事关系等制约，促进人才资源合理流动、有效配置。建立高层次人才、急需紧缺人才优先落户制度。加快人事档案管理服务信息化建设，完善社会保险关系转移接续办法，为人才跨地区、跨行业、跨体制流动提供便利条件。

（十八）畅通党政机关、企事业单位、社会各方面人才流动渠道

研究制定吸引非公有制经济组织和社会组织优秀人才进入党政机关、国有企事业单位的政策措施，注重人选思想品德、职业素养、从业经验和专业技能综合考核。

（十九）促进人才向艰苦边远地区和基层一线流动

研究制定鼓励和引导人才向艰苦边远地区和基层一线流动的意见，提高艰苦边远地区和基层一线人才保障水平，使他们在政治上受重视、社会

上受尊重、经济上得实惠。重大人才工程项目适当向艰苦边远地区倾斜。边远贫困和民族地区县以下单位招录人才，可适当放宽条件、降低门槛。鼓励西部地区、东北地区、边远地区、民族地区、革命老区设立人才开发基金。完善东、中部地区对口支持西部地区人才开发机制。

六、强化人才创新创业激励机制

（二十）加强创新成果知识产权保护

完善知识产权保护制度，加快出台职务发明条例。研究制定商业模式、文化创意等创新成果保护办法。建立创新人才维权援助机制。建立人才引进使用中的知识产权鉴定机制，防控知识产权风险。完善知识产权质押融资等金融服务机制，为人才创新创业提供支持。

（二十一）加大对创新人才激励力度

赋予高校、科研院所科技成果使用、处置和收益管理自主权，除事关国防、国家安全、国家利益、重大社会公共利益外，行政主管部门不再审批或备案。允许科技成果通过协议定价、在技术市场挂牌交易、拍卖等方式转让转化。完善科研人员收入分配政策，依法赋予创新领军人才更大人财物支配权、技术路线决定权，实行以增加知识价值为导向的激励机制。完善市场评价要素贡献并按贡献分配的机制。研究制定国有企事业单位人才股权期权激励政策，对不适宜实行股权期权激励的采取其他激励措施。探索高校、科研院所担任领导职务科技人才获得现金与股权激励管理办法。完善人才奖励制度。

（二十二）鼓励和支持人才创新创业

研究制定高校、科研院所等事业单位科研人员离岗创业的政策措施。高校、科研院所科研人员经所在单位同意，可在科技型企业兼职并按规定获得报酬。允许高校、科研院所设立一定比例的流动岗位，吸引具有创新实践经验的企业家、科技人才兼职。鼓励和引导优秀人才向企业集聚。重视吸收民营企业育才引才用才经验做法。总结推广各类创新创业孵化模式，打造一批低成本、便利化、开放式的众创空间。

七、构建具有国际竞争力的引才用才机制

（二十三）完善海外人才引进方式

实行更积极、更开放、更有效的人才引进政策，更大力度实施海外高

层次人才引进计划（如国家“千人计划”），敞开大门，不拘一格，柔性汇聚全球人才资源。对国家急需紧缺的特殊人才，开辟专门渠道，实行特殊政策，实现精准引进。支持地方、部门和用人单位设立引才项目，加强动态管理。鼓励社会力量参与人才引进。扩大来华留学规模，优化外国留学生结构，提高政府奖学金资助标准，出台学位研究生毕业后在华工作的相关政策。

（二十四）健全工作和服务平台

对引进人才充分信任、放手使用，支持他们深度参与国家计划项目、开展科研攻关。研究制定外籍科学家领衔国家科技项目办法。完善引才配套政策，解决引进人才任职、社会保障、户籍、子女教育等问题。对外国人才来华签证、居留，放宽条件、简化程序、落实相关待遇。整合人才引进管理服务资源，优化机构与职能配置。

（二十五）扩大人才对外交流

鼓励支持人才更广泛地参加国际学术交流与合作，完善相关管理办法。支持有条件的高校、科研院所、企业在海外建立办学机构、研发机构，吸引使用当地优秀人才。完善国际组织人才培养推送机制。创立国际人才合作组织，促进人才国际交流与合作。研究制定维护国家人才安全的政策措施。

八、建立人才优先发展保障机制

（二十六）促进人才发展与经济社会发展深度融合

坚持人才引领创新发展，将人才发展列为经济社会发展综合评价指标。综合运用区域、产业政策和财政、税收杠杆，加大人才资源开发力度。坚持人才发展与实施重大国家战略、调整产业布局同步谋划、同步推进。研究制定“一带一路”建设、京津冀协同发展、长江经济带建设、“中国制造2025”、自贸区建设以及国家重大项目和重大科技工程等人才支持措施。创新人才工作服务发展政策，鼓励和支持地方开展人才管理改革试验探索。围绕实施国家“十三五”规划，编制地区、行业系统以及重点领域人才发展规划。鼓励各类优秀人才投身国防事业，促进军民深度融合发展，建立军地人才、技术、成果转化对接机制。

（二十七）建立多元投入机制

优化财政支出结构，完善人才发展投入机制，加大人才开发投入力度。实施重大建设工程和项目时，统筹安排人才开发培养经费。调整和规范人才工程项目财政性支出，提高资金使用效益。发挥人才发展专项资金、中小企业发展基金、产业投资基金等政府投入的引导和撬动作用，建立政府、企业、社会多元投入机制。创新人才与资本、技术对接合作模式。研究制定鼓励企业、社会组织加大人才投入的政策措施。发展天使投资和创业投资引导基金，鼓励金融机构创新产品和服务，加大对人才创新创业资金扶持力度。落实有利于人才发展的税收支持政策，完善国家有关鼓励和吸引高层次人才的税收优惠政策。

九、加强对人才工作的领导

（二十八）完善党管人才工作格局

发挥党委（党组）总揽全局、协调各方的领导核心作用，加强党对人才工作统一领导，切实履行管宏观、管政策、管协调、管服务职责。改进党管人才方式方法，完善党委统一领导，组织部门牵头抓总，有关部门各司其职、密切配合，社会力量发挥重要作用的人才工作新格局。进一步明确人才工作领导小组职责任务和工作规则，健全领导机构，配强工作力量，完善宏观指导、科学决策、统筹协调、督促落实机制。理顺党委和政府人才工作职能部门职责，将行业、领域人才队伍建设列入相关职能部门“三定”方案。

（二十九）实行人才工作目标责任考核

建立各级党政领导班子和领导干部人才工作目标责任制，细化考核指标，加大考核力度，将考核结果作为领导班子评优、干部评价的重要依据。将人才工作列为落实党建工作责任制情况述职的重要内容。

（三十）坚持对人才的团结教育引导服务

加强政治引领和政治吸纳，充分发挥党的组织凝聚人才作用。制定加强党委联系专家工作意见，建立党政领导干部直接联系人才机制。加强各类人才教育培训、国情研修，增强认同感和向心力。完善专家决策咨询制度，畅通建言献策渠道，充分发挥新型智库作用。建立健全特殊一线岗位人才医疗保健制度。加强优秀人才和工作典型宣传，营造尊重人才、见贤思齐的社会环境，鼓励创新、宽容失败的工作环境，待遇适当、无后顾之忧的生活环境，公开平等、竞争择优的制度环境。

各级党委和政府要切实增强责任感、使命感，统一思想、加强领导，部门协同、上下联动，推动各项改革任务落实。鼓励支持各地区各部门因地制宜，开展差别化改革探索。加强指导监督，研究解决人才发展体制机制改革中遇到的新情况新问题。有关方面要抓紧制定任务分工方案，明确各项改革的进度安排。各地应当结合实际研究制定实施意见。加强政策解读和舆论引导，形成全社会关心支持人才发展体制机制改革的良好氛围。

中华人民共和国职业分类大典（2015 年版）国土资源相关职业（工种）摘录

2－02－37（GBM 20237）土地整治工程技术人员

从事土地开发、整理、复垦等工程的勘测、规划、设计、施工、监测、监管工作的工程技术人员。

本小类包含下列职业：

2－02－37－00　土地整治工程技术人员　L

2－02－37－00　土地整治工程技术人员　L

从事土地开发、整理、复垦等工程的勘测、规划、设计、施工、监测、监管工作的工程技术人员。

主要工作任务：

1. 研究、确定农用地、农村居民点、城镇工矿建设用地、工矿废弃地、未利用地等土地整治工程边界；

2. 调查、确定土地类型、数量、质量、权属、价值；

3. 勘测土地利用和工程建设条件；

4. 分析土地利用限制条件，编制可行性报告。

5. 进行土地平整、灌溉排水、田间道路、生态环境保持等工程设计并指导施工；

6. 制订污染土地修复工程、土地生态景观建设方案并指导实施；

7. 进行土地权属调整设计，编制权属调整方案，变更、登记土地权属；

8. 监测、监管土地整治工程建设项目资金、质量、管护、运营。

2－02－01（GBM 20201）地质勘探工程技术人员

从事探测地球的内部结构、组成、构造特征和地层分布，绘制地质图件，确定石油、天然气、煤及其他金属与非金属矿床位置、储量及开发价值的工程技术人员。

本小类包含下列职业：

2－02－01－01 地质实验测试工程技术人员

2－02－01－02 地球物理地球化学与遥感勘查工程技术人员 L

2－02－01－03 水工环地质工程技术人员 L

2－02－01－04 地质矿产调查工程技术人员

2－02－01－05 钻探工程技术人员

2－02－01－01 地质实验测试工程技术人

从事地质样品成分、组成、结构、物理化学性能实验测试和技术方法研究的工程技术人员。

主要工作任务：

1. 进行地质样品采集、制备及化学成分实验测试；
2. 进行地质样品物质组成、结构、物理化学性能实验测试；
3. 进行地质样品放射性和同位素地球化学实验测试；
4. 进行岩石矿物选冶、综合利用试验；
5. 编制地质实验测试相关技术和质量标准、规程；
6. 提供地质实验测试技术咨询服务。

2－02－01－02 地球物理地球化学与遥感勘查工程技术人员 L

运用地球物理、地球化学、遥感勘查方法，从事空中、地面、地下、海洋目标体调查、评价和研究的工程技术人员。

主要工作任务：

1. 利用重力、磁法、电法、地震、放射性、地温等地球物理方法，岩石、土壤、水系沉积物、气体等地球化学方法，航空航天多光谱、高光谱、微波等遥感方法采集目标体特征信息；
2. 测试、分析岩（矿）石、土壤、气体等目标体物理性质、化学性质和波谱特征，查证异常信息；
3. 处理、分析和解释获取的采集数据；
4. 编写调查、评价与研究报告，编制综合图件；
5. 研究、开发、应用物化遥软件；
6. 研制、使用、维护、维修物化遥设备、仪器；
7. 编制物化遥相关技术和质量标准、规程；

8. 提供物化遥技术咨询服务。

2－02－01－03　水工环地质工程技术人员　L

从事水文地质、工程地质、环境地质勘查、监测与评价，地质灾害勘查、监测、评估、治理的工程技术人员。

主要工作任务：

1. 进行区域水文地质调查、矿区水文地质勘查和评价，进行地下水、地热、卤水、矿泉水等资源的勘查、评价，进行地下水动态监测与评价；
2. 进行区域工程地质调查和城镇规划与建设工程、工程建设场地等的勘查、评价；
3. 进行环境地质调查、监测与评价；
4. 进行地质灾害勘查、监测、评估、治理；
5. 编制水文地质、工程地质、环境地质技术与质量标准、规范；
6. 提供水工环地质技术咨询服务。

2－02－01－04　地质矿产调查工程技术人员

从事陆域、海域、极地地质调查，矿产地质调查和矿产资源勘查、评价，以及基础地质研究的工程技术人员。

主要工作任务：

1. 进行地质填图、地质编录、地质剖面测量；
2. 进行地质调查资料处理、样品测试数据分析、资料综合解释；
3. 进行基础地质问题研究、成矿规律研究；
4. 进行矿产资源预查、普查、详查、勘探等，确定矿床类型、分布及储量，评价其开采价值，设计矿床开发方案；
5. 编制综合图件，编写成果报告；
6. 编制地质矿产相关技术和质量标准、规程；
7. 提供地质矿产调查技术咨询服务。

2－02－01－05　钻探工程技术人员

从事地质矿产钻探和岩土钻探技术研究、设计和指导施工的工程技术人员。

主要工作任务：

1. 研究、应用钻探新工艺、新技术、新方法；
2. 进行地质矿产钻探和岩土钻探工程设计并指导施工；
3. 进行钻探生产和安全技术管理；

4. 研究、设计、开发地质矿产钻探和岩土钻探机具与仪器；
5. 编制综合图件，编写成果报告；
6. 编制地质矿产钻探和岩土钻探工程技术标准、规程、规程；
7. 进行地质矿产钻探和岩土钻探工程成果检查和验收；
8. 提供钻探技术咨询服务。

2－02－02－09　地质测绘工程技术人员　L

从事地质地理要素测量，测绘图件绘制的工程技术人员。

主要工作任务：

1. 进行地质调查和矿产勘查地质点、剖面和勘探网测量；
2. 进行物化探、钻探掘进工程定位测量；
3. 进行矿区工程设计、施工控制测量和地形图测绘；
4. 研究、应用地质测绘新技术、新方法；
5. 研发地质测绘软硬件；
6. 进行测量成果图件编制、数据库建库和管理；
7. 编制地质测绘相关技术和质量标准、规程；
8. 进行地质测绘技术咨询服务。

4－08－07　（GBM 40807）地质勘查人员

从事岩石、地层、构造、地下水、地貌等地质情况及矿产资源的调查、评价、勘探等工作的人员。

本小类包含下列职业：

4－08－07－01 地勘钻探工

4－08－07－02 地勘掘进工

4－08－07－03 物探工

4－08－07－04 地质调查员　L

4－08－07－05 地质实验员

4－08－07－01　地勘钻探工

操作钻机，进行地质矿产资源勘查以及水井、基础工程施工等作业的人员。

主要工作任务：

1. 平整机台，铺设基台木，安装钻塔、钻机及其辅助设备并进行调试；
2. 操作钻机，进行成孔钻孔和孔口作业；

3. 配制泥浆材料和处理剂，进行泥浆性能测定和维护；

4. 预防和处理施工过程中的机械、孔内事故，进行现场管理和设备维修保养；

5. 采集、整理岩矿心样；

6. 起、下套管，封孔，拆卸钻塔、基台木、钻机及其辅助设备，搬迁设备；

7. 填写钻探记录报表。

本职业包含但不限于下列工种：

固体矿产钻探工　水文水井钻探工　工程地质工程施工钻探工

4－08－07－02　地勘掘进工

操作掘进机械及配套器具，进行地质矿产勘探开发、井巷或隧道掘进等作业的人员。

主要工作任务：

1. 进行掘进前的准备工作；

2. 操作凿岩机械或使用手工工具，钻凿炮眼，装填炸药进行爆破；

3. 进行坑道的通风、钉道、支护、排水作业；

4. 操作挖装机械进行装岩作业；

5. 锻修钎杆、修补风筒，回收支架、风管、水管、钉道等材料；

6. 编制掘进报表和作业图表；

7. 维修保养凿岩、挖装机械。

4－08－07－03　物探工

使用各类地球物理勘探的仪器设备和工具，运用重力、磁法、电法、地震、核物探等地球物理勘探方法技术，进行地球物理勘探的人员。

主要工作任务：

1. 检查、维护和保管物探设备、工具和材料；

2. 安置磁力仪、重力仪、绞车等仪器设备，布设电极，收放电缆线，埋放检波器；

3. 采集磁、电、密度标本，检查原始资料，记录野外观察数据；

4. 使用重（磁）力仪器，进行基点联测、重（磁）测点观测、仪器一致性检查等作业；

5. 使用地震勘探设备仪器，进行地震排列布设，震源操作与激发作业；

6. 使用电法仪器，进行电阻率法、激发极化法、瞬变电磁法等作业；

7. 使用核物探仪器设备，进行放射性物探测量等作业；

8. 整理资料，编制基本图件。

本职业包含但不限于下列工种：

海洋勘探震源工　可控震源工　海洋物探定位工

4－08－07－04　地质调查员　L

从事基础地质调查，专项地质调查及地质灾害调查工作的人员。

主要工作任务：

1. 野外踏勘，观察、描述地质现象，进行地质剖面测量、样品采集、地质编录、地质填图；

2. 收集地质、物化探、遥感、测绘、测试等数据资料，进行资料综合解释；

3. 分析基础地质问题及成矿规律，圈定找矿靶区；

4. 调查大陆架和海底地质结构及可能的矿产资源；

5. 调查地质景观、地质遗迹、古生物化石等；

6. 调查地下水资源情况，进行地下水动态监测；

7. 调查工程建设区地质条件，评价地质稳定性，评估工程地质风险，监测工程后续地质影响；

8. 调查评估各类地质灾害的成因，评价地质灾害的危险性；

9. 指导矿山闭坑及矿山地质环境恢复治理；

10. 调查土壤化学元素和来源等农业生态地质环境；

11. 整理地质调查资料，完成地质调查报告。

本职业包含但不限于下列工种：

区域地质调查员　矿产地质调查员　海洋地质调查员　环境地质调查员　水文地质调查员　工程地质调查员　地质灾害调查员　农业地质调查员　矿山地质调查员

4－08－07－05　地质实验员

从事岩石、土壤、水系沉积物、矿石等地质样品采集、加工、制作、观察、测试、分析、鉴定等工作的人员。

主要工作任务：

1. 采集岩石、土壤、水系沉积物、矿石等地质样品；

2. 使用淘洗设备和工具，进行重砂样品粗淘、精淘和磁选，将矿物分离成强磁、电磁和重矿物等不同组合；

3. 操作切片机、磨片机、抛光机进行光片、薄片制作；

4. 操作样品制备设备，破碎、过筛、混匀、缩分地质样品，制备分析试样，填写样品制备质量记录；

5. 运用特殊样品制备技术和现代分离富集技术，制作液态、气态等特殊样品；

6. 操作显微镜、电镜，进行岩矿样薄片、光片镜下观察；

7. 使用光谱仪、色谱仪、质谱仪等仪器，测试地质试样；

8. 记录地质、岩土样品测试分析鉴定结果，分析测试图像和数据，鉴定岩石、矿物成分，形成测试分析鉴定报告；

9. 维护、保养实验仪器设备。

本职业包含但不限于下列工种：

地质采样工　地质样品制备工　岩矿鉴定员

4－08－03－04　工程测量员

使用全站仪、水准仪、测深仪、断面仪、陀螺经纬仪等仪器和设备，进行工程建设目标测量的人员。

主要工作任务：

1. 选点，标识工程测量的控制点和目标点；

2. 使用工程测量仪器，进行控制测量、地形测量、规划测量、建筑工程测量、变形形变与精密测量、市政工程测量、水利工程测量、线路与桥隧测量、地下管线测量、矿山测量等专项测量；

3. 进行外业观测成果资料的整理、概算，以及工程地形图数据的编辑处理等；

4. 检验测量成果资料，提供测量数据和测量图件；

5. 维护保养仪器、设备、工具。

本职业包含但不限于下列工种：

地质测量员　矿山测量员

附录三　2015 年国土资源部人才政策选编

人力资源社会保障部　国土资源部关于印发《土地登记代理专业人员职业资格制度暂行规定》和《土地登记代理人执业资格考试实施办法》的通知

人社部发〔2015〕66 号

各省、自治区、直辖市及新疆生产建设兵团人力资源社会保障厅（局）、国土资源厅（局），国务院各部委、各直属机构人事部门，中央管理的企业：

根据《国务院机构改革和职能转变方案》和《国务院关于取消和调整一批行政审批项目等事项的决定》（国发〔2014〕27 号）有关取消“土地登记代理人职业资格”的要求，为加强土地登记代理专业人员队伍建设，规范土地及地上房屋、林木等不动产登记代理行为，在总结原土地登记代理人职业资格制度实施情况的基础上，人力资源社会保障部、国土资源部制定了《土地登记代理专业人员职业资格制度暂行规定》和《土地登记代理人职业资格考试实施办法》，现印发给你们，请遵照执行。

自本通知发布之日起，原人事部、国土资源部发布的《关于印发 < 土地登记代理人职业资格制度暂行规定 > 和 < 土地登记代理人职业资格考试实施办法 > 的通知》（人发〔2002〕116 号）同时废止。

人力资源社会保障部 国土资源部

2015 年 7 月 6 日

土地登记代理专业人员职业资格制度暂行规定

第一章　总　　则

第一条　为加强土地登记代理专业人员队伍建设，规范土地及地上房屋、林木等不动产登记代理行为，根据《中华人民共和国物权法》《中华人民共和国土地管理法》《不动产登记暂行条例》《国务院机构改革和职能转变方案》和国家职业资格证书制度有关规定，制定本规定。

第二条　本规定适用于在土地及地上房屋、林木等不动产登记代理服务机构，从事土地及地上房屋、林木等不动产登记代理业务的专业人员。

第三条　国家设立土地登记代理专业人员水平评价类职业资格制度，面向全社会提供土地登记代理专业人员能力水平评价的服务，纳入全国专业技术人员职业资格证书制度统一规划。

第四条　土地登记代理专业人员职业资格分为土地登记代理人、高级土地登记代理人两个级别。土地登记代理人职业资格实行统一考试的评价方式。高级土地登记代理人职业资格评价的具体办法另行规定。

土地登记代理人英文译为：Land Registration Agent

第五条　通过土地登记代理人职业资格考试并取得职业资格证书的人员，表明其已具备从事土地及地上房屋、林木等不动产登记代理相应级别专业岗位工作的职业能力和水平。

第六条　人力资源社会保障部、国土资源部共同负责土地登记代理专业人员职业资格制度的政策制定，并按职责分工对土地登记代理专业人员职业资格制度的实施进行指导、监督和检查。中国土地估价师与土地登记代理人协会具体承担土地登记代理专业人员职业资格的评价与管理工作。

第二章　考　　试

第七条　土地登记代理人职业资格实行全国统一大纲、统一命题、统一组织的考试制度。原则上每年举行1次考试。

第八条　中国土地估价师与土地登记代理人协会负责土地登记代理人职业资格考试的组织和实施工作，组织成立考试专家委员会，研究拟定考试科目、考试大纲、考试试题和考试合格标准。

第九条 人力资源社会保障部、国土资源部对中国土地估价师与土地登记代理人协会实施的考试工作进行监督和检查，指导中国土地估价师与土地登记代理人协会确定土地登记代理人职业资格考试科目、考试大纲、考试试题和考试合格标准。

第十条 遵守国家法律、法规，恪守职业道德，并具备下列条件之一的，可申请参加土地登记代理人职业资格考试：

（一）取得经济学类、法学类、公共管理类、测绘类、管理科学与工程类、地理科学类专业大学专科学历，工作满6年，从事土地及地上房屋、林木等不动产登记代理工作满4年；

（二）取得经济学类、法学类、公共管理类、测绘类、管理科学与工程类、地理科学类专业大学本科学历（学位），工作满4年，从事土地及地上房屋、林木等不动产登记代理工作满2年；

（三）取得经济学类、法学类、公共管理类、测绘类、管理科学与工程类、地理科学类专业在内的双学士学位（或者研究生班毕业），工作满3年，从事土地及地上房屋、林木等不动产登记代理工作满1年；

（四）取得经济学类、法学类、公共管理类、测绘类、管理科学与工程类、地理科学类专业硕士学历（学位），工作满2年，从事土地及地上房屋、林木等不动产登记代理工作满1年；

（五）取得经济学类、法学类、公共管理类、测绘类、管理科学与工程类、地理科学类专业博士学历（学位）；

（六）取得经济学、法学、理学、工学、管理学科门类其他专业上述学历（学位）的人员，从事土地及地上房屋、林木等不动产登记代理工作年限相应增加1年；

（七）取得其他学科门类专业上述学历（学位）的人员，从事土地及地上房屋、林木等不动产登记代理工作年限相应增加2年。

第十一条 土地登记代理人职业资格考试合格，由中国土地估价师与土地登记代理人协会颁发人力资源社会保障部、国土资源部监制，中国土地估价师与土地登记代理人协会用印的《中华人民共和国土地登记代理人职业资格证书》（以下简称土地登记代理人资格证书）。该证书在全国范围有效。

第十二条 对以不正当手段取得土地登记代理人资格证书的，按照国家专业技术人员资格考试违纪违规行为处理规定处理。

第三章　职业能力

第十三条　取得土地登记代理人资格证书的人员，应当遵守国家法律、相关法规和行业管理规范，维护国家和社会公共利益及委托人的合法权益，恪守职业道德。

第十四条　取得土地登记代理人资格证书的人员，在土地及地上房屋、林木等不动产登记代理活动中，应当以委托人自愿委托为前提，独立、公正地代理登记业务。

第十五条　取得土地登记代理人资格证书的人员应当具备的职业能力：

（一）代理土地及地上房屋、林木等不动产登记申请、指界、地籍和房屋、林木等调查、领取不动产权证书等；

（二）收集、整理土地及地上房屋、林木等不动产权属来源证明及其他相关材料；

（三）协助土地及地上房屋、林木等不动产权利人办理权属纠纷相关手续；

（四）依法查询土地及地上房屋、林木等不动产登记资料；

（五）查证土地及地上房屋、林木等不动产产权；

（六）提供土地及地上房屋、林木等不动产登记及地籍管理相关法律咨询；

（七）与土地及地上房屋、林木等不动产代理业务相关的其他事项。

第十六条　取得土地登记代理人资格证书的人员，应当按照国家专业技术人员继续教育有关规定，参加继续教育，不断更新专业知识，提高职业素质和业务能力。

第四章　登　　记

第十七条　土地登记代理人资格证书实行登记服务制度。登记服务的具体工作由中国土地估价师与土地登记代理人协会负责。

第十八条　中国土地估价师与土地登记代理人协会定期向社会公布土地登记代理人资格证书的登记情况，建立持证人员的诚信档案，为用人单位提供取得土地登记代理人资格证书人员信息的查询服务。

第十九条　取得土地登记代理人资格证书的人员，应自觉接受中国土地估价师与土地登记代理人协会的自律性管理，其在工作中违反相关法律、法规、规章或者职业道德，造成不良影响的，由中国土地估价师与土地登记代理人协会取消登记，并收回其职业资格证书。

第二十条　各级土地登记代理登记服务机构，在登记服务工作中，应当严格遵守国家和本行业的各项管理规定以及协会章程。

第五章　附　　则

第二十一条　通过考试取得土地登记代理人资格证书，且符合《经济专业人员职务试行条例》中经济师任职条件的人员，用人单位可根据工作需要聘任其经济师专业职务。

第二十二条　本规定施行前，依据原人事部、国土资源部印发的《〈土地登记代理人职业资格制度暂行规定〉和〈土地登记代理人职业资格考试实施办法〉》（人发〔2002〕116号）要求，通过考试取得的土地登记代理人职业资格证书，与按照本规定要求取得的职业资格证书效用等同。

第二十三条　本规定自2015年8月1日起施行。

土地登记代理人职业资格考试实施办法

第一条　人力资源社会保障部、国土资源部按照职责分工负责指导、监督和检查土地登记代理人职业资格考试的实施工作。

第二条　中国土地估价师与土地登记代理人协会具体负责土地登记代理人职业资格考试的实施工作。

第三条　土地登记代理人职业资格考试设《土地登记相关法律》《土地权利理论与方法》《地籍调查》和《土地登记代理实务》4个科目。考试分4个半天进行，每个科目的考试时间为2.5小时。

第四条　考试成绩实行4年为一个周期的滚动管理办法。参加全部4个科目考试的人员必须在连续4个考试年度内通过应试科目，方可取得土地登记代理人职业资格证书。

第五条　符合《土地登记代理专业人员职业资格制度暂行规定》（以下简称暂行规定）第十条规定的报名条件者均可申请参加考试。

第六条　符合《暂行规定》的考试报名条件，并按照国家统一规定评聘高级专业技术职务的人员，可免试《土地权利理论与方法》和《地籍调查》2个科目，只参加《土地登记相关法律》和《土地登记代理实务》2个科目的考试。

参加2个科目考试的人员，须在连续的2个考试年度内通过应试科目，方可获得土地登记代理人职业资格证书。

第七条 参加考试由本人提出申请，按有关规定办理报名手续。考试实施机构按照规定的程序和报名条件审核合格后，核发准考证。参加考试人员凭准考证和有效证件在指定的日期、时间和地点参加考试。

中央和国务院各部门及所属单位、中央管理企业的人员按属地原则报名参加考试。

第八条 考点原则上设在直辖市和省会城市的大、中专院校或者高考定点学校。如确需在其他城市设置考点，须经中国土地估价师与土地登记代理人协会批准。考试日期原则上为每年的第二季度。

第九条 坚持考试与培训分开的原则。凡参与考试工作（包括命题、审题与组织管理等）的人员，不得参加考试，也不得参加或者举办与考试内容相关的培训工作。应考人员参加培训坚持自愿原则。

第十条 考试实施机构及其工作人员，应当严格执行国家人事考试工作人员纪律规定和考试工作的各项规章制度，遵守考试工作纪律，切实做好从考试试题的命制到使用等各环节的安全保密工作，严防泄密。

第十一条 对违反考试工作纪律和有关规定的人员，按照国家专业技术人员资格考试违纪违规行为处理规定处理。

人力资源社会保障部　国土资源部关于印发《矿业权评估专业技术人员职业资格制度暂行规定》和《助理矿业权评估师、矿业权评估师职业资格考试实施办法》的通知

人社部发〔2015〕65号

各省、自治区、直辖市及新疆生产建设兵团人力资源社会保障厅（局）、

国土资源厅（局），国务院各部委、各直属机构人事部门，中央管理的企业：

根据《国务院机构改革和职能转变方案》和《国务院关于取消和调整一批行政审批项目等事项的决定》（国发〔2014〕27 号）有关取消“矿业权评估师执业资格许可”的要求，为加强矿业权评估专业人员队伍建设，规范矿业权评估行为，在总结原矿业权评估师执业资格制度实施情况的基础上，人力资源社会保障部、国土资源部制定了《矿业权评估专业技术人员职业资格制度暂行规定》和《助理矿业权评估师、矿业权评估师职业资格考试实施办法》，现印发给你们，请遵照执行。

自本通知发布之日起，原人事部、国土资源部《关于印发〈矿业权评估师执业资格制度暂行规定〉的通知》（人发〔2000〕82 号）同时废止。

人力资源社会保障部　国土资源部

2015 年 7 月 6 日

矿业权评估专业技术人员职业资格制度暂行规定

第一章　总　　则

第一条　为加强矿业权评估专业技术人员队伍建设，规范矿业权评估行为，根据《中华人民共和国矿产资源法》《探矿权采矿权转让管理办法》《矿产资源勘查区块登记管理办法》《矿产资源开采登记管理办法》《探矿权采矿权转让管理办法》《国务院机构改革和职能转变方案》和国家职业资格证书制度的有关规定，制定本规定。

第二条　本规定适用于在矿业权评估机构，从事矿业权价值评价、估算，为委托人提供评估报告和咨询意见的专业人员。

第三条　国家设立矿业权评估专业技术人员水平评价类职业资格制度，面向全社会提供矿业权评估专业技术人员能力水平评价服务，纳入全国专业技术人员职业资格证书制度统一规划。评价结果与经济系列相应级别职称衔接，是用人单位使用该专业人员的依据。

第四条　矿业权评估专业技术人员职业资格分为助理矿业权评估师、矿业权评估师、高级矿业权评估师 3 个级别。助理矿业权评估师、矿业权评估师实行考试的评价方式。高级矿业权评估师职业资格评价的具体办法另行规定。

矿业权评估专业技术人员英文译为：Mineral Rights Valuer Professionals。

第五条 通过助理矿业权评估师、矿业权评估师职业资格考试，取得相应级别矿业权评估职业资格证书的人员，表明其已具备从事矿业权评估专业相应级别专业技术岗位工作的职业能力和水平。

第六条 人力资源社会保障部、国土资源部共同负责矿业权评估专业技术人员职业资格制度的政策制定，并按职责分工对矿业权评估专业技术人员职业资格制度的实施进行指导、监督和检查。中国矿业权评估师协会具体承担矿业权评估专业技术人员职业资格的评价与管理工作。

第二章 考 试

第七条 助理矿业权评估师、矿业权评估师职业资格实行全国统一大纲、统一命题、统一组织的考试制度。原则上每两年组织 1 次考试。

第八条 中国矿业权评估师协会负责助理矿业权评估师、矿业权评估师职业资格考试的组织和实施工作，组织成立考试专家委员会，研究拟定考试科目、考试大纲、考试试题和考试合格标准。

第九条 人力资源社会保障部、国土资源部对中国矿业权评估师协会实施的考试工作进行监督和检查，指导中国矿业权评估师协会确定助理矿业权评估师、矿业权评估师职业资格考试科目、考试大纲、考试试题和考试合格标准。

第十条 遵守国家法律、法规，恪守职业道德，并符合助理矿业权评估师、矿业权评估师报名条件的人员，均可申请参加相应级别职业资格考试。

第十一条 符合下列条件之一者，可申请参加助理矿业权评估师职业资格考试。

（一）取得高中或中专学历，累计从事矿业权评估相关工作满 4 年；

（二）取得经济学类、法学类、地质学类、地质类、矿业类专业大学专科学历，累计从事矿业权评估相关工作满 2 年；

（三）取得经济学类、法学类、地质学类、地质类、矿业类专业大学本科学历；

（四）取得经济学、法学、理学、工学学科门类其他类专业上述学历（学位）的人员，从事矿业权评估相关工作年限相应增加 1 年；

（五）其他学科门类专业上述学历（学位）的人员，从事矿业权评估相关工作年限相应增加2年。

第十二条　符合下列条件之一者，可申请参加矿业权评估师职业资格考试。

（一）取得经济学类、法学类、地质学类、地质类、矿业类专业大学专科学历，累计从事矿业权评估相关工作满6年；

（二）取得经济学类、法学类、地质学类、地质类、矿业类专业大学本科学历，累计从事矿业权评估相关工作满4年；

（三）取得经济学类、法学类、地质学类、地质类、矿业类专业在内的双学士学位（或者研究生班毕业），累计从事矿业权评估相关工作满2年；

（四）取得经济学类、法学类、地质学类、地质类、矿业类专业硕士学历（学位），累计从事矿业权评估相关工作满1年；

（五）取得经济学类、法学类、地质学类、地质类、矿业类专业博士学历（学位）；

（六）取得经济学、法学、理学、工学学科门类其他类专业上述学历（学位）的人员，从事矿业权评估相关工作年限相应增加1年；

（七）其他学科门类专业上述学历（学位）的人员，从事矿业权评估相关工作年限相应增加2年。

第十三条　助理矿业权评估师、矿业权评估师职业资格考试合格，由中国矿业权评估师协会颁发人力资源社会保障部、国土资源部监制，中国矿业权评估师协会用印的相应级别《中华人民共和国矿业权评估专业技术人员职业资格证书》（以下简称矿业权评估资格证书）。该证书在全国范围有效。

第十四条　对以不正当手段取得矿业权评估资格证书的，按照国家专业技术人员资格考试违纪违规行为处理规定处理。

第三章　职业能力

第十五条　取得矿业权评估资格证书的人员，应当遵守国家法律、相关法规及行业管理规范，维护国家和社会公共利益，恪守职业道德。

第十六条　取得助理矿业权评估师资格证书的人员应当具备的职业能力：

（一）了解矿业权评估行业的法律法规及矿业权评估行业的各项规章制度；

（二）熟悉矿业权评估专业理论知识，能够解决矿业权评估实践中的一般性技术问题；

（三）能够完成一般性矿业权评估专业技术工作，协助矿业权评估师开展工作。

第十七条 取得矿业权评估师资格证书的人员应当具备的职业能力：

（一）熟悉矿业权评估行业的法律法规和行业管理规定；

（二）了解国内外矿业权评估技术方法及国内外市场的发展趋势，具有较强的开拓创新能力，能够独立完成较为复杂的矿业权评估技术性工作；

（三）熟悉矿业权评估工作流程，有较丰富的矿业权评估实践经验，处理解决矿业权评估的疑难问题；

（四）能够签署矿业权评估报告，提供矿业权评估及相关法律咨询，承担与矿业权评估相关的业务工作；

（五）能够指导助理矿业权评估师，协助高级矿业权评估师开展工作。

第十八条 取得矿业权评估资格证书的人员，应当按照国家专业技术人员继续教育有关规定，参加继续教育，不断更新专业知识，提高职业素质和业务能力。

第四章 登 记

第十九条 矿业权评估资格证书实行登记服务制度。登记服务的具体工作由中国矿业权评估师协会负责。

第二十条 中国矿业权评估师协会定期向社会公布矿业权评估资格证书的登记情况，建立持证人员的诚信档案，并为相关单位提供取得矿业权评估资格证书人员的信息查询服务。

第二十一条 取得矿业权评估资格证书的人员，应自觉接受中国矿业权评估师协会的自律性管理，其在工作中违反相关法律、法规、规章或者职业道德，造成不良影响的，由中国矿业权评估师协会按照自律规定进行处罚；情况严重的，取消登记，并收回其职业资格证书。

第二十二条 各级矿业权评估登记服务机构，在登记服务和考试实施工作中，应当严格遵守国家和本行业的各项管理规定以及协会章程。

第五章　附　　则

第二十三条　通过考试取得矿业权评估资格证书，且符合《经济专业人员职务试行条例》中助理经济师、经济师职务任职条件的人员，用人单位可根据工作需要聘任其相应级别经济专业职务。

第二十四条　本规定施行前，依据原人事部、国土资源部印发的《关于印发〈矿业权评估师执业资格制度暂行规定〉的通知》（人发〔2000〕82号）要求，通过考试已取得的矿业权评估师执业资格证书，与按照本规定要求取得的矿业权评估师职业资格证书效用等同。

第二十五条　本规定自2015年8月1日起施行。

助理矿业权评估师、矿业权评估师职业资格考试实施办法

第一条　人力资源社会保障部、国土资源部按照职责分工负责指导、监督和检查助理矿业权评估师、矿业权评估师职业资格考试的实施工作。

第二条　中国矿业权评估师协会具体负责助理矿业权评估师、矿业权评估师职业资格考试的实施工作。

第三条　助理矿业权评估师、矿业权评估师职业资格考试均设《矿业权评估经济法律专业能力》《矿业权评估地质与矿业工程专业能力》和《矿业权评估实务与案例》3个科目。考试分3个半天进行，每个科目的考试时间为3小时。

第四条　考试成绩实行3次为一个周期的滚动管理办法。参加考试的人员，必须在连续3个考试年度内通过全部3个应试科目，方可取得相应级别矿业权评估专业技术人员职业资格证书。

第五条　符合《矿业权评估专业技术人员职业资格制度暂行规定》规定的报名条件者均可申请参加相应级别考试。

第六条　参加考试由本人提出申请，按有关规定办理报名手续。考试实施机构按照规定的程序和报名条件审核合格后，核发准考证。参加考试人员凭准考证和有效证件在指定的日期、时间和地点参加考试。

第七条 考试原则上设在直辖市和省会城市的大、中专院校或者高考定点学校。如确需在其他城市设置考点，须经中国矿业权评估师协会批准。考试日期原则上在每年的第四季度。

第八条 坚持考试与培训分开的原则。凡参与考试工作（包括命题、审题与组织管理等）的人员，不得参加考试，也不得参加或者举办与考试内容相关的培训工作。应考人员参加培训坚持自愿原则。

第九条 考试实施机构及其工作人员，应当严格执行国家人事考试工作人员纪律规定和考试工作的各项规章制度，遵守考试工作纪律，切实做好从考试试题的命制到使用等各环节的安全保密工作，严防泄密。

第十条 对违反考试工作纪律和有关规定的人员，按照国家专业技术人员资格考试违纪违规行为处理规定处理。